马克思主义史学理论论丛

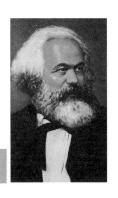

第一辑

于沛　主编

中国社会科学出版社

图书在版编目(CIP)数据

马克思主义史学理论论丛(第一辑)/于沛主编.—北京:中国社会
科学出版社,2010.11

ISBN 978-7-5004-9036-4

Ⅰ.①马…　Ⅱ.①于…　Ⅲ.①马克思主义—史学理论—文集
Ⅳ.①A851.692—53

中国版本图书馆 CIP 数据核字(2010)第 162694 号

策划编辑　郭沂纹
特约编辑　郭沂涟
责任校对　刘　俊
封面设计　四色土图文设计工作室
技术编辑　张汉林

出版发行　中国社会科学出版社
社　　址　北京鼓楼西大街甲 158 号　　邮　编　100720
电　　话　010—84029450(邮购)
网　　址　http://www.csspw.cn
经　　销　新华书店
印　　刷　新魏印刷厂　　　　　　　装　订　广增装订厂
版　　次　2010 年 11 月第 1 版　　　印　次　2010 年 11 月第 1 次印刷
开　　本　710×1000　　1/16
印　　张　25.5　　　　　　　　　　插　页　2
字　　数　421 千字
定　　价　48.00 元

序　言

全国政协副主席　中国社会科学院院长　陈奎元

　　《马克思主义史学理论论丛》是中国社会科学院史学理论研究中心不定期出版的学术文集，主要内容包括唯物史观基本原理研究、中外马克思主义史学理论方法论研究，以及中国和世界历史进程中的重大理论问题研究等。

　　中华民族自古就有重视修史的传统，特别崇尚以公认的伦理道德评价历史、臧否人物。辽代政治家耶律孟简有感于史学家的经验教训，说："史笔天下之大信，一言当否，百世从之，苟无明识，好恶循情，则祸不测。"写历史不仅是史实的叙述，也要有一定的理论基础，以正确的观点为指导，要秉持一定的道德观念和价值标准，一字褒贬不能从个人的偏见出发。当年司马光主持撰写《资治通鉴》，是用自己的观点把宋朝以前的历史串起来的。后来，王夫之在《读通鉴论》中对司马光的许多记载和观点提出了质疑和不同看法。虽然他们在一些问题上有分歧，但在思想体系上都是以中国传统的伦理道德观念为指导的。

　　历史学是具有鲜明政治性的社会科学。对同样的历史问题，人们站在不同的政治立场，持有不同的世界观和历史观，得出的结论往往是不相同甚至是相反的。中国古典史学强调治史必须读经。就是说，研究中国古代的历史，必须读中国古代的经典著作。现在我们研究中外历史，包括研究当代中国和世界各国的历史，也必须认真阅读马克思主义的经典著作，必须认真学习马克思主义观点，坚持唯物史观。如果不用马克思列宁主义、毛泽东思想、邓小平理论和"三个代表"重要思想为指导，不自觉地全面落实科学发展观，不承认唯物史观，就没有资格研究历史。因为他不可能站稳正确的立场，不可能正确地认识历史矛盾运动的客观规律性，不可能有科学的历史价值判断。

当前强调历史研究坚持马克思主义的指导地位，具有强烈的现实性和紧迫性。我国的历史研究是否要以马克思主义为指导，这个原本并不存在争议的指导思想问题，现在在一部分人心中似乎并不明确，在史学界以及其他思想理论阵地，公开反对或不赞同以马克思主义为指导的有之；"明修栈道，暗度陈仓"，抽象肯定、具体否定的有之；任意修改、随意解说马克思主义的观点，把马克思主义搞得面目全非的亦有之。还有人力图把西方的史学理论全盘移植到中国来，以西方资产阶级的历史观取代马克思主义的唯物史观，甚至把在西方也没有多大市场的"后现代主义史学"生搬硬套到中国来，宣扬这是"21世纪中国史学的出路"。这只能在人们的思想上造成混乱，给历史研究的实践带来极大的危害。

我国正在进行一场深刻的变革。伟大的社会变革从来不是孤立的，经济、政治、精神的发展总是相伴而行，相互影响。在社会大变革时期，如果忽视意识形态领域发展变化的情况，丧失思想文化阵地，其后果不堪设想。十多年前，苏共丧权、苏联解体，固然有体制僵化、决策失误等多方面的原因，但精神信仰的崩溃、党和人民思想观念的混乱，则是更为深刻的根源。历史研究中存在的问题对意识形态领域影响很大，绝不是细枝末节。对此，我们应当有清醒的认识，在历史研究中自觉抵制任何淡化、否定马克思主义基本原理及其指导作用的错误倾向。从春秋战国开始，历朝历代都设有史官，自南北朝起更设置了专门编修国史的机构。如何编修历史，关系到国家的兴亡和民族的兴衰。龚自珍说过："灭人之国，必先去其史。"一个国家或民族一旦对本国历史产生认识上的扭曲，采取历史虚无主义的态度或者否定自己的历史，就会失去其精神支柱，从而受制于人，自我毁灭。

广大史学工作者要着眼于理论创新与实际相结合，不断地开创马克思主义史学理论研究的新境界和新水平。年轻学者要以老一代学者为榜样，培植深厚的马克思主义理论功底，自觉地关注和参与意识形态领域中的斗争，在反对"西化"和"分化"的思想理论斗争中经风雨，见世面，增长才干，将老一代马克思主义史学家所开创的事业发扬光大。

《马克思主义史学理论论丛》正是在这样一个大背景下，基于这样一

些认识而编辑出版的。我热烈地祝贺它的出版，并衷心祝愿它在推动我国
马克思主义历史科学的发展，加强史学理论研究队伍的建设等方面，做出
积极的贡献。

关于加强马克思主义史学理论
建设的几个问题[①]

（代前言）

中国社会科学院副院长　当代中国研究所所长　朱佳木

一　关于建设史学研究的创新体系

2005 年 5 月，为贯彻落实《中共中央关于进一步繁荣发展哲学社会科学的意见》，中国社会科学院提出要构建哲学社会科学创新体系。建设史学研究创新体系，就是从"建设中国社会科学院哲学社会科学创新体系"这一提法中引申出来的。因此，我们要理解和实现史学研究的创新体系，首先应当全面准确地理解"建设中国社会科学院哲学社会科学创新体系"的含义，切实弄清楚这一蓝图的指导方针、主要目标和任务，以及为实现这一要求在体制、机制上的创新和在政治、组织上的保证。所谓"建设中国社会科学院哲学社会科学创新体系"，指的是力争用 10 年时间，通过建设"六项重大工程"，即马克思主义研究和建设工程，重大课题研究和理论创新工程，重点学科建设工程，人才队伍建设工程，网络信息化建设工程，国际学术交流基地建设工程；形成"五大研究中心"，即马列主义、毛泽东思想、邓小平理论和"三个代表"重要思想研究中

---

①　这是作者在 2005 年 7 月 15 日中国社会科学院史学理论研究中心成立大会、7 月 30 日中国社会科学院第五次史学理论座谈会和 8 月 26 日中国史学会史学理论分会第二届理事会暨第十二届学术研讨会上三次讲话的节选，由《中国社会科学院研究生院学报》集成一篇，以《史学理论建设三题》为题发于 2005 年第 6 期上。2006 年该文收入《中国社会科学院年鉴（2007）》时，作者将题目改为现题，并对文章作了少量修改。

心，经济与社会发展研究中心，社会主义民主法治研究中心，中华文明和社会主义文化研究中心，国际问题理论与国际战略研究中心；充分发挥"四大作用"，即马克思主义坚强阵地的作用，党中央、国务院智囊团的作用，人文社会科学交流中心的作用，哲学社会科学在推进社会主义建设中不可代替的作用，从而把中国社会科学院建成以马克思主义为指导的人才荟萃、学科布局合理、体制完善、机制灵活、在国际上有广泛影响、在国内位居前列的哲学社会科学研究机构。从这一点出发，我认为建设史学研究创新体系，需要做好以下几个方面的工作：

第一，要更有力地加强马克思主义特别是历史唯物主义在史学研究领域中的指导，大力推进马克思主义史学理论的学习、研究和宣传，把我院各史学研究机构和史学刊物建设成马克思主义史学的坚强阵地。在有关专家学者参加中央组织实施的马克思主义理论研究与建设工程史学组研究任务的同时，提倡我院的各史学研究机构结合史学各分支学科的特点，由集体或个人选择马克思主义史学理论研究中的热点、难点问题，开展专题研究。通过深入研究，进一步丰富和发展马克思主义的史学理论，理清学术界和非学术界对唯物史观的种种责难，旗帜鲜明地批驳史学领域中的资产阶级自由化观点，为巩固马克思主义在史学领域的指导地位营造良好氛围。

第二，要大力发扬中国史学经世致用和中国马克思主义史学把学术研究与党和人民的前途命运紧密结合的优良传统，在抓紧基础研究的同时，从党和国家的工作大局出发，围绕社会主义建设和国际斗争的需要，选择并设置一批现实意义较强的重大研究课题。例如：无产阶级专政的历史经验研究、建国以来国家机构改革研究和我国医疗卫生制度改革研究、古代社会建设问题研究、台湾史与海峡两岸关系研究、东北边疆历史与现状研究、新疆治理研究、云桂边疆地区社会稳定研究、中日历史问题与中日关系研究、中国与周边国家关系史研究，等等。通过这些研究，为党和政府的决策服务，为改革开放和现代化建设服务，为弘扬和培育民族精神服务，使史学研究在发挥我院作为党中央、国务院思想库、智囊团的作用中，占有一定位置，做出积极贡献。

第三，要努力加强史学领域中传统学科的建设，保持和创立优势学科和特色学科，推动新兴学科和交叉学科，不断建设和完善以马克思主义为指导、具有中国特色、中国风格、中国气派的史学学科体系和理论体系。在一些重点学科和重点研究领域，如：中国古代国家的起源与王权的形成、甲骨学、礼与中国古代社会、经学思想史、近代中国与世界、历代边乱与边政、世界古代中世纪史、西欧史、外国史学理论、古代都城的考古发现和研究、考古学的方法和技术等课题研究中，加大人、财、物投入的力度，使其在学术积累上更加丰富，在队伍结构上更加合理，在科研实力上更加雄厚，在科研手段上实现现代化，在学术创新上继续保持或达到国内领先水平。对于其中部分优势学科，如：新石器时代考古、夏商周考古、汉唐考古、先秦史、秦汉史、隋唐至明清的断代史、中华民国史、中国思想史、中外关系史，以及当代史和方志学研究等，要努力保持或逐步达到国际知名水平。应当看到，加强史学的基础研究同样是发挥我院党中央、国务院思想库、智囊团作用中不可或缺的重要方面。

第四，要主动加强我院各史学研究机构之间，我院史学研究机构与国内外相关组织和团体之间的学术联系。应当进一步整合院内史学研究机构的力量，加强相互之间的交流与合作，充分发挥我院史学学科齐全、研究力量雄厚、研究成果丰富、学术影响广泛的优势，为全国史学界坚持正确方向和严谨学风，起好带头作用。在这方面，我们有很多工作可以做。比如，把由我院科研局和七个史学研究机构连续召开了五次的史学理论座谈会继续坚持下去，并形成制度；把由世界历史所、历史所、近代史所共同承担的"马克思主义史学思想史"的研究课题抓紧抓好；把我院新成立的史学理论研究中心切实办好，使它真正成为院内外史学理论工作者交流与合作的平台；把由我院承办的 2007 年国际历史科学大会成员国代表会议筹备好，为我国争取 2015 年国际历史科学大会的主办权，使我院真正发挥历史学科国际学术交流中心的作用。

二　关于重视和加强史学理论的学科建设

关于加强史学理论研究的问题，早在 1979 年 3 月召开的全国历史学规划会议时就提出过，并得到了广大史学工作者的认同。1983 年 5 月，在全国哲学社会科学规划会议上，对于加强史学理论研究的问题又给予了进一步强调。当时，中国社会科学院历史所、近代史所、世界历史所的有关领导和专家，曾为此组成了一个历史规划组史学理论小组，在我院科研局领导下担负起这方面的具体工作。进入 21 世纪后，我院于曲阜召开的史学研究机构工作会议再次提出了加强史学理论研究的问题。由世界历史所牵头的中国社会科学院史学理论研究中心，就是在这一背景下成立的。

史学理论研究中心的主要任务是围绕史学理论的学科建设，将相对分散的研究力量组织起来，开展重大课题研究，组织学术会议，举办学术报告或讲座，收集有关信息，促进国际国内交流，给有志于史学理论研究的学者搭建一个相互交流的平台，为繁荣和发展以马克思主义为指导并以马克思主义史学理论为主体的史学理论研究作贡献。

史学理论是历史学科的重要组成部分。党的十一届三中全会后，中国史学走向全面复兴，史学理论和方法论的研究不断加强，不断有新的研究成果问世。中外史学的发展历史证明，有影响的史学家无一不是对史学理论有独特贡献的人，史学理论历来为史学家尤其是马克思主义史学家所重视，史学的发展任何时候也离不开史学理论的发展。

史学理论研究的范畴很广，涉及的问题十分复杂，并和现实生活有着极为密切的关系。这是因为，历史认识的价值判断，往往是和社会认识的价值判断联系在一起的。马克思曾经说过："在政治经济学领域内，自由的科学研究遇到的敌人，不只是它在一切其他领域内遇到的敌人。政治经济学所研究的材料的特殊性质，把人们心中最激烈、最卑鄙、最恶劣的感情，把代表私人利益的复仇女神召唤到战场上来反对自由的科学研究。"① 今天，史学研究也遇到了同政治经济学研究几乎同样的命运。苏联解体、东欧剧变后，西方垄断资产阶级的代表宣布"历史已经终结"，欢呼"资本主义已经战胜了社会主义"，着手致力于建立资本主义的世界新秩序。于是，国际上掀起了新一轮攻击、否定马克思主义的思潮，国内也出现了否定唯物史观基本原理、鼓吹历史虚无主义的错误倾向。正是由于这个原因，当前加强马克思主义指导下的史学理论研究，对于保证我国史学研究沿着科学的健康的道路发展，尤其具有重要的现实意义。

我国是一个有着悠久历史的国家，也是一个有着悠久史学传统的国家。但是，历史学只是在得到历史唯物主义理论的指导后，才成为了一

---

① 《马克思恩格斯选集》第 2 卷，人民出版社 1995 年版，第 102 页。

门科学。无论人类过去的历史还是今天的实践都证明，"马克思的历史唯物主义是科学思想中的最大成果"①，是"唯一科学的历史观"②。我国马克思主义历史学的老前辈们之所以能在史学研究中取得开创性的重大成果，无不与他们学习和掌握唯物史观的理论与方法有着直接的密切的关系。但也应当看到，唯物史观诞生以来的150余年，人类社会生活各个领域都发生了许多深刻的变化，提出了许多新的重大的理论问题。因此，不断加强史学理论的研究，也是包括唯物史观在内的史学理论自身发展、不断创新的需要。同时，我们要防止有人假借理论创新之名，行根本否定唯物史观之实。凡是离开唯物史观基本原理指导和脱离实践基础的所谓"创新"，不仅不会是真正的创新，相反只会走到复旧的邪路上去。

改革开放以来，西方重要的史学理论、史学方法、史学流派、史学思潮，以及西方史学理论研究中的一些热点问题、前沿问题，被大量翻译、介绍到国内。其引进规模之大、内容之多、范围之广，是近代中国自接触"西学"以来未曾有过的。这对于中国史学界了解世界，并从中汲取可资借鉴的有益内容，无疑起了积极的作用。但同时应当看到，有些翻译者、介绍者、出版者在引进这类著作时，不加选择，不加分析，不加批判；更有甚者，极少数主张"全盘西化"的人专门热衷于挑选那些集中宣扬西方资产阶级世界观、价值观和历史观的糟粕，并大肆褒扬，借以动摇马克思主义史学理论的根基。受此影响，一些读者尤其是一些涉世不深的青年学生，把西方史学理论尤其是"新史学"，奉为圭臬，盲目接受。对此，我们也需要把分析和批判有代表性的、在中国产生一定消极影响的西方史学理论，作为当代中国史学理论研究的一项重要任务，通过加强对西方史学理论的鉴别工作，引导读者特别是青年学生，用唯物史观正确分析和认识西方的史学理论，帮助他们澄清思想上的混乱。

当前，包括史学在内的我国哲学社会科学事业和意识形态领域总的形势是好的。中共中央《关于进一步繁荣发展哲学社会科学的意见》明确指出，繁荣发展哲学社会科学必须坚持马克思主义的指导地位，要把马克

---

① 《列宁选集》第2卷，人民出版社1995年版，第311页。
② 《列宁选集》第1卷，人民出版社1995年版，第10页。

思主义的立场、观点、方法贯穿到哲学社会科学工作中，用发展着的马克思主义指导哲学社会科学，决不能搞指导思想多元化。由中央组织并实施的马克思主义理论研究和建设工程已经全面启动，包括《史学概论》在内的各主要学科的教材正在加紧编写。胡锦涛总书记在主持中央政治局第九次集体学习时特别强调学习历史的重要性，指出中华民族历来就有治史、学史、用史的传统，我们党在领导革命、建设和改革的过程中一贯重视对历史经验的借鉴和运用；在新形势下要更加重视学习历史知识，更加注重用中国历史特别是中国革命史来教育党员干部和人民；不仅要学习中国历史，还要学习世界历史，不仅要有深远的历史眼光，而且要有宽广的世界眼光。与此同时，党报党刊以及一些史学类学术刊物，加大了对马克思主义唯物史观的宣传力度。所有这一切，为大力开展史学理论研究指明了正确方向，营造了良好氛围，提供了难得机遇。我们要抓住机遇，把史学理论研究中心的工作积极开展起来，使其在史学理论的学科建设中，在马克思主义史学理论的研究中，进而在整个史学领域中，切实发挥积极作用。

三　关于回应对唯物史观的挑战

史学理论既包括历史观，也包括历史研究的方法论，是从事史学工作的前提。古今中外的史学研究中产生过形形色色的历史观，比如，天命观、循环观、宗教观、英雄史观、进化史观、人道史观、唯物史观，等等。即使在同属于某种历史观的理论中，也有观点上的种种差异，比如，在西方资产阶级历史观中有法国年鉴学派、德国文化史学派、美国新史学派、英国新社会史学派，等等。然而，作为哲学层面的历史观来说只有两种：一种是唯心史观，一种是唯物史观。毫无疑问，无论哪种历史观，都应当是史学理论研究的对象。但是，当前摆在史学理论研究会和广大史学理论工作者面前的最为紧迫的任务，是加强对唯物史观的研究。这不仅是因为唯物史观诞生150年来，人类社会发生了许多深刻变化，提出了许多新的重大理论问题，需要我们解放思想、实事求是地对新的实践进行新的理论概括，丰富和发展唯物史观的概念和理论范畴；也不仅是因为只有加强对唯物史观的研究，才能适应继承和发扬中国史学理论和方法论优秀传统的需要，才能适应批判和借鉴西方史学理论的需要。更主要的原因是，唯物史观及其在史学领域的指导地位，今天受到了来自资产阶级自由化思潮空前严重的挑战，需要马克思主义史学理论工作者去迎接这个挑战。

对于唯物史观为什么会在今天遇到如此严重挑战的问题，也只有借助唯物史观来分析才能看得清楚。毛泽东于1957年说过："我们现在是处在一个社会大变动的时期。""这样的大变动当然要反映到人们的思想上来。存在决定意识。在不同的阶级、阶层、社会集团的人们中间，对于这个社会制度的大变动，有各种不同的反映。广大人民群众热烈地拥护这个大变动，因为现实生活证明，社会主义是中国的唯一的出路。""知识分子中，绝大多数人都是爱国的，爱我们的中华人民共和国，愿意为人民服务，为社会主义的国家服务。有少数知识分子对于社会主义制度是不那么欢迎、不那么高兴的。他们对社会主义还有怀疑，但是在帝国主义面前，他们还是爱国的。对于我们的国家抱着敌对情绪的知识分子，是极少数。这种人不喜欢我们这个无产阶级专政的国家，他们留恋旧社会。一遇机会，他们就会兴风作浪，想要推翻共产党，恢复旧中国。"[1] 毛泽东的这个分析，距离现在虽然已经近半个世纪，但是对建立在旧社会、旧制度土壤上的意识形态来说，要它们退出历史舞台，这点时间显然是太短了一些。

如果说毛泽东的上述分析还只是把反对马克思主义的思想放在了社会制度变动的大背景之下的话，那么，党的第二代、第三代中央领导集体则把当前这股反马克思主义思潮放在改革开放的背景下，进行了更为具体的分析。邓小平指出："我们在实行对外开放政策的时候，已经意识到将带进资本主义国家的一些消极影响。西方好的东西，应该借鉴、学习。但开放也会带来一些坏的东西，影响人们的思想，特别是青年的思想。所以我们同时必须反对资产阶级自由化。"[2] 江泽民同志说："改革开放和现代化建设，带来了经济的快速发展和社会的巨大进步，增强了人们的竞争意识、效率意识、民主法制意识、开拓创新精神……同时，由于社会经济成分、组织形式、就业方式、利益关系和分配方式日益多样化，人们思想活动的独立性、选择性、多变性、差异性明显增加。""我们实行对外开放，有利于人们开阔眼界、增加见识、活跃思想，但国外资产阶级腐朽思想文

---

① 《毛泽东文集》第7卷，人民出版社1999年版，第268页。

② 《邓小平文选》第3卷，人民出版社1993年版，第210—211页。

化也会乘机而入。"① 以胡锦涛同志为总书记的党中央进一步强调，国际敌对势力正在加紧对我国实施西化、分化的政治图谋，通过各种手段对我国进行思想渗透，利用各种渠道攻击我国的政治制度，企图动摇马克思主义在我国意识形态领域的指导地位，搞乱人们的思想。随着对外开放的不断扩大，西方资产阶级腐朽思想观念也不可避免地要在我国社会、政治、思想、文化等领域产生这样那样的消极影响。特别要看到，世界范围内社会主义和资本主义在意识形态领域的斗争和较量是长期的复杂的，有时甚至是非常尖锐的。我国是当今世界最大的社会主义国家，必然会长期面对各种敌对势力在意识形态领域的渗透活动，面临西方资本主义国家传播其意识形态、进行文化扩张和渗透的更大压力。这些分析，运用的都是唯物史观的理论和方法。

　　包括唯物史观在内的马克思主义所受到的空前攻击，不仅表现在对唯物史观理论体系和基本原理的否定上，而且表现在对历史虚无主义的鼓吹和对中国近代当代历史的肆意伪造、歪曲、丑化、颠倒上。这当然是件坏事，因为经验告诉我们，"去其史"从来是为了"灭人国"。苏联少数当权者抛弃马克思主义、纵容国内外敌对势力否定自己的历史而最终导致亡党亡国的惨痛教训，就是一个很有力的证明。但是，坏事也可以变好事。因为，真理从来是在同谬误作斗争中发展起来的，温室里培养出来的东西难有强大的生命力，极少数别有用心的人对马克思主义、对唯物史观的攻击，对近代革命史和当代社会主义建设史的漫骂，反过来可以促使一些对马克思主义信仰不够坚定的人认清真相、坚定起来，使原来就坚定的人更加坚定。毛泽东说得好："在我们国家里，马克思主义已经被大多数人承认为指导思想，那末，能不能对它加以批评呢？当然可以批评。马克思主义是一种科学真理，它是不怕批评的。如果马克思主义害怕批评，如果可以批评倒，那末马克思主义就没有有用了。事实上，唯心主义者不是每天都在用各种形式批评马克思主义吗？抱着资产阶级思想、小资产阶级思想而不愿意改变的人们，不是也在用各种形式批评马克思主义吗？马克思主义者不应该害怕任何人批评。相反，马克思主义者就是要在人们的批评中间，就是要在斗争的风雨中间，锻炼自己，发展自己，扩大自己的阵

①　《江泽民文选》第3卷，人民出版社2006年版，第81、82页。

地。"① 他的这段话今天读起来，仍然使人感到有很强的现实针对性，令人受到启迪和鼓舞。

不过，坏事变好事是需要一定转化条件的。要把对唯物史观攻击的坏事变成发展唯物史观的好事，至少应当具备两个条件：首先，要和攻击唯物史观的言论展开旗帜鲜明的斗争，对它们进行有科学分析的和有说服力的批判，绝不能视而不见，听之任之，任凭它们去占领市场。其次，要在捍卫唯物史观的科学体系和基本原理的同时，注意发现和弥补唯物史观理论上的不足，并结合新的实践，对这一理论进行丰富和发展。在这方面，"三个代表"重要思想为我们树立了光辉的典范。胡锦涛同志指出："始终代表中国先进生产力的发展要求，是对马克思主义关于生产力和生产关系、经济基础和上层建筑的辩证关系这一基本原理的运用和阐发；始终代表中国先进文化的前进方向，是对马克思主义关于物质生活和精神生活、社会存在和社会意识的辩证关系这一基本原理的运用和阐发；始终代表中国最广大人民的根本利益，是对马克思主义关于人民群众是推动历史前进的动力这一基本原理的运用和阐发。"② 这充分说明，唯物史观的原理是需要坚持也是一定能够得到坚持的，是需要发展也是一定可以得到发展的。

十几年前，当苏联、东欧的社会主义国家发生政局突变时，一些资产阶级的预言家们曾断言马克思主义将从此寿终正寝。与他们的预言相反，在当今中国等社会主义国家，马克思主义仍然牢固地居于意识形态的指导地位，相信它的人不是少了，而是更多了。即便在西方发达的资本主义国家，马克思主义也是当今最有影响的社会思潮之一。尤其发人深思的是，在1999年英国广播公司所做的"千年最伟大最有影响的人"的网上调查中，不是资产阶级的思想家、政治家，而是马克思名列榜首。苏东剧变后，邓小平说过一句话："我坚信，世界上赞成马克思主义的人会多起来，因为马克思主义是科学。"事实验证了他的话。只要我们勇于同各种非马克思主义和反马克思主义思潮进行斗争，回应唯物史观面临的种种挑战，并使唯物史观的理论随着科学的发展而发展，随着社会的进步而进步，那么，对唯物史观的攻击不仅不会伤害它的一毫一毛，相反，只会使

---

① 《毛泽东文集》第7卷，人民出版社1999年版，第231—232页。
② 《十六大以来重要文献选编》（上），中央文献出版社2005年版，第362页。

相信它的人越来越多，使它赢得更多的群众。

西方一些自我标榜或被人称作"马克思主义者"的人，充其量只是把马克思主义当成纯粹的学问来做，这同我们是不一样的。我们首先是把马克思主义当成工人阶级的指导思想和理论武器，是为了中国特色社会主义事业发展、马克思主义理论发展的需要而研究，不是为了研究而研究。党中央一再要求理论工作者要理论联系实际，围绕党和国家的工作大局，从理论和实践的结合上，回答经济建设与社会生活中提出的重大问题；要深入研究和准确阐述马克思主义经典著作中的基本观点，帮助人们分清哪些是必须长期坚持的马克思主义基本原理，哪些是需要结合新的实际加以丰富发展的理论判断，哪些是必须破除的对马克思主义的教条式的理解，哪些是必须澄清的附加在马克思主义名下的错误观点，以便用科学的态度对待马克思主义，用发展着的马克思主义指导新的实践。这些要求，我认为同样适用于史学理论工作者，同样是史学理论工作者义不容辞的责任。史学理论分会的同志要认清使命，在不断深化马克思主义史学理论研究方面，在发挥史学理论对历史研究的积极导向方面，在建立中国马克思主义史学理论的话语体系方面，在树立史学界的良好学风方面，作出自己新的贡献。

目　录

历史研究要有正确的理论指导

中央文献研究室前副主任　金冲及

我们研究历史，不仅要回答一个"是什么"的问题，还要回答它"为什么"如此。事实材料是无限的，看起来似乎是散乱的，但又有着深刻的内在联系和因果关系。史学工作者的任务不仅在叙述，而且要对历史发展过程中许多复杂现象的内在联系进行深入的思考和探讨，理清它的脉络线索，抓住要领，作出自己的分析和判断，特别是对一些有决定意义的关键性问题作出科学的解释，起到益人神智的作用，这就要求史学工作者能有敏锐的悟性和思维能力。

我们常常看到一些论文或著作，引用资料是丰富而翔实的，叙述也是清楚的，但缺乏思想，不能从丰富的事实材料中作出新的理论概括，也不能对问题进行透辟而切合实际的分析，更不能给读者以"益人神智"的启发。这样的论著也是有用的，但很难说是高水平的第一流作品。对一个开始从事研究工作不久的学者来说，能写出这样的论著是可喜的。但如果长期停留在这个水平上，不能更上一个台阶，它的发展前途是有限的。而要做到这一点，就需要有正确的理论作指导。

一个史学工作者如果没有正确的理论指导，就连一个简单事实的来龙去脉也难以作出清晰的有条理的叙述，更不可能透过复杂的历史现象作出深刻的分析。有理论素养的人还善于从"个别"中发现"一般"，不仅把某一个具体问题研究透，并且能从中领略到一些普遍的带规律性的认识，富有启发性，使读者读后能收到以小见大、举一反三的效果。总之，理论素养的高低对一个历史科学工作者来说，有如影之随身，到处都会表现出来。因此，我们一定要认真地学习理论，锻炼并提高自己理论思维的能力。

在众多的理论学说中，只有马克思主义，才使历史科学真正变成科学。这并不是一句套话。像我们这一代史学工作者，一般都是在新中国成立前进大学的。原来所受的教育自然不是马克思主义的。今天流行的许多西方学说如弗洛伊德、尼采、叔本华、汤因比等，我们那时多少也接触过。它们不是一点合理因素也没有。相反，在某些问题上提出的见解是相当深刻的，是能够给人以启迪的。但无论他们中的哪一位终究都无法从根本上说明历史。我们只是在接触马克思主义以后，作了比较以后，才觉得眼前顿时打开了一个新天地，原来千头万绪的历史现象似乎一下子变得井井有条，能够从根本上得到科学的完整的解释，并且在实践中证明了它的正确，这是任何学说都无法比拟的。我们这一代人接受马克思主义，大体上都是这样走过来的。直到今天，仍然没有见到任何一种学说能够从根本上代替马克思主义的这种指导作用。

当然，马克思主义不能当作教条来用，不能当作现成的公式到处去套，毛泽东在《反对本本主义》一文中说得好："我们说马克思主义是对的，决不是因为马克思这个人是什么'先哲'，而是因为他的理论，在我们的实践中，在我们的斗争中，证明了是对的。"我们学习马克思主义，是要领会它的精神实质，是要学习它的立场、观点、方法，是要学会应用它去深刻地科学地分析我们所要研究的具体对象。理论必须符合事实，而不是事实必须符合理论。科学的理论只能是从客观实际中抽出来，而又在客观实际中得到证明的东西。削足适履地把复杂多样的活生生的历史事实，硬生生地纳入某种固定的模式中去，自然谈不上创造性的研究，并且正好违背马克思主义。

这里，我想讲一下历史研究中必然性和选择性的问题。

几年前去日本参加一次学术会议时，有位学者告诉我存在这样一种看法：说外国学者着重研究的是选择性，而中国学者着重研究的是必然性，这是两者间的重大区别。我当时对他说：这种提法未必适当，也并不符合实际情况。我那时举出的理由大致有这样两条：

第一，人类历史发展的规律同自然发展的规律有很大的不同，离不开人的有意识活动。由于社会现象是复杂的，人们在历史发展进程中通常总是面对着两种或多种可能性，可供选择的对策也绝不止一种。一般来说，取得成功往往基于作出了正确的选择，失败往往基于作出了错误的选择。在这里，进行选择并作出决断的主体的作用是重要的。某些历史人物所作出的选择正确与否，往往直接改变历史发展进程的具体面貌。如果历史前进的每一步都只是刻板地按照某种注定了的公式演变，没有两种或多种可能性，人们所作的判断和选择无关紧要，那就成了可笑的宿命论了，同客观的历史进程和马克思主义对历史研究的要求全然不符。从这种意义上说，中国的历史学者同样十分重视选择性的研究。

第二，任何一个伟大的历史人物又都不可单凭自己的自由意志和主观意愿去随心所欲地进行选择，也不可能是在他自己自由选定的环境中进行创造。主体和客体从来是无法分开的，除非生活在梦幻中。人们只能在现成的客观历史条件许可的范围内有限度地发挥主观能动作用。他必须努力使自己的选择尽可能符合客观实际，符合历史前进的方向。为什么这一种选择是正确的，能够导致成功，而另一种选择是错误的，只能导致失败？相当程度上取决于他所作出的选择是否符合实际，是否符合历史潮流发展的客观趋向。当然，也还要看他取得成功的客观历史条件是否已经成熟。在这些问题背后都有看不见的客观规律性悄悄地在起支配作用。从这个意义上说，选择性和必然性不是根本对立的。中国的历史学者十分重视必然性的研究，注意透过充满偶然性的复杂现象去抓住决定历史发展方向的必然性的基本线索，是完全合理的。

话虽那么说了，但那位学者提出的问题，多年来一直萦绕在我的脑海里。他的话并非一点道理也没有。

在我们的历史论著中，用简单的方法来处理复杂历史现象的状况确实太多了。按照这些论著的叙述，历史的发展仿佛再容易不过，一切都是当然的。取得成功的历史人物在作出决断时，似乎不需要设想多种方案，经过反复的比较甚至痛苦的思索，才能下定决心。他对形势仿佛一下子就能作出正确的判断，采取正确的对策。而他选定的方案一旦实行起来，似乎又总是一帆风顺，不会遇到原来没有预计到的各种问题，从而在实行过程中不得不作出程度不同的修正或改变。这些论著在指出他们的失误时，又往往是判决式的，缺乏具体分析，没有认真考察他们当时为什么会作出这种错误的选择而还自以为是，这同当时的客观环境和这些历史人物的主观因素又有哪些关系。那种简单的而不是入情入理的判决式结论，自然难以使人心服，有时甚至会产生误解，以为马克思主义的历史研究方法就是鼓励那种简单化的直线式的研究，从而败坏了它的声誉。

其实，马克思主义对历史研究的基本要求，从来就是从实际出发，对具体事物进行具体分析。客观历史本身比人们在书斋中所能设想的不知要复杂多少倍。每个历史人物的思想和行动，都不能不受当时客观环境的制约。人们在某一历史时刻需要作出行为选择时，往往面对着各种选择都各有利弊的双重后果，而且包含着大量的未知数，正确的选择通常是找出显然利大于弊的做法，便下定决心去做，同时力求对可能遇到的不利因素加以防止或限制，还要准备付出一定的代价。何况人的认识能力总有一定的局限性，面对着由许多侧面组成的复杂事物，面对着包含许多未知数的难题，特别是面对着缺乏经验的新的课题，人们很难在短时间内把这些都看清楚，有时难免会产生困惑或迷惘，或者需要在实践中经过反复探索，总结成功和失败的经验教训后才能看清楚，在进行过程中调整原有的想法和部署，绝不像后人回过头来议论时那样轻松、那样看得明白。在那种情况下，要作出完善的决断实在不是一件容易的事情。选择的难处就在这里。偶然性在这里可以起很大的作用。

一部科学的历史著作，理应按照历史的本来面目，以马克思主义的辩证方法，如实地告诉读者：伟大历史人物是人而不是神，他在处理种种棘手的问题时同样经历过种种甘苦。历史著作应该用历史的眼光，根据实践结局的检验，使人们看到怎样的选择会导致怎样的后果，懂得在客观历史进程中怎样才能恰当地发挥人的主观能动作用，而不流于空想或盲动。这才是活生生的历史。读这类充满生动细节的历史著作，才能真正帮助读者从中受到启发，"益人神智"。马克思的《路易·波拿巴的雾月十八日》、恩格斯的《路德维希·费尔巴哈和德国古典哲学的终结》等，不正是这样的著作吗？

这样说来，对选择性研究得不够，又确实是我们不少历史论著中常见的通病。我们应该下决心抛弃这类常见的通病，写出更多的真正在马克思主义指导下对历史进行具体分析、令人感到面目一新的著作。这丝毫不意味着可以削弱对必然性的研究。恰恰相反，那样才能真正再现出那幅丰富多彩而又服从于一定规律的历史过程的真实面貌。

我们说要在马克思主义指导下研究历史，是不是意味着对非马克思主义的各种理论学说一概采取抵制和排斥的态度？自然不是。马克思主义是发展的。发展的来源主要有两个：一个是从新的实践中不断作出新的理论概括，这是最根本的；还有一个是要吸取马克思主义形成后的一切科学的研究成果，包括非马克思主义的科学研究中的合理成果来丰富自己，也就是说，应该把人类的一切优秀文化遗产都继承下来。

列宁在《马克思主义的三个来源和三个组成部分》一文中说："在马克思主义里绝没有与'宗派主义'相似的东西，它绝不是离开世界文明发展大道而产生的褊狭顽固的学说。""马克思的学说是人类在19世纪所创造的优秀成果——德国的哲学、英国的政治经济学和法国的社会主义的当然继承者。"马克思以前的德国古典哲学、英国政治经济学和法国空想社会主义，自然都不是马克思主义的，却构成了马克思主义的三个来源。马克思不但没有抵制和排斥它们，而是充分肯定它们所包含的合理内容，向它们学习，吸取它们中的一切科学成果，又把它推向前进，构成一个完备的严整的崭新的思想体系。摩尔根也不是马克思主义者，但他的《古代社会》对恩格斯写作《家庭、私有制和国家的起源》所产生的影响，更是众所周知的。这是马克思主义创造人为我们作出的榜样。在马克思逝世以后的一百多年来，科学（包括社会科学）又有了不少发展。这些年来即使是非马克思主义的社会科学研究中包含的合理因素，我们同样也应该十分关心，把它吸收过来，作为丰富和发展马克思主义的重要内容。当年马克思、恩格斯那样做了，我们作为马克思主义的后来人自然也应该这样做。简单地否定一切、排斥一切是错误的，把自己封闭起来，结果只能是阻碍自己的进步。当然，盲目地照搬西方的流行学说，不加分析地认为这才是适应时代潮流，那更是错误的，成为一种新的"宗派主义"，甚至会走上歧途，由一个极端走向另一个更糟的极端。

唯物史观是唯一科学的历史观

当代中国研究所研究员　　田居俭

一　唯物史观开辟了历史研究新纪元

唯物史观，在马克思主义经典著作中又称"唯物主义历史观"或"历史唯物主义"，是马克思运用辩证唯物主义研究人类社会历史的伟大发现。

马克思对唯物史观的最初表述，见于《黑格尔法哲学批判》。如他后来所说："我的研究得出这样一个结果：法的关系正像国家的形式一样，既不能从它们本身来理解，也不能从所谓人类精神的一般发展来理解，相反，它们根源于物质的生活关系，这种物质的生活关系的总和，黑格尔按照 18 世纪的英国人和法国人的先例，概括为'市民社会'，而对市民社会的解剖应该到政治经济学中去寻求。"[①] 马克思对唯物史观的系统概括，见于他与恩格斯合著的《德意志意识形态》："这种历史观就在于：从直接生活的物质生产出发阐述现实的生产过程，把同这种生产方式相联系的、它所产生的交往形式即各个不同阶段上的市民社会理解为整个历史的基础，从市民社会作为国家的活动描述市民社会，同时从市民社会出发阐明意识的所有各种不同理论的产物和形式，如宗教、哲学、道德等，而且追述它们产生的过程。这样当然也能够完整地描述事物（因而也能够描述事物的这些不同方面之间的相互作用）。"同时，他强调，唯物史观与唯心史观的根本区别是："它不是在每个时代中寻找某种范畴，而是始终

---

① 《马克思恩格斯选集》第 2 卷，人民出版社 1995 年版，第 32 页。下引该选集不再注版次。

站在现实历史的基础上，不是从观念出发来解释实践，而是从物质实践出发来解释观念的形成"。① 马克思在其早期著作中，对黑格尔概括的"市民社会"，从广义上解释为社会发展各个历史时期的经济制度，即决定政治制度和意识形态的物质关系总和。

马克思发现唯物史观以后，又回头用唯物史观指导历史研究，先后写出划时代的名著《1848 年至 1850 年的法兰西阶级斗争》、《路易·波拿巴的雾月十八日》、《资本论》等名著。正如恩格斯指出的："马克思所写的文章，几乎没有一篇不是由这个理论起了作用的。特别是《路易·波拿巴的雾月十八日》，这本书是运用这个理论十分出色的例子。《资本论》中的许多提示也是这样。"② 马克思在研究历史实践中，检验和充实了唯物史观。他在 1859 年写成的《政治经济学批判·序言》中强调，生产关系是决定一切社会关系的基本关系，并据此对唯物史观作了更加完整的经典性表述："人们在自己生活的社会生产中发生一定的、必然的、不以他们的意志为转移的关系，即与他们的物质生产力的一定发展阶段相适合的生产关系。这些生产关系的总和构成社会的经济结构，即有法律的和政治的上层建筑竖立其上并有一定的社会意识形式与之相适应的现实基础。物质生活的生产方式制约着整个社会生活、政治生活和精神生活的过程。不是人们的意识决定人们的存在，相反，是人们的社会存在决定人们的意识。社会的物质生产力发展到一定阶段，便同它们一直在其中运动的现存生产关系或财产关系（这只是生产关系的法律用语）发生矛盾。于是这些关系便由生产力的发展形式变成生产力的桎梏。那时社会革命的时代就到来了。随着经济基础的变更，全部庞大的上层建筑也或慢或快地发生变革。"③

恩格斯对唯物史观的丰富和发展，也有不可磨灭的贡献。他不仅通过《反杜林论》和《路德维希·费尔巴哈和德国古典哲学的终结》，以及《致康·施米特》、《致约·布洛赫》、《致瓦·博尔吉乌斯》等书信，对唯物史观进行了详尽的阐述和重要的补充。特别是在致布洛赫的信中，突出强调了两点：一是经济状况是基础，是"历史过程中的决定因素"，但

① 《马克思恩格斯选集》第 1 卷，第 92 页。
② 《马克思恩格斯选集》第 4 卷，第 697 页。
③ 《马克思恩格斯选集》第 2 卷，第 32—33 页。

"上层建筑的各种因素"也发生"相互作用"；二是历史的创造"总是从许多单个的意志的相互冲突中产生出来的，而其中每一个意志，又是由于许多特殊的生活条件，才成为它所成的那样。这样就有无数互相交错的力量，有无数个力的平行四边形，由此就产生出一个合力"。每个意志都对合力有所贡献，包括在合力里面。① 同时，他又创造性地运用唯物史观，写出了《家庭、私有制和国家的起源》、《德国农民战争》、《封建制度的解体和民族国家的产生》、《德国的革命与反革命》等史学名著。

唯物史观揭示的生产方式（生产力与生产关系）、社会存在与社会意识、经济基础与上层建筑、社会经济形态、阶级社会与阶级斗争、人民群众与杰出个人等基本原理及其成功运用，消除了以往历史研究中两个致命的缺点：一是"至多只是考察了人们历史活动的思想动机，而没有研究产生这些动机的原因"，二是"从来忽视居民群众的活动"；从而改变了此前"至多是积累了零星收集来的未加分析的事实，描述了历史过程的个别方面"的研究局面，为历史研究指明了一条"对各种社会经济形态的产生、发展和衰落过程进行全面而周密的研究的途径"②，破天荒第一次把历史研究引上真正的科学轨道，开辟了历史研究新纪元。

二　唯物史观与中国马克思主义史学

在中国，系统传播唯物史观的是李大钊。1919 年，他在《新青年》第六卷第五、六号上发表《我的马克思主义观》，首次提纲挈领地阐述了唯物史观的要点。接着，又先后发表了《由经济上解释中国近代思想变动的原因》、《史观》、《马克思的历史哲学与理恺尔的历史哲学》、《唯物史观在现代史学上的价值》、《研究历史的任务》、《史学要论》等阐释唯物史观的名篇。特别是《史学要论》，更加精辟、透彻地论述了唯物史观对历史研究的指导作用，并针对中国当时还没有一部以唯物史观为指导的史学著作，呼吁人们用唯物史观对中国历史进行"改作或重作"。

在李大钊的倡导下，蔡和森、邓初民尝试用唯物史观叙述人类社会发展的历史，分别撰写了《社会进化史》和《社会进化史纲》。最先用唯物

---

① 《马克思恩格斯选集》第 4 卷，第 695—697 页。
② 《列宁选集》第 2 卷，人民出版社 1995 年版，第 425 页。下引该选集不再注版次。

史观对中国历史进行全面"改作和重作"的是郭沫若。他这样做的目的是："我主要是想用辩证唯物论来研究中国思想的发展，中国社会的发展，自然也就是中国历史的发展。反过来说，我也正是想就中国的思想，中国的社会，中国的历史，来考验辩证唯物论的适应度。"① 基于上述主张，他依据唯物史观基本原理，在 1928—1929 年撰写了一系列关于中国古代社会历史进程和发展阶段的论文。这些论文于 1930 年汇集成专著《中国古代社会研究》出版，成为中国马克思主义史学的开山和奠基之作。

几乎与此同时，国内理论界和学术界掀起了一场颇有声势的中国社会史论战。这场论战是由不同政治派别之间关于中国社会性质和革命性质的论战引起的。论战的焦点是：中国社会到底经历了哪些历史阶段？在这场论战中，唯物史观力排众议，所向披靡，使奉行其他历史观的人如获至宝，刮目相待。如有学者所说："'新生命'派、'新思潮'派、'动力'派、'读书杂志'派等各色人物无不奉唯物史观为圭臬。"甚至连先前抵制马克思主义、扬言被"马克思列宁牵着鼻子走算不得好汉"的胡适，这时也承认："唯物的历史观，指出物质文明与经济组织在人类进化社会史上的重要，在史学上开了一个新纪元，替社会学开无数门径，替政治学开许多出路。"②

唯物史观在中国落地生根后，经过 20 世纪 30 年代初社会史论战的洗礼，日益与中国历史实际相结合，到 40 年代末形成了一个以唯物史观为指导从事历史研究的中国马克思主义史学家群体，产生了一批各领风骚的里程碑式史学著作，如吕振羽的《史前期中国社会研究》、《殷周时代的中国社会》、《简明中国通史》，范文澜的《中国通史简编》、《中国近代史》上册，翦伯赞的《历史哲学教程》、《中国史纲》第一、二册，侯外庐的《中国古典社会史论》（后重版改为《中国古代社会史》）、《中国近世思想学说史》、《中国古代思想学说史》，华岗的《中国历史的翻案》，胡绳的《帝国主义与中国政治》等，进一步显示出唯物史观的生机和活力，开创了中国史学的新局面和新境界。

毋庸讳言，中国史学家在运用唯物史观指导历史研究的过程中，也有

---

① 《沫若文集》第 8 卷，人民出版社 1958 年版，第 312 页。
② 引自王学典《唯物史观派史学的学术重塑》，《历史研究》2007 年第 1 期。

偏颇和失误。主要表现为公式化、简单化、教条主义和非历史主义等倾向。认真检讨起来，出现这些偏颇和失误，原因在于对唯物史观理解不准确、不深刻，与中国历史实际结合不紧密、不到位，而不能归咎于唯物史观，更不能因噎废食，进一步、退两步，"回到乾嘉学派"。

早在唯物史观发现之初，恩格斯就告诫人们："即使只是在一个单独的历史事例上发展唯物主义的观点，也是一项要求多年冷静钻研的科学工作，因为很明显，在这里只说空话是无济于事的，只有靠大量的、批判地审查过的、充分地掌握了的历史资料，才能解决这样的任务。"① 后来又强调："如果不把唯物主义方法当作研究历史的指南，而把它当作现成的公式，按照它来剪裁各种历史事实，那它就会转变为自己的对立物。"② 这就是说，唯物史观既反对空论，又反对教条。它要求充分占有资料，具体分析历史实际。谁能做到这些，谁就能取得出类拔萃的成绩。《中国古代社会研究》当初使史坛振聋发聩，至今仍不失其理论价值和学术价值，就是因为它以唯物史观为指南，以"大量的、批判地审查过的、充分掌握了的历史资料"为基础。

郭沫若的治史实践表明，唯物史观并不排斥重视资料、以考据见长的"乾嘉学派"。"乾嘉学派"集中国古代考据学之大成，以经学为研究重点，兼及文字、音韵、史地、天文、历算、典制、金石等门类。这个学派运用训诂、注解、校勘、辑佚、辨伪、考证等方法整理和传承文化典籍，在推进实证史学研究方面，具有不容低估的贡献。这个学派治学朴实、严谨，但也失之孤立、静止、片面和烦琐，不能对历史现象的横向联系和纵向联系进行归纳分析，揭示本质，进行规律性的说明。此乃近代以来"乾嘉学派"日渐衰落的根本所在。而唯物史观却使中国考据学枯木逢春，柳暗花明。郭沫若能以《甲骨文字研究》、《卜辞通纂》、《殷契粹编》、《两周金文辞大系考释》、《金文丛考》、《古代铭刻汇考》等著作，走在罗振玉、王国维等古文字研究大家前面，深得同道赞许，仍在于他以唯物史观为指导，用宏观研究带动微观研究，使二者优势互补，相得益彰，拓展和创新了中国考据学。

回顾中国马克思主义史学的发展历程，可以打这样一个比方：如果把

① 《马克思恩格斯选集》第 2 卷，第 39 页。
② 《马克思恩格斯选集》第 4 卷，第 688 页。

《史学要论》和《中国古代社会研究》的问世，视为长江大河源头处的涓涓细流，那么，中华人民共和国成立以后，特别是广大知识分子中经过学习"辩证唯物论和历史唯物论，反对各种唯心论和机械唯物论"（毛泽东语）以后，史学兴旺发展之势，则如长江挟风涛出三峡、黄河汇百川入渤海的浩荡洪流。唯物史观在中国史学界已经具有主导地位和绝对优势。几乎所有从事历史研究的人，几乎所有传统史学的分支学科，都程度不同地接受了以唯物史观为研究指南。至于新兴的一些史学分支学科，如中国近现代史、中国革命史、中国共产党史、中华人民共和国史等，就更是不言而喻了。限于篇幅，上述内容只能从略。读者可参看林甘泉的《二十世纪的中国历史学》①、戴逸的《世纪之交中国历史学的回顾和展望》②。

三　唯物史观永远引导历史研究接近客观真理

列宁指出："沿着马克思的理论的道路前进，我们将愈来愈接近客观真理（但绝不会穷尽它）；而沿着任何其他的道路前进，除了混乱和谬误之外，我们什么也得不到。"③

历史研究与唯物史观的关系正是如此。

我们之所以强调历史研究必须以唯物史观为指导，是就其科学的、完整的历史观和方法论而言。因为迄今为止还未发现有任何一种历史观能同唯物史观分庭抗礼，更不要说能取而代之。正如列宁批驳俄国自由主义民粹派代表人物米海洛夫斯基的唯心史观所说："在我们还没有看见另一种科学地解释某种社会形态（正是社会形态，而不是什么国家或民族甚至阶级等等的生活方式）的活动和发展的尝试以前，没有看见另一种像唯物主义那样能把'有关事实'整理得井然有序，能对某一社会形态做出严格的科学解释并给以生动描绘的尝试以前，唯物主义历史观始终是社会科学的同义词。"④ 因此，历史研究者要在实践中不断提高学习和运用唯物史观的能力，做到常学常新，常用常新。

实践一再证明，历史研究如果不以唯物史观为指导，就必然要走上歧

① 《历史研究》1996 年第 2 期。
② 《历史研究》1998 年第 6 期。
③ 《列宁选集》第 2 卷，人民出版社 1995 年版，第 103—104 页。
④ 同上书，第 10 页。

途。近年出版的"针对中华民族的祖先追源，并且重点推测《圣经》和中国夏、商、周三代之间的关系"的两本"猜想""三星堆文化"的书，就是一例典型。

这两本书，为了论证"'三星堆'文明绝非内生，它属于外来文明，其来源是'西方'"，"三星堆古国是古代中东地区闪米特人建立的政权，三星堆文明实质上更是闪米特文化的遗泽"，竟然把中国古代浩如烟海的典籍抛到九霄云外，祭起了《圣经》这部"以色列人的家谱"。著者武断地推测：犹太族先祖亚伯拉罕的后妃夏甲建立了"夏后朝"，亚伯拉罕的孙子以扫（又名以东、红色）与其妻简狄建立了"殷商朝"，亚伯拉罕另一个孙子雅各（又名以色列）12子中的"但"建立了"周朝"。从而把中华民族的历史渊源一笔勾销，轻率地记到别人祖宗的账上。

中华民族起源于中国本土，这是中国有文字记载以来的不刊之论。远的不说，就从二十四史之首《史记》的《五帝本纪》、《夏本纪》、《殷本纪》、《周本纪》等篇目算起，至今也有两千多年了。近代以来，国人通过历史文献、田野考古、古脊椎动物和古人类化石等翔实资料进行综合研究，进一步证明了中华远古历史的基本脉络：从"猿人"、"古人"和"新人"三个阶段构成的原始群时期，经以河南仰韶文化和浙江河姆渡文化为代表的母系氏族公社时期、以山东大汶口文化和龙山文化为代表的父系氏族公社时期，到从原始社会向奴隶社会过渡的唐尧、虞舜、夏启、商汤时期，再到奴隶社会发展鼎盛的殷商、西周时期。这一脉络又雄辩地证明："中国虽然并不是完全同外界隔离，但是中国文明还是在中国土地上土生土长的。"① 就连主张中国文明起源"外因决定论"的西方学者，也有人承认："中国的历史是伟大的，它根植于遥远的古代。在千百万年中，中国一再表现出非凡的稳定性和对古代传统的忠诚。在这个古代，在中国的远古时代，确实有不少稀世的、独特的、只有中国才有的东西，因而似乎可以明显地证明对古代中国文明百分之百的土著性表示任何怀疑都是不对的。"②

"猜想""三星堆文化"的两本书，全然不顾中国文明"土生土长"、

---

① 夏鼐：《中国文明的起源》，文物出版社1985年版，第80页。

② ［俄］列·谢·瓦西里耶夫：《中国文明的起源问题》中译本，文物出版社1989年版，第366—367页。

"具有百分之百的土著性"的事实，执意用《圣经》来翻新早已破产的"中国文明西来说"。对于这个举动，人们不禁要问：弃人文而求神祇，是想用中国历史说明外国迷信呢，还是想用外国迷信说明中国历史？

80多年前，李大钊在《史观》中指出："古昔的历史观，大抵宗于神道，归于天命，而带有宗教的气味。""一部整个的中国史，迄兹以前，遂全为是等史观所支配，以潜入于人心，深固而不可除。时至今日，循环的、退落的、精神的、'唯心的'历史，犹有复活反动的倾势。"① 这些精辟论断，至今读来仍然发人深省。

根据李大钊的判断，回头审视"猜想""三星堆文化"的两本书，它们之所以谬误百出，经不起实践检验，其根源在于"带有宗教的气味"的唯心史观的回潮。唯心史观和与之形影相随的形而上学方法论，极易使研究者走向历史虚无主义。历史虚无主义又极易导致民族虚无主义和崇洋媚外思想，使研究者沦为"中国文明西来说"的俘虏和奴隶。历史就是这么作弄人，"本来要到这个房间，结果却走进了另一个房间"（列宁语）。虽然这是"猜想""三星堆文化"的两本书始料不及的，但它却从反面印证了用唯物史观指导历史研究的重要性和必要性。

唯物史观发现和发展的历史表明：唯物史观是"唯一科学的历史观"（列宁语）。唯物史观之所以"会当凌绝顶，一览众山小"，使形形色色的历史观黯然失色，是因为它的发现者马克思充分掌握了以往的科学提供的全部知识，并取其精华、与时俱进，又经过实践的一再检验，成为任何理论都颠扑不破的真理。诚如列宁所说："凡是人类社会所创造的一切，他都有批判地重新加以探讨，任何一点也没有忽略过去。凡是人类思想所建树的一切，他都放在工人运动中检验过，重新加以探讨，加以批判，从而得出了那些被资产阶级狭隘性所限制或被资产阶级偏见束缚住的人所不能得出的结论。"② 当代中国的历史研究者只要坚定不移地以唯物史观指导，就能在历史研究的实践中按照唯物史观指引的方向日益接近客观真理，为繁荣和发展中国马克思主义史学作出新的贡献。

---

① 《李大钊史学论集》，河北人民出版社1984年版，第69、72页。
② 《列宁选集》第4卷，第284页。

从《历史学笔记》看马克思的
历史观点和治史方法

中国民人解放军总后勤部教授　邵　维　正
中国人民解放军艺术学院副教授　靳　希　光

　　《马克思历史学笔记》（以下简称《笔记》）已由中央编译局翻译、红旗出版社出版。这是马克思关于世界史笔记的第一个中文译本。这部珍贵历史文献的出版，填补了我国马克思著作研究和出版的一项空白，是我国史学界的一件大事，引起我国广大史学工作者的热情关注，并以此认真学习和研究马克思的历史观点和治史方法。

　　马克思历来十分重视历史科学，并在这方面倾注了大量心血。他曾说："我们仅仅知道一门唯一的科学，即历史科学。"① 青年时代，马克思所学的专业本来是法律，但他却把它"排在哲学和历史之次"，仅仅当作"辅助学科"来研究。后来因为必须对关于物质利益发表意见，才转而研究经济问题，并创作出《资本论》这一伟大著作。到了晚年，马克思虽重病缠身，但他依然回过头来抱病研究世界历史，并以其毕生最后的心血给世人留下这部极有价值的历史学文献。

　　《笔记》包括了马克思摘录的从公元前1世纪初到17世纪中叶世界各国特别是欧洲各国的政治历史事件。全文140多万字，依编年体形式排列。选材讲究，脉络清晰，逻辑缜密，舒卷自如。对于这部《笔记》的阅读和学习，尽管我们现在只能说是初步的，然而所受教益与启示则是多方面的。

---

① 《马克思恩格斯全集》第3卷，第20页。

一　充分占有史料是研究历史的基础

马克思在《资本论》第 1 卷第 2 版跋中，对他的研究方法说过这样的话："研究必须充分地占有材料，分析它的各种发展形式，探寻这些形式的内在联系。只有这项工作完成以后，现实的运动才能适当地叙述出来。"无疑，这是唯物主义的方法，科学的方法。《笔记》以其生动的事实把马克思的这一方法展示在我们面前。

《笔记》在"充分地占有材料"方面不仅十分重视内容上的准确，更注意在选材范围上的尽可能广阔。马克思博览群书，大胆吸收和借鉴前人所创造的文明成果，并利用诸多史家提供的史料，作为自己研究世界史的基础。他不仅认真阅读、详细摘录了德国历史学家施洛塞尔 18 卷本的《世界史》，还广泛参考了欧洲当时其他一些历史学家的著作。如博塔的《意大利人民史》、科贝特的《英国和爱尔兰的新教改革史》、休谟的《英国史》、马基雅弗利的《佛罗伦萨史》、卡拉姆津的《俄罗斯国家史》等等，其中不仅摘录了西欧、东欧等各国历史，对我国历史也有涉及，而且许多史实在我国现有的史书中也是难以找到的。

事实证明，对重大的历史事件、重要的人物资料，一无所知或知之甚少，必然无法说明历史的真实过程；不对人类社会各个历史阶段的大量历史资料进行综合搜集、研究和总结，既谈不上认识它们各自的特点，分析它们的各种发展形式，更谈不上探寻它们的内在联系，掌握它们的共同规律。

不仅如此，"即使只是在一个单独的历史实例上发展唯物主义的观点，也是一项要求多年冷静钻研的科学工作，因为很明显，在这里只说空话是无济于事的，只有靠大量的、批判地审查过的、充分地掌握了的历史资料，才能解决这样的任务"①。这不仅早已为许多历史事实所证明，为我国史学界诸多卓有成就的老前辈所证明，而且也为我们自己的实践所充分证明。不屑于广泛搜集资料并进行冷静、深入的钻研和分析，就不可能证明或解决史学领域留存的任何一个疑点和难点。否则，就像列宁所说，

---

① 《马克思恩格斯选集》第 2 卷，第 118 页。

那就是"'轻率的'、轻浮的人,谁也不会认真地理会他的"①。

二 研究历史不能照抄照搬,使用资料不可偏听偏信

没有充分而可靠的历史资料,不可能写出有价值的史学论著,但不问青红皂白,照抄照搬,也不能使历史成为科学。因此,马克思主义要求在历史研究中既反对唯心主义的臆造诡辩,也反对形而上学的照抄照搬,而是既充分借鉴已有的文明成果,又不囿于前人之说。在这方面,马克思早已成为我们的楷模,《笔记》的出版,再一次证明了这一点。其中他对距当时已过了300多年的一则史料的分析和处理就是一个明显的例证。过去,许多历史书籍中,对闵采尔有各种诽谤。《笔记》第三册在摘到1525年3月17日闵采尔成立"永久议会"时,马克思根据"1848年以后"的"许多历史文件"指出,当时对闵采尔的"各种诽谤全是坏蛋梅兰希顿捏造的"。从而纠正了载入"德国的各种历史书籍中"的不实之词。

这里还应当特别指出的是,《笔记》记述了人类1800年左右历史中间发生的许多具体事变,但既不是根据他和恩格斯以往提出的奴隶社会、封建社会、资本主义社会等社会形态的划分来整理,也不按地区、民族、国别来归并,而是把整个世界作为一个统一体,把这个统一体的历史过程当作全人类所经历的历史实际过程来研究。马克思为什么要这样做?我们不得而知,然而,摆在我们面前的事实却使我们想起他早在1847年就说过的两句话,即"在历史科学中,专靠一些公式是办不了什么事的"②;"任何领域的发展不可能不否定自己从前的存在形式"③。

历史在不断地前进和发展,人们的认识随之也要相应提高。人们的认识要提高,不换脑筋,不换角度,不解放思想,总是按照早已形成的概念、观点或模式去思考、去行动,就不会有真正的提高。

1883年3月,李卜克内西在马克思葬礼的演说中,曾称赞马克思不仅"是科学上的革命家",而且是"运用科学的革命家"④,事实证明,

---

① 《列宁选集》第2卷,第457页。
② 《马克思恩格斯选集》第1卷,第130页。
③ 同上书,第169页。
④ 《马克思逝世之际》,北京出版社1983年版,第26页。

马克思是当之无愧的。

三　搜集材料注意条理性，在充分发挥编年体优势的同时，辅之以纪事本末体

治史离不开搜集和占有史料，这不仅是一个常识问题，而且是一项基本功。但史料浩如烟海，有时还众说纷纭。这样，特别是在同时参阅多部或多种文献资料时，能否注意条理性问题，就成了一个大问题。

马克思的《笔记》，涉及世界 1800 年左右的历史，查阅了至少 8 种历史著作，共留下 140 多万字，可谓鸿篇巨制，卷帙浩繁。但仔细看却又条理清楚，层次分明，让人一目了然。其中一个重要原因，就是因为他采用了编年体的手法。这部由他原来所使用的 4 个笔记本所摘记的内容手稿组成的《笔记》，按年代顺序排列，第一册从公元前 1 世纪到 14 世纪初；第二册从 14 世纪到 15 世纪中叶；第三册从 15 世纪中叶到 16 世纪 70 年代；第四册从 16 世纪末到 17 世纪上半叶。一共 545 页。为了便于保存和查阅，马克思在这些笔记本的每页左边专门留有一行，标记着年代日期，并逐一把笔记本的每一页上都编上页码，细致严谨，令人叹为观止。马克思逝世后，恩格斯在整理这部手稿时，给他加上了《编年摘录》的标题，显然是十分贴切的。

当然，编年体并不是唯一的一种形式，为了记载某一历史事件或过程，并保证其相对完整性，马克思还从实际出发，在以编年体为主的同时也运用了纪事本末体。如《笔记》第一册，他在记了"1155 年铁木真或称成吉思汗出生"，接着下面就记上"死于 1227 年"；再如第三册"1572 年以前的英国女王伊丽莎白"一节，其中 1563 年 2 月 18 日这一天，从波尔特罗杀死弗朗索瓦·吉斯开始，收入前后 30 年左右的有关人物和事件，而且所涉及的每件事都作了扼要记录，每个人的生卒年月包括其性格特征都作了集中记载，显得紧凑明快，并减少了日后查找的麻烦。

当然，以什么方式搜集和积累资料应因人而异，因事而宜。再加上作为历史资料的类别、情况各不相同，除有以文字形式保存下来的外，还有许多实物、遗址，等等。但不管什么情况，条理性问题是不可忽视的。表面看起来这是一些具体小事，而实际则反映着一个人的治史态度。正因为马克思非常重视资料搜集的条理性，所以检索方便，核对快捷，信手拈

来，字字千钧，使"反对马克思的人从来也不能证明他有一点疏忽"①，反常被他准确及时、有理有据的论断所折服。

四　既坚持史论结合，又重视声情并茂，才能生动地反映历史

"史论结合"是研究历史、撰写史学论著的技巧问题，还是是否坚持理论与实际相结合的原则问题？正确的回答当然是后者而不是前者。只有正确地坚持史论结合，才能深刻揭示和把握历史真相，进而探求历史发展规律，从而使历史成为对人类社会具有指导意义的科学。对此，马克思是十分重视的。

《笔记》是马克思研究世界历史的"摘录"。它的主要任务是"详细地占有材料"。"论"可以说是次要的，或可有可无的。然而，实践中马克思不仅注意了史论结合，而且还有一些独到的地方。一是画龙点睛，在摘引史料过程中的关键地方以最少的笔墨点出问题的要害；二是边摘边议，即在摘录的过程中，将其出处注明的同时把自己的思想引申出来，糅合进去；三是注意摘录史料中带有理论色彩或概括性的有价值的结论。有的还用方括号引起，作为自己考虑的重点。如第四册第 231 页，摘录了英国查理二世当政时期，由于他对人民群众的横征暴敛、残酷镇压，激起了人民群众的不满，1381 年 6 月终于爆发了农民起义。在强大压力下，查理二世"发誓"答应起义者的要求。结果，起义者"回家了"，而查理则回过头来开始了更加野蛮的镇压。仅 1831 年夏天和秋天就有 7000 人牺牲。迫使农民再次起来，终于使早就开始了的解放过程"照常进行"，工资也有了提高。这时马克思引用了史学家格林的话："提高工资每前进一步都是用强力从有产阶级那里争得的"，并把这句话用方括号括起来，在"强力从有产阶级那里争得的"几个字下面打上着重点。由此可以看出马克思对这个结论的重视程度。

历史，是一切事物已往的运动发展过程。特别是人类社会的历史，虽然也是已往的运动发展过程，但它不是僵死的、苍白无力的，而是活生生的、有血有肉的。马克思在研究历史时十分注意这个问题，即不仅坚持史

---

① 保尔·拉法格：《忆马克思》，《回忆马克思恩格斯》，1957 年版，第 77 页。

论结合，而且还重视声情并茂。只要我们认真翻阅一下《笔记》，它不仅会使我们深切感到记载的历史事件惊心动魄，而且历史人物也栩栩如生。如第三册第 18 页摘记的"宫廷丑闻"就是如此。1458 年，葡萄牙恩里克四世要为情妇即王后的侍婢焦马尔·卡斯特罗举办一次盛大的庆宴和骑士比武，王后针锋相对，不让任何女官参加，但焦马尔·卡斯特罗没有服从这个命令。这时"窥视"她的王后"冲到她面前，一把抓住头发，把她摔倒在地"，并用"很尖的鞋后跟在她身上乱踩"。这时围了很多人，恩里克"当着众人面"，对着王后狠狠"踹了一脚"，踹得王后"一个多小时昏迷不醒"。真是声情并茂，栩栩如生。面对我国史学研究领域的现状，这一点也是值得我们重视的。

五　研究历史的着眼点在于指导现实

《笔记》写于 19 世纪 70 年代末和 80 年代初，即马克思的晚年。这时他多种疾病缠身，有时只能吃流食。特别是头痛和神经炎，常常折磨得他不用说工作，甚至起不了床！但他为什么偏要在这时，下这么大的功夫重新回过头来抱病研究世界历史？前面说过，他喜欢历史，重视历史。我们认为这仅仅是问题的一个方面，更重要的原因则是这时巴黎公社失败不久，国际共产主义运动处于低潮，如何看待、分析和把握无产阶级的历史命运和前途，如何全面总结无产阶级革命的经验教训，指导国际共产主义运动胜利发展，不能不成为马克思反复思考的一个重大问题，而马克思早就说过："我们不想教条式地预料未来，而只是希望在批判旧世界中发现新世界。"[1] 这样，下决心进一步更加全面系统地研究世界历史的任务，必然被马克思列入自己重要的议事日程。

不论是哪朝哪代，也不论是中国外国，为历史而研究历史的人不能说没有，但那不是马克思主义的历史观点和对历史的科学态度。回顾历史也好，展望未来也罢，目的是什么呢？都是为了指导现实。因为离开了现在就既谈不到历史，更谈不到未来。毛泽东同志指出："今天的中国是历史的中国的一个发展；我们是马克思主义的历史主义者，我们不应当割断历史。"还说："从孔夫子到孙中山，我们应当给以总结，承继这一份珍贵

---

[1] 《马克思恩格斯全集》第 1 卷，第 416 页。

的遗产。这对于指导当前的伟大的运动，是有重要的帮助的。"① 在这里，毛泽东同志的思想也是十分明确的。要我们"总结"、"承继"从孔夫子到孙中山的"遗产"，不是为了别的，也是为了给"当前的"伟大运动以"重要的帮助"。

　　当前，呈现在我们面前的是一个全新的世界。摆在我国社会科学工作者面前的最重大的课题是把马克思主义的基本原理应用于研究中国特色的社会主义和世界经济发展、政治斗争的新情况、新问题，并作出科学的说明。具体对我国史学工作者来说，任务更加艰巨。谁都知道，我国传统的历史著作或记载，有一个明显的特点，即大都不根据物质生活的生产状况来说明历史，而是排除人与自然的联系，大量记载和复述人与人之间的关系。二十四史大多属人物传记的汇编，其他记载多半略而不详。对物质生活的生产尤其忽略。很少统计数字，计量也多为约数。其他时期的历史研究中也有此种偏向。这当然不能说是多余的。但今天，我们需要的是经济、政治、军事、文化、科技、民族关系、社会生活和人文地理等多方面的历史问题的研究，特别是生产力发展对社会影响的研究，并提供比较系统的、确实可靠的知识。工作量之大，任务之艰巨可想而知，但又不能回避，不能拖延，更不能说"那是马克思老爹的事儿"②。唯一的办法就是像马克思那样，认真地坐下来，广泛搜集材料，刻苦钻研，群策群力，奋勇拼搏，笔耕不息。随着《笔记》的深入学习和研究，我们坚信我国史学工作者一定会创造出无愧于时代的光辉业绩。

---

① 《毛泽东选集》第 2 版第 2 卷，第 534 页。
② 《马克思恩格斯全集》第 28 卷，第 588 页。

生产力革命和交往革命：
历史向世界历史的转变

——马克思的世界历史理论与交往理论研究

中国社会科学院世界历史所研究员　于　沛

马克思在论及他的世界历史理论时，曾强调指出："世界历史不是过去一直存在的；作为世界史的历史是结果。"[①] 人们在学习或分析这个精辟的结论时，更多地是联系到人类历史上的生产力革命来思考这个问题。毫无疑问，这是完全正确的。因为人类的历史首先是生产力发展的历史，人类历史进步的终极原因，归根结底是生产力和生产关系矛盾运动的结果。当我们探究生产力发展的历史时，可以清楚地看到生产力革命对人类文明演进的深刻影响。但是，我们不应由此而忽略"交往"在人类历史演进中，特别是在历史向世界历史的转变中的重要作用，因为一个显而易见的事实是，只有当交往具有"世界性质"时，才有可能实现这种转变。在人类历史进程中，不仅存在着生产力革命，而且也存在着交往革命。"每一代人都在前一代所达到的基础上继续发展前一代的工业和交往方式，并随着需要的改变而改变它的社会制度。"[②]

马克思的交往理论是历史唯物主义的重要组成部分，将交往革命和生产力革命结合起来，去学习和分析马克思的世界历史理论，无疑具有重要的理论意义和现实意义。

---

① 《马克思恩格斯选集》第 2 卷，人民出版社 1995 年版，第 28 页。
② 《马克思恩格斯全集》第 3 卷，人民出版社 1960 年版，第 49 页。

一

在原始社会，无论是原始群时期，还是原始公社氏族母系制度时期、原始公社氏族父系制度时期，以及军事民主制度时期，即原始社会向阶级社会过渡时期，人类的历史都是处于封闭状态的历史。"大约自公元前4300年，首先在西亚、包括它南部的两河流域，开始发生氏族制解体，向阶级社会和文明时代过渡的过程。正是在这一带，人类史上初次出现属于城市范畴的建筑，初次出现由农村结合和发展起来的城市。"① 在古代亚非的奴隶制国家，诸如古代埃及，两河流域的城市国家巴比伦、亚述、新巴比伦等，赫梯、腓尼基和巴勒斯坦，以及古代伊朗、古代印度等国家，都是处于封闭状态的历史环境中，尽管在奴隶制国家之间已经开始发生联系，有了萌芽中的"外交"和"国际关系"。"封闭状态"的历史是由古代世界的社会经济制度决定的。马克思说："人们在自己生活的社会生产中发生一定的、必然的、不以他们的意志为转移的关系，即同他们的物质生产力的一定发展阶段相适合的生产关系。这些生产关系的总和构成社会的经济结构，即有法律的和政治的上层建筑竖立其上并有一定的社会意识形式与之相适应的现实基础。"② 奴隶制国家的生产力发展水平，决定了这些国家的生存环境及彼此之间的关系。

在古代希腊，公元前8世纪至公元前6世纪曾经出现了海外大移民运动。这场运动是在社会生产力发展、商业贸易激增、社会矛盾尖锐，以及一些新的城邦国家出现的特定的历史条件下发生的。当时希腊人的足迹遍及意大利、法国南部、西班牙和非洲北部等地。但是，从"世界历史"的视角来看，这并没有改变当时人类历史发展的"封闭状态"，尽管史称是"移民运动"或"海外大移民"，但主要还只是在意大利半岛、西西里岛和地中海沿岸地区。

在世界历史的研究范畴中，中世纪历史的主要内容，是封建社会形成、发展和衰亡的历史。一般认为，其始于5世纪后期西罗马帝国灭亡，下迄17世纪中期英国资产阶级革命前夜。封建制度是比奴隶制度进步的

---

① 《世界上古史纲》编写组：《世界上古史纲》上册，人民出版社1979年版，第118页。
② 《马克思恩格斯选集》第2卷，人民出版社1995年版，第32页。

一种社会制度，是人类历史进程中的一个发展阶段。封建生产方式较之奴隶制经济，更有益于社会生产力的发展。在西欧，不仅封建庄园——封建土地所有制迅速发展，而且出现了城市手工作坊和行会。在封建社会，各个国家和民族的活动范围和交往联系，已经明显地扩大了，例如这一时期出现了"民族大迁徙"、"十字军东侵"、"百年战争"和"万国宗教会议"等。但是，封建土地所有制是封建社会的基础，其本质是封建主对大部分土地的占有和对劳动者的不完全占有。封建社会的农业生产是小生产，基本上是个体农户独立进行，他们在人身上依附于封建主。虽然商品生产和货币交换是封建经济的组成内容，但封建经济仍然是一种自然经济。所有这一切决定了在封建社会经济形态中，人类的历史行程，仍然没有从民族性的、地方性的历史转向普遍性的、世界性的历史。

在封建社会后期，随着社会生产力的发展，在封建社会内逐渐产生了资本主义生产关系的萌芽，它作为一种新的生产关系，产生于15世纪的西欧。新兴的资产阶级通过文艺复兴、宗教改革运动，为冲破封建专制统治，建立资产阶级的政治、经济统治而斗争。17世纪中叶爆发了英国资产阶级革命，标志着世界范围内资本主义时代的开始，正是在资本主义这一新的历史时代，各民族和国家相对隔绝的历史逐渐成为"世界历史"，即各民族、国家进入全面相互影响、相互制约的历史。

资本主义生产关系孕育于封建社会内部，是社会生产力发展促使封建生产关系发生质变的必然结果。马克思笔下的"世界历史"是相对于"民族历史"而言。生产力的发展，使各个民族之间开始有了交往，后来变成了经常性的交往。资产阶级迈出了历史向世界历史转变的第一步。从这种意义上可以说，资本主义产生和发展的历史，同时也是历史向世界历史转变的历史。在马克思主义学说中，"世界历史"有将其作为一个相互联系的历史性整体来加以理解的具体含义。资本主义生产与交往的发展，"各个相互影响的活动范围在这个发展进程中越是扩大，各民族的原始封闭状态由于日益完善的生产方式、交往以及因交往而自然形成的不同民族之间的分工消灭得越是彻底，历史也就越是成为世界历史"。①

15世纪的西欧，封建社会建立了自己稳固的统治，进入鼎盛时期，同时也因资本主义萌芽的出现，使封建主义的经济基础开始动摇。15世

① 《马克思恩格斯选集》第1卷，人民出版社1995年版，第88页。

纪最重大的历史事件是"新航路开辟"。这时，西欧各国开始了资本原始积累的过程，葡萄牙、西班牙、法国、英国等国的大小贵族、商人和新兴资产阶级，迫切要求向海外寻找土地和黄金，这是推动航海家远航东方的根本动力。"随着美洲和通往东印度的航线的发现，交往扩大了，工场手工业和整个生产运动有了巨大的发展。从那里输入的新产品，特别是进入流通的大量金银完全改变了阶级之间的相互关系，并且沉重地打击封建土地所有者和劳动者；冒险的远征，殖民地的开拓，首先是当时市场已经可能扩大而且日益扩大为世界市场——所有这一切产生了历史发展的一个新阶段。"① 这个新阶段就是资本主义"世界历史"的新阶段。

"新航路开辟"揭开了历史向世界历史转变的序幕，它极大地促进了世界各地的联系，结束了世界各大陆和各大洋彼此孤立的状态，各民族彼此隔绝的历史开始成为世界的历史，其直接后果是加强了世界范围的联系，促进了日益腐朽的封建社会内部革命因素的增长，为资本主义世界市场的形成创造了必要的条件，加速了封建社会的崩溃。在封建社会末期，生产力和商品经济的发展，促进了封建社会自然经济的解体，使小商品生产者两极分化。一方面产生大批失去生产资料而不得不出卖自己劳动力的无产者；另一方面巨额的货币和生产资料集中在少数人手里转化为资本。资本的原始积累加速了这种分化。

资本原始积累是强制劳动者同他们的生产资料分离的历史过程。自给自足的自然经济被破坏，使大量农民和手工业者破产，既给资本主义造成了劳动力市场，又给它提供了商品市场。资本原始积累还包括对殖民地的侵占和掠夺。"新航路开辟"为西欧各国的新兴资产阶级开辟了广阔的活动场所，西欧资产阶级在海外的殖民掠夺，不断扩大资本的原始积累，通过赤裸裸的暴力手段，如武装占领、海外移民、海盗式的掠夺、欺诈性的贸易、血腥的奴隶买卖等积累起大量的财富。资产阶级用侵略、征服、残杀、掠夺和奴役，写下了资本主义发展史的第一页。据参与殖民掠夺的多米尼克派修道士拉斯·卡萨斯的回忆，当西班牙人在 15 世纪末踏上印第安人的土地时，"用马、刀剑、长矛向他们攻击，到处发生血战和想象不到的残酷。他们进入村里，不放过小孩、老人、妇女、产妇，把所有的人全杀光，彻底加以破坏和摧毁，就像被放开锁链的狗一样"。"他们打赌

---

① 《马克思恩格斯选集》第 1 卷，人民出版社 1995 年版，第 110 页。

和争论能不能一刀把人切成两半，或是用战斧能不能一下子把头砍下或把脏腑剖开。他们从母亲的怀里夺下婴儿，把脑袋往石头上撞，或是把他们抛入河里……立起大绞刑架，在火刑柱上把印第安人活活烧死，或是用干草把人包上，然后点火烧死他们。另外所有被留活命的人都被砍下双手，然后把砍下的手绑到身上予以释放，并且说：'带信去！——把新闻带给避开我们而逃入山里的人'。"① 这一切充分暴露了殖民者的凶残、野蛮，使人们对马克思所揭露的 "资本来到世间，从头到脚，每个毛孔都滴着血和肮脏的东西" 有了更深刻的理解。② 资本主义的发展使资产阶级的经济、政治力量不断壮大，与封建的生产关系、意识形态的矛盾不断加剧。荷兰在 16 世纪末，英国在 17 世纪中叶，法国在 18 世纪末，德国及其他一些国家在 19 世纪中叶，先后爆发了资产阶级革命，封建的生产方式为资本主义的生产方式取代，为资本主义生产关系的发展开辟了道路，同时在更广泛的范围内，推动了历史向世界历史的转变。

　　资本主义生产方式在西欧国家确立的过程中，始于 18 世纪 60—80 年代的产业革命具有决定性的意义。产业革命也称 "工业革命"，它既是生产技术上的革命，由工场手工业最终过渡到机器大工业，标志着资本主义生产的物质技术基础已经建立；它同时还是社会生产关系的重大变革，资产阶级和无产阶级成为资本主义社会基本的阶级结构，而且这两大对抗阶级的矛盾在社会生活实践中进一步发展；科学技术的不断进步促进了生产力迅速发展，不断开拓世界市场。资本主义生产关系扩展到一切生产部门的同时，也开创了资本主义世界历史的新时代。历史向世界历史的转变，成为不可逆转的历史过程。

　　1867 年 9 月，《资本论》第 1 卷德文版在德国汉堡出版，是马克思主义的一部划时代的著作。在这部著作中，马克思以资本主义社会经济状态为研究对象，科学地分析了资本主义这一世界历史现象，只是人类历史发展的一个阶段，它的产生、发展和灭亡是一个必然的历史过程。资产阶级发展了强大的社会生产力，按照自己的利益和意志建立起世界市场；资产阶级还创造了巨大的城市，使乡村屈服于城市，农民从属于资产阶级，东

---

① 周一良等主编：《世界通史资料选辑·中古部分》，商务印书馆 1974 年版，第 322—323 页。

② 马克思：《资本论》第 1 卷，人民出版社 1975 年版，第 829 页。

方从属于西方；资产阶级摧毁了封建割据状态，建立了统一的资产阶级国家。在人类社会发展的历史进程中，资本主义把人们从封建制的束缚下解放出来，做出了历史性的贡献。但是，资产阶级不可逾越的局限性和资产阶级无法解决的内在矛盾也是客观存在的。资本主义是一种剥削制度，从它问世的那一天起，就蕴涵着不可克服的矛盾。"资产阶级用来推翻封建制度的武器，现在却对准资产阶级自己了。""资产阶级不仅锻造了置自身于死地的武器；它还产生了将要运用这种武器的人——现代的工人，即无产者。""随着大工业的发展，资产阶级赖以生产和占有产品的基础本身也就从它的脚下被挖掉了。它首先生产的是它自身的掘墓人。资产阶级的灭亡和无产阶级的胜利是同样不可避免的。"①

马克思主义学说，正是建立在人类社会发展进入了世界历史时代的基础上。从马克思的上述结论中，我们不难理解"历史向世界历史转变"，实际上包括两个阶段，或两方面的内容。其一是资本主义开创的"世界历史阶段"；其二是从资本主义的世界历史阶段向共产主义的世界历史阶段的转变。世界历史分为资本主义世界历史时代和共产主义世界历史时代，从资本主义走向共产主义是人类历史发展不可逆转的趋势。

二

马克思的世界历史理论，从全球性的视角论述了人类历史发展的必然趋势，是从民族性的、地方性的历史转向普遍性、世界性的历史，在这个过程中，人类自身也同时从地域性的封闭条件下的个人，转变为世界历史性的、全面而自由发展的个人，世界历史的未来是共产主义。

在《1844年经济学—哲学手稿》中，马克思首次提出世界历史理论，并在《德意志意识形态》、《共产党宣言》等著作中系统地展开论述。马克思对于资本主义社会的本质及其发展规律，进行了终其一生的艰苦探索，尤其是对"世界历史"理论问题的研究更具特色。马克思自大学时代直至逝世前的最后几天，始终坚持对世界历史的研究。大约从1881年年底至1882年年底，晚年的马克思写有一部史学手稿，即《历史学笔记》，这是马克思生前写下的最后一部手稿。

---

① 《马克思恩格斯选集》第1卷，人民出版社1995年版，第278、282、284页。

　　马克思的世界历史理论，是他运用唯物史观的观点来看待历史和解释历史的结晶。什么是世界历史？世界历史在人类历史的发展过程中占有怎样的地位？世界历史是怎样形成和发展的？这些是马克思首先要回答的问题。马克思的世界历史理论，萌生在 1843 年的克罗茨纳赫时期。《克罗茨纳赫笔记》则是这一理论萌生的标志。在这一时期，马克思研读了大量世界历史文献，写下了 5 本详细的笔记摘录，编写了从公元 600 年至 1589 年的世界历史年表。这些笔记主要是孟德斯鸠、卢梭、沙多勃利昂、麦捷尔、马基雅维利、路德维希·兰克、哈密顿、施米特、林加尔特、盖尔、瓦克斯穆特等政治学家、历史学家著作的摘要，涉及公元前 6 世纪至 19 世纪 30 年代威尼斯共和国、法国、英国、德国、瑞典、波兰和美国的历史，以及世界历史进程中的重大历史事件及其演变。例如，马克思对法国资产阶级革命的世界历史意义给予了充分的关注，认为这场革命开创了资本主义的新时代，加速了世界历史形成的进程。

　　马克思"世界历史"理论形成的重要理论来源之一，是黑格尔的历史哲学。黑格尔在继承、发展前人思想的基础上，例如赫尔德、康德、席勒、费希特、谢林等，形成了自己的历史哲学体系。他通过辩证的方法，从宏观上对"历史向世界历史的转变"进行了概括性的描述。在他看来，世界历史的起点在东方，而终点则在西方。黑格尔在自己的历史哲学中，提出了一个"世界历史民族"的概念。他认为，世界历史的进步，是在体现了特定"民族精神"的"世界历史民族"的推动下实现的。"世界历史民族"是创造历史新纪元的民族，是统治的民族。"它具有绝对权力成为世界历史目前发展阶段的担当者，对它的这种权力来说，其他各民族的精神都是无权的，这些民族连同过了它们的时代的那些民族，在世界历史中都已不再算数了。"[①] 在黑格尔看来，他们都属于"非世界历史民族"，自然被排除在世界历史的主流之外。所谓"世界历史"是一个有机体，是一部世界历史民族不断更替的历史。

　　在批判地研究、改造黑格尔历史哲学思想的过程中，逐渐形成了马克思的世界历史理论。在标志着马克思从唯心主义转向唯物主义、从革命民主主义转向共产主义的《〈黑格尔法哲学批判〉导言》中，马克思的视野投向了"世界历史进程"，明确使用了"世界历史"这个概念。他说：

---

　　① 　黑格尔：《法哲学原理》，商务印书馆 1982 年版，第 354 页。

"历史是认真的，经过许多阶段才把陈旧的生活形式送进坟墓。世界历史形态的最后一个阶段是它的喜剧。"① 1844 年，马克思完成了《1844 年经济学哲学手稿》。在这部著作中，马克思在保留黑格尔辩证法和世界历史视野的前提下，对黑格尔的思想进行了批判。黑格尔"只是为历史的运动找到抽象的、逻辑的、思辨的表达，这种历史还不是作为一个当作前提的主体的人的现实历史"。马克思认为，"所谓世界历史不外是人通过人的劳动而诞生的过程，是自然界对人说来的生成过程，所以，关于他通过自身而诞生、关于他的产生过程，他有直观的、无可辩驳的证明"。② 马克思还强调，只有在工业时代，即资本主义时代，"私有制才能完成它对人的统治，并以最普遍的形式成为世界历史性的力量"。③ 在这里，马克思的"世界历史"概念已经有了他自己独特的、有别于黑格尔等人的含义。在这里，"世界历史"被认为是与"民族史"、"国别史"和"地区史"相区别的人类整体的历史，是人类活动的"产物"。

1845 年，马克思、恩格斯合著的《德意志意识形态》问世，这部著作是马克思主义唯物史观诞生的重要标志，马克思的世界历史理论在书中得到全面、系统的表述。在这部著作中，多处使用了"普遍的"、"世界市场"、"全面的依存关系"、"世界历史性的"、"世界历史意义上的"、"世界历史性的存在"和"世界历史性的共同存在"等概念。所谓"世界历史"，是各民族、国家通过普遍的交往，相互依存、相互联系，使世界整体化的历史。这种"整体化"决定了今天不可逆转的"全球化"历史趋势。

综上所述，马克思认为历史由"民族历史"走向"世界历史"，是人类社会发展的必然趋势，世界历史是资本主义社会发展到一定阶段的必然产物；推动世界历史发展的动力是生产力的普遍发展和人的普遍的交往；然而在不同历史发展阶段，生产力的发展水平和人的交往活动之间又形成了多重相互作用关系，这种多重相互作用关系强调，不能离开生产力的发展水平来空谈人的交往，同时也不能忽视交往扩大对生产力发展的能动作用。随着生产力的发展和社会的进步，人类的交往空间在不断地扩大，人

① 《马克思恩格斯选集》第 1 卷，人民出版社 1995 年版，第 5 页。
② 马克思：《1844 年经济学哲学手稿》，人民出版社 2000 年版，第 92、97 页。
③ 同上书，第 77 页。

类的交往形式在由低级到高级、由简单到复杂、由单一到多样地发展变化着，马克思认为，人类交往形式变化的深刻原因并不在于交往形式变化的本身，而在于生产力的和人的自主活动的发展。个人只能在一定的生产力条件下根据现实生产力的要求进行交往，但是生产本身又是在个人交往的前提下形成的"合力"。只有通过交往，使个人参与到群体的共同活动中，才会使人类个体有限的、存在差异的能力得以相互的补充，才能转换成获得物质资料的强大联合的力量；在马克思的理论中，人类交往的根本意义在于人的存在、发展和最终获得解放。人类交往关系的内在矛盾是个体与社会的矛盾，人类交往的历史发展过程就是这一矛盾的发展过程，而人类最终将摒弃个体与社会的对立状态，自由地占有交往关系，最后在交往中获得个人的完整性和全面的发展。这一过程是人类由自在到自为、由必然到自由、由创造自己社会生活的条件到开始真正社会生活的过程。

三

马克思的交往理论是马克思的社会发展理论的重要内容之一。1846年12月28日，马克思在给俄国自由派著作家巴·瓦·安年科夫的信中，明确阐释了"交往"的具体含义。他说："为了不致丧失已经取得的成果，为了不致失掉文明的果实，人们在他们的交往［commerce］方式不再适合于既得的生产力时，就不得不改变他们继承下来的一切社会形式。——我在这里使用'commerce'一词是就它的最广泛的意义而言，就像在德文中使用'verkehr'一词那样。例如：各种特权、行会和公会的制度、中世纪的全部规则，曾是唯一适合于既得的生产力和产生这些制度的先前存在的社会状况的社会关系。"① 在这里，"社会关系"包含有人类社会生活各个方面的丰富的内容。同时应该特别明确的是，与"社会关系"联系在一起的是"现实中的个人"。

交往是人的社会存在形式，随着社会生产力的变化而变化。交往和生产力一样，可视为时代更迭的动力。马克思笔下的"交往"，并非仅仅是个人之间的、民族之间的或国家之间的交往，而是指具有世界意义的"世界历史性"的交往。尽管这些"交往"往往是通过"个人之间"、

---

① 《马克思恩格斯选集》第4卷，人民出版社1995年版，第533页。

"民族之间"、"国家之间"进行的，但是，社会生产力发展水平所决定的时代的特征，已经赋予了这些交往具有世界历史性的意义。正因如此，这种交往才是普遍的、广泛的交往，才能真正克服"狭隘地域"的局限，同时使生活在狭隘地域中的人扩大认识的视野，在彻底改变他们狭隘的生活方式的基础上，扩大世界历史性的视野。只有地域性的个人为世界历史性的个人所代替，他们才能成为全面发展的人。也只有在这种情况下，现实生活中的人的自由和发展才真正有可能。因为在封闭的历史环境中，任何人都不可能真正了解和汲取人类其他先进的文明成果。

社会生产力的发展水平，直接制约着交往的水平。在人类历史进程中，不难看到这样一种规律性的现象：孤立、封闭、隔绝，总是和落后的社会生产力水平联系在一起，反之也如此，即交流、交往、开放，往往是和先进的社会生产力水平联系在一起的。这种客观存在的辩证关系，正如马克思所言："生产本身又是以个人彼此之间的交往（verkehr）为前提的。这种交往的形式又是由生产决定的。"① 在"交往——生产"的过程中，社会生产力和物资资料的生产方式的矛盾运动，决定着社会历史进程。

社会生产首先是物质资料的生产。在马克思、恩格斯看来，"思想、观念、意识的生产最初是直接与人们的物质活动、与人们的物质交往、与现实生活的语言交织在一起的。人们的想象、思维、精神交往在这里还是人们物质行动的直接产物"。② 显然，在诸多的交往中，"物质交往"具有决定性的意义。它的主要形式是工业生产、商品交换和武力战争。物质交往是精神交往的基础和前提，没有物质交往就没有所谓的精神交往。物质交往是人类社会生活中最基本的交往，不仅精神交往受物质交往的制约，而且人类社会一切社会关系，都是受物质交往关系所决定的。明确这一点对于正确理解马克思的交往理论十分重要，马克思的交往理论即是从这样的基本认识出发，也即是从始终坚持彻底的唯物主义的立场出发的。总之，马克思的交往理论，坚实地建立在唯物主义的立场上。

交往范畴与生产关系范畴，是既有联系又有区别的两个不同的范畴。"人们在自己生活的社会生产中发生一定的、必然的、不以他们的意志为

---

① 《马克思恩格斯选集》第 1 卷，人民出版社 1995 年版，第 68 页。
② 同上书，第 72 页。

转移的关系，即同他们的物质生产力的一定发展阶段相适合的生产关系。"① 显然，经济交往只是生产关系的前提，而非等于生产关系。生产关系是一种经济关系，而交往则有着更为丰富的内容，除去经济内容之外，还包括精神方面的内容，诸如文化交往、政治交往，等等。当然，这些交往和物质交往不能等同并论，而是前者受到后者的制约。人们之间的交往绝非是精神的交往，人类的精神交往形式仅是物质交往形式的产物而已。马克思所强调的是"从社会生活的各种领域中划分出经济领域来，从一切社会关系中划分出生产关系来，并把它当作决定其余一切关系的基本的原始的关系"。② 那种把人们之间的所有关系或所有交往都看成是意识的产物，是与马克思主义经典作家的认识背道而驰的。因此，生产关系实际的内容，不是保存在抽象的概念中，它只有和"交往"联系在一起，在交往的现实的实践过程中才能实现，才能成为现实，才有具体实在内容的生产关系。

马克思交往理论的产生，主要体现在《1844 年经济学哲学手稿》、《关于费尔巴哈的提纲》、《德意志意识形态》、《1857—1858 年经济学手稿》，以及《资本论》等著作中；而这一理论的发展，则主要表现在马克思关于东方社会的理论中，以及《给查苏利奇的信》、《历史学笔记》等文献中。马克思交往理论的要点是：人类的交往，主要包括物质交往和精神交往两种形式。从人类历史发展的进程中，可以将人类历史分成"部落所有制"、"古代公社所有制和国家所有制"、"封建的或等级的所有制"、"资本主义所有制"、"共产主义"。在各种所有制的更迭过程中，交往具有决定性的作用。例如，当部落所有制向古代公社所有制和国家所有制过渡时，"潜在于家庭中的奴隶制，只是随着人口和需求的增长，随着战争和交易这种外部交往的扩大而逐渐发展起来的"。③ 随着由社会生产力所决定的人类历史的演进，人类交往的不断扩大，人类的历史也同时越来越具有普遍的世界历史的性质，即各个民族从彼此隔绝到相互交往，逐渐形成整体的、彼此相互依赖的世界历史。

在马克思看来，人类的历史首先是生产力发展的历史。他说："后

---

① 《马克思恩格斯选集》第 2 卷，人民出版社 1995 年版，第 32 页。

② 《列宁选集》第 1 卷，人民出版社 1995 年版，第 6 页。

③ 《马克思恩格斯选集》第 1 卷，人民出版社 1995 年版，第 69 页。

来的每一代人都得到前一代人已经取得的生产力并当作原料来为自己新的生产服务，由于这一简单的事实，就形成人们的历史中的联系，就形成人们的历史，这个历史随着人们的生产力以及人们的社会关系的越益发展而越益成为人类的历史。"① 在这里，"社会关系的越益发展"，首先离不开"交往"的发展。世界历史形成的根源、前提和动因，首先是社会生产力的发展，以及它所导致的分工和交往的发展。在资本主义社会，资本的膨胀、无限制地扩张，对资本增值的无止境地追求，和大工业的发展，推动了冒险、远征和殖民地开拓，建立和扩大世界市场，为此就必须消灭各个国家和民族彼此孤立隔绝的状态。前资本主义那种地方的、民族的、自给自足和闭关自守的状况，被各民族的、各方面的互相往来和各方面的互相依赖所代替，世界越来越成为一个有机联系的整体，地方性的联系逐渐为世界性的联系所取代。正如马克思、恩格斯在《共产党宣言》中所说的："美洲的发现，绕过非洲的航行，给新兴的资产阶级开辟了新的活动场所。东印度和中国的市场、美洲的殖民化、对殖民地的贸易、交换手段和一般的商品的增加，使商业、航海业和工业空前高涨"，② 那些地域的和人为设置的种种障碍，都被资本的膨胀和扩张所冲破，资本主义为自身的发展不断获得更多更大的空间，各个民族的历史越来越成为"世界性"的历史。

世界性的普遍"交往"，是世界历史时代社会生产力普遍发展的前提。"某一地域创造出来的生产力，特别是发明，在往后的发展中是否会失传，完全取决于交往的扩展情况。当交往只限于毗邻地区的时候，每一种发明在每一个地域都必须单独进行；一些纯粹偶然的事件，例如蛮族的入侵，甚至是通常的战争，都足以使一个具有发达生产力和有高度需求的国家处于一切都必须从头开始的境地……只有一切民族都必须卷入竞争斗争的时候，保持已创造出来的生产力才有了保障。"③ 显然，交往革命是世界历史形成中的重要环节。在资本主义时代，国家与国家、民族与民族之间的联系和往来，在规模、内容和发展速度上，都是前资本主义所无法比拟的。"各民族之间的相互关系取决于每一个民族

---

① 《马克思恩格斯选集》第 4 卷，人民出版社 1995 年版，第 532 页。
② 《马克思恩格斯选集》第 1 卷，人民出版社 1995 年版，第 273 页。
③ 同上书，第 107—108 页。

的生产力、分工和内部交往的发展程度。……然而不仅一个民族与其他民族的关系，而且这个民族本身的整个内部结构也取决于自己的生产以及自己内部和外部的交往的发展程度。"从世界的视野看，"随着美洲和通往印度的航线的发现，交往扩大了"。① 这种扩大不仅是"量"的扩大，更是"质"的变化，因为它和社会生产力——世界范围的生产力的迅速发展密切联系，对"世界历史"的形成具有特殊的意义。因为"各个相互影响的活动范围在这个发展进程中越是扩大，各民族的原始闭关状态由于日益完善的生产方式、交往以及因交往而自然形成的不同民族之间的分工而消灭得越是彻底，历史也就越是成为世界历史"。② 这里"世界历史"的"世界"，不仅仅是地理范围的不断扩大，而是强调在现实生活中，人类社会已经成为一个有机的整体的辩证统一，而不应将这种"统一性"割裂开来，单独提出所谓"历史学意义的世界历史"，和"哲学意义的世界历史"。世界上并不存在抽象的、仅仅存在于哲学范畴中的所谓精神的世界历史。

任何一个民族生产力发展的水平，都会通过该民族分工发展的程度上表现出来。因为分工和交往的发展水平，与生产力的发展水平和生产关系的性质在本质上是一致的。"任何新的生产力都会引起分工的进一步发展，因为它不仅仅是现有生产力的量的增加（例如开垦新的土地）。"③ 生产力的发展，使自然、自发的分工变成一种制度性的分工，与其相伴随的是私有制的出现，以及物质劳动和精神劳动的分离。因此，在某种意义上，"分工"和"私有制"是同义语。分工导致了商品的交换，而交换的不断扩大使商业贸易迅速发展起来，出现了普遍的繁荣，从而要求冲破国内市场的束缚，走向世界市场，进而引起各民族的普遍竞争和世界性的交往。在加强了各民族之间联系的同时，各民族相互依赖的程度也不断加深。激烈的竞争不断扩大生产和交换的规模，促使世界市场迅速发展，在此过程中，世界上一切国家的生产和消费都成为世界性的了。世界日益联系成为一个整体，决定了世界历史的形成，即历史转变为世界历史。资产阶级以及资本主义的发展，首先揭开了世

---

①　《马克思恩格斯选集》第 1 卷，人民出版社 1995 年版，第 68、110 页。

②　同上书，第 88 页。

③　《马克思恩格斯全集》第 3 卷，人民出版社 1960 年版，第 24 页。

界历史的序幕。商业贸易和世界市场既是资本主义生产的前提，又是它的后果。

"资产阶级在历史上曾经起过非常革命的作用。"① 这主要表现在，资产阶级创造了庞大的生产资料和交换手段，在它不到 100 年的阶级统治中所创造的生产力，比过去一切世代创造出的全部生产力还要多，还要大。资本主义大工业使每个文明国家以及这些国家中的每一个人的需要的满足都依赖于整个世界，它消灭了各国以往自然形成的闭关自守的状态，使一切民族因生产工具的迅速改进和交通的极其便利，卷入到文明中来。"生产的不断变革，一切社会状况不停的动荡，永远的不安宁和变动，这就是资产阶级时代不同于过去一切时代的地方。"② 资本主义的本质决定了资产阶级必定要奔走于世界各地，到处落户、到处开发、到处建立联系。资本主义的发展，使物质生产和精神生产都成为世界性的。

推动世界历史性交往的基本动力，在于资产阶级的内在需求与资本主义的基本矛盾。资产阶级把人与人之间的一切关系都变成了"赤裸裸的利害关系"，"把人的尊严变成了交换价值"。正是这一本质需求决定了资产阶级的性格特点：一是必须对生产工具，从而对生产关系，从而对全部社会关系不断地进行革命，否则就不能生存下去；二是必须不断扩大产品销路，到处落户、到处开发，到处建立联系，从而开拓世界市场；三是迫使一切民族——如果他们不想灭亡的话——采用资产阶级的生产方式；它迫使他们在自己那里推行所谓的文明，即变成资产者。总之，它按照自己的面貌为自己创造出一个世界。可见，资产阶级的内在需求就是推动世界交往的动因。

人类历史进程充分表明，"只有随着生产力的这种普遍发展，人们之间的这种普遍交往才能建立起来；普遍交往，一方面，可以产生一切民族中同时都存在着'没有财产的'群众这一事实（普遍竞争），使每一民族都依赖于其他民族的变革；最后，地域性的个人为世界历史性的、经验上普遍的个人所代替。……共产主义只有作为占统治地位的各民族'一下子'同时发生的行动，在经验上才是可能的，而这是以生

---

① 《马克思恩格斯选集》第 1 卷，人民出版社 1995 年版，第 274 页。
② 同上书，第 275 页。

产力的普遍发展和与此相联系的世界交往为前提的"。① 在马克思主义创始人看来，历史转变成为世界历史，是实现共产主义的前提。因为共产主义的目标不是某一阶级、某一国家或某一民族的解放，而是全人类的解放，无产阶级只有解放全人类，才能最后解放自己。这一目标只能在世界历史、而非在地域的背景下去实现，共产主义运动是世界历史性的运动，实现共产主义，是在全世界而非在某一国家或某一民族实现共产主义。

社会生产力的发展，客观上改变着人们的交往，这种"改变"的内容之一，就是作为"交往主体"的人的能力的改变。只有这样，交往的实际内容的改变才有可能。交往中的人的能力的改变，不仅仅表现在如何适宜不断进步的具体的劳动形式和劳动内容上，同时也表现在作为世界历史性的人的素质的全面提高上，从某种意义上说，这也是历史转变成世界历史的本质要求和重要特征之一。

共产主义社会是实现人的自由全面发展的社会，因此从这种意义上可以认为，人的自由全面发展是共产主义的本质特征之一，是人类获得彻底解放的重要标志。因为"自由"不是一部分社会成员享有，而是属于社会成员整体。这里需要强调的是，"人的自由全面发展"是有条件的。"只有在共同体中，个人才能获得全面发展其才能的手段，也就是说，只是在共同体中才可能有个人自由"，② 而且"在这个联合体中，每个人的自由发展是一切人的自由发展的条件"。③ 无论是"共同体"，还是"联合体"，在这里所指的都是"共产主义社会"。世界历史的形成，不仅是实现共产主义的前提，同时也是人的解放和人的自由全面发展的前提。这不仅是因为"无产阶级只有在世界历史意义上才能存在，就像共产主义——它的事业——只有作为'世界历史性的'存在才有可能实现一样"，而且"每一个单个人的解放的程度是与历史完全转变为世界历史的程度一致的"。④ 人只有彻底改变孤立的民族性和地域性而与现代文明交融，完全成为"世界历史性"的人，才有可能实现人的自由全面发展。

---

① 《马克思恩格斯选集》第 1 卷，人民出版社 1995 年版，第 86 页。
② 同上书，第 119 页。
③ 同上书，第 294 页。
④ 同上书，第 87、89 页。

只有共产主义社会"人的自由全面发展"才不是一句空话。除上述已经提及的原因外，还应强调的是社会生产力的高度发展和物质财富的极大丰富。人的自由全面发展离不开必要的物质条件和物质基础。在实现共产主义之前，即"人的自由全面发展"尚是人们追求的理想时，人们可以清楚地看到在世界历史的条件下，首次出现了人的"独立性"。这种独立性相对于以往人的"依附性"，无疑是历史的巨大进步。

四

马克思在论述民族历史走向世界历史、揭示人类社会历史的规律性时，十分重视交往。在他看来，交往是一个历史范畴。在人类历史发展的不同阶段，交往的形式是随之变化的。社会生产力的发展，必然要求与其相适应的交往形式的产生。人类历史的交往形式经历了一个由简单到复杂的发展变化过程。人类历史上的"交往革命"直接决定着或影响着世界历史进程，这在以下重要的历史时期明显地表现出来。

在中世纪城市兴起之前，在西欧的一些国家里已经出现了手工业专业化的趋向。10—11 世纪以来，随着社会生产力的发展，农业生产有了更多的剩余农产品，推动了商业活动的进一步开展，与此同时，手工业迅速发展，并出现了作为商业活动中心的城市。从中世纪的农奴中产生了初期城市的市民。"为要解释城市的领先地位，必须把它们置于11—13 世纪期间逐渐在欧洲形成的第一个经济世界的范围之内。正是在那时候，出现了相当广阔的流通区域，而城市则是流通的工具、转运站和受益者。"① 生产力的发展和交往的发展催生了新的城市不断涌现出来，在 13—14 世纪的西欧，新增加的城市大约有 700 个。

1500 年前后被认为是世界近代史的开端。"因为只是从 1500 年左右新航路开辟之后，西欧人走向海外，开始殖民征服，欧洲贸易才走出地中海狭小的范围而扩大到全世界，为新兴的资产阶级开辟了新的活动场所，从而促进了欧洲的封建生产方式迅速地向资本主义生产方式过

① 布罗代尔：《15 至 18 世纪的物质文明、经济和资本主义》第 3 卷，三联书店 1993 年版，第 86 页。

度，对世界其他地区的经济社会发展产生了极大的影响。"① 新航路的开辟，资本的膨胀和扩张，对瓜分殖民地的争夺，如葡萄牙东方殖民地国的建立，西班牙对中南美洲的殖民征服等，使得交往的范围及内容不断扩大。

17 世纪中叶至 18 世纪末，工场手工业逐渐取代了行会手工业；工场手工业的迅速发展和商业活动的扩大，加快了资本的积累。这一时期交往革命的标志是"世界市场"开始形成。欧洲、亚洲、非洲、美洲之间的贸易迅速发展，使世界市场不断扩大。在 17 世纪，"荷兰人从事的'货栈贸易'一般设有很多分支机构，他们的印度洋贸易显然也按同一模式进行"。② 世界市场的扩大和交往的扩大联系在一起，是促进封建生产方式向资本主义生产方式过渡的重要因素，对冲破生产的封建束缚起了重大的作用。

18 世纪后半期，在英国发生了工业革命，并很快扩展到欧美其他国家。1850 年时，英国已经建成的铁路达 9600 多公里。蒸汽机车和铁路的出现，是和形成中的世界市场，和资本主义大工业的产生和发展联系在一起的，因而赋予了"交往"以新的内容，即推动了历史向世界历史的转变，正如恩格斯所说那样，"分工、水力、特别是蒸汽力的利用，机器的应用，这就是从 18 世纪中叶起工业用来摇撼旧世界的三个伟大杠杆"，③ 其世界历史意义，实际上远远超过了一般意义上的政治革命或社会革命。

资本主义"首次开创了世界历史，因为它使每个文明国家以及这些国家中的每一个人的需要的满足都依赖于整个世界，因为它消灭了各国以往自然形成的闭关自守的状态"。④ 资本主义世界市场形成的过程，同时也是人们的交往不断扩大到全世界的过程。但是，"交往"却并非仅仅存在于资本主义历史阶段，而是贯穿于世界历史进程的各个阶段，存在于各社会经济形态中。交往、交往的普遍化，是和世界历史同时发展的。马克思、恩格斯在 1845—1846 年的《德意志意识形态》中，曾

---

① 吴于廑、齐世荣主编：《世界史·近代史编》，高等教育出版社 2001 年版，第 1 页。

② 布罗代尔：《15 至 18 世纪的物质文明、经济和资本主义》第 2 卷，三联书店 1993 年版，第 132 页。

③ 《马克思恩格斯全集》第 2 卷，人民出版社 1957 年版，第 300 页。

④ 《马克思恩格斯选集》第 1 卷，人民出版社 1995 年版，第 114 页。

谈及"部落所有制"、"古代公社所有制和国家所有制"、"封建所有制"、"资产阶级所有制"（紧接其后的是共产主义所有制）。在《〈政治经济学批判〉序言》中，马克思关于人类历史的分期写道："大体说来，亚细亚的、古代的、封建的和现代资产阶级的生产方式可以看作是经济的社会形态演进的几个时代。资产阶级的生产关系是社会生产过程的最后一个对抗形式……但是，在资产阶级社会的胎胞里发展的生产力，同时又创造着解决这种对抗的物质条件。因此，人类社会的史前时期就以这种社会形态而告终。"① 认识和分析人类历史纵向发展的"五形态"，不能脱离世界历史范围内的社会生产力的发展与交往方式的演变。社会经济形态的更迭标志着世界历史各个时代的性质的变化。这些变化表明，世界历史的进步趋势是不可逆转的。

① 《马克思恩格斯选集》第2卷，人民出版社1995年，第33页。

论中国马克思主义史学的史学观

北京师范大学教授　　瞿 林 东

中国马克思主义史学在发展过程中，在其关于理论问题的研究方面，逐步形成了关于史学的有系统的认识，这可以称之为中国马克思主义史学的史学观，这是中国马克思主义史学在史学理论方面的成就。本文试对此做初步的探讨，不当之处，希望得到同行的批评、指正。

一　关于历史学学科体

1924 年，李守常（大钊）的《史学要论》一书由商务印书馆出版，它表明中国马克思主义史学从其诞生时起，就把对于史学的认识放在首要地位，此书题名"史学"之"要论"，绝非偶然。可见，一个学科之学科体系的建立，当从认识这门学科开始。

《史学要论》所反映出来的史学观，概括说来，主要有以下几个论点：

——明确区分"历史"和"历史学"的性质，提出把客观存在的历史同人们主观反映的历史加以区别的重要性。

什么是"历史"？李大钊从三个方面提出了对客观存在之历史的认识：

第一，历史撰述所反映的"历史"，并不等同于"活的历史"即客观存在的历史本身。李大钊指出："不错，我们若想研究中国的历史，像那《史记》咧，《二十四史》咧，《紫阳纲目》咧，《资治通鉴》咧，乃至其他种种历史的纪录，都是很丰富、很重要的材料，必须要广搜，要精选，要确考，要整理。但是他们无论怎样重要，只能说是历史的纪录、是研究历史必要的材料，不能说他们就是历史。这些卷帙，册案，图表，典籍，全是这活的历史一部分的缩影，而不是这活的历史的本体。"① 作者指出这种区别和联系，在理论上使人们懂得"历史的本体"即"活的历史"比历史撰述所反映的内容更生动、更丰富，从而拓展了人们的历史视野；在实践上则使人们可以感受到自己也生活在"活的历史"之中，增强了对于历史的体察和责任。第二，历史就是社会的变革。阐明这一点，使人们懂得历史是变化的、进步的、生动不已的。李大钊写道："这样讲来，我们所谓活的历史，不是些写的记的东西，乃是些进展的、行动的东西。写的纪的，可以任意始终于一定的范围内；而历史的事实的本身，则永远生动无已。不但这整个的历史是活的东西，就是这些写入纪录的历史的事实，亦是生动的、进步的、与时俱变的。"② 第三，历史是一个整体，是不可能割断的。李大钊认为："历史是亘过去、现在、未来的整个的全人类生活。"③ 全人类的历史如此，一个国家、一个民族的历史也是如此。

那么，什么是"历史学"呢？其主要论点是：

第一，关于"历史学"的对象。李大钊写道："史学有一定的对象。对象为何？即是整个的人类生活，即是社会的变革，即是在不断的变革中的人类生活及为其产物的文化。换一句话说，历史学就是研究社会的变革的学问，即是研究在不断的变革中的人生及为其产物的文化的学问。"④李大钊对历史学所作的这一定义，对人们认识历史学的性质与作用，有深刻的启示。第二，历史学应着力于建立历史理论。李大钊认为：在整理、记述历史事实的基础上，"建立历史的一般理论"即历史理论，才能使"今日的历史学"成为历史科学。这表明他在历史学的发展上是一个高瞻远瞩的人。第三，历史科学是可以建立起来的。针对当时的一种见解，即认为"历史是多元的，历史学含有多元的哲学"，因此"史学缺乏属于一般科学的性质"云云，李大钊阐述道："各种科学，随着他的对象的不同，不能不多少具有其特色；而况人事科学与自然科学不可全然同视，人事科学的史学与自然科学自异其趣。然以是之故，遽谓史学缺乏属于一般科学的性质，不能概括推论，就一般史实为理论的研究，吾人亦期期以为

---

①　李守常：《史学要论》，商务印书馆 1999 年版，第 75 页。

②　同上书，第 79 页。

③　同上书，第 82 页。

④　同上书，第 85 页。

不可。人事现象的复杂，于研究上特感困难，亦诚为事实；然不能因为研究困难，遽谓人事科学全不能成立，全不能存在。将史实汇类在一起，而一一抽出其普通的形式，论定其一般的性质，表明普遍的理法，又安见其不能？"① 各种科学"自异其趣"，都有自身的特点，史学亦然，历史科学是可以建立起来的。这就是作者的结论。

——指出历史学研究的对象包含"记述历史"和"历史理论"两个含义丰富的方面，认为这是"广义的历史学"。

李大钊把"狭义的历史学"称之为"历史理论"，即指个人的、氏族的、社团的、国民的、民族的、人类的"经历论"②。"狭义的历史学"加上记述历史，便构成"广义的历史学"。这使我们不禁想起中国古代史学中的"叙事"与"议论"，尽管二者不可同日而语，但毕竟存在着史学发展上的内在联系。

李大钊这样分析"记述历史"和"历史理论"的关系，他写道：

> 记述历史与历史理论，其考察方法虽不相同；而其所研究的对象，原非异物。故历史理论适应记述史的个人史，氏族史，社团史，国民史，民族史，人类史，亦分为个人经历论，氏族经历论，社团经历论，国民经历论，民族经历论，人类经历论等。为研究的便利起见，故划分范围以为研究。那与其所研究的范围了无关系的事项，则屏之而不使其混入；但有时为使其所研究的范围内的事理愈益明了，不能不涉及其范围以外的事项，则亦不能取不敢越雷池一步的态度。例如英雄豪杰的事功，虽当属之个人史，而以其事与国民经历上很有影响，这亦算是关于国民生活经历的事实，而于国民史上亦当有所论列，故在国民史上亦有时涉及个人氏族或民族的事实。反之社会的情形，如经济状况，政治状况，及氏族的血统等，虽非个人史的范围以内的事，而为明究那个人的生活的经历，及思想的由来，有时不能不考察当时他所生存的社会的背景，及其家系的源流。
>
> 记述历史与历史理论，有相辅相助的密切关系，其一的发达进步，于其他的发达进步上有莫大的裨益，莫大的影响。历史理论的系

---

① 李守常：《史学要论》，商务印书馆 1999 年版，第 91 页。
② 同上书，第 96 页。

统如能成立，则就个个情形均能据一定的理法以为解释与说明，必能
供给记述历史以不可缺的知识，使记述历史愈能成为科学的记述；反
之，记述历史的研究果能愈益精确，必能供给历史理论以确实的基
础，可以依据的材料，历史理论亦必因之而能愈有进步。二者共进，
同臻于健全发达的地步，史学系统才能说是完成。①

　　这两段话，把"记述历史"同"历史理论"的关系阐述得十分透彻。
此外，值得注意的是，李大钊把"历史研究法"、"历史编纂法"、"历史
哲学"以及"特殊历史学"（即各种专史的记述部分与理论部分）同
"普通历史学"（即前面所说的"广义的历史学"）合称为"最广义的历
史学"②。尽管这里没有提到"自然史"，但仍使我们想起了马克思、恩格
斯的那句名言："我们仅仅知道一门唯一的科学，即历史科学。历史可以
从两方面来考察，可以把它划分为自然史和人类史。但这两方面是密切相
联的；只要有人存在，自然史和人类史就彼此相互制约。"③ 李大钊所说
的"最广义的历史学"，实已大大开阔了人们对"历史学"的理解。
　　——阐明了史学在科学中的位置以及它与相关学科的关系。
　　关于"史学在科学中的位置"。这里所论述的，是关于史学在科学史
上之地位的问题。作者以欧洲为例，指出在中世纪以前，史学"几乎全
受神学的支配"；到了十六七世纪，随着文艺复兴的发展，近代科学产
生；其后又经许多人"先后努力的结果，已于历史发见一定的法则，遂
把史学提到与自然科学同等的地位，历史学遂得在科学系统中占有相当的
位置"④。这就是说，只是当人们从历史中发现了"一定的法则"时，历
史学在科学史上或者说在科学系统中才占有自己的位置。作者对马克思的
有关理论作了如下的概括："马克思一派，则以物质的生产关系为社会构
造的基础，决定一切社会构造的上层。故社会的生产方法一有变动，则那
个社会的政治、法律、伦理、学艺等等，悉随之变动，以求适应于此新经
变动的经济生活。故法律、伦理等不能决定经济，而经济能决定法律、伦

①　李守常：《史学要论》，商务印书馆1999年版，第96—97页。
②　同上书，第107页。
③　《马克思恩格斯全集》第3卷，人民出版社1960年版，第20页。
④　李守常：《史学要论》，商务印书馆1999年版，第113页。

理等。这就是马克思等找出来的历史的根本理法。"① 作者认为历史学之所以能够成为科学，其主要根据即在于此。

关于"史学与其相关学问的关系"。李大钊把与史学相关的学问划分为六类，一一阐述。他认为，文学、哲学、社会学与史学的关系尤为密切，故择出分别论述，而又以论述"史学与哲学"最为详尽，足见作者的理论旨趣之突出。

——强调史学的社会价值和实践意义。

李大钊十分强调"现代史学的研究及于人生态度的影响"。关于这个问题，李大钊作了深刻而精辟的论述，他的主要论点是：第一，史学对于人生有密切的关系。他开宗明义地写道："历史学是研究人类生活及其产物的文化的学问，自然与人生有密切的关系；史学既能成为一种学问，一种知识，自然亦要于人生有用才是。依我看来，现代史学的研究，及于人生态度的影响很大。"② 第二，现代史学研究可以培养人们的科学态度和脚踏实地的人生观。李大钊指出："有生命的历史，实是一个亘过去、现在、未来的全人类的生活。过去、现在、未来是一线贯下来的。这一线贯下来的时间里的历史的人生，是一趟过的，是一直向前进的，不容我们徘徊审顾的。历史的进路，纵然有时一盛一衰、一衰一盛的作螺旋状的运动，但此亦是循环着前进的、上升的，不是循环着停滞的，亦不是循环着逆返的、退落的，这样子给我们以一个进步的世界观。我们既认定世界是进步的，历史是进步的，我们在此进步的世界中、历史中，即不应该悲观，不应该拜古，只应该欢天喜地的在这只容一趟过的大路上向前行走，前途有我们的光明，将来有我们的黄金世界。这是现代史学给我们的乐天努进的人生观。"③ 在李大钊看来，有什么样的历史观就会影响到有什么样的世界观，进而影响到有什么样的人生观。第三，历史教育的重要作用。李大钊很深刻地阐述了这个道理，他写道："即吾人浏览史乘，读到英雄豪杰为国家为民族舍身效命以为牺牲的地方，亦能认识出来这一班所谓英雄所谓豪杰的人物，并非有与常人有何殊异，只是他们感觉到这社会的要求敏锐些，想要满足这社会的要求的情绪热烈些，所以挺身而起为社

---

① 李守常：《史学要论》，商务印书馆 1999 年版，第 116 页。
② 同上书，第 132 页。
③ 同上书，第 134—135 页。

会献身，在历史上留下可歌可哭的悲剧、壮剧。我们后世读史者不觉对之感奋兴起，自然而然的发生一种敬仰心，引起'有为者亦若是'的情绪，愿为社会先驱的决心亦于是乎油然而起了。"① 史学的魅力就在于此。历史教育实在是一桩伟大的事业。

综上，可以看出，在 20 世纪 20 年代，李大钊从当时学术界所达到的认识水平，提出了关于历史学学科体系的新认识，其学术上的价值有两点是值得注意的：第一，它拓展了人们对历史学的认识，这是中国史学在走向近代过程中的又一个重大变化。第二，它以"马克思等找出来的历史的根本理法"为指导，使这一学科体系建立在科学理论的基础上。第三，它展示出一种积极的史学观，认为史学对社会前途、对人生道路具有乐观的、奋进的影响。

李大钊所提出的这一历史学的学科体系，在 20 世纪 80 年代产生的影响尤为突出，当时面世的一些史学概论教材，有的就是对《史学要论》的继承和发展。②

二　关于历史观和方法论

中国马克思主义史学的史学观同以往史学或其他史学的一个重要区别，是它十分强调历史观以及在历史观指导下的方法论原则。这个历史观就是马克思主义的唯物史观。在 1924 年前后，有一些论述史学的著作出版，它们当中有的也可看作是关于历史学学科之一种体系的表述。除了在一些具体内容上的异同外，历史观是它们同《史学要论》的根本区别。

李大钊作为中国马克思主义史学的奠基者之一，在传播唯物史观方面作出了重要贡献。1919 年，李大钊在《新青年》杂志上发表《我的马克思主义观》一文，以通俗和简明的笔触，表明了他对马克思主义理论精髓的理解和认识。他指出："唯物史观也称历史的唯物主义。他在社会学上曾经，并且正在表现一种理想的运动，"③ 它代替旧有的历史观是不可

---

① 李守常：《史学要论》，商务印书馆 1999 年版，第 135—136 页。
② 白寿彝先生主编：《史学概论》，宁夏人民出版社 1983 年版，开篇也是论述"历史"与"史学"的区别，也讲到历史观的重要，讲到史学的姊妹学科，讲到史学同文学的关系，讲到史学工作者的任务，等等。
③ 李守常：《史学要论》，商务印书馆 1999 年版，第 233 页。

遏止的发展趋势，是历史观的本质上的变革。接着，他着重指出唯物史观的核心是："唯物史观的要领，在认经济的构造对于其他社会学上的现象，是最重要的；更认经济现象的进路，是有不可抗性的。"① 李大钊认为，从经济现象去研究历史、说明历史，是唯物史观的核心，进而指出马克思的唯物史观"把从前的历史的唯物论者不能解释的地方，与以创见的说明，遂以造成马氏特有的唯物史观，而于从前的唯物史观有伟大的功绩"②。在中国史学上，这是第一次极明确地阐述唯物史观的内容与价值，因而在史学发展历程上具有划时代的意义，它标志着中国史学走向科学化道路的开端。

1923 年，李大钊发表《史观》一文，运用唯物史观的观点阐说什么是"历史"，揭示"历史"是运动的、连续的和有生命的内在本质，这在中国史学发展上也是第一次。李大钊强调"历史观本身亦有其历史，其历史亦有一定的倾向"；"吾侪治史学于今日的中国，新史观的树立，对于旧史观的抗辩，其兴味正自深切，其责任正自重大"③。从李大钊的这些论述来看，我们可以得到这样一个认识："五四"时期，随着马克思主义在中国的传播，中国史学上所固有的历史观即发生了极大的革命性的变化。20 世纪 20 年代初，确是中国史学发展上的一座巨大的界标。这就是唯物史观的丰碑。

在提出马克思主义唯物史观之核心的基础上，李大钊在历史思想方面尤其重视如下一些原则：

——强调思想变动的原因应当到经济变动中去寻找。1920 年，李大钊撰《由经济上解释中国近代思想变动的原因》，指出："凡一时代，经济上若发生了变动，思想上也必发生变动。换句话说，就是经济的变动是思想变动的重要原因。"④ 他分析了中国的农业经济因受到世界工业经济的压迫，从而使中国社会发生巨大变化；这变化中显著的一点是大家族制的崩颓，于是风俗、礼教、政治、伦理也都跟着发生变化，种种"思潮运动"、"解放运动"均由此而起。

——重视阶级斗争学说。李大钊在《我的马克思主义观》中写道：

---

① 李守常：《史学要论》，商务印书馆 1999 年版，第 235 页。
② 李大钊：《李大钊全集》第 3 卷，河北教育出版社 1999 年版，第 235 页。
③ 李大钊：《李大钊全集》第 4 卷，河北教育出版社 1999 年版，第 309、311 页。
④ 同上书，第 433 页。

与马克思的唯物史观"很有密切关系的，还有那阶级竞争说"。"历史的唯物论者，既把种种社会现象不同的原因总约为经济的原因，更依社会学上竞争的法则，认许多组成历史明显的社会事实，只是那直接，间接，或多，或少，各殊异阶级间团体竞争所表现的结果。他们所以牵入这竞争中的缘故，全由于他们自己特殊经济上的动机。"① 李大钊用阶级和阶级斗争的理论来看待历史、说明历史，这在中国史学发展上是第一次。

　　——突出人民群众在历史发展中的作用。李大钊早年曾撰《民彝与政治》一文，认为人民的意志和力量在历史运动中起着决定的作用。他写道："古者政治上之神器在于宗彝，今者政治上之神器在于民彝。宗彝可窃，而民彝不可窃也；宗彝可迁，而民彝不可迁也。"② 这是充分肯定"民彝"在历史运动中的重大作用。1918 年，他写了《庶民的胜利》一文；1920 年以后，他写的《平民政治与工人政治》、《平民主义》等文章，就是这种观念对于现实的历史运动的诠释。

　　——对"历史"的新概括。客观历史是什么，中外学人有不少解释。李大钊提出自己的独到见解，他说："什么是活的历史，真的历史呢？简明一句话，历史就是人类的生活并为其产物的文化。因为人类的生活并为其产物的文化，是进步的，发展的，常常变动的；所以换一句话，亦可以说历史就是社会的变革。这样说来，把人类的生活整个的纵着去看，便是历史；横着去看，便是社会。历史与社会，同其内容，同其实质，只是观察的方面不同罢了。"③ 他还指出："有生命的历史，实是一个亘过去、现在、未来的全人类的生活。过去、现在、未来是一线贯下来的。"④ 他说的"活的历史"、"真的历史"、"有生命的历史"包含这样几个特点：第一，它同"社会"的实质、内容是相同的；第二，它是变革的；第三，它不止是指的过去而是贯穿于过去、现在和未来。在李大钊之后，郭沫若是又一位奠基者。

　　郭沫若之所以成为中国马克思主义史学的又一位奠基者，也正在于他在运用马克思主义的历史观研究历史方面，走在同时代人的前面，使他成为一位"先知"。郭沫若认为，近代的科学方法，近代的哲学和社会科学

---

　　① 李大钊：《李大钊全集》第 4 卷，河北教育出版社 1999 年版，第 243 页。
　　② 李大钊：《李大钊全集》第 2 卷，河北教育出版社 1999 年版，第 336 页。
　　③ 李守常：《史学要论》，商务印书馆 1999 年版，第 76 页。
　　④ 同上书，第 134 页。

知识，对于他的历史研究，是很重要的；但是，确立辩证唯物论的世界观，是更重要的。他强调说："尤其辩证唯物论给了我精神上的启蒙，我从学习着使用这个钥匙，才认真把人生和学问上的无门关参破了。我才认真明白了做人和做学问的意义。"①

这种认识，给了郭沫若巨大的智慧和胆识，他把恩格斯作为自己的"向导"，写出了《中国古代社会研究》，并把它称为《家庭、私有制和国家的起源》的"续篇"。他有一种强烈的责任感和创造精神："在这时中国人是应该自己起来，写满这半部世界文化史上的白页。"② 他针对 20 世纪 20 年代"整理国故"的学术思潮断然认为，只有掌握辩证唯物论的观念，才能对"国故"作出正确的解释。郭沫若所作的研究，正是这种开创性工作。他在 20 世纪 20—40 年代期间对于中国历史的卓有成就的研究，以及他对唯物史观、对"辩证唯物论的观念"之重要性的见识，把李大钊的认识丰富了、发展了、具体化了。这样，郭沫若也成为中国马克思主义史学的一位杰出的先驱者。

郭沫若关于历史研究的方法论，同他重视史家确立正确的世界观的认识是一致的。他在为 1954 年新版《中国古代社会研究》所写的引言中指出："研究历史，和研究任何学问一样，是不允许轻率从事的。掌握正确的科学的历史观点非常必要，这是先决问题。但有了正确的历史观点，假使没有丰富的正确的材料，材料的时代性不明确，那也得不出正确的结论。"③ 这是强调了"正确的科学的历史观点"和"丰富的正确的材料"，都是研究历史所不可缺少的。他还指出："任何研究，首先是占有尽可能接触的材料，其次是具体分析，其次是得出结论。"④ 这可以看作是他对于历史研究方法论模式的简要概括。从重要性来看，历史观点是"先决问题"；从研究程序来看，"首先"要占有材料。他把两者的关系阐说得很清楚。时至今日，这些论述仍然具有重要的方法论的指导意义。

郭沫若的研究和认识表明，历史观和方法论是相互联系的。当然，马克思主义的历史观在方法论方面的具体运用，是同研究者的研究对象紧密联系的。在这方面，侯外庐的论述尤其值得关注。侯外庐结合自己数十年

①　郭沫若：《郭沫若全集历史编》第 2 卷，人民出版社 1982 年版，第 465 页。
②　郭沫若：《郭沫若全集历史编》第 1 卷，人民出版社 1982 年版，第 9 页。
③　同上书，第 4 页。
④　郭沫若：《郭沫若全集历史编》第 3 卷，人民出版社 1982 年版，第 443 页。

的研究生涯，总结出他所遵循的一些理论、方法论原则。他对自己研究中国社会史、思想史的原则和方法，不仅有坚定的信念，而且有明确的和清晰的概括。侯外庐在1986年写道，他的基本信念是："总的说来，依据马克思主义的理论和方法，特别是它的政治经济学理论和方法，说明历史上不同社会经济形态发生、发展和衰落的过程；物质生活的生产方式制约着整个社会生活、政治生活和精神生活的过程；以及经济基础与上层建筑、意识形态之间的辩证关系，是我五十年来研究中国社会史、思想史的基本原则和基本方法。"[1] 马克思主义的原则和方法并不限于这几个方面，而侯外庐所概括的，无疑是最重要的几个方面，也是对他的社会史、思想史研究最具有直接指导意义的几个方面。在五十多年的学术生涯中，侯外庐从不动摇和改变这些"基本原则和基本方法"，足以证明他对自己的信仰的坚定，这正是一个杰出的哲人和史学家之所以取得辉煌成就的重要原因。

　　但是，侯外庐给予人们更深刻的启示在于：对于基本原则和基本方法的运用，只有在取得一定的理论模式和方法论模式的情况下，才能同具体的研究真正结合起来，使理论不至于流于空论或成为教条，而对具体问题的认识则能上升到理论的高度和有系统的认识。侯外庐从几十年的学术生涯中，总结出他所遵循的一些理论、方法论模式。即：第一，社会史研究，先从经济学入手。第二，研究中国古代社会，首先弄清亚细亚生产方式的理论。第三，对中国封建社会的研究，强调以法典化作为确定历史分期的标志。第四，依据马克思主义关于"土地私有权的缺乏"，"可以作为了解'全东方'世界的关键"的理论，分析中国自秦汉以来封建社会皇权垄断的土地所有制形式是封建的中央专制主义的经济基础。第五，对中国思想史的研究，以社会史研究为前提，着重于综合哲学思想、逻辑思想和社会思想（包括政治、经济、道德、法律等方面的思想）。第六，研究工作重在阐微决疑。第七，实事求是，谨守考证辨伪的方法。第八，注意马克思主义历史科学的民族化。第九，执行自我批判，聆听学术批评[2]。侯外庐所概括的这些理论、方法论模式，有的已经涉及对于中国社会史、思想史的若干具体的论断，其中仁智之见，在所难免，但像侯外庐对于自己治学的指导思想和方法论原则有如此自觉的和系统的认识，却并

---

[1]　侯外庐：《侯外庐史学论文选集》上，人民出版社1987年版，第8—9页。
[2]　同上书，第9—19页。

不多见。老一辈马克思主义史学家们留给后人的，不仅仅是许多辉煌的巨著，而且还有经过深思熟虑而总结出来的治学路径和学术宗旨。这后一个方面的遗产，在史学理论上有重要的价值。它向所有有志于史学的后来者展现出一条艰难的但却是通向成功的道路。学海茫茫，前路悠悠，回首他们的治学之路，无疑是大有益处的。

还有一点是十分重要的，这就是侯外庐对于自己在治学上所遵循的理论、方法论原则本身都持有辩证的认识，而不作绝对的看待。这种理论上的造诣使他在具体的研究中始终处于创造性的、超越前人的境界，使他的学术始终保持着新鲜的活力。关于这一点，侯外庐在思想史研究的方法论上反映得最为突出。例如，他指出：“经济发展虽然对思想史的各个领域起着最终的支配作用，但是，由于思想意识的生产又属于社会分工的特殊部门，因而思想史本身有其相对的独立性。”“任何一个时代的任何一种思想学说的形成，都不可能离开前人所提供的思想资料。应当说，思想的继承性是思想发展自身必不可少的一个环链。”① 既要看到经济发展对思想有“最终的支配作用”，也要看到思想的继承性对思想发展所起的作用。时代的脉搏和历史的传统总是在不同的程度上影响着思想家的思想发展的轨迹。侯外庐说：“历史上有建树的思想家总是在大量吸收并改造前人思想资料的基础上，形成自己的思想学说。”② 同样，中国历史学家在理论上的进步、发展，只有在马克思主义指导下，“大量吸收并改造”前人和外国同行思想资料的基础上，才可能实现。

近一二十年来，史学界关于方法论的研究有不少成果问世，成绩是不小的。但是也应当看到，有些关于这方面的论述，或者过分地夸大某种方法的作用，或者只强调方法论的重要而忽略了历史观的重要，或者又因某种思想学说在世界观上的不可取而轻视了客观存在所具有的积极意义的方法论，这对于理论的发展和具体研究的深入，都是不利的。侯外庐的关于方法论的辩证认识及具体运用，对当前史学方法论的深入研究有重要的借鉴价值。③

---

① 侯外庐：《侯外庐史学论文选集》上，人民出版社1987年版，第12—13页。
② 同上书，第14页。
③ 关于马克思主义唯物史观指导下的历史观和方法论，翦伯赞的《历史哲学教程》（1938年）有系统的论述，白寿彝主编的《中国通史·导论卷》以唯物史观与中国历史相结合而展开的论述，都是有代表性的论著。本文重点不在于此，故不评述。

三　关于史学遗产

马克思主义不排斥人类历史上的优秀遗产。马克思主义的中国化，同样不会排斥中国历史上的优秀遗产。毛泽东有一段名言，是许多人所熟知的。他在 1938 年指出：

> 学习我们的历史遗产，用马克思主义的方法给以批判的总结，是我们学习的另一任务。我们这个民族有数千年的历史，有它的特点，有它的许多珍贵品。对于这些，我们还是小学生。今天的中国是历史的中国的一个发展；我们是马克思主义的历史主义者，我们不应当割断历史。从孔夫子到孙中山，我们应当给以总结，承继这一份珍贵的遗产。这对于指导当前的伟大的运动，是有重要的帮助的。①

但是，应当承认的是，在中国马克思主义史学发展史上，由于种种原因，对于史学遗产的重视，是相对滞后的。在这方面，白寿彝对于总结史学遗产的重要性以及如何总结史学遗产等问题的论述、如何致力于这方面的具体的研究，是作出了重要贡献的。他关于这方面的论述，形成了系列文章，即《谈史学遗产》、《谈史学遗产答客问》、《谈历史文献学》、《谈史书的编撰》、《谈历史文学》、《再谈历史文献学》等②。《谈史学遗产》这篇长文撰于 1961 年，其余五篇撰于 1981—1982 年，前后相隔 20 年，而其撰述旨趣是一脉相承的。

中国是一个史学大国，拥有连续不断的和丰富厚重的史学遗产。所谓史学遗产，是历史上流传下来的前人在史学活动中的创造和积累，是文化遗产的重要部分。把史学遗产从历史遗产中突出出来，并把它作为一个专门的学术领域和理论问题提出来进行研究，白寿彝的这几篇文章不仅开其先河，而且从理论上和研究对象上奠定了探讨这一领域的基础，因而产生了较大的学术影响。

---

① 《毛泽东选集》第 2 卷，人民出版社 1992 年版，第 533—534 页。

② 见《白寿彝史学论集》上，北京师范大学出版社 1994 年版。近年，北京出版社把这 6 篇文章辑为一书，名曰《史学遗产六讲》，收入"大家小书"第三辑（2004 年 1 月出版）。

　　《谈史学遗产》一文从理论上阐述了研究史学遗产的重要性及研究史学遗产的方法。关于研究对象，作者从七个方面作了概括，即归纳了史学遗产中的主要成就，并将其比喻为一个个"花圃"。这就是：中国史学上有关基本观点的遗产，包含历史观、历史观点在史学中的地位、在史学工作中的作用；史料学遗产；历史编纂学遗产；历史文献学遗产；重大历史问题研究成果；有代表性的史学著作；历史启蒙书方面的遗产。关于研究史学遗产的必要性，作者指出：第一，研究史学遗产，可以更具体更深刻地理解史学在社会中的作用；第二，研究史学遗产，可以逐步摸索出来中国史学发展的规律；第三，研究史学遗产，可以把历史上人们提出来的一些史学问题作为当前研究的资料，丰富我们的研究内容。这些见解，在今天看来仍有重要的启发意义。

　　作者在 20 世纪 80 年代撰写的五篇文章，集中讨论了四个问题，即历史观点、历史文献学、历史编纂学、历史文学。

　　关于历史观点问题。作者在《谈史学遗产答客问》一文中，着重分析了中国史学上关于历史进程的看法、关于地理环境的看法、关于社会经济的看法、关于政治统治之得失成败的看法、关于有民主思想内容的看法。作者继《谈史学遗产》之后，再次提出了在马克思主义史学出现以前，中国史学上是否存在"历史唯物主义的萌芽"的问题。从作者的观点来看，他的回答是肯定的。同时他也指出，这些问题需要做长期的讨论。

　　关于历史文献学问题。作者首先指出了历史文献学的重要性，认为："历史文献学可以帮助我们搜集、分析并正确地运用历史文献，使我们的历史工作在文献方面具有良好的条件，这就是历史文献学的主要用处。"其次，作者提出了历史文献学学科建设的设想，指出："历史文献学，或者更正确地说，中国历史文献学，可以包含四个部分。一、理论的部分。二、历史的部分。三、分类学的部分。四、应用的部分。这样的分法，未必合适。现在这样分，也只是便于说明问题。"从这四个方面着手来建设历史文献学，是作者的一个创见。其中，关于"理论的部分"，提出了"历史文献学的多重性"问题；关于"历史的部分"，提出了历史文献同历史时代的关系；关于"分类学的部分"，提出了历史文献学的分类学与目录学有一定的区别，即前者"有统观全局的要求"；关于"应用的部分"，认为可以包含目录学、版本学、校勘学、辑佚学和辨伪学等。这些论点开阔了人们关于历史文献学的理解和认识，对历史文献学的学科建设有重要的参考价值。

关于史书编撰问题。作者全面地评价了中国古代的各种史书体裁，指出了它们各自的特点及相互间的联系，以及前人在对史书体裁的认识方面留给后人的启示，反映了作者的历史编纂学思想。尤其值得注意的是，作者第一次提出了"综合体"史书的概念并强调这样一个论点："历史现象是复杂的，单一的体裁如果用于表达复杂的历史进程，显然是不够的。断代史和通史的撰写，都必须按照不同的对象，采取不同的体裁，同时又能把各种体裁互相配合，把全书内容融为一体。"作者总主编的《中国通史》，正是在这一撰述思想指导下进行并获得重大成功的。

关于"历史文学"问题。他首先区别了两种不同的"历史文学"的含义和性质：一种含义，"是指用历史题材写成的文学作品，如历史小说和历史剧"。另一种含义，"是指历史著作中对历史的文字表述"，如写人物、写语言、记战争、表世态，都有优良的传统。作者从史文的运用上举《左传》、《国语》、《战国策》、《史记》、《资治通鉴》为例进行论述，并有广泛的涉及；又从理论上举《史通》、《日知录》的有关论述作进一步分析。在讲到文与史的关系时，作者的这一段话是值得格外予以关注的，这就是："是否有这样的作品，既可以说是历史书，又可以说是文学书？""《史记》、《汉书》、《后汉书》、《三国志》既是历史书，也可以说是文学书，但究竟是历史书。它们是历史书，而具有相当高的文学水平。但确实有一些书，同时具备了历史书和文学书的性质，而不好说它主要是属于哪种性质的。如《盐铁论》、《世说新语》等就是这样的书。但这样的书毕竟不多。"这些见解，对于人们正确认识历史书和文学书的界限是有帮助的。作者除了阐述中国史学上的历史文学的优良传统外，还有一个鲜明的旨趣，就是为了说明这样的道理："一个历史工作者必须有一定的文学修养。不要说我们历史上的大历史家都是文学家了，仅就一个普通的历史工作者来说，他对于文学没有一定的修养，是不能胜任这个工作的。"当今的史学工作者，如能在这方面有所提高，对于史学成果走向社会并广泛传播，进而充分发挥史学的社会功用，是大有裨益的。

白寿彝从理论上对中国史学遗产进行系统的发掘、梳理的开创性成果，反映了作者恢宏的视野和渊博的学识。他对史学遗产之精华所作的分析及其在当今史学事业中之价值的阐释，其真知灼见，在在多有，成为人们走进史学遗产这一辽阔繁茂的园地、从而走进宏伟庄严的史学殿堂的一条路径。

四　关于建设有民族特点的马克思主义史学

这个问题，从本质上看，就是马克思主义史学的中国民族特点问题，就是马克思主义史学的中国学派问题，在一定的意义上，它也是马克思主义中国化的一个方面。

侯外庐曾提出"注意马克思主义历史科学民族化"的问题。什么是"民族化"？侯外庐认为："所谓'民族化'，就是要把中国丰富的历史资料，和马克思主义历史科学关于人类社会发展的规律，做统一的研究，从中总结出中国社会发展的规律和历史特点。马克思主义历史科学的理论和方法，给我们研究中华民族的历史提供了金钥匙，应该拿它去打开古老中国的历史宝库。"[①] 侯外庐在这方面作出了突出的贡献，他自谦地说："对于古代社会发展的特殊路径和古代思想发展的特征的论述，对于中国思想史上唯物主义和反封建正宗思想的优良传统的掘发，都是我在探索历史科学民族化过程中所做的一些尝试。"[②] 其实，侯外庐在这方面所作出的努力，岂止是尝试。他不仅是一位自觉的先知者，而且是一位杰出的成功者。早在 20 世纪 40 年代，他对这个问题的重要性已经提出了极为明确的认识，他指出："中国学人已经超出了仅仅于仿效西欧的语言之阶段了，他们自己会活用自己的语言而讲解自己的历史与思潮了，""他们在自己的土地上无所顾虑地能够自己使用新的方法，掘发自己民族的文化传统了。"[③] 侯外庐所概括的这种情况，可以看作是中国马克思主义史学走向成熟阶段的标志。如果说"仿效"或"模仿"在特殊的条件下是不可避免的话，那么"仿效"或"模仿"终究不能代替创造也是必然的。因此，对于从"仿效"或"模仿"走向创造，不能没有自觉的意识和艰苦的努力。这是侯外庐治学的原则和方法给予人们的又一个重要的启示。侯外庐在这方面所取得的成就，是世所公认的，正如许涤新所评价的："他根据

---

① 侯外庐：《侯外庐史学论文选集》上，人民出版社 1987 年版，第 18 页。
② 同上书，第 18—19 页。
③ 侯外庐：《中国古代学说思想史》，文风书局 1946 年版，第 3 页。

马克思主义的理论和方法，结合丰富的历史文献和考古资料，对几千年来中国的社会史和思想史，做了广泛而深入的探索，写出了完整的系统的著作，并且提出了自己的独立的见解。"① 这个评价，语言是质朴的，含义是准确的，位置是崇高的；缺少其中任何一句话，都是不足以概括侯外庐在"注意马克思主义历史科学的民族化"方面所取得的成就。研究这个成就的具体方面，固然需要继续下功夫，但更值得人们思考的一个问题，就是为什么在时隔 40 年后侯外庐重新提出这个"民族化"的问题？他批评的"五四"以来"史学界出现一种盲目仿效外国的形式主义学风"，并表示"对这种学风深不以为然"的态度，在今天是否还有值得人们思考的地方？

侯外庐在 40 年中两次讲到有关"民族化"的问题，一方面是因为这个问题本身的重要，另一方面也是因为它在今天仍须引起史学界同行的重视。20 世纪 80 年代以来，中西文化又一次出现大面积、多层次交会的形势，介绍和仿效仍是不可避免的，但真正的出路和发展却在于创造。我们对待马克思主义历史科学都要注意"民族化"的问题，更何况形形色色的外国史学流派、史学思潮呢。"民族化"的主要标志是什么？从根本上说，是"总结中国社会发展的规律和历史特点"。要做到这一点，没有马克思主义历史科学的理论和方法是不行的，没有中国丰富的历史资料也是不行的。这个道理，适用于历史学的各个领域，其中也包括史学理论这个领域。近一二十年来，我国史学界在史学理论的研究方面有了一定的发展，取得了可喜的成绩。同时我们也应当十分冷静地看到，这方面的研究跟侯外庐说的"注意马克思主义历史科学的民族化"相比较，还有很大的距离。正因为如此，我们就应更加自觉地认识到注意史学理论民族化的重要。侯外庐的辉煌巨著和理论认识，给人们提供了启示和榜样。

"民族化"的要求是要注意到民族的特点和通过一定的民族形式表现出来的，它在本质上并不是排他的。关于这一点，毛泽东在 1940 年写成的《新民主主义论》中有明确的论述。他在 1945 年发表的《论联合政府》一文中讲到"中国应当建立自己的民族的、科学的、人民大众的新文化和新教育"时，也指出对于外国文化应当避免排外主义的错误和盲目搬用的错误。是否可以这样认为，只有正确地吸收了外国优秀的或有益

---

① 侯外庐：《侯外庐史学论文选集》上，人民出版社 1987 年版，第 4 页。

的文化成分，中国文化的"民族化"就不仅具有民族的特点，而且也具有时代的高度。历史研究也不例外，史学理论研究自亦不能例外。我们应当把"注意马克思主义历史科学民族化"的事业继续向前推进。

侯外庐提出并实践的马克思主义史学民族化的问题，是中国马克思主义史学发展的正确方向。从历史经验教训来看，这是走出教条主义误区的正确道路；从未来前景着眼，这是中国史学不断开拓创新的正确途径。当我们回顾 20 世纪中国史学潮起潮落的历史，展望 21 世纪中国史学的前进道路时，更加强调这个问题，是有重要意义的。

这里，有必要提到白寿彝的《关于建设有中国民族特点的马克思主义史学的几个问题》。白寿彝讲的几个问题：第一，关于历史资料的重新估计，认为历史资料有记载过去历史的作用，也有解释现在的作用，还是多种学科的研究资料，这是历史资料的二重性。第二，关于史学遗产的重要性，涉及历史思想、历史文献、史书编著、历史文学。第三，关于对外国史学的借鉴。第四，强调历史教育的重大意义。第五，重视历史理论和社会现实之间的关系，认为中国是一个大国，是一个发展中的国家；我们的理论是先进的，但是我们社会的发展是不平衡的，这是正常的现象。第六，史学队伍知识结构的问题①。这些问题，同侯外庐说的历史科学民族化的思想是相通的，前者是对后者的进一步发挥，而这个问题在现阶段可能有更重要的意义。当中国进入改革开放时期，人们接触到大量的外国著作特别是历史理论和史学理论著作的时候，历史理论和史学理论的发展要不要具有中国民族的特色，这一点非常重要。我们要培养、造就出和外国历史学家平等对话的史学工作者，就不能没有中国的民族特色和民族精神；如果中国学者只会模仿外国学者，用他人的话语来解说我们的学术遗产和学术研究，中国学者就不可能和别人平等对话，以致会被别人误解为中国史学的贫乏，这个道理是显而易见的。总之，马克思主义史学的中国化，这个任务是非常艰巨的，确是任重道远。

五　关于史家修养的新境界

中国史家历来重视自我修养，中国马克思主义史学在史家修养方面又

---

①　白寿彝：《白寿彝史学论集》上，北京师范大学出版社 1994 年版，第 307—321 页。

达到一种新的境界。这主要表现在：

第一，关于史学与时代之关系的深刻认识。史学同社会有十分密切的联系，这是中国史学的优良传统。郭沫若等中国马克思主义史家，从一开始就自觉地把研究中国历史同中国革命任务密切结合起来，从而把中国史学经世致用的优良传统发展到现代意义的高度，赋予它以崭新的含义。在《中国古代社会研究·自序》中说："对于未来社会的待望逼迫着我们不能不生出清算过往社会的要求。古人说：'前事不忘，后事之师。'认清楚过往的来程也正好决定我们未来的去向。"① 在大革命失败后被迫流亡日本的郭沫若于 1929 年写出这些话，反映了作者思想的深沉和对于"未来社会"的信念。历史学的时代价值之高和社会作用之大，从郭沫若的这一论述中得到了有力的说明。如果说郭沫若的文学作品、艺术创作是时代的号角、历史行程的记录；而他的史著和史论，便是在更深层的历史意识上揭示出时代的使命和社会的未来去向。

郭沫若对史学与时代之关系的认识，蕴涵在他的丰富的历史撰述中，可以说他是真正继承和发展了司马迁"寓论断于序事之中"的历史表述艺术。大凡站在时代潮流前头的人，都会从他的历史著作中得到启迪，以至于引起思想上的震撼。他的著名史论《甲申三百年祭》，被毛泽东"当作整风文件看待"，被评价为"有大益于中国人民"，"精神决不会白费的"②。这一事例，再一次表明在史学与时代的认识上，马克思主义史家高出于同时代的许多学人。20 世纪三四十年代的一大批马克思主义史学著作，都具有这一特点。后人如果不能从这一意义上去认识它的学术价值和社会价值，也难得对它作出正确的评价。

第二，关于批判、继承和创新。郭沫若自称是"生在过渡时代的人"，先后接受过"旧式教育"和"新式教育"③，并最终接受了马克思主义。在由旧而新的转变中，在从"知其然"而追求"知其所以然"的过程中，他是一直在走着一条批判、继承、创新的路。对此，郭沫若有深刻的感受和认识。他指出："我们要跳出了'国学'的范围，然后才能认清所谓国学的真相。"不懂"国学"，当然谈不上"跳出"；掌握

---

① 郭沫若：《郭沫若全集历史编》第 1 卷，人民出版社 1982 年版，第 6 页。
② 毛泽东：《毛泽东书信选集》，人民出版社 1983 年版，第 241—242 页。
③ 郭沫若：《郭沫若全集历史编》第 2 卷，人民出版社 1982 年版，第 465 页。

了"国学"而又能用批判的眼光来审视它，就可能对国学有新的认识，进而提出创造性的见解。这里包含着批判、继承和创新的辩证法。郭沫若对古代社会的研究，目的在于探索"未来社会"的"去向"，即认为历史、现实、未来是不可截然分开的。他研究古代学说思想，也基于这样的认识，他说："我是以一个史学家的立场来阐明各家学说的真相。我并不是以一个宣教师的态度企图传播任何教条。在现代要恢复古代的东西，无论所恢复的是那一家，事实上都是时代的错误。但人类总是在向前发展的。在现代以前的历史时代虽然都是在暗中摸索，经过曲折迂回的路径，却也和蜗牛一样在前进。因而古代的学说也并不是全无可取，而可取的部分大率已溶汇在现代的进步思想里面了。"① 这是用思想发展的辩证法来说明对待思想遗产应取的辩证态度。郭沫若的历史研究和这些理论性认识，对于当前的历史研究、思想文化研究中有关批判、继承和创新的一些重要问题，依然有借鉴的作用。

　　第三，关于自得与自省的境界。对于治学上的"自得"的追求和对于学术上的"自省"境界，是马克思主义史家自我修养的又一个特点。侯外庐作为中国社会史、思想史研究的一代宗师，胸襟博大，虚怀若谷，一方面倡导坚持真理、敢于创新，一方面"执行自我批判，聆听学术批评"。他说："我认为，学贵自得，亦贵自省，二者相因，不可或缺。前者表现科学探索精神，后者表现自我批判勇气。历史科学如同其他科学一样，总是在探索中前进的，难免走弯路，有反复，因而不断执行自我批判，检点得失，总结经验教训，是十分必要的，否则就会固步自封。"② 侯外庐这种对待历史科学的态度，对待自己学术研究的态度，字里行间洋溢着实事求是的精神。侯外庐举例说："我和我的合作者可以互相改稿，没有顾虑，即或是青年同志，只要他们对我的稿子提出了意见，我总是虚心考虑，将不妥之处反复修改。仅以《老子》研究而言，我从 30 年代撰写《中国古代社会与老子》，至 50 年代修订重版《中国思想通史》第一卷的 20 年间，曾四易其稿。每易一稿，都可以说是执行一次自我批判。"学人的自我批判，尤其是名家的自我批判，是需要勇气的；而这种勇气，总是跟超凡脱俗的自省意识结合在一起。这

---

① 郭沫若：《郭沫若全集历史编》第 1 卷，人民出版社 1982 年版，第 611 页。
② 侯外庐：《侯外庐史学论文选集》上，人民出版社 1987 年版，第 19 页。

种自省意识愈是自觉、愈是强烈，就愈显出名家的风范、学者的本色。侯外庐说："就资质而论，我是个常人，在科学道路上自知无捷径可走，惟有砥砺自学，虚心求教，深自省察，方能不断前进。"凡认真读了侯外庐这些文字和他的皇皇巨著的史学工作者，都会从中得到深刻的启发，增强自己的"自省"意识，促进自己学术的前进。

值得人们深思的是，侯外庐所强调的"自省"精神即自我批判精神，正是老一辈马克思主义史学家的共同的治学方法和精神品质。郭沫若对先秦诸子的研究、对奴隶制时代的研究，范文澜对中国通史的研究和撰述，都提出过认真的自我批判。这种郑重的自我批判，无损于他们的成就的辉煌，反而越发显示出了他们对历史科学的真诚和宽阔胸怀，赢得史学界同仁的尊敬。

这种执行自我批判的精神，在郭沫若、范文澜的治学道路上，同样有突出的反映。郭沫若的自我批判的自觉意识和理论勇气，是非常突出的，这贯穿于他在 20 世纪 40 年代至 50 年代的许多论著中，从而发展了中国史家重视自我修养的优良传统。范文澜撰写的《中国通史简编》出版于 20 世纪 40 年代初，是中国马克思主义史学最早的中国通史著作之一，对于唤起中国人民的抗日激情产生了很大的影响。但书中也存在一些理论、方法论和史实上的不妥与错误。新中国成立后，范文澜对于书中的错误，诚恳地作了检讨。其后，他又在 1954 年、1963 年作了进一步反思，撰写了《中国历史上的一些问题》予以发表，同时作为"绪言"收入《修订本中国通史简编》①。范文澜在此文中指出："旧本《中国通史简编》有很多缺点和错误，我在一九五一年写了一篇自我检讨，希望引起大家的批评，帮助我改正。我在那篇检讨中所得到的对本书缺点的初步认识，可以归纳为以下两个方面。"他说的这两个方面，一是"非历史主义的观点"，一是"在叙述方法上缺乏分析，头绪紊乱"②。范文澜的这种认真地"自我检讨"的态度，既反映了他的实事求是的科学态度，也反映了一个马克思主义史学家的胸怀坦荡荡的精神。对此，诚如刘大年所评价的那样："历史研究的科学性，就是坚持以马克思主义理论为指导，坚持阶级斗争、阶级分析的观点。这在《中

---

① 范文澜：《范文澜历史论文选集》，中国社会科学出版社 1979 年版，第 17 页。
② 同上书，第 17—18 页。

国通史简编》等著作里是首尾贯彻的。除此以外，范老对科学性的重视，还表现为客观地对待材料，实事求是和高度的自我批评精神。"
"旧本《中国通史简编》借古说今，是从革命的愿望出发，斥责国民党、蒋介石，以激发人民的爱国、革命义愤。即使这样，作为科学研究，也是极不足取的。"① 从这件事情可以看出，不论是范文澜的自我检讨，还是刘大年的评论，都反映出马克思主义史家的宽阔胸怀和严谨学风。

第四，关于史与论的诠释。关于史与论的关系，中国马克思主义史学提出了与过去有本质区别的认识。在中国史学上，以往的史论关系，一般是指史事与议论而言，即在记述史事或人物的基础上，发表有关的评论。马克思主义史学继承了这一古老的传统和形式，但却增添了新的内涵，使其发生了本质的变化。马克思主义史学所说的史与论的关系，或者说论与史的关系，简而言之，主要是指理论如何统率史料，以及如何从史料中抽象出理论性结论。

1962 年，翦伯赞在《史与论》一文中指出："在历史研究工作中，必须把史和论结合起来，所谓史就是史料，所谓论就是理论。我们所说的理论，就是马克思列宁主义。要做到史与论的结合，必须先掌握史料与理论。掌握史料与理论，是做好史与论结合的前提条件。" 由此可以看出，马克思主义史学是非常鲜明地表明它是运用马克思主义为指导研究历史，这同一些掩盖或否认自身是以何种理论为指导的史学学派有明显的区别。同时还可以看出，马克思主义史学同样非常重视史料；这是因为，没有史料，历史研究就无从下手，理论指导也失却了指导的对象，成了一句空话。

对于怎样学习理论的问题，翦伯赞认为：

> 学习理论不是一件容易的事情。第一要记得，第二要懂得，但最重要的还是要能应用。记得不等于懂得，懂得不一定就会应用。我们之中有些同志，能背诵马克思主义经典著作中的名言，也懂得这些名言的意思，但是每当把这些理论结合到具体历史问题的时候，理论和史料就分了家。如果说也有结合，那不过是把史料贴上理论的标签，

---

① 范文澜：《范文澜历史论文选集》，中国社会科学出版社 1979 年版，第 5—6 页。

或者把理论加上史料的注释而已。这不能算结合，只能算生搬硬套。当然学习应用马克思主义，经过这样的阶段是不足为奇的。但必须承认，史与论没有结合好，就是由于马克思主义还没有学好。那种满足于贴标签、作注释，自以为马克思主义已经学好了的态度，是不对的。

这里，翦伯赞批评了对理论"生搬硬套"、"贴标签"、"作注释"的错误做法。同时，他也指出了学习理论是很不容易的事情，一要"记得"，二要"懂得"，三要"会应用"。马克思主义是科学的体系，博大精深，老一辈马克思主义史家从学习、记得、懂得到应用，走过了艰难的历程，其间也不免走了弯路，才达到他们那个时代的境界。

对于怎样"掌握史料"的问题，翦伯赞写道：

> 掌握史料不是一件容易事情。就中国史来说，历史书籍，浩如烟海，每一个历史问题的资料，散见各书，从那里找到这些资料，这是第一个难题。找到了，问题并没有完结，因为一大堆资料，哪些是重要的，哪些是次要的，哪些是可靠的，哪些是不可靠的，还要经过审查、判断。根据什么标准来审查、判断，这是第二个难题。审查、判断了，还不等于掌握了。要掌握史料还需要通过思考，把史料放在整个问题的发展过程中，安排在恰当的地方。怎样才能把史料安排在恰当的地方，这是第三个难题。必须解决这三个难题，才能算掌握了史料。①

这里也提出了三个"难题"，一是来源，二是判断，三是安排或曰处置。

在掌握了理论和史料的基础上，才真正谈得上如何"结合"。从历史学的观点来看，这种"结合"，也可以看作是理论与实际的结合。正如吕振羽指出的那样："学习和研究历史，必须坚持和贯彻理论和实际相结合的方针。马克思主义的观点和方法是理论和实际的统一，'史'和'论'的统一。'论'就是观点，就是马克思主义理论，毛泽东思想的基本原

---

① 翦伯赞：《翦伯赞史学论文选集》第3卷，人民出版社1980年版，第78—79页。

理；'史'就是史料。'史'和'论'的统一，就是运用马克思主义的理论和方法，通过对具体历史进行具体分析，揭示出历史发展的规律性。"① 为了真正做到这种结合，吕振羽认为，必须克服"历史公式主义"。他尖锐地批评道："公式主义者则不是以马克思主义的理论作为研究历史的指南，而是任意裁割史料，或只罗列一些个别历史事例去填充他们现成的公式。这就是历史公式主义。所谓'以论代史'或'以论带史'，实质上也无非是公式主义或类似公式主义。"② 理论同实际的结合，是在理论的指导下，通过对具体的研究对象的分析、判断，从中得到结论。脱离史料的理论和脱离理论的史料，都不可能做到真正的理论同实际的结合。

对于这个问题，尚钺在1957年曾作了这样的阐述："我们在谈到理论与实际问题，就包含着三个问题：一个是理论问题，亦即马列主义关于人类发展规律的认识与掌握；第二个是历史材料的选取与掌握；第三个才是理论与实际联系，建立我们的历史科学。这三个问题是必须结合为一而且是缺一不可的。"③ 尚钺强调了理论、材料、结合三者缺一不可，可以认为是对史、论结合作了最简明的概括。同时，尚钺还指出："历史家不能要求历史为自己主观成见服务"，同时也"不能作史料的尾巴与俘虏"。这就是说，在研究历史过程中，夸大主观意愿和失却主观判断，都是不对的。

在这个问题上，胡绳结合自己的研究和撰述，强调了真实性与科学性的统一，他作了这样的总结："作者当然不需要在写时丝毫离开历史事实的真相，恰恰相反，越是深入揭露历史事实中的本质、规律性的东西，越是能说明问题"④。理论和实际的结合，正是在这个过程中得以实现的。

六　结语：三个重大转折

中国马克思主义史学在其发展过程中，有三个重大的转折。第一个转折，是从理论奠基到理论与中国历史实际相结合，从李大钊到郭沫若，实现了这一转折。第二个转折，是唯物史观在局部地区传播到在全国范围传

---

① 吕振羽：《吕振羽史论选集》，上海人民出版社1981年版，第610页。
② 同上书，第611页。
③ 尚钺：《尚钺史学论文选集》，人民出版社1988年版，第22页。
④ 胡绳：《历史与现实》，上海三联书店1988年版，第210页。

播，并成为中国史学的主流，新中国的成立实现了这一转折。第三个转折，是从教条主义、实用主义以及简单化、绝对化的缺陷中走出来，走向更加健康的发展道路。对于这后一个转折，可以以1979年理论界、学术界的思想解放、拨乱反正为界标，黎澍对此作了很透彻的阐述。他写道："一九七九年是在思想解放的高潮中度过的。……历史科学工作者对于以马克思主义为指导思想和研究方法等问题，有了更深刻的理解，这是思想解放带来的有重大意义的发展。"对于"重大意义的发展"，黎澍列举了如下三条。第一条是："一九七九年历史学界在思想解放运动中一个最重要的收获，就是摆脱了现代迷信、教条主义和实用主义的精神枷锁，逐步回到了马克思主义的轨道。"第二条是："一九七九年，历史学界还有一个重要收获，就是开始抛弃过去那种简单化、绝对化的形而上学方法，使实事求是的学风逐渐得到发扬。"第三条是："一九七九年历史学在思想解放运动中所取得的进展和收获，还表现在通过双百方针的贯彻，学术空气渐见活跃，科学研究中的创造精神进一步得到发扬，从而大大调动了历史学家的积极性，为历史研究工作实现重点转移创造了有利条件。"① 黎澍所概括的这三条，对于中国马克思主义史学的发展，都是至关重要的，是历史学上的一次真正的思想解放的里程碑。正是在这种历史条件下，史学界才有可能积极开展关于史学自身在发展中的理论问题的探讨。1982年，白寿彝在他主编的《史学概论》的题记中，详细地讲到了"历史唯物主义"同史学概论的区别，认为后者是在马克思主义基本学理指导下的一门课程，不应当同前者混同起来②。这一思想的变化过程，自与思想解放有关。20世纪80年代中期，有多种史学概论著作出版，有些就属于此类情况。

可见，关于史学理论的建设，已越来越受到重视。尹达在1983年初提出，一方面要加强马克思主义历史理论研究，同时也应加强历史学科的理论探讨。他认为：

在加强马克思主义历史理论研究的同时，我们还应当对历史这门学科的理论探讨给予充分的重视。我国历史学的发展告诉我们，重视

① 黎澍：《再思集》，中国社会科学出版社1985年版，第122—130页。
② 白寿彝主编：《史学概论》，宁夏人民出版社1983年版，第1—2页。

史学理论是我国史学的优良传统。刘知幾、章学诚、梁启超在对历史学这门科学的理论总结方面都做出过有重要影响的贡献。我们今天，在马克思主义理论指导下，应该写出超越《史通》、《文史通义》、《新史学》和《中国历史研究法》等的史学理论论著，在这方面做出更大的贡献。①

这里提出的写出"史学理论论著"的问题，同样也是在上述历史条件下才有这样的可能。当然，在中国马克思主义史学有了八十多年历史的今天，撰写这样的史学理论论著，必须充分考虑到中国马克思主义史学在史学观上的成就，这应是现时代史学理论著作的思想基础和学术基础。

本文所论，倘能有助于此，是所幸焉。

2005 年 12 月 25 日撰讫于

北京师范大学史学理论与史学史中心

---

① 尹达：《尹达史学论著选集》，人民出版社 1989 年版，第 408 页。

中国马克思主义史学发展道路的思考

北京师范大学教授　陈其泰

中国马克思主义史学，自李大钊于 1919 年发表《我的马克思主义观》，传播唯物史观以来，已走过八十多年的历程，从涓涓细流壮大成浩荡的江河。八十多年的发展，著述丰富，名家辈出，极大地改变了中国史学的面貌，同时又经历了十分曲折的道路，有过深刻的教训。总之，八十多年来成就很大，需要总结、反思的问题很多。限于我的水平，今天只能就下面三个问题讲点粗浅的看法，不当之处请予以指正。

一　唯物史观传播把中国史学推向新阶段

"五四"前后至大革命失败前，马克思主义在中国思想文化界的传播形成了一个热潮。近些年来，学术界有的人自觉或不自觉地对唯物史观指导史学研究提出怀疑，每每要讲到中国学者接受马克思主义社会形态学说是因为受了斯大林的影响，照抄了《论辩证唯物主义和历史唯物主义》的小册子，因而其科学性值得怀疑。其实这本身在时间上是先后倒置。最早介绍马克思社会形态学说的是李大钊，他于 1919 年 5 月写《我的马克思主义观》中论述马克思历史的主要部分时说："大体而论，吾人得以亚细亚的、古代的、封建的及现代资本家的生产方法，为社会经济的组织进步的阶段。"[①] "社会的物质的生产力，于其发展的一定阶段，与他从来所在那里面活动当时的生产关系，与那不过是法制上的表现的所有关系冲突。这个关系，这样由生产力的发展形式变而为束缚。于是乎社会革命的

---

① 《李大钊史学论集》，第13页。

时代来。巨大的表面构造的全部，随着经济基础的变动，或徐，或激，都变革了。"①

他根据的是日本河上肇的译本，而斯大林小册子是30年代才出版的，时间相差十多年。李大钊在1919年到1924年写了一系列宣传唯物史观的文章，发表在《新青年》等杂志上，如《物质变动与道德变动》(1919)、《由经济上解释中国近代思想变动的原因》(1920)、《马克思的历史哲学与理恺尔的历史哲学》(1920)、《唯物史观在现代史学上的价值》(1920)、《研究历史的任务》(1923)、《史学要论》(1924)等。他在《史学要论》中明确论述唯物史观在历史学引起的伟大变革："从来的史学家，欲单从社会的上层说明社会的变革，——历史，——而不顾社会的基址；那样的方法，不能真正理解历史。社会上层，全随经济的基址的变动而变动，故历史非从经济关系上说明不可。这是马克思的历史观的大体。""马克思所以主张以经济为中心考察社会的变革的原故，因为经济关系能如自然科学发见因果律。这样子遂把历史学提到科学的地位。"因此，李大钊提出要不断"动手改作"历史。"一时代有一时代比较进步的历史观，一时代有比一时代比较进步的知识；史观与知识不断的进步，人们对于历史事实的解喻自然要不断的变动。"李大钊的论述，指明唯物史观是科学历史观的意义，同时意味着运用唯物史观的原理来解释中国文献史料，写出与旧史面貌完全不同的新的历史著作。李大钊还在大学里讲授"唯物史观研究"、"史学思想史"等课程，在当时传播唯物史观的功绩最为杰出，被人们誉为"马克思主义专家"，并成为当时从理论武器到思想面貌完全崭新的文化生力军的一名主将。

在当时，《新青年》、《中国青年》、《晨报》副刊、《民国日报》副刊、《学灯》等刊物，成为先进知识分子宣传唯物史观的重要阵地。《共产党宣言》、《哥达纲领批判》、《国家与革命》等书译本都相继出版，还出版了一批日本河上肇、俄国普列汉诺夫等人有关唯物史观的著作，其中就以河上肇的著作影响最大。北京、上海、广州、武汉、长沙等地进步势力较大的高等学府，几乎都开设讲授唯物史观的课程。周恩来甚至在天津警署的牢狱中，还宣讲"唯物史观总论和阶级竞争史"、"历史上经济组织的变迁"等。当时就有人惊叹："以我国思想界之迟钝，输入西洋之学

---

① 《李大钊史学论集》，第12页。

说，殆莫不经过多少阶级（段）而始得其一知半解之理想，而社会犹反对之。今不数年，而马克思之名喧传全国，上自所谓名士，下至初级学生，殆无不汲汲于马克思学说之宣播。"（杨端六《马克思学说评》，1920年8月）。至"五四"以后，更出现了一批由党内理论家和进步理论工作者写成的研究社会发展史的著作，至20年代末十年间数量多达15种，其中著名的有蔡和森《社会进化史》（1924）、李达《现代社会学》（1926）、邓初民《社会进化史纲》（1931）、马哲民《社会进化史》（1929）、陈翰笙《人类的历史》（1927）。这些著作虽然深浅精粗各有差别，但是有共同的特点：运用唯物史观作指导，系统叙述人类社会的起源和发展，努力阐明社会发展的一般规律。"五四"时期形成的传播马克思主义的热潮有力地说明，中国人找到马克思主义的真理，固然与俄国十月革命胜利影响有密切关系，而更加深刻的原因是，处于内忧外患灾难深重的中国社会，经历了自鸦片战争以来一系列重大事件，证明无论是传统思想、维新思想、资产阶级革命思想都无法把中国从帝国主义和封建势力的沉重压迫下解救出来，只有马克思主义指引的由共产党领导工农民众进行彻底的反帝反封建革命的道路，才能使中华民族得到解放。总之，马克思主义的迅速传播是由于中国社会面临的深刻的阶级矛盾和民族矛盾所决定的。中国马克思主义史学的创立和壮大也同中国人民争取解放的斗争紧密地联系在一起。

郭沫若所著《中国古代社会研究》，是运用唯物史观系统研究中国历史的开山之作。这部名著酝酿和写作于 1928—1929 年间。当时大革命刚刚失败，郭沫若流亡日本，是处于日本特务监视、生活困难、资料匮乏种种恶劣条件下，发愤写成的。郭沫若把用唯物史观指导研究中国历史同认清革命的前途直接联系起来，他说："对于未来社会的待望逼迫着我们不能不生出清算过往社会的要求。古人说：'前事不忘，后事之师。'认清楚过往的来程也正好决定我们未来的去向。"他要用历史研究驳倒"国情特殊"论，证明"中国人不是神，也不是猴子，中国人所组成的社会不应该有什么不同"，要走世界各国共同的道路，以此鼓舞处于困难时刻的国内人民看到未来的光明前途。同时他要探求中国历史发展所具有的本身的特点，谱写"恩格斯的《家庭、私有制和国家的起源》的续篇"。① 为

---

① 均见《中国古代社会研究·自序》，《郭沫若全集·历史编》第 1 卷。

此，他把先进的科学理论的指导同扎实的文献考订功夫结合起来。他继承了清代学者实事求是的考证成果，继了罗振玉、尤其是王国维研究甲骨、金文的成绩，出色地对旧史料作出新解，熔《诗》、《书》、《易》中纸上史料，与卜辞、金文这些原来似乎互相孤立的材料，都发生了联系，成为有用的活材料，殷周时期的社会生产生活方式也得以重视。此前，李大钊为传播唯物史观作出了重大贡献，并提出改写历史的任务，现在郭沫若继续了他的工作，做到把马克思主义的理论同中国历史结合起来，在深入研究的基础上，作了系统的清理，因此成为中国马克思主义史学的划时代的著作。

根据当时所掌握的史料和认识水平，郭沫若在书中对中国历史不同阶段社会性质的看法是：商代尚未十分脱离母系中的社会，商代的产生是以牲畜为本位。到周代已有发达的农业，其社会性质是奴隶社会。东周以后，才由奴隶制转入封建制。自秦以后，"中国的封建性质一直到最近百年都是很岿然的存在着的"。"最近百年"中国社会性质又有新变化，当时他用"资本制"和"资本制的革命"来表述，但他实际上指的，就是旧的封建制解体、帝国主义势力不断侵入以后新的历史阶段，也即我们平时所讲的半殖民地半封建社会。当然，由于当时处于运用唯物史观研究中国历史和中国社会的革新阶段，书中存在着对史料解释不够娴熟和有的提法不恰切的毛病。近年来，有的研究者离开当时的历史环境，贬低《中国古代社会研究》，这并不符合历史主义的态度。这些论者所持的理由主要有二：一是批评此书存在"公式主义"的毛病，"差不多死死地把唯物史观的公式，往古代的资料上套"。需知郭沫若是运用唯物史观研究中国古代社会的第一人，所做的堪称是创榛辟莽的工作，的确很不成熟。但当时的任务是证明唯物史观原理同样适合于指导中国古史研究，中国社会的进程同样符合人类社会的普遍规律，这样才能帮助人民大众树立对革命前途的信心。因此，"套上"是时代的要求，至于让它更臻于完善，则有待于"更有时间更有自由的同志"，"继续作更详细的探索"。二是批评郭沫若此后一再改变他对古代社会性质的看法。历史研究本来是十分复杂的事情，在探索的道路上抛弃旧说、提出新说正是不断进取的表现。本书在史学著作中获得的进展是在史学著作中第一次论证了中国历史的发展经历了原始公社制—奴隶社会—封建社会—被卷入资本主义世界潮流的近代中国社会这几个基本社会阶段。后来，郭沫若本人对于区分历史阶段的时期曾有变更，但一直保持在这部著作中形成的基本看法，并且为进步史学界所接受。此后，郭沫若进而修正说：商代中期以后已逐步由畜牧转入以农业为主，原始制的解体和奴隶制的产生应提前到商代；又提出奴隶制向封建制的过渡应该放在春秋、战国时期。——这些修正都标志着他的研究工作不断获得进展。《中国古代社会研究》对于推进中国历史的巨大意义，我们不仅可以从当时赞成唯物史观的学者所写的评论中得到证明，如称"郭沫若先生的《中国古代社会研究》要算是震动一世的名著。就大体看，他那独创的精神，崭新的见解，扫除旧史学界的乌烟瘴气，而为新史学开其先路的功绩，自值得我们的敬仰"。① 当时，属于自由派史家张荫麟也评论说：这部书"例示了研究古史的一条大道"，尤其称赞郭沫若从社会经济基础以及社会制度变迁的大背景来阐发历史研究方法。张荫麟同样敏锐地认识到郭沫若提供了运用唯物史观来研究中国历史的新范式具有开辟史学研究新道路的意义，所以赞扬此书"例示了研究古史的一条大道"。

马克思主义史学家和进步学者对于中国社会和中国历史的看法，很快地在 30 年代初开始的中国社会性质论战和中国社会史论战中受到了考验。1927 年大革命失败后，中国革命处于低潮时期，如何正确认识中国社会的性质和革命的前途，成为十分紧迫而尖锐的问题。1928 年 6—7 月召开的中国共产党"六大"，根据列宁和共产国际的指示和党的领导人对中国社会现实的分析，提出当前中国社会性质是半殖民地半封建社会，中国革命仍是资产阶级性质的民主革命。当时由于中国革命处于极端困难时期，许多人悲观彷徨，马克思主义学者认为剖析中国当前社会性质、帮助人们认清革命发展的方向是自己的责任。王学文、李一氓等在上海创办了《新思潮》杂志。1930 年 4 月，《新思潮》"中国经济研究专号"发表了王学文、李一氓、潘东周等的文章，他们从帝国主义对中国的侵略阻碍了中国近代民族资本的发展、农村仍然顽固地保持着封建势力等文献，论证"六大"路线的正确，批判陈独秀取消革命的谬论。以任曙、严灵峰为代表的陈独秀的追随者写文章进行反驳，武断地讲帝国主义入侵"绝对地"破坏了封建制度的经济基础，中国社会中"是资本主义关系占统治地

---

① 文甫：《评郭沫若〈中国古代社会研究〉》，《嵇文甫文集》，河南人民出版社 1985 年版，第 243 页。

位"，"中国目前是资本主义社会"。由此又引起了 1932 年至 1933 年的"中国社会史论战"。关于秦以前的社会性质，论战的焦点是中国是否存在过奴隶社会。陶希圣等人对此否认。关于秦以后至鸦片战争以前的社会性质，陶希圣认为是"商业资本社会"。陈邦国认为，"秦的统一，是商业资本的统一"。公孙金认为，自秦以后，中国社会是"为封建思想所支配的初期资本社会"。如果自秦以后真的是"商业资本社会"或"初期资本社会"，那中国革命主要任务之一是反对封建主义岂非无的放矢，这种论调受到马克思主义学者的有力反驳。潘东周等指出，封建社会的商品交换与资本主义社会的商业资本有着质的不同。春秋战国时期虽然商人势力相当活跃，但它没有也不可能破坏中国封建社会的经济基础。"中国并没有发生工业革命，因此，也不可能使中国的封建关系'实质上久已不存在'。"大商人虽曾在政治上发生过相当的影响，但自龚自珍以后至近代，地主在各朝代中仍是统治阶级。吕振羽指出，即使"在商业资本获发展的封建社会末期，这也不能对于封建社会的生产关系有何重大的改变"。郭沫若虽然因在国外没能参加社会史大论战，但他在著作中论述的近代以前中国是封建社会的观点对进步学者是很大的鼓舞。经过这场大论战，中国在鸦片战争前长期处于封建社会和鸦片战争后是半殖民地半封建社会的正确观点扩大了影响，由于受到封建主义学者的有力批驳，虽然热闹一时的"商业资本主义社会"论却终于销声匿迹。对于中国社会性质、阶级关系和社会基本矛盾的正确分析，是中国共产党制定新民主主义时期革命纲领任务的基础，这些科学分析已由新民主主义的胜利得到了权威的验证。黎澍说，"论战"以前，党的领导机关虽然对中国社会性质有正确的提法，"但并未引起人们的注意，经过后来的一番论战，至少是在一定范围内公开进行了关于各个问题的讨论，使人们对它的现实意义有了认识"。又说，关于中国革命的反帝反封建性质的规定，"如果不对中国历史作一番切实的研究，用丰富的事实加以说明，就很难为中国人所理解。所以进一步研究中国历史，对于正确认识中国革命的性质、任务，从而制定正确的政策和策略，无疑具有重大的意义。"[①]

以上事实证明，在中国马克思主义史学的奠基时期，郭沫若的著作和其他马克思主义历史工作者的论著，表明他们对于中国革命现实问题有深

---

① 黎澍：《再思集》，中国社会科学出版社 1985 年版，第 217 页。

切责任感和清醒的态度，发扬了中国史学经世致用优良传统。同时也证明中国马克思主义史学的代表人物，从一开始就把握着正确的方向，要把唯物史观原理与中国历史结合起来，重视研究中国的国情，尽管在某些地方还难免粗糙，却体现了革命性和科学性的统一。这是中国马克思主义史学的重要特点。

抗日战争爆发前夕到 1949 年，是马克思主义史学的壮大时期。在前一时期的基础上，马克思主义史学就大大地开拓了研究领域，史学家辛勤著述，在断代史、通史、近代史、历史理论和专史各个范围均有重要建树，完成了一批重要著作，在整个学术文化界令人瞩目，不仅其观点进步、风格新颖，而且在学术上很有深度，具有厚重的分量。"马克思主义史学五大家"在这一时期相继都完成了重要著作。郭沫若于抗战后期撰成《青铜时代》、《十批判书》。吕振羽先后著成《史前期中国社会研究》（1934），《殷周时代的中国社会》（1936），《中国政治思想史》（1937），《简明中国通史》（1941—1948 年著成，分第一、第二分册出版）。翦伯赞先后著成《历史哲学教程》（1938），《中国史纲》第一、二卷（1943—1944）。范文澜著成《中国通史简编》（1941），《中国近代史》（上册）（1945）。侯外庐著成《中国古典社会史论》、《中国古代思想学说史》、《中国近世思想学说史》、《中国思想通史（第一卷）》等（均完成于 1943—1947 年）。还有胡绳的《帝国主义与中国政治》，王亚南的《中国经济原论》和《中国官僚政治研究》（分别撰成于 1943 年和 1948 年）等。这些著作中有不少堪称是里程碑式的史著，经历了时间的考验，至今仍有重要价值。

马克思主义史学壮大的又一重要表现是，马克思主义史学家在前一阶段成就的基础上进一步掌握了丰富的史料，运用唯物史观的分析方法对唯物史观的运用达到新境界，在研究方法上更加成熟。自觉地提出并实践"研究中国历史与人类历史的共同性与中国历史的特殊性及其二者的联结"这一目标，就是这一时期特点的集中体现。吕振羽《殷周时代的中国社会》一书，根据当时中国地下出土文物史实，认定殷代确已进入奴隶社会，并从财产形态、阶级构成、国家形成过程等项作了全面考察，创立了殷商奴隶制学说。并且，根据考古学界对殷墟出土器物和遗迹的考察，从当时铜器冶炼技术和冶炼场遗址的普遍存在，青铜工艺所达到的水平，得出殷商非新石器或金石并用时代，而是"青铜器时代"的结论。

又从文献上关于人酗酒成风的记载，以及酒器的大量出土，推论出殷商时期已达到较高的劳动生产率，才提供了多余的粮食，而殷商已达到相当高度水平的文化，也只有在较高的剩余劳动之上才能创造出来，这一切与阶级对立（奴隶主与奴隶阶级的对立）、国家形成的社会发展水平正相适应。故殷商不是氏族社会，而是奴隶制社会。同时，他提出西周是封建社会的观点。他认为：周灭商以后，奴隶已被解放，原来殷代国家的土地被宣布为"王有"，封赐给贵族和各级臣僚，他们成为大大小小的封建领主。形成了由天子、诸侯、大夫、士组成的封建领主阶级与被称为"庶人"或"小人"的农奴阶级之间的对立。并论证西周封建制的形成过程大致到宣王中兴时完成。故吕振羽是"西周封建说"的首倡者。关于此书所阐述的上述两项观点的价值，吴泽教授曾评价说："吕著的可贵之处在于创立了殷商奴隶制社会论和西周封建说。这对中国历史科学的研究有着十分重大建树的意义。"[①] 在《简明中国通史》中，吕振羽对几千年中国历史的进程提出了更深入、更有系统的看法。在其 1941 年所写第一分册序言中，更把其撰著目的明确归纳如下三项："第一，把中国史看成同全人类的历史一样，作为一个有规律的社会发展过程来把握；第二，力避原理原则式的叙述和抽象的论断；第三，尽可能照顾中国各民族的历史和其相互作用。"既要探讨中国历史发展的规律性，又要探讨对它所表现的具体特点，并将其真实面貌复现，这就把中国史学推向发展的新阶段。范文澜在延安完成的《中国通史简编》，到 1942 年全书 56 万字全部出版，成为第一部用唯物史观为指导的中国通史。范文澜在此书的"绪言"中表明，他的研究工作要全力总结出唯物史观所阐述的人类社会共同规律在中国历史上表现出来的特殊性。这部书的主要成就是：通过对历史资料的分析、综合，对几千年中国历史提出系统的看法，并且比较深入而成功地分析和描述各个时代的特色，做到主干清晰，而又有血有肉。继之完成的《中国近代史》（上册），大大推动了史学界对这一阶段历史的研究。以往史学界有关近代史著作甚少，有的著作有进步的观点，但篇幅较小，内容单薄，有的则从唯心史观出发，任意曲解史实。范著《中国近代史》以马克思主义为指导，在大量占有材料的基础上，通过对历史的系统叙述，

---

① 吴泽：《我国马克思主义史学的开拓者——吕振羽》，见刘茂林、叶桂生《吕振羽评传》一书代序。

恢复了中国近代历史的本来面目，标志着近代史的研究进入科学的阶段。它所奠定的基本格局和提出的许多论断影响史学界达几十年。戴逸评价说："这两部书全面地、系统地阐明了中国的全部历史，教育、影响了后代的历史学家，也教育、影响了当时千千万万的革命者。范老的著作很多，这两部著作可以说奠定了他在历史学界崇高的、不朽的地位。"[①]

马克思主义史家在抗战时期建树的业绩是一笔宝贵的史学遗产。建国以后，马克思主义史学在全社会上享有很高的地位，是同这一时期所取得的成就密切相关的。这些史学前辈都是战士兼学者，范文澜和吕振羽后来都到了根据地。这些史学前辈与革命同命运，与民众同呼吸。他们的史著的确与探索中国革命的正确道路有紧密的关系，并且对鼓舞人民斗志、投身革命洪流发挥了巨大的作用。同时他们又极其重视充分占有史料和运用实证方法，他们的目的是要探索历史的真相，而非为现成公式作图解，所以它们的著作有重要的学术地位。有的学者虽然未运用唯物史观指导史学研究，但仍然重视马克思主义史家著作的价值，如顾颉刚于1948年写信给友人说：范文澜的《中国通史》已经写成了，我们也应该努力写出自己的通史著作。（大意）处在当时为挽救民族命运浴血奋战的年代，史学家有时无法抑制地联系到当时的现实，也是可以理解的。范文澜在建国后曾对此作过严格的自我批评，说，书中有些地方应予纠正。书中"有些地方因'借古说今'而损害了实事求是的观点"，如叙述三国历史时，借吴、蜀联合拒魏来类比抗日民族统一战线，借孙权来类比蒋介石集团破坏统一战线。这些都应予以纠正。实则我们如果细读全书，像这种"借古说今"的地方极少，范文澜作为重要的一条缺点提出来，乃是他律己甚严的表现。我们不应根据范文澜有过这段自我批评的话，就误认为是书主要倾向，更不能有意无意地贬低这些史学前辈著作的科学性，不恰当地称之为"战时史学"。

二　如何正确评价建国后十七年的史学道路

1949年新中国成立，随着新的社会制度的建立，马克思主义史学在全国范围内确立了主导地位，中国史学在三四十年代取得重大成就的基础

---

① 戴逸：《时代需要这样的历史学家》，《近代史研究》1994年第1期。

上迎来了新的发展阶段。对于建国后十七年历史研究从总体上作基本的估计，本来是不应当发生很大分歧的，因为事情很明显，正如"十七年"中整个社会主义事业一样，史学工作虽经过严重的挫折，走过弯路，但同时又取得了巨大的成绩。学术界前些年即存在这样的观点，认为"十七年"中教条化盛行，整个中国史变成了一部农民战争史。最近，有的研究者进而提出：近50年的史学应分为前后两个阶段。"前三十年为第一阶段，这一阶段基本上是'泛政治化史学'时期，以农民战争研究为代表的研究体系使中国史学完全政治化。"① 对建国后十七年历史研究更贬斥为"完全政治化"的史学，完全依附于政治、毫无学术的独立性可言，甚至将之与"文革"十年中"四人帮"疯狂践踏、摧残历史科学、蓄意制造混乱、颠倒黑白扯到一起，认为此30年史学应划作一个历史阶段。如果这种观点确有道理，那么，十七年中国以指导历史研究的唯物史观基本观点则早应宣布为过时和非科学的。认为当前史学应当彻底地改易新说的看法，似乎也就有道理了。对十七年历史研究如何正确评价，实则直接关系到怎样认识20世纪中国马克思主义史学的历史地位，和怎样看待唯物史观的科学价值及其发展前景，如此关系重大的问题，不能不通过深入讨论以究明史实真相。

我想正确评价十七年史学道路，以下四项是很重要的：

（一）应当如实地评价史学家坚持以唯物史观基本原理与中国实际相结合的正确方向所取得的成就

新中国成立后，在全国范围内掀起了普及唯物史观的热潮，广大历史教师、史学工作者自觉学习马克思列宁主义、用以指导教学和科研工作成为风气。本来，人民革命的胜利证明了运用马克思主义原理分析中国近代社会的性质，革命的任务、对象、方法、策略等项取得了伟大的成功，老一辈马克思主义史学家郭沫若、范文澜、翦伯赞等人运用唯物史观写成的著作所具有的科学价值也得到了验证，这些都使史学工作者受到鼓舞和激励。新的社会、新的任务，迫切需要新的理论来指导，所以历史教师和研究者学习马克思主义是自觉地、充满热情的。建国后史学界学风的又一特点是逐步营造自由讨论、开展批评和自我批评的风气。在建国前已作出卓

---

① 学术动态报道：《展望新世纪中国史学发展趋势》，《光明日报》2001年10月2日历史版。

著成就的老一辈学者能随着时代而前进，如范文澜在建国初发表文章，对自己以往史著中的失误诚恳地作自我批评。翦伯赞也在1952年著文作自我批评，说："我在解放前，也常用以古喻今的方法去影射当时的反动派。其实这样以古喻今的方法，不但不能帮助人们对现实政治的理解，而且相反地模糊了人们对现实政治的认识。"① 这种诚恳的自我批评，更启发史学工作者以坦诚的、实事求是的态度对待史学事业。建国初学术刊物上登载直截了当地进行批评、并且指名道姓的文章，大家都认为很正常，受批评者也能公开承认错误，虚心接受。很典型的是黎澍在1951年《学习》杂志先后发表了批评吴泽、侯外庐两位先生的文章，被批评者迅速公开答复，表示由衷地感激并接受，一定认真改正。

　　建国初党中央和毛泽东提出"百家争鸣、百花齐放"的方针，也与史学界关系很大。"百家争鸣"正式作为指导全国文化、学术工作的方针，是毛泽东和党中央在1956年提出来的，而学术研究应该贯彻百家争鸣的精神，则在1953年"中国历史问题研究委员会"举行第一次会议和筹办《历史研究》杂志时已经提出。这与郭沫若和范文澜这两位著名历史学家对古史分期观点不同，需要展开讨论、争鸣大有关系。在古史分期上，郭沫若主西周奴隶说，范文澜主西周封建说，形成对史学界影响最大的两大派，毛泽东当然熟知这种情况，实行"百家争鸣"方针的精神最早向史学界提出，与这种背景大有关系。故1953年9月21日中国历史问题研究委员会开会时，陈伯达传达了党中央的指示精神，要开展"批评和自我批评"，"不宜把方式弄得死板"，考虑由陈寅恪担任历史研究所二所所长，并提出"聘请研究人员的范围不要太狭，要开一下门，像顾颉刚也可以找来。增加几个研究所可以把历史研究的阵营搞起来，学术问题在各所讨论。由郭沫若、范文澜同志来共同组织讨论会"。在这次会议上讲历史研究要百家争鸣的问题，实际上是毛泽东的意见。② 当时，范文澜即建议在这个会议上考虑把他的《中国通史简编》作为讨论的底稿。1956年，党中央和毛泽东向全国提出"百花齐放"、"百家争鸣"，以发展文艺、繁荣学术的方针。这一时期，人民出版社等先后出版了一批基本上属于考据性的著作，如吴晗《读史札记》，刘节《古史考存》，蒙文通

① 《翦伯赞历史论文选集》，人民出版社1980年版，第7—8页。
② 倪迅：《毛泽东与知识分子交往纪事》，《光明日报》2001年6月26日。

《周秦少数民族研究》，顾颉刚《秦汉的方士与儒生》（《汉代学术史略》改题重版），李剑农的《先秦两汉经济史稿》、《魏晋南北朝隋唐经济史稿》和《宋元明经济史稿》，周一良《魏晋南北朝史论集》，汤用彤《魏晋玄学论稿》，姚薇元《北朝胡姓考》，岑仲勉《隋唐史》和《突厥集史》，戴裔煊《宋代钞盐制度研究》，梁方仲《明代粮长制度》，谢国桢《南明史略》，王锺翰《清史杂考》，罗尔纲《忠王李秀成自传原稿笺证》等。1954 年《历史研究》创刊号及次年，先后发表陈寅恪的《记唐代之李武韦杨婚姻集团》和《论韩愈》两文。这些，都表明对以考证为主要方法的学者的学术成果同样充分尊重，这对于从旧中国过来的、只熟悉考证方法的学者是很大的鼓舞。百家争鸣的新高潮是因重新评价曹操问题引起的。1959 年 1 月 25 日，郭沫若首先在《光明日报》发表《读蔡文姬的〈胡笳十八拍〉》一文，从对于民族的贡献的角度对曹操作了高度评价，指出以往把他当成坏人"实在是历史上的一大歪曲"，首次提出重新评价曹操的问题。紧接着，翦伯赞于同年 2 月 19 日也在《光明日报》发表《应该替曹操恢复名誉——从〈赤壁之战〉说到曹操》，同样认为曹操是中国历史上有数的杰出人物，应该为曹操恢复名誉。同年 3 月 23 日，郭沫若又在《人民日报》发表《替曹操翻案》一文，如同巨石激浪，迅速在全国范围内产生了强烈的反响，不仅史学界，还有文学界、戏剧界以至一般文史爱好者纷纷撰文，展开热烈争鸣。许多知名学者吴晗、刘大杰、王昆仑、谭其骧、周一良等都争相发表文章各抒己见。郭沫若、吴晗又提出对武则天和其他一些历史人物重新评价的问题。因而讨论更加广泛深入，涉及以唯物史观评价历史人物的理论、标准等项。据统计，仅有关围绕重新评价曹操所发表的文章，仅至 6 月底以前就达 140 篇以上，故被称为"对我国学术界的繁荣产生了特殊的影响"。① 史学界在数年中展开的关于古史分期、封建土地制度问题、农民战争性质作用问题、汉民族形成问题和资本主义萌芽问题的讨论，尽管被称为"五朵金花"、存在着一定的局限性，但它们的确是认真讨论学术问题，并不是靠行政命令发动布置的，而且各方讨论十分热烈，持续时间甚长。进行热烈讨论的还有历史人物评价、中国近代史分期、中国封建社会长期延续问题等。这些讨论也对推动历史研究起到了作用。

---

① 《郭沫若全集·历史编》第 3 卷，人民出版社 1984 年版，第 482 页。

在上述自由讨论、热烈争鸣的学术气氛下，十七年中一批具有卓识的学者对于运用唯物史观指导历史研究有两点很自觉的认识：（1）更加明确马克思主义经典作家的著作及提出的原理主要是依据西欧各国历史写出来的，其中既有适用于研究其他国家、民族历史的共同性，又有西欧国家本身的特殊性。中国学者的责任，是通过认真阅读马恩著作区分出上述二者，撇开其特殊性，只运用其共同性。并结合中国的历史实际，研究出中国的历史如何表现出共同性和自己所具有的特殊性，阐明中国历史的规律性和所表现出来的本民族的特点。（2）中国是一个有几千年悠久历史的东方大国，有丰富的史料，研究中国历史的规律和特点，将是对唯物史观宝库的重要贡献。笔者认为，就正常的学术研究来说，正是这种正确的指导思想，代表着十七年历史研究的前进方向。百家争鸣的学术气氛和坚持以唯物史观原理探索中国历史特点的理论指导，促使十七年中在通史、断代史和专史领域都产生出一批优秀的史著。

其中，通史的撰著难度最大，最能反映出学术水准的高低。中国历史悠久漫长，史料汗牛充栋，撰成好的通史，不仅需要在搜集、考核和分析史料上具有深厚的功力，尤其需要对中国历史演进的全局和各个历史阶段的特点，有自成体系的把握和贯穿全书的史识，还需要有处理史料、组织和再现史实的高度能力。在中国史学史上，能够著成受到普遍称道的通史著作、令后代传诵不衰的史家屈指可数。"十七年"中，恰恰在通史领域产生了影响巨大的著作。首先是范文澜著成修订本《中国通史简编》一至三编（共四册，于1953年至1964年出版。）这部著作是在延安版基础上精心修订完成的，原版自远古至鸦片战争，共56万字。修订本写至五代十国，却达110万字，内容大大扩充，所以全书实际上等于是重写。这部书累计印数超过百万册，长时间成为广大干部、大学生、社会大众学习中国历史的必读著作，教育了几代人。因而在学术界被认为是20世纪影响最大的通史著作，是20世纪中国史学发展的重要里程碑。范文澜原先精熟于中国传统的经史之学，他学习马列主义，又特别强调要创造性地运用，使之与中国的历史实际相结合。建国以后通过修订《中国通史简编》，对此更有深刻体会，因而他有运用唯物史观原理要做到"神似"，反对"形似"的名言，一再告诫史学工作者要彻底摒弃按唯物史观现成公式去剪裁历史事实的极其恶劣的教条主义做法。他所论述的春秋战国时期是封建领主制向地主制过渡的时期，汉族在秦汉时起就基本上形成为民族了，中国封建社会经历了秦统一以前的初期、秦到元末的中期（又以隋统一划分为中期的前段和后段）、明至清鸦片战争以前的后期等，虽然并非全部都可作为定论，但是人们读后感觉到这的确是运用唯物史观的基本原理来分析中国历史的特点，而不是生吞活剥马克思主义的词句，按照现成公式去图解中国历史。其次，是全书内容丰富，认真发掘了经史子集中的材料并利用一些考古史料，详细地论述了自远古至五代这一漫长时期中国政治、经济、民族、文化、军事、外交等的发展历程，论述了历史上各种制度的沿革，评价、分析了众多的历史事件和人物。同时，全书在章节结构上组织严密、安排合理，文字精练而生动，具有浓厚的中国作风、中国气派，这些更增加了对读者的吸引力。由翦伯赞主编的《中国史纲要》，是"十七年"通史研究的又一重要收获。这部书是1961年高等学校文科教材编选计划会议决定，委托翦伯赞主编作为高校中国通史教材之用。主要撰写人邓广铭、邵循正、汪钱、田余庆、许大龄等都是研究各个时期历史的专家。而且，在写作、讨论过程中，翦伯赞经常就体例、理论运用和史料鉴别等问题与编写组成员反复商讨，最后定稿时，他还要字斟句酌地进行推敲。（1962年至1966年，先后出版了第三、第四和第二册，包括三国两晋至近代部分。第一册的先秦部分，由翦伯赞亲自撰写，未及完成即含冤去世，"文革"结束后由吴荣曾完成。至1979年全书四册一并印行。）这部通史经过二三十年时间的考验，证明它无愧为一部成功之作，并且在中国史学史上又一次创造了集体著史、主编负责的成功经验。尤其作为大学通史教材，它具备着论述全面系统，内容繁简适当的独特优点。它文字简练，条理清楚，而又内涵丰富，对史实的分析中肯细致而又摒除空论，重要的基本的史料都向读者提供而又绝不庞杂。本书在90年代荣获首届全国高校文科教材评奖的特别奖，确实当之无愧。

（二）史学工作者的科学精神和奉献精神

十七年中史学工作者精心构撰的专著、论文等，都体现出这些学者发扬中国史学优秀传统、在学术研究上执著追求的精神。这种科学精神，还突出地体现在这一时期整理历史文献的大型工程上。

十七年中因政治运动的影响和对一些人物或问题进行过一些不适当的批判所带来的消极作用，史学界中一些人的确存在忽视史料的倾向，在一段时间内甚至极为严重。但这只是事情的一面。事情的另一面是，中国史学会领导和许多有见识的专家极其重视扎实的史料工作，尤其在整理大型历史文献上做出巨大的成绩。几项著名的、嘉惠学术之功甚伟的大型工程是：

　　（1）整理、标点《资治通鉴》。

　　（2）标点、整理《二十四史》。

　　（3）整理、出版《中国近代史资料丛刊》。

　　这一浩巨工程是由中国史学会组织、部署进行的。1949年7月1日，史学界人士在北京组织了中国史学会筹备会，负责人是马克思主义史学家范文澜。学会首先确定以推动近代史研究工作为重点，因而立即展开了组织编辑《中国近代史资料丛刊》的工作。1950年成立了总编辑委员会，由11位著名学者组成：徐特立、范文澜、翦伯赞、陈垣、郑振铎、向达、胡绳、吕振羽、华岗、邵循正、白寿彝，并确定了各个专题和负责各专题编辑工作的学者。当年适逢义和团运动50周年，首先由翦伯赞主编并出版了《义和团》（4册）。10年之中编辑出版《丛刊》10种，共62册，3000余万字，规模如此巨大，而且是连续出书，持续不断，令人赞叹！《丛刊》是在唯物史观指导下对近代史资料的一项大规模的科学整理，涵盖了近代史的各个重要时期，提供了最有价值的研究资料，堪称是新中国历史科学的又一盛举。各个专题均依照下列科学的工作程序进行：1. 尽可能地广泛搜集史料；2. 精心地选录和合理地分类、编排；3. 分段、标点、校勘；4. 撰写书目解题，编制与本专题相关的各种附录。这些工作中无论其中的某一项，工作全都是很浩巨的。仅拿分段标点和校正错字说，全部三千余万字的史料都经编选者认真加工、提供定本，让广大读者方便地阅读、使用，即此一项就是功德无量的工作。负责各个专题的专家，都以远大的眼光和高度严肃认真的态度，搜集并发掘了大量有关各个历史时期重大事件的官、私文献，将许多稀见史料变成广大读者容易得到的，将不少秘藏史料变成公开的，将大量分散难找的史料变成集中、系统地整理出来的。同时，又尽可能地集中搜集近代史时期有关边疆地区和少数民族活动的史料，搜集与政治事件有关的社会状况及学术文化范围的史料，并且在当时所能够做到的条件下，尽可能地搜集、翻译了外国史料，体现出将中国史与世界史相联系的眼光。所有这些都保证了这套《丛刊》的极高的学术价值。负责各专题主编工作的学者，其中如范文澜、邵循正、聂崇岐等，自然本身即以近代史专家的身份担任主编工作，其他不少人则原先的主要研究领域是古代史或外国史，如翦伯赞、向达、齐思和、柴德赓等，但是为了发展新中国历史科学的需要，却丝毫不计较研究领域的转换和编纂工作的艰巨，无不毅然地全力以赴投身进去。正因为中国史学会卓有成效的组织工作，尤其是各卷主编均为国内第一流的学者，具有丰富的学识、严谨的科学态度和高度负责的精神，在他们的主持下，编纂工作遇到的困难都迎刃而解，取得了高水平的学术成果。因为这套《中国近代史资料丛刊》对于研究中国近代史具有不可替代的重要性，最近上海人民出版社和中国书店又已合作将这部巨型书籍再版。

此外，十七年中大型文献资料的整理，还有《中国近代经济史资料丛刊》，内容包括近代工业史、农业史、对外贸易史、铁路史、货币史、外债史、海关史等多个方面，同样堪称为整理文献资料的巨制。其他尚有《明清史料》、《中国通史参考资料》，宋代、元明、清代史料笔记丛刊等多种。上述大型文献资料整理工程，都因其史料的重要性和整理工作的科学性而在海内外产生了深远的影响，如《中国近代史资料丛刊》10 种，据说仅在美国就培养出一大批博士。

（三）抵制教条化错误的倾向

在我国历史步入新时期之初，由于拨乱反正、批判极"左"错误、肃清"四人帮"影射史学流毒的需要，我们曾着重地揭露极"左"路线在史学领域的种种表现，批判教条化、公式化，片面强调阶级斗争、将之绝对化，对马克思主义词句生搬硬套、贴标签，以及研究领域狭窄、选题重复雷同、研究方法单调等等失误，而少谈十七年的成绩。在那个特定的年代，这样做是有必要的。因为，其目的是引起对"四人帮"蓄意制造混乱和对极"左"错误严重危害性的高度重视，剖析其根源，从而使历史研究重新端正方向。

十七年中教条化、公式化错误盛行的年代，主要是在 1958 年及其后一段时间，高等学校中"拔白旗、插红旗"，一些有学问的教授、专家受到批判，学生上讲台，学生编讲义，二三个月工夫即"编"出一本通史讲义，这只能是剪刀加浆糊，用若干条干巴巴的材料对历史唯物主义公式作图解，贴标签式地引用马恩的词句。只讲阶级斗争，对农民起义尽量拔高，而对历史上的统治阶级一概骂倒，制度和史实少有涉及，要把帝王将相和历代皇朝名号一律抹掉，一部历史变成为概念演绎。教条化、公式化、概念化的谬误是显而易见的，但在当时却打着"革命"的旗号，所以一度势头很猛，使不少人分不清方向。对于教条化的危害我们要痛加批判、肃清流毒，同时应深入分析造成教条化盛行的原因。究其产生的原因，一是由于史学工作者自身水平不高，经验不足造成。二是政治上"左"的错误路线的影响、干扰、误导。57年反"右"，尤其是58年"大跃进"以后，党的指导思想出现了"左"倾错误，对革命事业造成严重的损失，史学界"拔白旗"、公式化地图解历史的风气一度盛行，就是在当时特定的政治背景下泛滥的。三是"文革"前夕"四人帮"及其爪牙的蓄意制造混乱，颠倒是非，要把学术界和人们的思想搞乱。对第一种情况，只要史学工作者认真学习，在学术实践中不断摸索，开展正常的批评讨论，就能逐步得到提高和纠正。第二种情况，只要排除政治因素的干扰、影响，失去那种气候，问题自然得到解决。1962年前后，党中央的路线得到调整，当时正常的学术研究便迅速得到恢复。新时期以来拨乱反正，彻底纠正"左"的错误，教条化错误便基本上被肃清。这些就是明证。至于"四人帮"的蓄意破坏，那是为实现其反革命图谋，是另一种性质的问题，早已被钉在历史的耻辱柱上，不属于学术问题的范围，更不应算到十七年史学工作的账上。因此，绝不能以"教条化、公式化盛行"来概括整个十七年的历史研究，更不是由于新中国成立，马克思主义在全国确立了主导地位，就必然造成教条化错误，绝不是这样。

恰恰相反，教条化所反对的正是马克思主义本身，唯物史观本身就是教条化的对立物。上述十七年史学所取得的巨大成绩，正是由于唯物史观原理得到正确运用和坚持其正确方向而取得的。不仅如此，我们在反思十七年中出现的严重曲折的时候，还应确切地承认：当错误倾向的潮流袭来的时候，正是坚持唯物史观指导的、成熟的史学家，如郭沫若、范文澜、翦伯赞等人，勇于挺身而出抵制教条化错误，捍卫历史学的科学性和尊严。郭沫若于1959年3月21日写了《关于目前历史研究中的几个问题——答〈新建设〉编辑部问》一文，明确指出简单化地提出"打破王朝体系"一类的做法是错误的，此文的发表，和同年发表的《替曹操翻案》，引起大规模的学术争鸣，推进了史学研究，这两件事，可以说是这位马克思主义史学家在十七年中对历史科学的两项重要贡献。范文澜一向坚决反对以教条化的态度对待马克思主义，在建国初，他就曾多次发表过重要言论。写于1954年的《修订本中国通史简编绪言》的一个根本指导思想，就是反对教条主义，因此他在文中严肃地批评教条主义者"把马克思主义底生动原理变成毫无意思的生硬公式"，批评"把历史描绘为没有人参加的（或者说没有人的能动性的）各种经济过程的平稳的自行发展，把历史唯物主义变成为经济唯物主义，而生动活泼的人类历史可以用几个公式造成了"的极其错误的做法。① 1957 年，他应邀到北京大学历史问题讲座发表《历史研究中的几个问题》的讲演，特别谆谆告诫要使史学研究走向健康发展的大道，首先必须大力破除教条主义。"只有反对教条主义，才能学会马克思列宁主义。不破不立，只有破，才有立。"他称教条主义是"伪马克思主义"。针对由于搞"运动"，大学里有不少教师不敢讲出自己对历史问题的看法的不正常情况，他强调说："比如说，我们教历史课，明明自己有心得，有见解，却不敢讲出来，宁愿拿一本心以为非的书，按照它那种说法去讲。……这样的'谦虚谨慎'是不需要的，是有害的。我们应该把'我'大大恢复起来，对经典著作也好，对所谓'权威'说话也好，用'我'来批判它们，以客观存在为准绳，合理的接受，不合理的放弃。"② 在当时，这样明确地提出把"我"大大恢复起来，以客观实践为检验一切的标准，确实为治疗教条主义提供了一剂良药，具有石破天惊的力量！至 1961 年，正当教条化、公式化在史学当中盛行的时候，范文澜更挺身而出，一年之中一连三次在重要的公开场合发表讲话，予以严肃的批判，揭露其危害。3 月，在纪念巴黎公社 90 周年学术讨论会上，他发表《反对放空炮》的讲话，严肃地指出史学界存在着离开史实、忽视史料、抽象地空谈理论的学风不正的严重问题，强调踏踏实实进行科学工作的重大意义。他一针见血地指出当前教条化的普遍恶劣做法是"把历史事件忽略到无以复加的地步"，说这种空炮放得再多也毫无用处。治疗这种教条主义病症的唯一有效办法，就是"必须对所要研究的历史事件做认真的调查研究工作，阅读有关的各种书籍，系统地从头到底读下去，详细了解这件事情的经过始末，然后用马克思列宁主义、毛泽东思想的观点方法来分析事情发生的原因和发展过程中发生的好的因素和坏的因素，判断这件事情的趋向是什么"③。5

---

① 《中国通史简编·绪言》修订本，人民出版社 1955 年版，第 10、48 页。

② 《范文澜历史论文选集》，中国社会科学出版社 1979 年版，第 215、219—220 页。

③ 范文澜：《反对放空炮》，《历史研究》1961 年第 3 期。

月，在北京举行的纪念太平天国革命 110 周年学术讨论会上，范文澜再次针对史学界流行的"打破王朝体系"和"打倒帝王将相"的问题，强调坚持严格的历史主义。他说："这种论调好像是很革命的，实际上是主观主义的。阶级社会是由互相对立着的统治阶级和被统治阶级构成的，打破王朝体系，抹掉帝王将相，只讲人民群众的活动，结果一部中国历史就只剩了农民战争，整个历史被取消了。"[①] 10 月，在武汉举行纪念辛亥革命 50 周年学术讨论会，他又同吴玉章一同强调树立严肃学风的意义。警惕教条主义的危害，与之作坚决斗争，是范文澜治学的鲜明特色，也是他在史学研究上取得卓著成就的一个根本原因。他与郭沫若、翦伯赞不愧为当时反对教条主义错误潮流的中流砥柱。

翦伯赞也在 1959 年、1961 年、1962 年连续发表文章，旗帜鲜明地反对教条化倾向。翦伯赞所写的《关于处理若干历史问题的初步意见》和《目前史学研究中存在的几个问题》两文，就是反对教条化、反对"左"倾思想的檄文。诚如最近有的学者在回顾整个新中国史学所走过的道路时所评价的："对纠正当时史学领域'左'倾的思潮的影响，扭转历史科学领域的混乱局面起到积极作用。"[②] 翦伯赞勇敢地捍卫历史主义的原则，在当时确实表现出反潮流的大无畏勇气，后来即因此惨遭"四人帮"残酷迫害致死，他是为捍卫唯物史观的原则而献出生命的！郭沫若、范文澜、翦伯赞等史学家的言论和作用，表明他们才真正掌握唯物史观的精髓，真正懂得把唯物主义普遍原理创造性地运用到中国历史实际中去乃是史学工作的灵魂，在他们身上才真正代表了唯物史观的风格！这些，同样对所谓十七年史学"完全政治化"的观点提供了有力的反证。

（四）建国后历史考证学的新境界

评价 17 年史学（以至整个新中国 50 年史学）还有一个重要的方面，是历史考证学达到的新境界。在 1949 年以前业已取得了很大成就的 20 世纪中国历史考证学，进入新中国以后，由于一批原先熟悉严密考证方法的史学家接受了唯物史观的指导，他们的学术工作到达了新的高度，尤其是在断代史和历史地理学领域取得了令海内外学者瞩目的成就。这些学者是

---

① 《纪念太平天国革命一百一十周年　首都史学界讨论六篇学术报告——范文澜发言说历史研究必须坚持严格的历史主义》，《人民日报》1961 年 5 月 31 日。

② 周一良、苏双碧：《新中国史学研究回顾》，《光明日报》2001 年 11 月 13 日。

一个学术群体，包括谭其骧、唐长孺、徐中舒、郑天挺、杨向奎、邓广铭、周一良、罗尔纲、王仲荦、韩国磐、傅衣凌、梁方仲、金景芳、方国瑜、史念海等等以及一些健在的知名学者。这些学者进入新中国时正当40岁上下，本已有很好的学术功底和治史经验，又适逢其时地获得科学世界观的指导，因而学术思想达到了升华。谭其骧以前擅长于历史地理沿革问题的考证，至建国后所写《何以黄河在东汉以后会出现一个长期安流的局面——从历史上论证黄河中游土地的合理利用是消弭下游水害的决定性因素》等文章，则有新的风格。这些研究成果与建国前相比，无论从考虑历史问题的时间跨度或空间范围说，还是从论题中所包含的思想性深度说，尤其是从总结历史现象的规律性的高度和结合当前社会发展需要的程度来说，都达到了更高的学术境地。《何以黄河在东汉以后会出现一个长期安流的局面》一文，通过纵贯上下二千多年的黄河下游灾害史和中游生产、生态面貌的考证和分析，终于透过历史的现象，揭示了真相：东汉以后黄河的长期安流，并不是因王景筑堤防洪的办法高明，而是因为中游地区返农还牧，恢复了植被，减少了水土流失。谭氏怀着总结历史上的经验教训为当今社会的发展提供鉴戒的崇高责任感，以凝重的笔触写下自己通过考证而得出的重要结论："'越垦越穷，越穷越垦'，终至于草原成了耕地，林地也成了耕地，陂泽洼地成了耕地，丘陵坡地也成了耕地；耕地又成了沟壑陡坡和土阜。到处光秃秃，到处千沟万壑。农业生产平时收成就低，由于地面丧失了蓄水力，一遇天旱，又顿即成灾，就这样，当地人民的日子越过越穷，下游的河床越填越高，洪水越来越集中，决徙之祸越闹越凶。就这样，整个黄河流域都陷于水旱频仍贫穷落后的境地，经历了千有余年之久。"此文写于40年前，当时他就根据科学研究的成果提出建议："在黄河中游这二区，应从单纯的农业经济逐步向农、林、牧综合经营发展。"首要的措施就是"封山育林，同时利用所有的荒坡、荒沟、荒地，大量植树种草"，达到"蓄水、保土、调节气候、改良土壤"的目的。① 严肃的学术研究和对国家民族发展紧迫问题的关切，在这里达到高度的统一。今天，在黄河中游和广大西北地区实行退耕还牧、退耕还

———————————

① 谭其骧：《何以黄河在东汉以后会出现一个长期安流的局面——从历史上论证黄河中游土地的合理利用是消弭下游水害的决定性因素》，《长水粹编》，河北教育出版社2000年版，第484—517页。

林已成为一项重要的国策和千万民众的共同行动，经过 40 年实践的检验，恰恰证明谭氏严谨、深入研究历史所得出的结论符合真理的认识，具有极高的科学价值。唯物史观并不神秘，其基本原理即得之于对历史实际进程的概括，只要结合学术研究来体会它、运用它，即能获得成效。唐长孺在建国前也擅长于写具体考证的文章，到他写于 20 世纪五六十年代的论文，能对魏晋南北朝政治史、经济史、制度史等一些重要问题深入探讨，同样是很好的证据。有的学者称许他建国后研究每一问题，"必作到精深分析，由表及里，探求历史发展的真实面貌与发展演变的规律"。① 次等成就，次等境界，正得益于科学世界观的指导和精深的实证功力二者的结合。故建国后这批学者的研究成果，既是具有悠久传统的历史考证学发展的新阶段，又是新中国马克思主义史学的重要部分。周一良对解放后大陆学者与他以前曾经共事过的港台、欧美学者的研究风格作过比较，对我们也很有启发。他于 1982 年赴美访问时，极留心阅读隔绝几十年的港台与欧美的中国史学著作，以严耕望《中国地方行政制度史》一书为"最有价值者"之一，很珍惜地随身携带回国，他评价说："严书久仰其名而未得见，读后深佩其考订之细密周详。所不足者，只就制度论制度，未能放眼当时政治、社会、事件、人物，以探求制度之运行及其所以然之故，这种地方大陆学人②就显出所长了。"周氏以行家评论，发人深思。大陆学人之所以能联系政治、社会等项论述"制度之运行及其所以然之故"，正因为有宏观理论对实证研究作指导，所以能够达到对历史的整体性和更深层次的认识。

三　新时期坚持和发展唯物史观以及面临的问题

改革开放以来，中国史学进入了新的发展时期。新时期之最初几年，史学界集中力量严肃地批判"四人帮"大搞"影射史学"、颠倒历史、蓄意践踏和破坏历史科学的罪行，清算教条主义的危害和恶劣影响，这项工作是整个国家批判"左"的路线、拨乱反正、解放思想的

---

① 唐长孺：《孙吴建国及汉末江南的宗部与山越》，《魏晋南北朝史论丛》，河北教育出版社 2000 年版，第 5 页。

② 周一良：《毕竟是书生》，十月出版社 1998 年版，第 90 页。

重要组成部分。实事求是的正确思想路线重新得到贯彻，历史学和其他科学部门一样，学术的尊严得到充分的维护，二十多年中培养出数量巨大的新的历史研究人才，国外境外的学术观点、学术成果大量被介绍进来，交流频繁，学术刊物已达到多至几千种，每年出版的各类历史学著作琳琅满目，难以胜数。对此25年来历史学状况，用"出现前所未有的蓬勃发展局面"，"呈现出开拓进取的态势"来概括，应当是多数人所能同意的。

然而情况是复杂的，马克思主义史学的发展受到了严峻的考验。一是在批判、反思教条主义危害、批判极"左"思想的工作中，教条化、公式化的错误与马克思主义的观点、方法二者有时并不容易正确区分清楚；二是各式外国思想的涌入，容易使人眼花缭乱，失去主见；三是经过苏联、东欧剧变，骤然使相当一部分人对马克思主义思想体系的信念产生动摇。因此，新时期以来，马克思主义对史学的指导作用每每受到责难和挑战，有的研究者提出唯物史观已经过时，应该改弦更张，有人则说唯物史观已成为茶余饭后嘲讽的对象。在这种情况下，有的研究者虽然本人仍相信唯物史观的指导作用，但对于若要发言、写文章申明自己的见解，都感到不能理直气壮。前一阶段在十七年中，是马克思主义史学在发展道路上遭受了严重的挫折，新时期以来这一阶段，则一再遭受到责难和挑战。这个问题牵涉方面很多，理论性很强，需要经过深入讨论，更需要对丰富复杂的实践进行总结，才能得到有说服力的回答。我只能尝试谈一点很粗浅的看法。我的总的认识是：坚持与发展唯物史观，与清除教条主义恶劣影响不但不矛盾，而且是其题中应有之义。中国是一个文明古国和东方大国，上古时代有极其丰富的考古发现和文献资料，中古时期的封建社会时间很长、发展程度很高，在世界史上也具有典型性，近代以来反帝反封建斗争波澜壮阔，当代进行的现代化建设举世瞩目，以上各项，都是具有世界意义的历史研究课题，只要我们坚持以唯物史观普遍原理与中国历史相结合的方向，不断丰富、深化和发展，定能拿出更多的具有高度科学价值的成果，为人类文化宝库作出更大贡献。大力学习外国进步的新学理与发展唯物史观原理同样并不相矛盾，唯物史观是开放的思想体系，它需要广泛吸收人类文明的最新智慧，结合各种新的、有积极意义的研究方法，向前发展。

运用唯物史观指导史学研究，不在于你的著作中引用多少马、恩的词句，而在于运用其基本原理去分析客观事实，得出具有创新价值的认识。依我的浅见，新时期中产生的得到学术界充分肯定、确实能够传世的史学论著，大体都是既体现出唯物史观指导，而又在发掘史料、对问题分析和综合、方法上有独创性的著作。在理论探讨方面，不少长期在史学园地辛勤耕耘、深入思考的史学名家，经过思想解放潮流的洗礼，也焕发学术青春，提出许多很有理论意义的新论点、新命题。在近代史方面，如黎澍等人对于维新派在近代中国的重大进步意义、辛亥革命运动的伟大历史功绩和革命党人中不同政治倾向人物的分析，胡绳对于资产阶级民主革命时期的"中间力量"及其思想文化上代表人物作用的分析，刘大年关于近代史基本线索的分析等，都因其在理论上具有的创新意义而受到关注。在古代史和传统史学研究领域，白寿彝先生关于封建社会内部分期的论述，民族地区封建化进程对于中国历史发展的意义，批判继承传统史学遗产对于发展新史学的意义，也都受到学术界的重视。一直到逝世之前，他一直把"在唯物史观指导下进行新的理论创造"作为学术研究的根本方向，所主编的《中国通史》22卷，也被誉为20世纪中国史学的压轴之作。新时期以来学术界的理论创新和成功实践预示着唯物史观在中国定能得到丰富和发展，与新的时代条件相结合，继续焕发出其蓬勃生机和活力！

综观八十多年的历程，马克思主义史学能够发展壮大，克服其早期的弱点和战胜种种曲折磨难，取得一系列重大的成就，其中有着宝贵的传统和经验，具有深刻的哲理启示的意义：一是坚持普遍原理与中国历史实际相结合的方向，从李大钊、郭沫若、范文澜，到胡绳、刘大年、白寿彝，都坚持这一正确方向，并充分发挥本人的学术创新精神。二是充分尊重前人成果，吸收古代文化遗产中优良的东西，同时学习近代实证史家学术上的精髓。如郭沫若对王国维甲骨、金文研究成果的继承，范文澜对传统经史、乾嘉学术和近代章太炎学术成就的继承，白寿彝对传统史学和陈垣学术的继承。三是坚决摒弃和清除教条主义的危害。运用唯物史观为指导，能够取得成功与否，从根本上说，取决于是创造性地运用其精神，还是死板地照搬其教条。没有长期地有效地进行反对教条主义的斗争，不断清除其恶劣影响，就不可能有马克思主义史学的今天。我们要坚决反对教条主义式的所谓马克思主义，坚持以马克思主义原理指导研究工作，对此完全应该理直气壮。特别是经过新时期以来批判反思、解放思想、与时俱进，整个史学界对此已积累了丰富的经验，对于如何坚持和发展唯物史观的认识达到更高的层次，这是我们的一个强项。从乾嘉学者以来所积累的一套严密精良的考证方法，则是我们又一强项。再加上当前大力吸收西方进步学说的局面早已形成，学术界创新意识普遍强烈。把这四项有利条件汇合起来，奋发努力，我们一定能赢得新世纪史学更加美好的前景！

马克思主义与20世纪中国学术道路[①]

——以历史学为例

中国社会科学杂志社总编辑　高　翔

人们对学术现状的正确认识，进而对学术演变规律的正确把握，通常是从对学术历史的反思开始的。清初理学名家熊赐履在谈到自己著《学统》一书的缘由时说：为学之道，必须"究其渊源，分其支派，审是非之介，别同异之端，位置论别，宁严毋滥，庶几吾道之正宗，斯文之真谛，开卷了然，洞若观火"[②]。"环顾当今学界，传统与现代并存，中学与西学互动，诸家之说，蜂出并作，各执一端，崇其所善。"面对各种思想、各种流派的相互激荡，研究者如何才能审慎地辨别真伪，分清是非，不为浮云遮蔽，不为流俗撼动，沿着正确的方向，"究天人之际，通古今之变，成一家之言"[③]，确实是一个十分严肃而又相当沉重的话题。要准确认识当前中国的学术现状，正确把握未来学术的方向，必须对20世纪中国的学术道路有一个正确的认识。原因很简单：我们是20世纪中国学术的传人。不管我们高兴与否、满意与否，我们都满载着20世纪中国学术的遗产进入新的世纪。我们正前行在20世纪中国学术开辟的道路上，并将沿着这条道路继续走下去。

本文主要以历史学为例，就20世纪、特别是"五四"运动以来中国学术道路作初步探讨。

[①] 本文的"学术"，主要指的是以文史哲为代表的对人文社会的基础性研究。高翔：中国社会科学院研究员、研究生院教授、中国社会科学杂志社总编辑。参见《马克思主义研究》2005年第2期。

[②] 熊赐履：《学统》卷首，《自序》，康熙二十四年刻本。

[③] 《汉书》卷62，《司马迁传》。

一 方法、定义与分期

20 世纪中国的学术长河，奔腾波涌，气势磅礴。欲真正明白其变迁、演变之内在逻辑，必须坚持经过长期学术实践业也已证明了的科学方法，这就是：将学术史与社会史结合起来，将学术发展严格置于当时的社会环境中进行考察。在人类历史上，思想、学术的演变确实有其自身的规律，但这种规律归根到底要服从社会演变之规律，它是社会变迁在思想文化领域的集中反映。也就是说，"每一个时代的理论思维，从而我们时代的理论思维，都是一种历史的产物，它在不同的时代具有完全不同的形式，同时具有完全不同的内容"①。当然，人们的思想、观念又能动地影响着社会存在，影响着历史前进的步伐。对此，治史学者，也当予以充分重视。

20 世纪的中国学术道路，是 20 世纪中国社会道路在思想文化领域的体现。20 世纪的中国社会，经历了从半殖民地半封建社会向社会主义社会的历史性转变。学术的变迁虽与社会的变迁不尽同步，但基本方向是一致的，即：20 世纪中国学术经历了从封建主义学术、资本主义学术到马克思主义学术的发展过程，也就是从传统、近代转向现代的过程。在这条充满艰难与曲折的道路上，具有里程碑意义的事件是两次学术转型：一次是从传统到近代的转型，另一次是从传统、近代到现代的转型。这两次转型，构成了 20 世纪中国学术历史的核心内容。考察 20 世纪中国学术，探索近现代中国学术的渊源流变，研究这两次转型，是其基本入手处。

所谓传统学术，指的是以儒家纲常伦理为核心价值，以经学和史学为主干的古代学问。中国传统学术内容浩瀚，包罗万千，博大精深，但经学和史学始终是其重要组成部分。洪亮吉曾说："古今之大文曰经、曰史。经道于理之常，史则极乎事之变，史学固与经学并重也。"② 经学，通过研究儒家经典，以"以求得乎圣人精意之所存"③，为统治者按照儒家思想治国平天下提供理论和智力支持。至若史学，在中国源远流长，地位显赫。梁启超尝云："我国二千年来史学，视他国为独昌。"又说："中国于

---

① 恩格斯：《自然辩证法》，《马克思恩格斯选集》第 4 卷，人民出版社 1995 年版，第 284 页。

② 洪亮吉：《历朝史案》序，京都聚奎阁刻本。

③ 陈廷敬：《国朝名臣言行录》卷 6，近代中国史料丛刊本。

各种学问中，惟史学为最发达；史学在世界各国中，惟中国为最发达。"①
尤其是清代，史学不但是研究和论证先儒学说的重要工具，而且具有重要
的经世功能。章学诚说："史学所以经世，固非空言著述也。"② 中国传统
社会的主流意识形态，就理论层面而言，主要是借助正统的经学和史学建
立起来的，并通过经学和史学得到维护和巩固，即"证诸六经之文，通
诸历代之史，以为敷政出治之本"③，以"以道统为治统，以心法为治
法"④。因此，中国学术要实现从传统到近代的变革，中国文化、中国社
会要走出中世纪的阴霾，突破传统经学和史学的束缚是其重要前提。

　　所谓近代学术，指的是以西方资产阶级价值观为核心的学术体系，人
文主义和理性主义，是近代学术的重要思想基础，也是其基本价值理念。
这一体系萌生于文艺复兴时期，其基本精神在启蒙运动中得到全面张扬和
发挥。黑格尔说："在近代哲学的原则里，主体本身是自由的，人作为人
是自由的。"⑤ 伯兰特·罗素在谈到近代哲学的兴起时说：人文主义运动，
是一种伟大的新生力量，"在哲学领域，对人的强调产生了某种内在的思
辨倾斜，由此导致的观点是与那种激发了权力哲学的观点完全相反的。现
在，人成了自己才能的批判者，除了某些直接经验外，人不承认还有什么
可以不受挑战"⑥。

　　所谓现代学术，具体到中国，主要指以马克思主义为指导的人文社会
研究体系。马克思主义，是中国现代学术的旗帜和灵魂，马克思主义学术
是中国现代学术的主流。中国的现代学术，伴随着中国革命和建设的征
程，经过几代学者的艰苦探索，逐渐具有了宏博精深的学术内涵。与时俱
进的品格决定了中国现代学术在不同的时期，呈现出不同的特征，具有不
尽相同的表达形式，但坚持马克思主义的立场、观点和方法，立足中国，
服务国家和民族，始终是其最根本的原则，是其一以贯之的优秀学术
传统。

　　与两次学术转型相适应，20 世纪中国学术历史可以清晰地分为三个

① 梁启超：《中国历史研究法》，载《梁启超史学论著四种》，岳麓书社 1985 年版。
② 《文史通义》卷 5，《内篇五·浙东学术》。
③ 《清圣祖实录》卷 22，康熙六年六月甲戌。
④ 熊赐履：《经义斋集》卷 2，《恭拟大清孝陵圣德神功碑文》。
⑤ 黑格尔：《哲学史讲演录》第 1 卷，生活·读书·新知三联书店 1956 年版，第 103 页。
⑥ 伯兰特·罗素：《西方的智慧》上册，崔权醴译，文化艺术出版社 1997 年版，第 367
页。

时期：

第一个时期：从 20 世纪初（若向上追溯，可以到 1840 年鸦片战争爆发前后）到 1919 年"五四"运动，中间经过辛亥革命、新文化运动，是中国近代学术萌生并得到发展的时期。1919 年"五四"运动爆发以后，近代学术在学术界的影响继续扩大，学术内容进一步丰富。

第二个时期：从"五四"运动到新中国成立，是中国现代学术萌生，并初步形成自己的学术体系的时期。马克思主义学术的诞生和发展，是 20 世纪中国学术史上意义最为重大的历史事件，也是中国学术文化史上具有划时代意义的大事，它对中国文化、中国社会产生了极其深远的影响。20 世纪 30 年代，伴随着中国社会史大论战的深入，马克思主义在知识界得到广泛宣传，中国的马克思主义学术正式登上历史舞台，并逐渐成长壮大，成为进步学术的主流。

第三个时期：从新中国成立到 20 世纪末。在这半个多世纪中，中国以马克思主义为指导的现代学术经受住了历史风雨的冲刷，逐渐走向成熟，并在与其他社会思潮、学术观点和学术流派的比较、争鸣和竞争中，得到丰富和发展。

以上是 20 世纪中国学术发展的基本线索。尽管每一个学科都有自己具体的学术发展路径，有自己内在的学术演变逻辑，但对人文社会的基础性研究在较深层次的理论思维、治学宗旨和原则上是相通的，具有内在的一致性。这种内在的一致性集中表现为：20 世纪以来，专注于中国人文社会基础研究的各学科，在各自的学术探索中体现出共同的发展趋势，这就是：走向马克思主义。这是百年中国学术的基本走向。

二 20 世纪中国学术的第一次转型

晚清和民国时期的中国，充斥着骚动与不安。不同阶级、阶层的相互作用，国内和国外因素的相互激荡，使当时的中国社会在前进和倒退、进步和落后中，经历着一次又一次艰难的裂变。古老的中华大地，既是列强们争夺势力范围、争夺资源和财富的场所，也是各种新思想、新观念的试验场：一个又一个的社会主张、思想观念，像走马灯似地掠过历史的舞台。正是在不同社会思潮、社会观念的相互作用中，中国学术开始了从传统到近代的转型。

20 世纪中国学术的第一次转型，与其说是一种新的文化现象，毋宁说是对 19 世纪学术变迁的继承和发展。

学术变迁，从来都源于社会环境的改变。鸦片战争以后，中国所处国际环境的巨大变化，社会危机的不断爆发，极大地刺激了当时主张经世变革的思想家们，他们对历史与现实痛楚而深刻的反思，开启了中国学术转型的先河。比较典型的如，魏源从"欲制夷患，必筹夷情"出发，根据《四州志》，"再据历代史志及明以来岛志及近日夷图、夷语，钩稽贯串，创榛辟莽，前驱先路"，编成了《海国图志》一书。《海国图志》，可以说是中国人了解世界、研究世界的先导之作。魏源自述其编纂动机云："是书何以作？曰：为以夷攻夷而作，为以夷款夷而作，为师夷长技以制夷而作。"① 魏源正确地指出："欲制外夷者，必先悉夷情始。欲悉夷情者，必先立译馆、翻夷书始。欲造就边才者，必先用留心边事之督抚始。"② 魏源强调"师夷长技以制夷"，而其所谓"长技"，并非只是先进的武器装备，还包括军事制度等多种内容，即"人但知船炮为西夷之长技，而不知西夷之所长不徒船炮也"。"夷之长技三：一战舰，二火器，三养兵、练兵之法。"③ 值得重视得是，在魏源看来，学习西方先进科技知识，不能只局限于军事器械，对西洋科学技术也应学习。"今西洋器械借风力、水力、火力，夺造化，通神明，无非竭耳目心思之力，以前民用。因其所长而用之，即因其所长而制之。风气日开，智慧日出，方见东海之民，犹西海之民，云集鹜赴，又何暂用旋缀之有？"④ 其时，学者姚莹也悉心搜集外国资料，研究西方列国情况，并著有《康辅纪行》一书，其目的是："欲吾中国童叟皆习见习闻，知彼虚实，然后徐筹制夷之策，是诚喋血饮恨而为此书，冀雪中国之耻，重边海之防，免胥沦于鬼域"⑤。清人称：姚莹"身历时艰，实有见夫时事之杌樗，而大惧于将来。因使车所止，穷考西方诸国及异教源流，俾天下晓然，不为蛮夷所欺，原其忧国之心，岂不深远也哉？"⑥ 其时经世变革思想家们通过了解外国、认识世界，以

---

① 魏源：《海国图志》叙，中州古籍出版社 1999 年版。
② 《海国图志·筹海篇·议战》。
③ 同上。
④ 同上。
⑤ 姚莹：《东溟文后集》卷 8，《复光律原书》。
⑥ 姚莹：《康辅纪行》同治六年《中复堂全集》本，方复恒跋。

寻求抵御西方侵略途径的思路，对后来出现的洋务思潮和维新思潮，对
20 世纪中西文化关系具有十分重要的意义。

　　尽管中国学术从传统到近代的转型，在鸦片战争爆发前后即初露
端倪，但真正具有重要意义的转变，发生在 19 世纪末 20 世纪初。其
中，特别值得一提的是 19 世纪末严复创造性地译述出英国人赫胥黎
的《天演论》。该书阐扬了进化论的观点，宣扬"物竞天择，适者生
存"，指出中国只有顺应"天演"规律变法维新，才能由弱变强，否
则必将遭致亡国灭种之命运。《天演论》之出版，在中国知识界产生
了振聋发聩的作用，对社会思想、学术思想之变革，影响至为深远，
"自强"、"自立"、"适存"等词汇，一时间充斥时人著述，成为学者
们的口头禅。此后，随着社会学、政治学等西方近代思想的传入，中
国知识界的价值观念趋于多元，近代学术逐渐萌生并作为一种充满活
力的社会变革武器，登上了历史舞台。1923 年，梁启超反观近五十年
来中国之历史，曾感叹说："学问和思想的方面，我们不能不认为已
经有多少进步，而且确已替将来开出一条大进步的路径。"① 以史学为
例，在世纪之交，伴随着社会思潮的剧烈震荡，传统史界，风云积
聚，波澜渐兴，变革的趋势，愈演愈烈。尤其是梁启超，为史学革
命，振臂高呼，奔走呐喊。正是在一批具有强烈革新意识的思想家们
的倡扬下，具有悠久历史的中国史学，逐渐突破传统的桎梏，向近代
艰难转变。这主要表现在：

　　第一，人们开始学会用社会进化的眼光看待历史，并提出了社会形态
的有关思想。例如，严复运用"世运"、"运会"的观点，认为人类社会
是不断发展变化的，是一种绵延不绝的自然演变过程。作为晚清维新运动
代表人物的康有为，具有鲜明的进化思想，并将其运用于对社会历史的考
察，可谓以进化观认真研究中国历史的第一人。梁启超说："先生之哲
学，进化派哲学也。中国数千年学术之大体，大抵皆取保守主义，以为文
明世界在于古时，日趋而日下。先生独发明春秋三世之义，以为文明世界
在于他日，日进而日盛。盖中国有创意，言进化，学者以此为嚆矢焉。先
生于中国史学用力最深，心得最多，故常以史学言进化之理。"他指出：

---

　　① 梁启超：《五十年中国进化概论》，载《梁启超史学论著四种》，岳麓书社 1985 年
版。

康有为"推进化之运，以为必有极乐世界在于他日，而思想所极，遂衍为大同学说"。① 梁启超更从史学理论这一较高层次，阐明了进化论与历史研究的关系。他强调："历史者，叙述进化之现象也。"并进而提出："历史者，叙述人群进化之现象也。""历史者，叙述人群进化之现象，而求得其公理公例者也。""夫所以必求其公理公例者，非欲以为理论之美观而已，将以施诸实用焉，将以贻诸来者焉。历史者，以过去之进化，导未来之进化者也。"② 进化论思想的提出及在史学研究中的运用，标志着中国学术逐渐突破了"天不变、道亦不变"等陈腐观念的束缚。在进化观的指导下，学者的视野变得开阔了，思想获得了解放。从此，历史学家眼中的人类社会，逐渐成为动态的、充满活力的、向前发展的社会。人们划分社会历史的标准随之趋于多样化，有的学者开始用生产工具划分社会阶段，有的则按照政治体制进行划分，历史研究的内容趋于丰富。

第二，反对专制统治的思想，争取民主自由的思想，逐渐成为新史学的重要价值观念。郑观应在《盛世危言》中指出："专制政体，在今日称各国例外之政体，将来亦不得不变。"③ 强调"千古无不敝之政，亦无不变之法"④。降至 20 世纪初，中国史坛逐渐呈现出一种新的气象：一批新型史学理论文章，立足变革，发抒心得，大多具有启蒙见解，为史学的革新、为社会的进步鼓吹呐喊。梁启超、邓实、汪荣宝等人是这方面的重要代表。尽管他们提出的理论在内容上新旧杂糅，还带有传统思想的明显痕迹，但从趋向上看可以归入所谓"新史学"的范畴。邓实在《史学通论》中指出：中国旧史学则朝史耳，而非国史；君史耳，而非民史；贵族史耳，而非社会史也，"统而言之，则一历朝之专制政治史耳"。主张史学界要研究国史、民史和社会史⑤。梁启超在《新史学》中，尖锐批判中国传统史学有四大弊端，即"知有朝廷而不知有国家"；"知有个人而不知有群体"；"知有陈迹而不知有今务"；"知有事实而不知有理想"。认为

---

① 梁启超：《康有为传》，中国史学会主编《戊戌变法史料丛刊》第 4 册，上海人民出版社 1957 年版，第 20—21 页。

② 梁启超：《新史学·史学之界说》，载《梁启超史学论著四种》，岳麓书社 1985 年版。

③ 《盛世危言·自强论》，中州古籍出版社 1998 年版。

④ 《盛世危言·考试下》。

⑤ 邓实：《史学通论》，转引自高国抗、杨燕起主编《中国近代史学史概要》，广东高等教育出版社 1994 年版，第 161 页。

"二十四史非史也，二十四姓之家谱而已"。竭力鼓吹史学革命，强调"史界革命不起，则吾国遂不可救。悠悠万事，惟此为大"①。

第三，史学研究方法、编写体裁趋于多样化。在 20 世纪前期，伴随着学术由传统向近代的转型，人们认识历史的方法逐渐多样化，史料的发掘与运用也趋于多样化了。殷墟甲骨、商周铜器、敦煌遗书、史前遗址的发现，以及内阁大库档案的应用，不但丰富了人们对古代社会的认识，而且标志着研究方法、史料运用的重大进步。中国传统史学编撰，多是采用纪传体、编年体、纪事本末体等形式，这个时期章节体也被引入史学，史学的词汇、术语、风格，无不具有了新的特征。

总之，20 世纪前期，中国学术在 19 世纪观念变迁的基础上，继续着、并加快着从传统走向近代的历史进程。这一转变是价值观念的转变，社会理念的转变，也是治学方法、治学态度、治学理念的转变。这一转变过程在整个民国时期都一直持续着。其间，产生了一批学贯中西的学问大家，完成了一批足以名垂史册的优秀著作。特别值得一提的是，深受美国实用主义影响的胡适，撰写并出版了《中国哲学史大纲》。该书打破经学传统，采用西方哲学的方法撰写中国哲学史，使人耳目为之一新。蔡元培认为该书有四大特点：一是用证明的方法，即通过考实时代、辨别真伪等方法，准确地掌握历史上的思想内涵；二是以扼要的手段，"截断众流，从老子、孔子讲起"；三是以平等的眼光，"对于老子以后的诸子，各有各的长处，各有各的短处，都还他一个本来面目"；四是系统的研究，"不但孔墨两家有师承可考的，一一显出变迁的痕迹，便是从老子到韩非，古人划分做道家和儒、墨、名、法等家的，一经排比时代，比较论旨，都有递次演进的脉络可以表示，此真是古人所见不到的。"② 胡适在书中特别重视研究哲学史的方法论问题，明确提出："大凡一种学说，绝不是劈空从天上掉下来的。我们如果能仔细研究，定可寻出那种学说有许多前因，有许多后果。"③ 他还强调："我们现在要讲哲学史，不可不先研究哲学发生时代的时势和那时势所发生的种种思潮"④。胡适的哲学观，从根本上讲，正如时人所批评的，是"实验主义的唯心论和多元论"，他

① 梁启超：《新史学·中国之旧史》。
② 胡适：《中国哲学史大纲》蔡元培序，东方出版社 1996 年版。
③ 胡适：《中国哲学史大纲》卷上，第 27 页。
④ 同上书，第 28 页。

"不懂得历史的原动力是什么"①。但相对于传统思想史、学术史来说，无疑具有革命性的意义。

需要特别指出的是，正如中国资产阶级的民主革命没有取得成功一样，晚清和民国时期中国学术的第一次转型也不彻底，也没有取得成功。其主要表现是：封建纲常伦理思想、迷信思想以及其他各种陈腐、落后意识，仍充斥着学术著述，影响着学术的发展，并从不同的侧面制约着中国社会的进步，资本主义学术文化在中国知识生活中的主导地位并没有得到全面确立，中国的学术，仍在传统和近代之间苦苦挣扎。然而，这次并不成功、尚未最终完成的学术转型，在中国近现代学术史上、思想史上，仍占有十分重要的历史地位，这主要体现在两个方面：一是它通过终结以儒家学说为核心的封建思想对中国知识生活的独尊地位，宣告了传统经学、史学主导地位的终结；二是它通过对西方资产阶级学术文化的大量引入，通过中西学说的互动，开阔了中国知识界的学术视野，起到了解放思想的作用，使中国学术迎来了一个诸家之说竞相争艳的新时期，从而为马克思主义在中国的传播、为中国学术开始一个新的更为深刻的转型奠定了必要的思想基础和文化基础。

三　马克思主义传入与中国学术的第二次转型

马克思主义在中国传播、马克思主义学术在中国的兴起和发展，是鸦片战争以来150余年中国学术史上意义最为重大、影响最为深远的历史性事件。

中国人接触到马克思主义并非始于20世纪。19世纪末，已经有一些先进分子对马克思主义有了初步了解。1896年，孙中山蒙难脱险在伦敦居住时，曾到大英博物馆图书馆阅读书刊，其中包括《共产党宣言》和《资本论》，这对他形成三民主义思想产生了深远影响。宋庆龄曾说："就在这一海外活动时期，孙中山根据他当时的理解，制定了他的民族主义、民权主义和民生主义。他知道马克思和恩格斯，他也听到了关于列宁和俄国革命活动的消息。早在那个时候，社会主义就对他发生了吸引力。他敦

---

① 李季：《批评胡适中国哲学史大纲》，神州国光社发行1932年再版。转引自钟离蒙、杨凤麟主编《中国现代哲学史资料汇编》第1集第8册，辽宁大学哲学系印1982年版。

促留学生研究马克思的《资本论》和《共产党宣言》并阅读当时的社会主义书刊。"① 降至 20 世纪初，介绍马克思主义的内容，在中国的书刊中逐渐多了起来。1903 年，上海《万国公报》曾连续刊载了由李提摩太节译、蔡尔康撰文题为《大同学》的文章。此文在汉文刊物中首次提到了"马克思"、"安民新学"（即"社会主义" socialism）及《共产党宣言》的一段文字。值得重视的是，1906 年，朱执信曾在同盟会机关报《民报》上发表署名文章，比较系统地介绍了马克思、恩格斯的生平，还介绍了《共产党宣言》的基本内容和《资本论》的主要观点。邓实在大力宣传、介绍西方资本主义制度的同时，对社会主义也予以较高评价。他在《论社会主义》一文中说："二十世纪之天地，欧罗巴之中心，忽发露一光明奇伟之新主义焉，则社会主义是也。其主义于现今世界，方如春花之含苞，嫣然欲吐。其将为大地所欢迎，而千红万紫团簇全球乎？抑为其反对者之所摧折，而绿残红愁飘零无迹乎？虽未可知，而要之其能腾一光焰，照耀众脑，万人一魂，万魂一心，以制成一社会党，其党人复占全球各党之大多数焉，则其主义之价值可知也。"②

　　然而，马克思主义在中国真正广泛的传播发生在"五四"运动以后。辛亥革命后，黑暗的社会现实，帝国主义的疯狂侵略，迫使先进知识分子重新思考中国社会的出路问题。李大钊说："我很盼望我们青年打起精神，于政治、社会、思想、文学种种方面开辟一条新路径，创造一种新生活。"③ 经过第一次世界大战，特别是十月革命，先进中国人更加清醒地认识到了帝国主义的本质，同时，也更加坚定地相信中国有可能在西方社会模式之外，找到一条新的社会发展道路。李大钊明确指出：俄国式革命的结果，是"资本主义失败，劳工主义战胜"。"劳工主义的战胜，也是庶民的胜利"。对这样的革命，中国是"只能迎，不可拒的"。④ 在这种情况下，马克思主义逐渐成为中国先进知识分子所学习和追求，成为改造中国（当然，也包括改造中国学术）的强大理论武器。

---

　　① 宋庆龄：《孙中山——坚定不移百折不挠的革命家》，载《人民日报》1966 年 11 月 13 日。

　　② 邓实：《论社会主义》，《政艺通报》1903 年（癸卯）第 2 号。转引自唐宝林主编《马克思主义在中国 100 年》，安徽人民出版社 1997 年版，第 4 页。

　　③ 《新的，旧的》，载《新青年》第 4 卷 5 号，1918 年 5 月 15 日。

　　④ 李大钊：《庶民的胜利》，《李大钊文集》上卷，人民出版社 1984 年版，第 594、595 页。

　　"五四"运动后，中国社会思潮的面貌逐渐发生了深刻变化，其中，最重要的变化是马克思主义成为新文化运动的主流，成为先进知识分子共同的指导思想。李大钊欢呼："到了马克思，才把历史真正意义发明出来。"他热情传播唯物史观，呼吁史学家们在唯物史观的指导下，对全部人类历史进行"改作、重作"①。他强调："根据新史观、新史料，把旧历史一一改作，是现代史学者的责任。"② 1924年，刘淑琴专门撰文，阐明唯物史观的基本思想，以及对历史研究的重要意义，强调："唯物史观——史的唯物论——确实有做将来能够成为科学的社会学的序论的资格。"③ 此后，在中国出现的最著名的史学家，大多是历史唯物主义的忠实信奉者和践行者。特别是"马列五老"：郭沫若、吕振羽、范文澜、翦伯赞、侯外庐，从不同的角度，以自己卓越的学术成就证明了这样一个基本事实：历史唯物主义不但能开阔研究者的学术视野，而且能比其他任何思想更加准确地揭示人类社会演变的内在逻辑。历史唯物主义开辟了中国史学的新天地。

　　马克思主义传入中国及被先进知识分子所接受，标志着中国学术第二次转型的开始。在史学研究中就体现为：高度重视对社会形态的研究。和以前经学、史学以及近代学术采取形而上学的分解方法研究历史、认识社会不同，在马克思主义指导下，中国的先进知识分子高度重视对中国社会性质的科学分析，并通过深入的学术探索，使"人类社会的发展是以经济基础的发展为前提"这一历史唯物主义的基本原理，成为"众所周知的事实"④。

　　遵循唯物史观的研究路径，全面、深入研究中国社会形态，是中国马克思主义史学形成和发展的最重要的标志，也是马克思主义史学和其他史学思潮、史学理论在学术形态上最显著、最根本的区别。郭沫若是中国社会形态研究的重要奠基者。从1928年至1929年，他先后发表了有关中国社会历史发展阶段的一系列论文，并于1930年汇集出版，题为《中国古

---

　　① 李大钊说："历史是不怕重作改作的，不但不怕重作改作，而且要改作重作，推翻古人的前案，并不算什么事，故吾人应本新的眼光去改作旧历史。"参见李大钊《研究历史的任务》，《李大钊文集》下卷，人民出版社1984年版，第677—678页。

　　② 李大钊：《史观》，《李大钊文集》下卷，第267—268页。

　　③ 刘淑琴：《唯物史观在历史哲学上的价值》，《东方杂志》21卷纪念号。转引自钟离蒙、杨凤麟主编《中国现代哲学史资料汇编》第1集第9册。辽宁大学哲学系印，1982年版。

　　④ 郭沫若：《中国古代社会研究》，科学出版社1960年版，第3页。

代社会研究》。该书把历史唯物主义与对古代社会的考察有机结合起来，把对历史的分析与对中国社会现实的认识有机结合起来，从而提出了创造性的见解。郭沫若认为西周以前是原始公社制，西周是奴隶社会，东周以后进入封建社会，最近 100 年是"资本制最后形态的阶级对立"。[①] 他指出："瞻往可以察来。""社会是要由最后的阶级超克那资本家的阶级，同时也就超克了阶级的对立，超克了自己的阶级而成为无阶级的一个共同组织，这是明如观火的事情。而且事实上已经在着着地实现了。"[②] 《中国古代社会研究》是中国学者运用马克思主义社会经济形态理论划分中国历史发展阶段的初步尝试，是史学界把马克思主义同中国历史实际相结合的开山之作，开启了用马克思主义研究中国历史的一代风气。

　　与《中国古代社会研究》出版几乎同时，20 世纪二三十年代，中国学术界爆发了长达 10 年之久的波澜壮阔的社会史论战。1927 年大革命失败后，中国革命进入了一个困难时期，面临着来自国民党的军事上和文化上的疯狂围剿。但正是在这个困难时期，中国出现了两种革命的深入。一是农村革命的深入。这集中体现为毛泽东及其战友对中国革命道路的深入探索以及农村革命根据地的建立和发展；二是文化革命的深入。其最重要的标志就是关于中国社会性质和社会史问题的论战。论战参加者的政治背景和理论倾向比较复杂，既有共产党人和托洛茨基派，也有国民党人和改组派，还有无党派背景的学者。论战的中心内容是中国历史上究竟经过了哪些社会发展阶段。在这场论战中，马克思主义者以及受马克思主义影响的进步学者，对中国社会历史及其发展规律进行了深入研究。他们在同各种反马克思主义思潮的斗争中，自觉地投入到中国革命事业，尤其是革命文化事业。社会史论战，培养和造就了一支马克思主义学术队伍，这支队伍对原始社会、奴隶社会、封建社会和半殖民地半封建社会，以及与之相关的一系列重大学术问题，进行了系统研究，并在此基础上，努力构建关于中国历史发展的学术体系。社会史大论战，是一场学习马克思主义的运动，是一场运用马克思主义研究中国社会历史的运动，在以马克思主义为指导的中国现代学术的形成和发展中，具有里程碑式的意义。

---

①　郭沫若：《中国古代社会研究》，科学出版社 1960 年版，第 20—21 页。

②　同上书，第 7 页。

　　需要特别指出的是：在反帝反封建的斗争中，以毛泽东为代表的中国共产党人，坚持把马克思主义普遍真理和中国革命的具体实践相结合，形成了毛泽东思想。具有深厚中国历史文化素养的毛泽东，从正确指导中国革命的战略高度认识历史研究，强调要应用马克思列宁主义的立场、观点和方法，"认真地研究中国的历史，研究中国的经济、政治、军事和文化，对每一个问题要根据详细的材料加以具体的分析，然后引出理论性的结论来"①。毛泽东是用马克思主义研究中国历史和现状的典范。他不但对一系列具体的历史问题有自己的真知灼见，更重要的是，他对数千年的中国历史、中国社会有一套成体系的认识和看法，主要由他创立的毛泽东思想是"关于整个中国历史与中国革命的全部有系统的科学理论"②。刘少奇曾敏锐地指出：毛泽东思想"是站在无产阶级利益因而又正是站在全体人民利益的立场上，应用马克思列宁主义的科学方法，概括中国历史、社会及全部革命斗争经验而创造出来，用以解放中国民族与中国人民的理论与政策"③。毛泽东思想，为中国现代史学的形成奠定了直接的理论基础，为中国现代学术的发展指明了方向。对这一基本的历史事实，是研究中国现代学术史、思想史者，必须高度重视的。

　　"自从历史也得到唯物主义的解释以后，一条新的发展道路也在这里开辟出来了。"④ 伴随着马克思主义史学的产生、发展、壮大，中国传统史学被逐渐终结，资产阶级的"新史学"由显而微。从此，中国学术进发出新的生机和活力。

　　民国时期，中国学术的第二次转型，具有以下两个显著特点：

　　第一，马克思主义对学术影响的深度和力度是和中国革命的发展进程相一致的。中国革命的发展，为现代学术的兴起提供了坚实的社会基础。伴随着革命的推进，马克思主义的传播日渐广泛和深入，唯物史观不仅成为马克思主义者观察历史、认识现实的理论武器，而且对一些并不信仰马克思主义的学者，也产生了一定的影响。比较典型的如：中国近代史上的

---

　　① 毛泽东：《整顿党的作风》，《毛泽东选集》第 3 卷，人民出版社 1991 年版，第 814—815 页。

　　② 刘少奇：《论党》，《刘少奇选集》上卷，人民出版社 1981 年版，第 333 页。

　　③ 同上书，第 334 页。

　　④ 恩格斯：《路德维希·费尔巴哈和德国古典哲学的终结》，《马克思恩格斯选集》第 4 卷，人民出版社 1995 年版，第 228 页。

著名实证派史学家陈寅恪，早在宣统三年就在瑞士阅读过《资本论》原文。此后，其"史学思想具有朴素唯物主义成分"①。

第二，中国现代学术始终将国家、民族的命运，作为自己关注的中心环节，作为科学探索的出发点。也就是说，中国的现代学术，从一开始，不但是科学的，而且是爱国的，她崇尚的是科学精神与爱国精神的有机统一，是将马克思主义作为救国救民的科学思想，努力付诸实践。"五四"运动以后的社会实践证明："五四"运动中呼唤的科学，在中国，只能是马克思主义，而不能是通常意义上的自然科学，更不是别的什么主义。

到全国解放的时候，中国以马克思主义为指导的现代学术已经具备雏形，在某些具体学科，其研究成果还相当深入。马克思主义在中国学术界作为一种具有重要影响的社会思潮，已经受到大多数学者的高度重视，成为进步学者从事学术活动的重要理论指南。

四　新中国现代学术的两次大发展

1949 年中华人民共和国成立以来，中国现代学术赢得了新的发展机遇。这主要表现在两个方面：一是新中国的成立，国家的独立和民族的解放，以无可辩驳的事实，证明了马克思主义的真理性，这就为马克思主义的进一步传播，为马克思主义在意识形态领域指导地位的确立创造了良好条件；二是随着全国的解放，以马克思主义为指导的中国现代学术彻底摆脱了反动势力的围追堵截，得到了党和政府的大力扶持和推动，中国现代学术的繁荣和发展，已经成为历史的必然。

全国解放以后，中央很快作出了加强理论教育的决定。1951 年 3 月 20 日，中央作出《关于加强理论教育的决定的通知》，并制定了《中共中央关于加强理论教育的决定》（草案）。"决定"提出：对马、恩、列、斯的理论著作和毛泽东的理论著作，"每个学过理论常识和具有大学文化程度的党员都应当终身努力研究这些原著以及为进行这种研究所必须阅读的其他著作"②。当时的科研单位开展了学习马克思主义的活动。周恩来

---

① 吴江：《陈寅恪与中国传统史学的由旧入新——兼谈陈寅恪的不宗奉马列主义说》，载人民日报社办公厅研究室编《现代历史名人新评价·陈寅恪卷》。

② 《中共中央关于加强理论教育的决定（草案）》（1951 年 2 月），《建国以来中央文献选编》第 2 册，中央文献出版社 1992 年版，第 125 页。

指出："我国的知识分子，大部分是从地主阶级或资产阶级家庭出身的。"新中国的建设，要求他们站到工人阶级的立场上，这就必须学习马克思主义①。中央尤其重视对青年科研人员的理论培养，提出："应当在青年科学工作者中加强党、团的工作，加强马克思、列宁主义的思想教育，把他们培养成工人阶级的新的科学家。"②

需要指出的是，我们党对知识分子的理论学习没有采取强制态度。周恩来说："要求知识分子一下子就有坚定的工人阶级立场，那是困难的，一定要有一个过程"③，强调"主张靠自己觉悟"④。甚至到1954年，中央仍强调："要把我国建设成为生产高度发达、文化高度繁荣的社会主义国家，一定要有自然科学和社会科学的发展。""团结科学家是党在科学工作中的重要政策，科学家是国家和社会的宝贵财富，必须重视和尊敬他们，必须争取和团结一切科学家为人民服务。对于少数历史上有过反革命活动的科学家，也应当争取并适当地加以使用。""至于有不少科学家在思想作风上仍然不免带有较浓厚的旧社会的影响，只要不是做反革命活动，就不要对他们求全责备。不能像要求一般政治工作干部一样要求科学家，更不应因此而鄙视和歧视他们。固然我们对于科学家也应该进行必要的思想教育，但这种思想教育必须是长期地耐心地来进行的，必须是在尊重他们的科学工作，发扬他们的科学研究的积极性的前提下，而不是以损伤他们的自尊心的方式来进行的。"⑤可见，新中国成立初期，对科学工作者的思想教育问题，我们党采取的政策是十分慎重的。

学习马克思主义，受到了绝大多数知识分子的热烈欢迎。1950年年初，年已古稀的陈垣在给朋友的信中热切地表示："一切从头学起。年力就衰，时感不及，为可恨事。"⑥陈垣的话，表达了许多史学家要求学习

---

① 周恩来：《关于知识分子的改造问题》（1951年9月29日），《建国以来中央文献选编》第2册，第442页。

② 《中共中央对中国科学院党组〈关于目前科学院工作的基本情况和今后仍给中央的报告〉的批示》（1954年3月8日），《建国以来中央文献选编》第5册，第166页。

③ 周恩来：《关于知识分子的改造问题》（1951年9月29日），《建国以来中央文献选编》第2册，第442页。

④ 同上。

⑤ 《中共中央对中国科学院党组〈关于目前科学院工作的基本情况和今后仍给中央的报告〉的批示》（1954年3月8日），《建国以来中央文献选编》第5册，第450页。

⑥ 转引自白寿彝：《要继承这份遗产》，《励耘书屋问学记——史学家陈垣的治学》代序，三联书店1982年版。

马克思主义、用科学理论指导学术研究的真诚愿望。后来，陈垣自述自己的治学进程是"钱、顾、全、毛"，清晰地勾画出他由钱大昕的考据学，经由顾炎武的经世致用和全祖望的故国文献之学，终于找到了毛泽东思想这一转变历程①。50 年代，中国知识界兴起了一个学习马克思主义的热潮。通过学习，大多数学者对具有了一定的马克思主义基础知识，并就如何用马克思主义指导学术研究，进行了卓有成效的探索。在史学界，下列基本历史观，受到了大多数学者的重视和赞同：

第一，历史变动的原因不应单纯用人们的思想动机来解释，而应着重考察这种变动背后的物质生活条件。生产方式的变革是一切社会制度和思想观念变动的基础。人类历史的变化，绝不是一些偶然事件的堆积，而是有规律可循的自然过程，历史的必然性通过偶然性表现出来。

第二，人民群众是历史的创造者。杰出人物可以在历史上起重要作用，但从历史发展的长河来看，最终决定社会发展的力量是人民群众，而不是少数杰出人物。在中国封建社会，农民的阶级斗争是推动社会历史发展的动力。

第三，鸦片战争以后，中国逐步沦为半殖民地半封建社会。帝国主义和中华民族的矛盾，封建主义和人民大众的矛盾，成为近代中国社会的主要矛盾。

第四，中国自古以来是一个多民族的国家，各民族的历史都是中国历史的组成部分。历史上的民族关系，既有民族矛盾、民族战争的一面，也有民族友好、民族团结和民族融合的一面。必须把中国历史上的民族冲突和民族压迫，与近代帝国主义列强对中国的侵略、掠夺和压迫严格区别开来，二者的性质不容混淆②。

正是在对上述基本观点达成共识的基础上，马克思主义史学确立了它在新中国历史学界的主导地位。

当然，毋庸讳言，在新中国初年的思想改造过程中，一些单位在对政策的理解和执行上出现过失误，有灌输之嫌，方法失于简单。但总的说来，成绩是主要的。学习马克思主义，使我国大多数知识分子掌握了当代

①　参见白寿彝《要继承这份遗产》，《励耘书屋问学记——史学家陈垣的治学》代序，生活·读书·新知三联书店 1982 年版。

②　参见林甘泉《二十世纪的中国历史学》，《历史研究》1996 年第 2 期。

世界最先进的思想武器，为确保马克思主义在学术领域、意识形态领域的指导地位奠定了坚实的思想基础，为社会主义新文化的形成和发展奠定了坚实的思想基础。

从新中国政权建立到60年代中叶"文化大革命"爆发，我国现代学术实现了建国后的第一次大发展，就是所有学科都确立了马克思主义的指导地位，初步形成了以马克思主义为指导的学科基础理论体系，并取得了引人注目的学术成就。以史学为例，随着马克思主义指导地位的确立，我国逐渐形成了以唯物史观为指导、以社会形态研究为主体的新的史学体系。这一崭新的学术体系，将中国现代史学和以儒家思想为指导、以考经证史为特征的传统史学彻底区别开来；和以资产阶级唯心史观为指导、以实证为特色的近代史学彻底区别开来。史学家们沿着历史唯物主义指引的方向，以严谨求是的学风，从生产力和生产关系、经济基础和上层建筑相互作用的角度，以宏大的学术气派，考察了人类社会变迁的内在轨迹，比较准确地揭示了人类历史演进的一般规律，特别是揭示了中国社会既遵循人类社会发展的一般规律，又具有自己鲜明民族特色的独特历史道路。在这个过程中，土地制度、城市化、阶级关系、社会生活、异端思潮等长期被忽略、被遗忘的历史领域，得到了应有的重视，一大批千百年来被深埋的历史真相，得以重见天日，古老的中国史学焕发出新的生机和活力。

对"五朵金花"的研究，是建国初期史学界运用历史唯物主义考察中国历史的重要尝试。所谓"五朵金花"，指的是史学界围绕五大基本理论问题而展开的讨论，这五大基本理论问题分别指中国古代史分期问题、中国封建土地所有制形式问题、中国封建社会农民战争问题、中国资本主义萌芽问题、汉民族形成问题。"五朵金花"研究的实质，是要用马克思主义社会形态理论重新审视关系全局的重大历史问题。对这一系列重大问题的探索，不但提高了史学界的马克思主义理论水平，而且有力地推动史学界建立起以历史唯物主义为指导的中国史研究体系。

反观"文化大革命"前17年的中国史学，我们可以毫不夸张地说：这是一个洋溢着激情、充满了活力的学术辉煌时期，无论是从学术气魄、研究水平上，还是从成果的质量和数量上看，它都是中国现代史学的一座高峰。"文革"前17年中国史学所取得的一系列卓越成就，不但极大地丰富了社会主义学术文化的内涵，也为当代世界史学的进步和发展作出了

巨大贡献，它是改革开放时期中国史学繁荣和发展的基础和出发点。当
然，也毋须讳言，50 年代中期后逐渐严重的教条主义倾向，政治运动的
不断冲击，严重妨碍了学术的正常发展。

十年"文革"，极"左"思想蔓延，一批优秀的学问家遭到迫害，有
的甚至含冤去世，正常的研究活动陷于停顿，马克思主义学术遭到严重
摧残。

中国现代学术的第二次大发展，发生在 1978 年年底党的十一届三中
全会以后。这次发展的重要特点是：随着党的思想路线的重新确立、解放
思想、实事求是、与时俱进、逐渐成为推动中国学术走向新的繁荣和进步
的重要精神动力。伴随着改革开放的深入，学术界逐渐破除了对马克思主
义的教条式理解，在理论和实践的双重探索中，中国现代学术迎来了全面
发展的"科学的春天"。

新时期中国现代学术的发展，集中表现在以下三个方面：

第一，正确地处理了坚持马克思主义指导地位与推动学术繁荣发展的
关系。基于中国现代学术的历史经验、教训，学者们逐渐学会了以科学的
态度对待马克思主义。马克思主义提供了人们观察和分析人类社会的立
场、观点和方法，但不是僵化的教条。"如果不把唯物主义方法当作研究
历史的指南，而把它当作现成的公式，按照它来剪裁各种历史事实，那它
就会转变为自己的对立物。"① 哲学社会科学自身具有内在的发展规律。
国际共产主义运动的领袖们对一些具体历史和现实的论断，不能、也不应
该代替社会科学工作者的独立思考，不应该成为他们进行个性化探索、进
而建立自己学术体系的精神障碍。应该说，"一切从实际出发，理论联系
实际，实事求是，在实践中检验真理和发展真理"这一思想路线的确立，
不但为当代中国的改革开放事业奠定了坚实的思想基础，而且也为新时期
学术的繁荣和发展开辟了极其广阔的空间，奠定了坚实的思想基础。

第二，改革开放和现代化建设的伟大实践，为中国现代学术的深入发
展，提供了深厚的源泉和不竭的动力。学术进步，可以成为社会进步的先
导，但归根到底，它要将社会进步作为自己的前提。轰轰烈烈的现代化建
设，不但有力地推动了应用研究、对策研究的发展，而且也促进了基础研

① 《恩格斯致保·恩斯特》（1890），《马克思恩格斯选集》第 4 卷，人民出版社 1995 年
版，第 688 页。

究的深入。二十多年来，与现代化建设相关的一系列基础性学术课题的设立，极大地开阔了人们的学术视野，活跃了学术思想。像中央与地方的关系、区域经济、区域文化、灾荒与政府对策、婚姻与家庭、普遍社会观念等课题，在传统史学中是很少受到关注的，在这二十多年中，逐渐成为受到学者们高度重视的课题，而对这些课题的研究，又丰富和深化了人们对中国历史的认识。还须指出，随着经济建设的推进，国家综合国力的增强，科研条件、科研手段获得明显改善，大批珍贵的资料得到抢救和整理，这为学术进步创造了良好条件。

第三，研究方法、研究手段加速更新，新的研究成果大量出现。最近二十多年，是20世纪以来中国学术更新最快的时期。自然科学与社会科学在加速渗透，中学与西学在加速渗透。在社会科学领域，不同学科、不同专业的相互渗透也呈加速趋势。新的学科在兴起，新的手段被应用，新的领域被开拓。人们的学术视野变得更开阔了，语言风格、成果形式也趋于多样化。以史学为例，研究方法、研究手段实现了多样化，人类学的方法、社会学的方法以及一些自然科学理论和方法被引入，社会史、心态史、女性史等新的分支学科逐渐兴起，中国史学形成了百花齐放、百家争鸣的新局面。

当然，也要看到，人类进步的道路从来都不会一帆风顺。改革开放二十余年，在中国现代学术的发展过程中，学术界一方面仍存在着对马克思主义理解的教条化倾向，另一方面，也存在着"淡化理论"、"远离现实"、"非意识形态化"倾向，特别是对西方资产阶级价值观念、学术思潮的盲目推崇、教条化学习和理解，在一定程度上，制约和影响了中国现代学术的健康发展。对此，我们必须保持高度警惕。

总之，最近二十多年中国现代学术所取得的巨大进步，使知识界进一步深化了对与时俱进这一马克思主义理论品格的认识，进一步深化了对现代社会科学发展规律的认识，为新世纪中国学术走向新的繁荣奠定了重要的学术基础。同时，改革开放二十多年的学术实践、学术成就再一次证明：学术的命运，与国家、民族的命运休戚相关。离开了国家的繁荣富强，现代哲学社会科学的繁荣发展，就无从谈起。

五　余论

反思20世纪中国学术历史，我们不难得出这样的结论：走向马克思主义，是 20 世纪中国学术的必然选择；只有沿着马克思主义指引的道路，中国学术才会有光明的前途。

中国的现代学术，是在马克思主义的指导下形成和发展起来的。20 世纪的中国学术史告诉人们：马克思主义是指导中国知识界突破封建礼教束缚、突破封建陈腐和落后桎梏的有力武器，是指导中国知识界摆脱西方殖民主义思想文化束缚、摆脱帝国主义文化侵略的锐利武器，是激发、指引中国人在最根本的灵魂深处实现觉悟和觉醒，学会独立思考，推动学术文化独立和进步的强大精神动力。百年学术实践证明：坚持马克思主义，中国学术就从本质上坚持了科学精神和科学原则；掌握了马克思主义，中国学术就从根本上掌握了自己的未来。

在历史新时期，中国学术要走向新的繁荣，必须一如既往地坚持以马克思主义为指导。坚持马克思主义为指导，绝不是简单的口号，必须落实在具体的科学研究之中。在历史科学中，这一原则集中体现为：坚持唯物史观就是坚持科学的历史观。坚持马克思主义的指导地位，最重要的是坚持用历史唯物主义的立场、观点和方法，观察、分析各种错综复杂的历史现象，去除阴霾，把握本质，准确地揭示人类社会变迁的内在规律。具体说来，这主要包括以下四个方面：

第一，坚持历史唯物主义的基本观点、基本原理。即：坚持社会存在决定社会意识（也就是："每一个历史时代的经济生产以及必然由此产生的社会结构，是该时代政治的和精神的历史的基础"①）；坚持从生产力和生产关系、经济基础和上层建筑相互作用的角度认识人类社会；坚持人民群众是历史的创造者；坚持阶级斗争是阶级社会发展的伟大动力；坚持人类社会经历了原始社会、奴隶社会、封建社会、资本主义社会和社会主义社会五种社会形态。

第二，坚持阶级分析方法。这就是在具体研究中，善于通过对阶级社会中每个阶级以至每个阶级内部各集团或阶层所处地位的深入分析，探索阶级社会演变的内在规律。在充满着矛盾的迷离混沌的阶级社会中，只有以阶级的眼光观察问题，从阶级利益、阶级斗争的角度分析问题，才能认清时代的本质，发现阶级社会变迁的内在逻辑。

第三，坚持科学性和阶级性的高度统一，用历史观点观察问题。在马

---

① 恩格斯：《共产党宣言》1883 年德文版序言，《马克思恩格斯选集》第 1 卷，第 252 页。

克思主义历史学中，科学性和阶级性是内在统一、不可分割的。在当代中国，坚持阶级性，就是坚持历史研究必须为人民服务，为社会主义服务，为实现中华民族的伟大复兴服务。同时，要毫不动摇地坚持历史研究的科学性，坚持"科学越是毫无顾忌和大公无私，它就越符合工人的利益和愿望"①。要旗帜鲜明地反对教条主义，反对用经典作家的只言片语剪裁历史，反对将历史学的服务功能庸俗化，搞影射史学。历史研究的科学性，集中体现为一切从实际出发，具体问题具体分析，用历史观点观察问题，即"在分析任何一个社会问题时，马克思主义理论的绝对要求，就是要把问题提到一定的历史范围之内"②。研究者必须充分占有各种材料，分析它的各种发展形式，探寻这些形式的内在联系。

第四，坚持理论创新，用历史研究中得出的科学结论丰富和发展马克思主义。人类的实践是向前发展的，人类的认识也会向前发展。历史研究必须以探索社会发展规律为自己的终结目的，并从中得出能对今人和后人有所启迪的结论。当代中国史学，要真正坚持马克思主义的指导，必须做到两个"善于"：善于用发展着的唯物史观指导历史研究；善于对在长期深入探索中总结出来的科学结论进行概括和升华，将历史唯物主义推向前进。

坚持马克思主义的指导与弘扬中华民族优秀学术传统并不矛盾。所谓中华民族优秀学术传统，主要包括三个方面的内容：一是求是的传统，即追求真理，通过对社会关系、社会形态的反思，通过对人和自然相互关系的反思，总结出具有普遍意义的历史结论，即所谓"究天人之际，通古今之变，成一家之言"；求真的传统，即严谨治学的科学精神，坚持实事求是、力求去伪存真，强调"祛其疑，乃能坚其信；指其瑕，益以见其美"③；经世的传统，这就是服务国家、服务民族，做到文须"有益于天下也，有益于将来"④。自从马克思主义传入以后，中华民族的优秀学术传统逐渐具有了新的科学内涵，它和二为方向、解放思想、实事求是、与时俱进一道，构成了中国现代学术所必须遵循的基本原则。

---

① 恩格斯：《路德维希·费尔巴哈和德国古典哲学的终结》，《马克思恩格斯选集》第4卷，第258页。
② 列宁：《论民族自决权》，《列宁选集》第2卷，人民出版社1995年版，第375页。
③ 钱大昕：《廿二史考异》自序。
④ 顾炎武：《日知录》卷19，《文须有益于天下》。

每到一个新的历史时期，人类都面临着新的机遇和新的挑战。

当我们跨入 21 世纪的时候，我们正面临着我们的前辈们不曾遇到的历史机遇，也面临着他们很少、甚至不曾遇到的严峻挑战。源远流长的中国优秀学术传统和丰厚的学术积累，马克思主义学术在中国数十年的艰苦探索及其巨大成就，改革开放以来社会主义现代化建设的蓬勃发展，现代科学技术的突飞猛进，为新时期中国学术的繁荣和发展创造了良好的条件。但与此同时，中国现代学术也面临着一系列来自内部和外部的严峻挑战。否定马克思主义基本原理、否定马克思主义对中国学术的指导地位、否定"五四"运动以来中国的历史道路、特别是学术道路，主张迎合所谓"国际主流学术"的要求，改弦易帜，放弃马克思主义的指导，走资产阶级学术道路的观点，伴随着对外开放和市场经济的发展，逐渐通过种种方式，在一些学者中传播，并具有一定影响。在史学界，这种倾向表现为：盲目跟从西方学术，否定马克思主义史学所取得的辉煌成就和优良传统，特别是否定历史唯物主义的科学性，企图用后现代等西方学说思想指导我们的历史研究。当代中国知识界，如果不加分析地盲目跟从以西方价值观为核心的所谓"国际主流学术"，不但在学术研究上是一种没有出息的做法，更重要的是，它将断送中国学术的独立性，葬送中国学术的未来，其结果只能是：将中国的学术变成西方意识形态的附庸，用西方意识形态改造我们的社会和文化。总之，是否坚持马克思主义在学术研究中的指导地位，是否坚定不移地走中国自己的学术道路，是摆在当代中国学者面前不容回避的根本问题。

历史终将沿着符合大多数人意志和愿望的方向前进。20 世纪中国学术的辉煌遗产，是新世纪中国学术繁荣的基础和前进的出发点。沿着马克思主义开辟的道路，我们已经取得了丰硕的成果，形成了优良的传统，积累了宝贵的经验，具有了雄厚的实力。21 世纪的中国学术没有理由放弃自己的目标，改变自己的航向，她将坚定不移地沿着自己的道路走下去。

历史学、历史观与20世纪社会变动

北京师范大学教授　吴怀祺

在这世纪交接的时刻，回眸100年走过的历程，惊涛骇浪的历史给我们史学工作者展示了一个道理：一个时期的史学重大思潮总是与时代的变动联系在一起的，一个有重大影响的历史观点对历史变动产生的影响不可低估。认真总结这100年来的历史，对我们认识史学工作有关问题，对思考新世纪的历史与史学都是有意义的事。全球范围内的社会发生大变动：俄国十月革命后苏联建立与20世纪80年代末苏联解体；中国新民主主义革命胜利后新中国成立，并且在80年代走上建设有中国特色社会主义的道路；美国霸权主义的扩张以及由此带来的世界动荡。冷战结束后，世界格局发生了变化，但世界大动荡的态势并没有消失，而且在某一个时期动荡还相当激烈。一定的历史观念、史学潮流反映出历史的变动，又对历史的走向产生重要的影响。讨论历史观、历史学问题，有助于我们认识历史大变动及其趋向。这里我们只就中国和美国的历史学有关问题作出一些思考。

一　从不同的边疆史地学谈到美国
扩张主义下的世界动荡

谈到近代新史学对社会产生的重大影响，我们要重点分析一下与西方新史学相关的美国边疆史地学。美国边疆史学的创始人是弗雷德里克·杰克逊·特纳（Frederick Jackson Turner，1861—1932）。从19世纪末到20世纪30年代初，他先后在威斯康辛大学和哈佛大学任教，一直讲授西部历史，其代表作是1893年于芝加哥"美国历史协会"上发表的《边疆在美国历史上的重要性》（*The Frontier in American History*，或译为《边疆在美国历史中的意义》）关于这篇文章的重要性，杨生茂教授在《美国历史学家特纳及其学派》一书中说：它"是美国历史编纂学的里程碑"①。特纳的思想是社会达尔文主义、地理环境决定论与庸俗经济学，特纳关于历史研究的论述，"正是'新史学'的嚆矢"②。美国历史学家哈维·威什（Harvey Wish）说，特纳的"新史学"理想已由詹姆斯·哈维·罗宾逊及其追随者们加以补充。③ 特纳边疆史地学与新史学的关系，得到明确的说明。

　　特纳边疆学派形成一个有巨大影响的学派。在 20 世纪 20 年代前后，他与查尔斯·比尔德、弗农·帕尔顿成为美国史学界最有影响的史学家。特纳学派经历了特纳派、前特纳派、后特纳派、新特纳派等各个阶段。在历史上，特纳学说不是一个简单的学术的体系，这是我们首先要指出的。特纳学说适应了美国对外扩张的需要，特纳与美国上层决策人物有着十分紧密的关系，从而对美国历史乃至对世界历史都产生不可忽视的影响。美国历史学家厄尔·波摩罗伊（Earl Pomeroy）说到特纳在美国的影响时，指出："多数依然从政的元老都承认是他的门徒。"④ 特纳及边疆史地学派人物如亚当斯（Brooks Adams）直接影响老罗斯福推行的对外扩张政策。威尔逊总统与特纳除了一般朋友关系外，还有一层师生关系。威尔逊行事深受特纳学说的影响。第二次世界大战后，杜鲁门以及杜勒斯的扩张主义都与特纳的边疆说有着密切的关系。美国边疆史地学对美国对外政策产生的直接影响，通过两条途径，一是学说的创始人及其追随者依靠与美国当政人物的个人关系，以发挥其学说的效应；另一种途径是这个学说创始者与追随者直接参与政府制定政策的机构，把这一学说具体运用到制定的政策中去。⑤

　　这里我们不可能详细分析特纳的边疆史地学的内容，但我们只要展示美国边疆学说的主要点，回顾美国一个世纪以来的所作所为，我们会有一个明确的认识。这里，我们不能不多引一些特纳的原话，特纳在《边疆

　　① 杨生茂：《美国历史学家特纳及其学派》，商务印书馆 1984 年版。

　　② 同上书，第 5 页。

　　③ 原载 *The America historian：A Social—Intellectual History of the Writing of the American Past*，转引自《美国历史学家特纳及其学派》，商务印书馆 1984 年版，第 193 页。

　　④ 同上书，第 207 页。

　　⑤ 参见丁守则《"边疆学说"与美国对外扩张政策》上、下，《世界历史》1980 年第 3、4 期。

在美国历史上的重要性》一书的第一段就写出这样的话："一部美国史大部分可说是对于大西部的拓殖史。一个自由土地区域的存在及其不断的收缩，以及美国向西的拓殖，就可以说明美国的发展。"① 又说："美国制度的特殊性是，它们不得不使自己适应于一个越来越扩张的民族所发生的变化，这些变化是：越过一个大陆，征服广大的原野，以及在进入一个区域以后把边境地带的原始经济和政治条件发展成为复杂的城市生活。"② "由此可见，美国的发展不仅表现为一个单线的前进运动，而是一个在不断前进的边疆地带上回复到原始状况，并在那个地区有新的发展的运动。"③ "在这一进程中，边疆是向西方移民的浪潮的前沿——即野蛮和文明的会合处。……在美国的开拓中我们看到欧洲生活方式如何打进这个大陆，也看到美国如何改变和发展了这种生活方式，反过来又影响欧洲。"④ "但是边疆最重要的影响却在于美国和欧洲民主的发扬。根据上面指出的，边疆是产生个人主义的场所。"⑤ "从边疆生活的条件中出现了极其重要的思想面貌。……结果是，美国思想的显著特性是依靠边疆形成的。"⑥

在《西部社会与经济的发展》一文中特纳又说："……西部除了敏于变革外，还在同印第安人作战、砍伐森林和扩张活动中培育了一种好斗性格和一种对国家领土持有扩大想法，拓荒者在荒原的树桩间和沼泽里扩大他们开垦地围栏的过程中，已经想象到未来城市的高楼大厦和拥挤熙攘的街道，所以西部作为一个整体，既形成了普通人的未来的理想，也形成了这个国家的宏伟的扩张目标。"⑦

特纳说得很坦率，赤裸裸说明所谓一部美国形成历史，就是一部扩张史。"扩张"一词，对美国当权者来说，不是什么见不得人的事，因为只有"扩张"，他们才可能从十三州变成五十州。为了扩张，消灭印第安人也是合理的，而且，为了他们的利益，今后还要扩张。在他们看来，边疆不是意味一个固定的边界，而是不断向外滚动的一种运动。边疆滚动不但是领土扩大，而且也包括美国生活方式、个人主义向前推进，从而促进美

① 杨生茂：《美国历史学家特纳及其学派》，商务印书馆 1984 年版，第 3 页。
② 同上书，第 3—4 页。
③ 同上书，第 4 页。
④ 同上书，第 5 页。
⑤ 同上书，第 31 页。
⑥ 同上书，第 36 页。
⑦ 同上书，第 54 页。

国式的文明的扩散。

特纳在《西部的贸易和理想》一文中说过:"将近三个世纪来,扩张在美国生活中一直占据支配地位。随着向太平洋沿岸移民,随着自由土地被占去,这个扩张运动将近结束了。如果说这种扩张的能力不再发生作用,那就是一个鲁莽的预言。要求强有力的外交政策,要求两大洋之间开辟运河,要求恢复我们的制海权,要求把美国势力伸向本土外的岛屿和邻近的国家——这一切都表明这个运动还会继续下去。"①

还需要再说什么呢!用东方的牧歌式的理念是无法理解美国很大一部分当权者的思维方式和善恶标准。美国这种扩张绝不会局限在北美这块土地上。事实也证明这一点,它要称霸全球。20世纪以来的历史变动一再证明这一点。在下一个世纪,如果没有强大力量的遏制,它扩张会不会停下脚步?千万要记住这一点!这样在事变发生时,我们才不会感到突然而有所准备。

我们在前面说过,问题不仅在于特纳及其追随者的学说,关键在于特纳学说为历届美国统治者所青睐,加以采纳。可以说,这种扩张理论成为美国国策的一个组成部分。它直接影响到美国历史,也体现到第二次世界大战后世界格局的变动中。第一、二次世界大战的炮火没有烧到美国本土,受到损伤的是其他洲的国家。美国却从战争中发了财,成为资本主义国家中的首富,它更是力图称霸世界。"在这种形势下,特纳的'边疆学说'得到了广泛的发挥,它所研究的对象的范围已由美国西部边疆转向整个西方世界的边疆,它所探讨的问题不仅限于用来解释美国的历史,而且也用来解释其他国家、其他大陆、'大西洋共同体'以及全世界的历史。"② 特纳的学说"不仅在当时大受欢迎,影响美国资产阶级史学40年之久,而且成为后来美帝国主义的'新边疆'、'填补真空'等强盗哲学的根据之一"③,我们注意到每当历史发展到一个新的阶段,特纳理论总是要增添新的内容,为美国扩张主义霸权主义行径作出理论诡辩。从当今世界变动的事实中,我们再一次体察到特纳学说的存在。

发端于特纳而由鲁宾逊(James Harvey Robinson)完成的美国新史学

---

① 杨生茂:《美国历史学家特纳及其学派》,商务印书馆1984年版,第68页。

② 丁则民:《"边疆学说"与美国对外扩张政策》上,《世界历史》1980年第3期。

③ 蒋相泽:《特纳尔的"边疆论"历史观批判》,《中山大学学报》1964年第2期。

（New History），是"用历史为美国垄断资产阶级利益服务"的。鲁宾逊和查尔斯·俾尔德（Charles Austin Beard）的新史学以多元论的"文化史观"来解释美国的历史，明确说明历史"可以成为促进文明的一种工具"①。他们从来没有淡化意识形态。他们的边疆史学典型地体现出其新史学的属性。

中国近代新史学始于20世纪初。但中国近代新史学与西方新史学不是一回事。中国近代新史学没有一个完整的学说，存在各种流派。中国新史学反对封建旧史学，主张扩大历史研究的范围，提倡多学科研究方法等。在这些方面，西方新史学和中国新史学有相通的一面。其主要点是提倡民史，反对君史；提倡进化论，反对历史循环论、历史倒退论；提倡新体裁，反对旧体裁，摒弃了旧史学的所谓的史法、史例；提倡社会文化史、反对单一的政治史的史学格局；提倡多学科综合研究方法；提倡用明白易懂的语体撰写史书。中国新史学出现无疑受到西方史学的影响，接受西方的新史学理论，但又有所改造，带上自己的特色。这里我们谈谈这种新史学的民族性。

中国新史学的代表人物是梁启超。1901年，梁启超写《中国史叙论》，1902年写《新史学》。梁氏同样倡导社会达尔文主义，把近世历史归结为人种竞争，说："历史者何？叙人种之发达与其竞争而已。"但他的理论中包含着民族自强的要求，有其合理的因素，这和西方史学的社会达尔文主义是不同的，从而显示出中国新史学的民族性的一面。他又说："今日欲提倡民族主义，使我四万万同胞强立于此优胜劣败之世界乎？则本国史学一科，实为无老、无幼、无男、无女、无智、无愚、无贤、无不肖所皆当从事，视之如渴饮饥食，一刻不容缓者也。然遍览乙库中数十万卷之著录，其资格可以养吾所欲，给吾所求者，殆无·焉。鸣呼，史界革命不起，则吾国遂不可救。悠悠万事，惟此为大。新史学之著，吾岂好异哉！吾不得已也。"优胜劣败法则逼迫着我们必须起而抗争，提倡民族主义，使我四万万同胞强立于世界民族之林。新史学提倡的立意就在这里。

中国在以新史学为特征的史学近代化的过程中，也有自己的边疆史地学。20世纪30年代，在日本帝国主义加紧侵略中国时，继鸦片战争之后的第一次边疆史地学研究高潮之后，中国出现第二次边疆史地研究高潮，

---

① 郭圣铭：《西方史学史概要》，上海人民出版社1983年版，第236—238页。

也就是"我国边疆学之第二回发动"①。中华民族不可侮，中国领土不可分裂，这是当时边疆史地学的根本精神。1934 年，顾颉刚先生创办《禹贡》半月刊与禹贡学会，为的是唤起人们同集于民族主义旗帜之下，救亡图存。之所以以"禹贡"为名，编者说，《尚书》中的《禹贡》是一篇光辉文献，"以彼时闭塞之社会而有此广大之认识，其文辞又有此严整之组织，实为吾民族不灭之光荣。今日一言'禹域'，畴不思及华夏之不可侮与吾国土之不可裂者！以此自名，言简而意远"②。《禹贡·古代地理专号》的《序言》说："自东北四省失陷以来，我们的国家受外辱凌逼可算到了极点，所以有血气的人们，大家都暂时放弃了纯学术的研究而去从事实际工作。"边疆史地学研究，是要激起爱国的热情，"世未有国家版图茫然无所知而能发动正确之爱国观念者"。又说："本会同人感念国事日非，惧念民族衰亡之无日，深知抱'为学问而学问'之态度不可应目前之急，亦非学人以学术救国所应出之一途，爰纠集同志从事于吾国地理之研究，窃愿藉此以激起海内外同胞之热诚，使于吾国疆域之演变有所认识，而坚持其爱护国土意向。"③ 并主张要全民族奋斗，反对日本帝国主义，同时揭穿日本帝国主义对中国史地研究所包藏的祸心。

　　同样作为新史学的中国近代边疆史地学与美国的边疆史地学没有什么必然联系，但产生在不同土地上、不同环境中的边疆史学的内涵决然不同。中华民族边疆史地学体现出我们民族热爱和平、决心保卫领土完整的爱国主义。这与美国边疆史地学中的扩张主义是完全对立的。

二　唯物史观与世界格局变动

　　在 20 世纪世界大变动的大事中，我们还应当注意到的重大的事件是：1917 年的俄国十月革命的胜利，80 年代末期的苏联解体；1949 年中华人民共和国成立、80 年代成功走上建设有中国特色社会主义的道路。这些大变动有深层的社会政治、经济原因，但无可否认的是唯物史观运用上产生的效应，过去我曾作过分析。这里要着重指出，我们强调唯物史观的实

---

　　① 《禹贡学会研究边疆计划书》，见《史学史研究》1981 年第 1 期《顾颉刚先生和禹贡学会》。
　　② 《禹贡》4 卷第 10 期，《禹贡学会募集基金启事》。
　　③ 《禹贡》7 卷第 1、2、3 期，《本会此后三年中工作计划》。

践性、辩证性以及体现出的创新性。能否遵循这样精神的唯物史观行事，中国历史观就受到决然不同的影响。

英国的史学家杰弗里·巴勒克拉夫（Geoffrey Barraclough）在《当代史学主要趋势》中看出 20 世纪史学在第二次世界大战以后，具体说是 1955 年前后世界史学发生了重大变化。大约从 1955 年起，历史学研究进入迅速转变和反思时期。这本书开宗明义指出了这种变化。两次大战之间，可以说是新旧交替时期，在当代史学变化中，他很推崇法国年鉴派。那么在他写这本书时，历史学的趋势发生了什么令人注意的大事呢？该书的第四部分开篇说："如果说，当代历史研究中最强大的新趋势是从个别和具体转向研究普遍规律，是把历史学和社会科学都作为最终以人类为研究对象的科学的尝试，那么，第二项重大的变化无疑是历史学家的视野在时间和空间上的扩展。"[1] 应该指出，关于历史有没有客观历史发展规律，以及有什么样规律的问题，是 20 世纪世界史学范围内的大争论。这一点，20 世纪 60 年代苏联历史学家 N. C. 康恩等在相关论文中有论说。[2] 马克思主义唯物史观关于人类历史发展客观规律的思想是一个完整的理论体系。新康德主义的李卡尔特，文德尔班德以及新黑格尔主义克罗齐等以及各种流派，提出的不同的学说，论证的方法也不同，但对马克思主义的唯物史观的否定，基本都是集中在关于客观历史发展规律这一根本理论问题上。

中国人民接受唯物史观关于客观历史发展规律的思想，坚定对历史前途的信念；到认识中国历史的特点，遵循政治经济发展不平衡的思想，取得新民主主义革命胜利；再到恢复实践第一的唯物史观的根本精神，建设有中国特色的社会主义，这是对唯物史观认识的深化、发展。唯物史观对中国百年社会发展产生重大的影响。

20 世纪初，马克思主义传入中国后，唯物史观对中国革命产生了重大的影响。李大钊同志在十月革命后，发表了《法俄革命之比较》、《庶民的胜利》和《布尔什维克的胜利》等。集中宣传唯物史观的文章还有《我的马克思主义观》及《唯物史观在现代社会学上的价值》等。他从整个马克思主义体系、从马克思主义三个组成部分上来把握唯物史观。"五

---

① 杰弗里·巴勒克拉夫：《当代史学主要趋势》，上海译文出版社 1987 年版，第 148 页。
② 参见《穷途末路的资产阶级历史哲学》，读书·生活·新知三联书店 1962 年版。

四"时期，毛泽东同志说："唯物史观是吾党哲学的根据，这是事实，不像唯理观不能证实而容易被人动摇。"① 当时反对马克思主义思潮同样是反对唯物史观这一根本理论，中国马克思主义者对各种反马克思主义思潮进行批驳，不只是学理的争论，更重要的是通过争论使中国人民认识历史发展的前途。李大钊回忆说："晚近以来，高等教育机关里的史学教授，几无不被唯物史观的影响，而热心创造一种社会的新生。"② 中国早期马克思主义者陈独秀、蔡和森和瞿秋白等在正确宣传唯物史观上都作了重大的贡献。以后，李达、邓初民等在宣传马克思主义唯物史观上作出的成绩，是人所共知的。中国马克思主义史学家用唯物史观观察历史、思考当代社会走向，深化对中国历史的认识，探索中国革命的成功道路。他们在理论上对关于历史规律理论作出正确的阐释，对当时各种唯物史观的思潮开展了论战。瞿秋白抓住唯物史观的历史规律学说，作出了回答。他说："人类社会的发展与自然界的发展各有不同的历史。最显著的是差异，便是：自然界里只有无意识盲目的各种力量流动而互相影响；此中共同因果律的表现，亦只因为这些力量的互动。自然界里绝对无所谓愿望、目的。人类社会的历史里却大不同，这里的行动者是有意识的人，各自秉其愿欲或见解而行，各自有一定的目的。固然，研究各时代或各战役的时候，这一异点，应当特别注意，因为他对于人类历史有很重大的价值；然而并不能因此而否认历史的进程之共同的因果律，表面上看来。历史之中，虽然有人所愿望的目的，而实在还是偶然的事居多。……然而凡是有'偶然'之处，此'偶然'本身永久被内部隐藏的公律所支配。科学的职能便在于发见这些公律。"③ 这从根本上说明了唯物史观既是承认历史有共同规律也承认各个国家、民族历史发展有自身的特殊性。

　　瞿秋白写这篇文章是在 1923 年，他在另一篇文章中又说："从根本否认社会现象之有规律起，到相对的承认社会现象之目的论的规律性为止，都是现代学者反对社会主义之策略。"④ 中国早期马克思主义者，宣传了马克思主义唯物史观核心的人类历史发展规律的思想，指出中国历史的前

---

　　① 毛泽东：《民众的大联合》，原载《湘江评论》第 2 号。
　　② 李大钊：《李大钊史学论集》，河北人民出版社 1984 年版，第 149 页。
　　③ 瞿秋白：《自由世界与必然世界》，载《瞿秋白选集》，人民出版社 1985 年版，第 113—114 页。
　　④ 瞿秋白：《现代文明的问题与社会主义》，《瞿秋白选集》，第 106 页。

途，揭穿了那些否定历史发展客观规律言论的用心。

依据马克思主义的理论，历史观、历史学和社会是相互联系、相互作用的。李大钊在《史学要论》中说："今欲把历史与社会的要领弄得明白，最好把马克思的历史观略述一述。马克思叙述他的历史观，常把历史和社会关联在一起；纵着看人间的变迁，便是历史；横着看人间的现在，便是社会。"20 年代末，郭沫若写出的《中国古代社会研究》，便是中国马克思主义史学家自觉地运用唯物史观分析中国历史的代表。"它论证了马克思主义关于人类社会发展学说是一个普遍的规律，而中国历史的进程同样是受这个普遍规律所制约的。"也说明了马克思主义关于人类社会发展的学说是适合中国国情的。① 正确史观指导下的史学工作，是推动社会前进的积极因素。

一、唯物史观成为中国人民观察国家命运的指导思想，也成为认识中国历史民族特点的指导思想。

关于历史发展规律理论包含历史必然观点，蕴含历史趋势的思想，体现出对历史的前途的思考，其结论是：只有社会主义才能救中国，才能使中国振兴。恩格斯在《反杜林论·引论》中说："现代唯物主义把历史看做人类的发展过程，而它们的任务就在于发现这个过程的运动规律。"用这样的思想研究资本主义，就说明了"资本主义生产方式的历史联系和它对一定历史时期的必然性，从而说明它灭亡的必然性"。由于唯物主义史观与剩余价值学说两个伟大发现，"社会主义已经变成了科学"。中国共产党人与先进的知识分子宣传历史发展规律思想，对于中国人民认识前途产生了不可估量的影响。中国人坚定地走社会主义道路的信念，是中国人民的亲身体验，认识到没有别的道路可以把中国引向独立富强之途，而且这种信念又是建立在科学的历史发展规律的思想基础之上的。

唯物史观指导下的中国马克思主义新史学具有实践性，1940 年，吕振羽说："为了指示大众以正确的实践方向，树立正确的社会史体系，首先对新史学家提出的要求，是对中国社会史的几个基本问题给予正确的解决——而步步深入的革命实践，又使问题的解决成为可能。"② 在唯物史观指导下，史学家思考中国历史的民族特点。范文澜在 1941 年的《中国

---

① 参见白寿彝《史学概论》，宁夏人民出版社 1983 年版，第 335 页。

② 吕振羽：《中国社会史诸问题·著者序》，华东人民出版社 1954 年版。

通史简编·序》中说:"我们要了解整个人类社会的前途,我们必须了解人类过去的历史;我们要了解中华民族的前途,我们必须了解中华民族过去的历史;我们要了解中华民族与整个人类社会共同的前途,我们必须了解这两个历史的共同性与其特殊性。只有真正了解了历史的共同性与特殊性,才能真正把握社会发展的基本法则,顺利地推动社会向一定目标前进。这样研究中国历史,是每一个中国人民应负的责任。"对历史发展共同规律与特殊规律两者的认识,表明了对唯物史观认识的成熟,侯外庐在《中国古代思想学说史·再版序言》中说:"中国学人已经超出了仅仅仿效西欧的语言之阶段了,他们自己会活用自己的语言而讲解自己的历史与思潮了。"

中国历史每一步发展,都体现为对唯物史观认识的深化,历史学也在发生变化;而对唯物史观认识的进一步深化,马克思主义史学的进步和它的实践品格,又大大促进了中国的革命与建设向前发展。

二、唯物史观关于社会政治经济发展不平衡思想,引导中国人民成功地进行新民主主义革命。

与前面所述有联系的是关于政治经济文化发展的不平衡思想。这是唯物史观关于历史发展的一般规律与特殊规律思想的运用。20 世纪世界发生大变动,与这一唯物史观的认识紧密相连。列宁在《论欧洲联邦口号》中说:"经济政治发展的不平衡是资本主义的绝对规律。由此就应得出结论:社会主义可能首先在少数或者甚至在单独一个资本主义国家内获得胜利。这个国家内获得胜利的无产阶级既然剥夺了资本家并在本国组织了社会主义生产,就会起来反对其余的资本主义的世界,把其他国家的被压迫阶级吸引到自己的方面来,在这些国家中掀起反对资本家的起义,必要时甚至用武力去反对剥削阶级及其国家。"[1] 列宁正是依据这样的思想,成功地夺得了十月革命的胜利。十月革命胜利后,俄国实行新经济政策,承认多种经济成分并存,采取有效的措施,在各个方面取得了成就。后来,苏联以及国际共产主义运动出现了问题,发生了重大变动,都可以从这一方面总结出经验教训。

毛泽东同志从中国近代社会实际特点出发,以马克思主义政治经济发展不平衡规律的思想,为中国革命制定了一条农村包围城市最后夺取全国

---

[1] 《列宁选集》第 2 卷,人民出版社 1972 年版,第 709 页。

胜利的策略总路线，进而制定出一条新民主主义革命的战略总路线。正是在这样路线的指引下，中国人民夺取了全国胜利，建立了中华人民共和国。这是 20 世纪世界范围内的一次巨大变化，对人类历史将产生深远的影响。

我们可以说，政治经济发展不平衡规律思想，是马克思主义关于历史发展规律理论的重要组成部分，是对历史发展规律认识的深化，因而也是对唯物史观认识的深化。中国是一个大国，正确认识这个理论有着特殊的重要意义。政治经济发展不平衡状况是历史规律运动的出发点，历史发展规律的必然趋向通过这种不平衡变动显示出来，从社会政治经济文化发展的不平衡到相对的平衡，再到新的不平衡，在这个过程中显现出来。离开发展不平衡来谈历史发展规律，难免流于一般化，理论上会出现公式化、教条化的弊端。政治经济发展的不平衡及其具体情形，在历史运动过程中显示出历史变动的阶段与特点。因此，这又是史学工作者分析中国历史的指导思想。

三、唯物史观在经受各种考验中证明自己的正确。

在新民主主义革命取得胜利后，中国进入社会主义革命和社会主义建设阶段，中国是从本本出发认识什么是社会主义，还是从实际出发建设社会主义？仍然是以阶级斗争为纲，还是要转移到以经济建设为中心？中国的经济政治文化是不是还有不平衡的问题？政治经济发展不平衡的规律是不是还起作用？应该说，毛泽东同志对这些问题还是意识到了，他在《论十大关系》、《关于正确处理人民内部矛盾的问题》等文献中，对这些问题都有所论述。毛泽东早在七届二中全会上作的《在七届二中全会上的总结报告》中，就指出在新民主主义革命转变到社会主义革命时，王明主张"政治、经济上都毕其功于一役"的言论是错误的。毛泽东曾在一些会议上，还批评苏联一些人的"形而上学"、"硬化"以及"不承认对立统一"的错误。

但是革命与建设没有坚持按实事求是的路线办事，甚至否定社会政治经济发展的不平衡，从主观愿望出发，因而造成了重大损失，这不能不说是一次沉痛的教训。这其间，也有一些变化。当事业遭受到损失时，形势逼得人们不能不重新审视实行的政策，作出一些调整。但是形势一有好转，又实行一些"左"的政策或举措。1956 年中国社会主义制度初步确立后，急于求成的情绪出现了。1958 年有"跑步进入共产主义"的"大跃进"运动和"人民公社化运动";农村所有制搞"一大二公",要求在三五年内完成集体所有制向全民所有制过渡;否定发展商品经济的合理性;在分配上,搞平均主义。这样做的结果,是国家和人民付出巨大的代价,社会主义事业受到巨大损失。对此,我们可以从不同的角度思考、总结。从历史理论上说,它否定了社会主义建设也要一切从实际出发、要按照社会主义经济规律办事;失误在于不承认差异、不平衡,甚至异想天开地按一个模式办事,还要超阶段发展。

60 年代初,毛泽东同志总结历史,意识到社会主义发展是一个相当长的历史过程。但是到了 1962 年党的八届十中全会上,毛泽东同志又强调以阶级、阶级斗争为纲,一方面承认社会主义是一个相当长的历史阶段,同时又把社会主义社会与过渡时期混为一谈。实际上,是不承认社会主义发展中的不平衡。

"文化大革命"的极"左"路线完全否定了中国政治经济发展的不平衡性,在生产资料所有制上,在分配上,在对待文化遗产问题等各个方面,都是采取极"左"做法,而也正是这样的路线,把中国社会主义事业引向崩溃边缘。中国发生这些变动,是 20 世纪世界变动的重要方面,它与一定的历史观紧密相关。历史从另一个方面证明关于政治经济发展不平衡思想对社会主义事业发展同样具有重大的意义。

四、从唯物史观关于实践第一的思想、关于实践是检验真理唯一标准的思想出发,提出社会主义初级阶段的理论,制定改革开放的正确路线、引导中国人民成功地建设有中国特色的社会主义。

不承认历史发展的特殊规律,或是否定历史一般规律,都是背离唯物史观,都会给革命与建设带来重大的损失。1988 年,邓小平在会见莫桑比克总统希萨诺时说:"过去我们满脑袋框框,现在就突破了。我们坚持马列主义、毛泽东思想,坚持社会主义道路,不过什么叫社会主义问题,我们现在才解决。坦率地说,我们过去照搬苏联搞社会主义的模式,带来很多问题。我们很早就发现了,但没解决好这个问题,我们现在要解决好这个问题,我们要建设的是具有中国自己特色的社会主义。"[1]唯物史观最重要的是一切从实际出发;政治经济发展不平衡的思想是建立在实事求是路线的基础之上的,是实事求是原则的体现。1978 年,党的十一届三

---

[1] 《邓小平文选》第 3 卷,人民出版社 1993 年版,第 261 页。

中全会清算了"文化大革命"的错误，恢复了党的实事求是路线，确立实践是检验真理标准的思想。马克思主义的政治经济发展不平衡规律的思想正是在这个基础上得到了恢复。关于社会主义初级阶段的理论，关于建立和完善社会主义市场经济体制的理论，关于生产关系的有关论述，关于分配方式上以按劳分配为主，根据多种经济形式并存的现实，以其他分配方式为补充的政策；关于"一国两制"的指针，等等。这二十多年来，九百六十万平方公里土地上的中国发生了翻天覆地的变化，香港已经回归祖国，澳门已经回归祖国；台湾问题将会解决。中国发生的一切是 20 世纪全球发生的最伟大的变化之一，是唯物史观的伟大胜利。邓小平在 1985 年 4 月 15 日会见坦桑尼亚联合共和国副总统姆维尼时，说："二十年的历史教训告诉我们一条重要原则：搞社会主义一定要遵循马克思主义的辩证唯物主义和历史唯物主义，也就是毛泽东同志概括的实事求是，或者说一切从实际出发。"① 今天，中国人民正团结在以胡锦涛同志为核心的党中央周围，高举建设有中国特色社会主义的伟大旗帜，把我们伟大的事业全面推向 21 世纪。中国发生的巨大变化，体现出 20 世纪世界大变动的风采。

三　结语

20 世纪的世界，可以说没有一天平静过，两次大战给人们带来巨大的灾难，第二次世界大战以后地区战争没有停止过，世界的格局发生了巨大变动。在 20 世纪很快就要过去的时候，美国扩张主义者还是要称霸世界。联系历史思考当代世界变动，我们深刻地认识到，马克思主义唯物史观是我们观察国际问题的基本思想。

唯物史观关于政治经济发展不平衡的理论，深刻地揭示了各个民族在共同的发展过程中有自己的特殊性，各个国家的历史进程不会一样；在具体发展过程中也会有跳跃的情形。世界上东西南北的政治经济是不平衡的。基于这个事实，各个国家民族只能按照历史规律办事，承认多样性，坚持国家主权独立、领土完整，相互尊重，共同繁荣。但是霸权主义者却是要扩张，美国要把自己的"个人主义"、"文明模式"、"自由主义"、

---

① 《邓小平文选》第 3 卷，人民出版社 1993 年版，第 118 页。

价值观强加给别的国家，企图把他们的模式在边疆滚动中向外扩散，力图把多极世界置于他的"一极"统治之下。这并不是偶然的现象。一百年以来，特纳的边疆史地学为什么那样受到包括总统在内的政要们的欢迎，很可以说明问题。特纳的学说在战后得到发展，成为新边疆学。第二次世界大战一结束，1946 年，有人就声称美国的"边疆是无止境的"。① 甚至有的人说，如今美国没有"自由的边疆"了，月球提供了新的殖民场所，月球这条边疆也是富有"生动的引诱力"的。② 这些表明了美国的扩张政策是由来已久的，美国的边疆史地学从一个很重要的方面，反映出他们的霸权主义有着深远的历史根源。

但是事物总是按自己辩证法向前发展，政治经济发展是不平衡的。毛泽东同志在《矛盾论》中说："世界上没有绝对地平衡的东西，我们必须反对平衡论，或均衡论。"不平衡规律是带有普遍意义的规律。历史发展从不平衡到相对的平衡，再到不平衡，历史过程就是这样。霸权主义一定行不通，包括美国人民在内的全世界人民一定会粉碎霸权主义的企图。无论他们一时多么嚣张，扩张主义肯定要失败，不是别的原因，是因为霸权主义者逆历史潮流而动，违背了历史发展的规律。只有各国遵循独立自主，和平共处，相互尊重主权、领土完整的原则，我们这个世界才会有安宁，才会得到发展，各国人民才会有真正的幸福。未来世纪的行程，将会进一步证明唯物史观的正确。逻辑就是这样。

巴勒克拉夫在《当代史学主要趋势》中说：扩展历史学家的视野成为当务之急，并且成为当代历史学研究中主要趋势之一，是由于 1945 年以后、也就是第二次世界大战以后整个世界形势的巨大变化所要求的。③ 在当代世界形势的大变化中，史学研究应当扩大视野，要把中国史学与世界史学联系起来思考，许多问题会看得更清楚，这是我想到的另外一点。

---

① Paxson F. L. : *The Highway Movement. 1916—1935*。

② 转引自《南开大学学报》1965 年第 1 期，第 46—47 页。

③ 参见巴勒克拉夫《当代史学主要趋势·历史学的新领域》，上海译文出版社 1987 年版。

中国"封建"概念的演变和
"封建地主制"理论的形成①

中国社会科学院经济研究所编审　李根蟠

引言：问题的提出

本文所要讨论的"封建地主制"（或称"地主经济封建制"）是指封建社会形态中的一种类型，这种类型既区别于中国战国以前的封建领主制（或把战国以前定性为奴隶制），也区别于西欧中世纪的封建领主制。

"封建地主制"理论是与对战国秦汉以后至鸦片战争以前这一历史阶段社会经济性质的认识联系在一起的。战国秦汉至鸦片战争是中国历史上十分重要的一个时代，把它放到世界历史发展的大潮中看，它显得很有特色，似乎与众不同。对这段历史如何认识，如何定性，颇费历史学家踌躇。早在20世纪的二三十年代，就有人称之为"中国社会形态发展史中之谜的时代"②。"封建地主制"是20世纪30年代学界对该时代诸多定性中的一种，经过长期的研究和讨论，自四五十年代以来，它为越来越多的学者所认同，以至成为中国学术界关于战国以后的社会性质的主流观点。

20世纪70年代末以来，人们反思以往的研究，对传统经济，尤其是战国以后至鸦片战争以前社会经济性质进行再认识，提出了形形色色的理论观点。据我的考察和概括，其荦荦大者，除"地主经济论"以外，还

---

① 本文初稿承林甘泉、方行、宁可、叶坦诸先生审阅，提出宝贵意见，特此致谢。
② 王礼锡：《中国社会形态发展史中之谜的时代》，《读书杂志·中国社会史论战》第一辑。

有"权力经济论"和"市场经济论"①。近年来，"地主经济论"这一主流观点，一再受到"权力经济论"者和"市场经济论"者的质疑和批评，其中有的是点名与我商榷的②。

作为一个"地主经济论"的信奉者，我觉得有必要、有责任回答这些质疑和批评，同时根据学科研究的新进展，对"封建地主制"的理论做出某些修正和补充。

现在，封建地主制理论又遇到更为根本性的挑战。近年来，我国学术界出现了一股似乎越来越大的声浪，否定中国历史上曾经存在过封建社会，尤其是不承认战国秦汉以后的中国为封建社会。他们说，西欧的封建（feudalism）和中国古代的"封建"是根本不同的，认定中国古代存在西欧式的封建社会，是把马克思主义社会形态的学说（五阶段论）硬套到中国历史上的结果；这是中国古史研究中最大的"荒谬"和"尴尬"，云云。如果连封建社会都不存在，封建地主制就更是无从谈起。

也正因为这样，我们对中国封建地主制的讨论，不能不从在中国历史研究中使用"封建"、"封建社会"、"封建制度"的概念是否科学谈起。本文着重于学术史的回顾。首先分析"封建"概念的古今演变，然后评述中国社会史论战中秦以后是否是封建社会之争，梳理"封建地主制"理论形成的过程，最后回答质疑者提出的部分问题。至于应该如何认识地主经济体系及其运行机制，在新的形势下应对封建地主制理论做些什么补充和修正，只好留待另文阐述了。

一　从古代"封建"到近世"feudalism"概念的引入

（一）中国古代的"封建"

中国古代"封建"的原始意义是封土建制、封邦建国，大规模"封建"的事实发生在西周建国初年。

甲骨文中已有"封"字，是在土堆上种树的象形，它是土地疆界的一种标志。帝王要在其统治范围或势力范围内建立诸侯国，首先要确定它

---

① 参见拙文《中国封建经济史若干理论观点的逻辑关系及其得失浅议》，载《中国经济史研究》1997 年第 3 期。

② 例如，《中国社会经济史研究》2003 年第 2 期刊登美籍华裔学者赵冈《试论地主的主导力》一文，就是指名和我商榷的。

的疆界，设置"封"作为标志，并建立某种法规，这就是所谓"封建"，也可以单称"封"或"建"①。或谓殷代已有"封建"，根据尚嫌不足②，且殷代没有出现需要普遍实行"封建"的客观情势。盖周族以僻处西陲的蕞尔小国灭掉"大邑商"，如何统治这幅员广阔的土地，成为十分棘手的问题，分封制度由此应运而生。分封的用意，是让亲戚子弟率领族人到各地建立武装的据点，以此为依托控制各个地区，并从而形成拱卫宗周的态势。《左传·僖公二十四年》："昔周公吊二叔之不咸，故封建亲戚以蕃屏周。"讲的就是这一事实。诸侯从周天子那里取得土地和人民，即拥有相对独立的土地领有权和政治统治权，同时要向周王室提供贡赋，形成某种统属关系。诸侯又对其统属下的亲戚子弟进行分封。所谓"天子建国，诸侯立家，卿置侧室，大夫有贰宗，士有隶子弟，庶人、工商各有分亲，皆有等衰"（《左传·桓公二年》）。从周天子到诸侯卿大夫士，形成以宗法制维系的等级体系，君临广大被占领地区人民之上。大规模的"封建"完成于西周成、康之世，以后只有零星实行者，但"封建"所形成的一整套制度延续到春秋以至战国。

封建制度在春秋战国之际开始逐步瓦解，秦统一全面实行郡县制，取代了西周以来的封建制。

"封建"的事实虽然发生在西周，但明确用"封建"一词表述它则是春秋时代的事情③。实际上，终先秦之世，"封建"一词是很少使用的。倒是秦汉以后，有了郡县制作为它的对立物，"封建"的特点才更加凸显出来，该词出现的频率也增加了。关于封建制和郡县制孰优孰劣的争论，从秦汉到明清迄未停止。在这一争论中，来源于西周的"封邦建国"的"封建"这一概念，已经发生了某些微妙的变化——它的内涵被拓宽了。就拿柳宗元著名的《封建论》来说，虽然也谈到西周"裂土田而瓜分之"

---

① 《周礼·封人》："掌诏王之社壝，为畿封而树之。凡封国，设其社稷之壝，封其四疆；造都邑之封域者亦如之。"《说文》："封，爵诸侯之土也。"《一切经音义》卷 23 引《声类》："建国以土地曰封。""建"，《说文》谓"立朝律也"，即建立法规，也意味着某种国家政权的建立。按：《鲁颂·閟宫》："王曰叔父，建尔元子，俾侯于鲁。大启尔宇，为周室辅。"这里的"建"就是建立侯国的意思。

② 胡厚宣：《殷代封建制度考》，载《甲骨学商史论丛（初集）》，齐鲁大学国学研究所专刊之一，1944 年版。陈中凡在《殷商社会史之商榷——读胡著〈甲骨学商史论丛（初集）〉质疑》（《新中华》复刊号，1946 年 3 月）一文中对胡氏的观点提出批评。

③ 上引《左传·僖公二十四年》载春秋时人富辰语。又，《诗经·商颂·殷武》："命于下国，封建厥福。""封"训"大"。这里的"封建"不同于作为一种制度的"封建"。

的事实，但柳宗元心目中的"封建"，主要是指人类原初时代为了消弭共同体内部纷争、以应对外部自然界威胁而自然形成的君长权力①。古圣王只是不得已而承认这种现实。所以他说："彼封建者，更古圣王尧、舜、禹、汤、文、武而莫能去之。盖非不欲去之也，势不可也。势之来，其生人之初乎？不初，无以有封建。""故封建非圣人意也，势也。"他把"封建"的出现看成是客观情势所使然，而不是圣人主观意志的产物，就这一点来说，是一种唯物的观点；但他所理解的"封建"与西周自上而下的"封建"，显然是有区别的②。

　　柳宗元的这种观念，并非凭空产生。战国秦汉时代的人们追溯和考察远古历史的时候，往往按照离他们比较近的西周春秋的历史模式去理解它，从而把当时存在的某种"联盟"的关系视为西周那样的统一"王朝"，把作为联盟首领的"共主"当作"王朝"的"君主"，把星罗棋布的部落方国比附成西周春秋时代分封的"诸侯"。例如，司马迁就说"黄帝之时，神农氏世衰，诸侯相侵伐"，黄帝打败蚩尤以后，"诸侯咸尊轩辕为天子"，于是黄帝"置左右大监，监于万国"（《史记·五帝本纪》）；"禹……即天子位……封皋陶之后于英六"（《史记·夏本纪》），等等。西周的"封建"造就了许多国中之国，而有些"诸侯"又确实是原有方国部落的归顺者。远古时代松散联盟和方国林立的状态在某些方面与西周相似，在当时人们的认识水平下，把它与"封建"挂钩就是很自然的事情了③。

　　魏晋以降，封爵而不治民的制度也开始沿用"封建"之名。如《三

----

①　柳氏《封建论》说：人类之初"与万物皆生，草木榛榛，鹿豕狉狉，人不能搏噬，而且无毛羽，莫克自奉自卫，荀卿有言：必将假物以为用者也。夫假物者必争，争而不已，必就其能断曲直者而听命焉。其智而明者，所伏必众；告之以直而不改，必痛之而后畏；由是君长刑政生焉。故近者聚而为群。群之分，其争必大，大而后有兵有德。又有大者，众群之长又就而听命焉，以安其属。于是有诸侯之列"。

②　西周的"封建"是自上而下地把土地和人民分封给原来没有土地的亲戚臣属，所以《礼记·乐记》注说："封谓故无土地者也。"《公羊传·隐公元年》注说："无土建国曰封。"这与原来就管辖一定的土地和人民的方国部落显然是不同的。

③　侯外庐认为"'封国'非封建制度"。"封建亲戚以蕃王室的说法，是战国时代造作出来的……在战国末年儒家改编《国语》所凑成的《左传》才把周代封建的制度有源有本地描画出来，到了汉代，儒家更把封建制度造作到三代，一直推到黄帝。"（侯外庐：《中国古代社会史论》，河北教育出版社2000年版，第139—140页。）从诗书等文献看，西周时已有"封建"的事实不应怀疑，但侯外庐认为汉代"儒家更把封建制度造作到三代，一直推到黄帝"，则基本上是事实。

国志》卷 20《魏书·武文世王公传》："魏氏王公，既徒有国土之名，而无社稷之实……"南朝宋裴松之注引《袁子》（按，指晋人袁准所著《正论》）曰："魏兴，承大乱之后，民人损减，不可则以古（始）［治］。于是封建侯王，皆使寄地空名，而无其实。"东晋孙盛也说："异哉，魏氏之封建也！不度先王之典，不思藩屏之术，违敦穆之风，背维城之义。"①《晋书》卷 23《乐志下》谓改古乐曲《有所思》为《惟庸蜀》系"言文帝既平万乘之蜀，封建万国，复五等之爵也"。

　　宋元时代，李昉等辑《太平御览》设"封建部"五卷。继之，马端临写《文献通考》设"封建考"十八卷，一方面把"封建"从西周追溯到黄帝时代，另一方面又把秦汉至唐宋封爵而不治民（或曰"封"而不"建"）的制度也囊括其中。马端临开创的这一体例为《续文献通考》、《清文献通考》、《续清文献通考》所继承。在《通考》的这个系统中，先秦的"封建"可称为狭义的"封建"，它虽然包括了西周的"封建"，而且是在西周"封建"的基础上推衍出来的，但两者毕竟不同；广义的"封建"则包括先秦的"封建"和秦汉以后的"封建"。马端临等人并没有把秦汉以后的分封王侯等同于先秦的"封建"，但他们确实把中国古代"封建"的概念拓宽了。

　　由此可见，中国古代的"封建"虽然起源于西周的"爵土建制"，并以此为基础，但这一概念的内涵是历史地发展变化着的。黄帝、唐虞、三代的"封建"已经与西周的"封建"有所不同，更遑论《通考》系统那种广义的"封建"了！不过，不管是狭义的还是广义的"封建"，它们指的都是一种政治制度。

（二）西欧的 feudalism 和"封建"的对译

　　"封建"一词内涵之变化，至近代而益显。中国近代以来流行的"封建"概念，虽与古代的"封建"存在某种渊源关系，但内涵已大不一样，它基本上是来自西欧"feudalism"的意译，并在这个基础上发展的。

　　在西欧，后来被译为"封建"的"feudalism"这一概念，也是历史地变化着的。它原来是用以指称西欧中世纪的某种制度，但它并非流行于中世纪，而是西方近代学者所使用的概念。在中世纪欧洲，"feudalism"

---

① 《三国志》卷 19《魏书·陈思王植传》注。

所指的内容实际上只是某些地区零碎存在，且都集中在早期。从 16 世纪开始，欧洲法学家对它进行研究，其着眼点主要是一种封土之律（LiAri Feudorum ）及其所反映的国王和封臣之间的权利义务关系。直到 18 世纪的西方学者仍视封建为一种法律制度。19 世纪，西方学术界从经济、政治、社会、法律等角度对封建的各个方面如封君封臣关系、封土制度、庄园农奴、农村公社、封建城市等，进行了研究，做出了许多概括，并以 feudalism 一词指称封建制度。这样，feudalism 就不光是指一种法律制度，其含义已扩展为一种社会制度或社会形态；不过，当时史学家们对封建主义、封建制度仍多从政治、法律方面认识和讨论。到 19 世纪中期，马克思、恩格斯创立了历史唯物主义，在他们的理论体系中，"封建"是人类历史上依次递嬗的几种社会形态之一。他们把封建社会理解为一种生产方式、理解为特定的生产力与生产关系、经济基础与上层建筑的统一体，并着重从经济基础、所有制、生产关系来把握其特征。这些理论不断得到学术界的认同并有所发展。20 世纪 30 年代末马克·布洛克写的集当时研究之大成的《封建社会》一书，就深受唯物史观的影响。正如马克垚教授指出的，西方"封建"概念的内涵经历了由法律政治制度到社会或社会形态的变化①。当"封建"用以指称某种社会的时候，这个概念已经具备了某种普遍的品性，可以用它来研究世界各地类似的社会和类似的历史，而不光局限在西欧一地，于是有东欧的封建社会、亚洲的封建社会、非洲的封建社会等等。当然，西方学术界的认识也并不是统一的，把封建理解为中世纪西欧的一种特殊的政治法律制度的仍大有人在。

　　总之，我们应该用发展的眼光看待欧洲学者 feudalism （"封建"）这一概念，马克思主义的"封建"观是在继承以往学界积极的认识成果基础上的创新。其实，即使是马克思主义的"封建"观也是历史地发展着的。② 欧洲的这种"封建"概念和理论传到中国后，不能不引起了中国固有的"封建"概念的巨大变化。

---

　　① 　马克垚：《中西封建社会比较研究·导言》，学林出版社 1997 年版。

　　② 　晁福林在《论封建》（《历史研究》2000 年第 3 期）中指出："就马克思主义理论本身来说，关于封建主义的理论也有一个发展的过程，在上个世纪，西方学者关于'封建'的概念主要指一种政治、法律制度，核心是指封君与臣属的人身依附关系，马克思和恩格斯也受了这种观点的影响，所以在他们关于'封建'的理论中有许多是在强调这种属于政治的法律的人身依附关系，但是又在许多地方，从经济学的角度强调封建的生产关系、封建的土地关系，这是我们在研究关于封建问题时所应当注意的。"

鸦片战争以前的中国是封闭的，以自我为中心，人们观察历史时只是把当今与往古比较，而且往往着眼于政治制度。鸦片战争打开了中国的国门，中国开始正视外部强大的西方世界，开始拿中国历史与西方比较，开始吸收西方的历史观念。西方"feudalism"的概念就是在这种比较中引进的，从而给中国古老的词汇——"封建"赋予全新的内涵。

最先提出中国和西方都经历"封建时代"的是新史学的先驱者梁启超。1899年，梁启超提出中国与欧洲的国体都依次经历了家族时代、酋长时代和封建时代；中国周代和欧洲希腊的国体相同点最多，都是封建时代与贵族政治、列国分立①。梁氏这里所说的"封建"仍然是中国古代（西周）的"封建"，而不是西欧中世纪的"feudalism"；但这里的"封建"已经不是单纯的政治制度，而是作为时代标志的"国体"，在认识上包含了某种突破的意义。

据现在掌握的资料，最早把西欧"feudalism"译为"封建"的是日本学者，而最早运用"feudalism——封建"这一概念分析中国社会的则是严复。1901年严复翻译出版亚当·斯密的《国民财富的性质和原因的研究》（译名为《原富》），译feudalism为"拂特之制"，这是音译。1903年年底他翻译出版爱德华·詹克斯《政治制度史》（译名为《社会通诠》），则进一步把feudalism译为"封建"。严复是否沿用日本人的翻译或受其影响，不得而知，但他采用这一译名经过了自己的认真分析，则是显而易见的②。他认为人类的进化，都要经过图腾社会、宗法社会而进入国家社会（或曰"军国社会"），而"封建社会"则是宗法社会与国家社会之间的过渡，"二者之间，其相受而蜕化者以封建"。"此其为序之信，若天之四时，人之童少壮老，期有迟速，而不可或少紊者也。"也就是说，"封建"是人类社会必经的历史阶段。在中国，"出唐

---

① 梁启超：《论中国与欧洲国体异同》，载《清议报》的第17册（6月8日）和第26册（9月5日）。参见何怀宏《世袭社会》。

② 日知在《"封建主义"问题（论feudalism百年来的误译）》一文（载《世界历史》1991年第6期）中说严复是最早把feudalism翻译为"封建"的，黄仁宇在《大历史》自序的注中，则说是日本人首先把feudalism翻译成"封建"。外来词典记述来自日本的外来词中确实列有"封建"一词。日本何时以"封建"对译"feudalism"尚待查考，但1903年年初马君武在《社会主义与进化论比较》一文中即提到"欧洲封建分立之制"，这里的"封建"显然是"feudalism"的对译，可能是沿用了日本的译文。这时《社会通诠》还没有出版。所以不能排除严复采取日本译名的可能性。

虞以讫于周，中间二千余年，皆封建之时代"。西欧"其趾封建，略当中国唐宋间"①。可见，严复是拿中国的历史与西欧作比较，认为中国古代的"封建"与西欧中世纪的"feudalism"相类似，从而把"feudalism"翻译为"封建"的②。

严复引入 feudalism 概念分析中国历史并以"封建"对译时，不是把它当作单纯的政治法律制度，而是理解为一种社会形态或社会发展阶段，从而大大超越了中国古代学者仅仅把"封建"理解为一种政治制度的认识。他虽然还不可能像马克思主义者那样从生产关系、所有制和经济基础去把握"封建社会"，但他已经意识到封建社会是建立在一定的生产类型基础之上的。他指出图腾社会建立在渔猎生产的基础上，宗法和封建社会建立在耕稼生产的基础上，国家社会建立在农、工、商全面发展的基础上；从图腾向宗法过渡的社会，则建立在游牧生产基础上③。严复的这种认识并非孤立的。在严复翻译出版《社会通诠》前后，夏曾佑撰写《最新中学中国历史教科书》，认为人类总是由渔猎社会进入游牧社会，再由游牧社会进入耕稼社会；进入耕稼社会以后，"前此栉甚风沐甚雨，不惶宁处者，至此皆可殖田园，长子孙，有安土重迁之乐，于是更有暇日，以扩其思想界。且以画地而耕，其生也有界，其死也有传，而井田、宗法、世禄、封建之制生焉，天下万国，其进化之级，莫不由此"。也就是说，井田、宗法、世禄、封建这一套相互联系的制度是建立在农业生产基础之上的。这种认识与严复的"封建"观显然是吻合的。④

从严复开始，中国学者一般都把"封建"看作一种社会⑤，这说明

---

① ［英］甄克思：《社会通诠》序，严复译，商务印书馆1981年版。

② 参阅马克垚《中西封建社会比较研究·导言》。

③ ［英］甄克思：《社会通诠》序，严复译，商务印书馆1981年版。

④ 夏曾佑与严复过从甚密，同为天津《国闻报》（1897年创刊）的创始人。《最新中学中国历史教科书》（后改名为《中国古代史》）是1902年夏氏为其母守孝时开始写作的。1903年11月夏氏曾为严译《社会通诠》作序，认为宗法社会为人类社会所必历，中国自黄帝至今为宗法社会，又以秦为界分为前后两期，并试图从政治与"宗教"的相互关系解释为什么中国进入宗法社会甚早，而迟迟未能脱离宗法社会的原因。这和严氏定唐虞三代为封建社会（也就是典型的宗法社会），入秦以后为向军国社会过渡的宗法社会的观点是基本一致的。可见，夏曾佑也接受了"图腾—宗法—封建—军国"的社会进化图式，"渔猎—游牧—耕稼"只是这种进化图式从另一个角度的表述。

⑤ 参阅马克垚《中西封建社会比较研究·导言》。

严复的翻译和理解已被中国学者所普遍接受。

还应指出的是，中国古义的西周"封建"虽然是一种政治制度，但它本质上是对土地和人民权力的一种分配，从而涉及生产关系的核心部分（生产资料与生产者结合的方式）。因此，把"封建"与"feudalism"对译，作为表示某种社会形态的概念，与马克思主义社会经济形态的理论并不矛盾，而是相通的①。

总之，20世纪初以严复等人为代表的思想界的先驱们突破了就中国论中国的狭隘眼界，进行中西比较，以进化论指导历史研究，承认人类历史发展存在某种普遍性和规律性，不是仅仅把"封建"看作一种政治制度，而是把它看作以一定生产类型为基础的社会形态或人类社会发展阶段。这比起中国古代学者对"封建"的认识和对历史的理念无疑是一次飞跃。

二　在马克思主义指导下对中国封建社会的认识

（一）从对中国现实社会封建性的认识开始

如前所述，自严复引进 feudalism 的概念以后，中国历史上存在过相当于西欧 feudalism 的封建社会，已为学界所承认；但相当多学者心目中的封建社会是西周或三代。至于战国、秦汉到鸦片战争时期中国社会的封建性质，是经过长期的论争以后才逐步被多数学者所认同的。这种认识经历了一个从现实到历史的逆向考察的过程。它得以完成，即由感性认识上升为理性认识，起决定作用的当然是马列主义唯物史观的传播和指导。不过，这种认识的开始可以追溯到更早。

早在"五四"运动以前，中国的先进分子就揭示了当时社会文化的封建性。如1915年陈独秀在《新青年》第1卷第1号《敬告青年》中说："举凡残民害理之妖言，率能徵之故训，而不可谓诬，谬种流传，岂

---

①　晁福林指出："我国上古时代的封建，形式上是政治权力的封建，而实质上是对于劳动力和土地的分配……最终的着眼点在于对于劳动群众的控制，《白虎通·封公侯》谓'王者即位，先封贤者，忧民之急也。故列土为疆非为诸侯，张官设府非为卿大夫，皆为民也'，即道出了其中奥妙。按照马克思主义关于生产关系的理论，生产资料的所有及劳动者与生产资料结合的方式，是为生产关系的核心内容，周代的封建之制恰恰在这方面做出了系统的规定。从这个角度说，严复在本世纪初就采用了'封建'一词进行译作，实为天才创造。'封建'一词长期行用不废，与此应当是有关系的。"（《论封建》，《历史研究》2000年第3期。）

自今始？固有之伦理、法律、学术、礼俗，无一非封建制度之遗。"他斥两千年来所奉行的孔教为"封建时代之道德"、"封建时代之礼教，封建时代之生活状态"、"封建时代之政治"。① 《新青年》第 4 卷第 3 号（1918 年 3 月 15 日）发表了由张祖荫口述的一篇《社会调查》，叙述了江苏省震泽镇农民在地租和债利重重剥削下的悲惨生活，揭露地主和佃户表面上是一种契约关系，实际上存在严重的政治干预和人身依附。整理者陶履恭指出："昔日欧洲封建制度，所蓄的农人，多属世袭，与土地相展转。观此篇所述之佃户，与欧洲昔日之农奴比较，亦不见有何分别。不过欧洲封建的君王对于农奴，多方体恤，以农奴为财产，不忍损害。而震泽的农民以大田主不措意于田之肥瘠，专以就剥佃主为事，所以不以农民为财产的一部分，不事怜恤。一七八九年法国大革命以前的时代法国贵族对于一般农民就仿佛震泽的田主对于农民的样子。"可见，近代先进的中国人对当时社会存在的各种封建现象的认识始于马克思主义在中国系统传播以前，它是人们从现实出发通过古今中外比较而产生的感悟②。不过当时的这种认识还没有提高到社会形态的层次。

中国先进分子最早对马克思主义的系统介绍是在 1919 年 5 月出版的《新青年》第 6 卷第 5 号，其代表作是李大钊的《我的马克思主义观》。其上篇引述了马克思在《〈政治经济学批判〉序言》中关于社会经济形态依次演进的经典论述："综其大体而论，吾人得以亚细亚的、古代的、封

---

① 《孔子之道与现代生活》，《新青年》第 2 卷第 4 号。

② 从 1919 年以前陈独秀对中国社会文化封建性的论述中，还看不出马克思主义的直接影响，但其中的某些思想渊源，却可以从严复、夏曾佑等人的著作中找到。例如陈独秀在《新青年》第二卷第六号《家族制度为专制主义之根据论》中说："商君李斯破坏封建之际，吾国本有由宗法社会转成军国社会之机，顾至于今日欧洲脱离宗法社会已久，而吾国终颠顿于宗法社会之中而不能前进，推原其故实家族制度为之梗也。"这和严复在《社会通诠·译者序》中对社会发展阶段的划分是一致的。严复认为"封建"是从宗法社会向军国社会的过渡阶段，中国的封建社会虽然在秦统一后结束，但秦以后的中国社会仍是"宗法居其七"（《社会通诠》"宗法社会"按语）。我们知道，在中国封建和宗法是互为表里的。从中国社会的宗法性出发，很容易导致中国秦以后社会仍然是封建社会的认识。夏曾佑在《社会通诠·序》中试图以政治与宗教（夏氏所说的"宗教"是指"其神智之所执者"）的相互关系解释中国迟迟未能脱离宗法社会的原因。"考我国宗法社会，自黄帝至今，中可分为二期，秦以前为一期，秦以后为一期，前者为粗，后者为精，而为之钤键者，厥惟孔子。"把秦以前和秦以后视为同一社会的两个发展阶段。又说："孔子之术，其的在于君权，而径则由于宗法，盖借宗法以定君权，而非借君权以维宗法。然终以君权之借径于此也，故君权存，宗法亦随之而存，斯托始之不可不慎矣。"这和陈独秀等人抨击孔子所倡封建思想、封建礼教、封建政治为中国社会之痼疾，也是一脉相承的。

建的及现代资本家的生产方法，为社会经济的组织的进步和阶段。"李大钊显然认为这种理论也是适合于中国的。1921 年成立的中国共产党自觉地以马克思主义为观察和改造社会的理论武器。从此，早期的共产党人成为运用马克思主义的唯物史观考察中国的现实和历史的主要推动力量。不过，建党前后的早期共产党人还来不及深入剖析中国国情，他们曾经笼统地认为中国是世界资本主义体系的一部分，也是资本主义的国家，中国革命是与国际革命同步的社会主义革命。进入 1922 年，中国共产党人开始注重对中国社会实际情况的分析和研究。1922 年 1 月 15 日创刊的中国共青团团刊《先驱》，在其发刊词中提出"努力研究中国的客观实际情形，而求得一个最合宜的实际的解决中国问题的方案"的任务。该文分析当时的全国形势，"还是旧的势力占着优势，如国内武人军阀的横行，他们勒索聚敛，毫无忌惮，使我们感觉着这还是法国大革命以前封建社会的状态，何曾有丝毫的民主气味呢？"并首次指出中国是"半独立的封建国家"。1922 年 6 月 15 日发表的《中国共产党对时局的主张》，指出辛亥革命"是适应近代由封建制度到民主制度，由单纯商品生产制度到资本家商品生产制度之世界共同趋势的战争"，由于"民主派屡次与封建的旧势力妥协"而失败。辛亥革命之后，中国仍处于国际帝国主义和国内封建军阀的压迫下，"成为半独立的封建国家"。随后，1922 年 7 月，中共二大宣言进一步指出："帝国主义的列强既然在中国政治经济上具有支配的实力，因此中国一切重要的政治经济，没有不是受他们操纵的。又因现尚停留在半原始的家庭农业和手工业的经济基础上面，工业资本主义化的时期还是很远，所以在政治方面还是处于军阀官僚的封建制度把持之下。"正是基于上述认识，中共二大第一次明确提出了反帝反封建的民主革命的纲领。

中国共产党人的这种认识是在马克思主义的指导下取得的，其中列宁有关理论的影响尤著。列宁在指导世界革命的过程中对中国社会的性质有过直接的论述。早在 1912 年 7 月，列宁就指出中国是一个封建关系仍然占着统治地位的"落后的、半封建的农业国家"①，不过这篇文章当时并

---

① 列宁的原话是："……中国这个落后的、半封建的农业国家的客观条件，在将近五亿人民的生活日程上，只提出了这种压迫和这种剥削的一定的历史独特形式——封建制度。农业生产方式和自然经济占统治地位是封建制度的基础；中国农民这样或那样地受土地束缚是他们受封建剥削的根源；这种剥削的政治代表是以皇帝为政体首脑的全体封建主和各个封建主。"（《中国的民主主义和民粹主义》，《列宁选集》第 2 卷，人民出版社 1960 年版，第 426 页。）

没有译介到中国来。1920 年 7 月 26 日，列宁在所作的《民族和殖民地问题委员会报告》中，又一次指出殖民地和半殖民地国家的农民"处于半封建依附地位"，处于"封建和半封建的关系"①之中，这当然是包括中国在内的。1922 年 1 月，远东各国共产党及民族革命团体第一次代表大会，依据列宁这一报告的精神，阐述了中国革命应遵循的基本原则。中国共产党人和革命力量（包括国民党的代表）积极参与了这次会议，列宁的有关思想由此传到中国并发生重大影响。不过，当时从国外传入的理论思潮是各式各样的，中国共产党人是经过比较和鉴别，经过思考和观察而得出自己的结论的。这一结论并非突然发生的，它与"五四"运动以前先进的中国人对当时社会封建性的认识一脉相承，可见，它植根于中国人自己对现实社会的考察，早有思想基础，故能"一拍即合"。把这种认识说成是外表的，是十分皮相的看法。马克思主义并没有"制造"出中国的封建社会，只是为中国人认识这种封建社会提供了思想武器。

在中共二大以后，中国共产党人对中国社会封建性质的认识继续深化。李达在 1923 年撰写的《中国商工阶级应有之觉悟》等文中，首次提出了中国周秦至清末是封建社会，鸦片战争以后进入了半殖民地半封建社会的观点②。以毛泽东为代表的共产党人所进行的社会调查，则揭示了封建宗法制度在阶级关系和政治、经济、社会、文化诸方面的表现。

中国社会具有严重的封建性的这种认识，在大革命期间为社会各界所广泛接受，封建一词也在日常生活中流行开来③。因为当时人们在现实的政治、经济、文化生活中，都可以强烈地感到这种与"五四"以来倡导的民主科学精神格格不入的封建性事物的存在。但是，对中国封建制度的来龙去脉及其在各方面的表现，总的说来，中国共产党人和马克思主义者还没有来得及做深入细致的分析和论证。

---

　　①　《列宁选集》第 4 卷，人民出版社 1960 年版，第 335 页。

　　②　该文载于湖南自修大学《新时代》第 1 卷第 4 号。原话是："中国是个农业国家，自周秦以至满清末年，可说是长期的农业经济时代。和这长期的农业经济组织相适应的政治组织，是封建的专制政治。两千多年之间，经济组织上没有发生重大的变化，所以政治组织上虽有转朝易代的波澜，而在实质上也没有发生重大的变化。"参阅洪认清《李达的历史理论和史学思想》，载《船山学刊》2001 年第 2 期。

　　③　在中国社会史论战中，王亚南说过："所谓'封建军阀'、'封建思想'一类术语，早就流行于一般文人学士之口。"（《中国社会史论战》第 1 辑，第 39 页。）陈啸江也说过："封建说法之所以繁盛的原因，当回溯 1925—1927 年革命的时候，那时把一切旧的都看作封建的，因而亦在被打倒之列。"（《西汉社会经济研究·导言》，新生命书局 1936 年版。）

　　1927 年，大革命失败，关于当时中国社会的性质，中国共产党内和国际共产主义运动内部都出现了不同意见的激烈争论。托洛茨基及其中国的追随者认为中国已经进入资本主义社会，指责共产国际关于中世纪的封建关系仍在中国经济和政治中占统治地位的论断是"彻头彻尾的错误"。也有人认为中国当时是商业资本主义社会或所谓"亚细亚社会"的。这样，作为重新检讨和制定革命的战略策略的基础，如何确定当时的社会性质，又成为对革命生死攸关的迫切问题。1928 年 6—7 月举行的中共六大的决议指出：当时的中国"（一）国家真正的统一并未完成，中国并没有从帝国主义铁蹄之下解放出来；（二）地主阶级私有土地制度并没有推翻，一切半封建余孽并没有肃清；（三）现在的政权，是地主、军阀、买办、民族资产阶级底国家政权，这一反动联盟依靠着国际帝国主义之政治的经济的威力"；因此，革命的性质仍然是资产阶级民主革命[①]。决议还明确地否定了中国社会是亚细亚生产方式的观点，在详细分析了中国社会各种土地关系的基础上，肯定了"中国经济底特点，土地关系底特点，很明显是半封建制度"。[②] 这是中国共产党人对当时争论的回答，从而把握住了革命前进的正确航向。但争论并没有结束，从党内的托陈反对派和党外的"新生命派"的发难开始，争论公开化，从党内扩展到社会，从现实扩展到历史，这就是 20 世纪 20 年代末到 30 年代初关于中国社会性质、中国社会史和中国农村社会性质的大论战。

　　在这场论战中，中国社会史论战是中国社会性质论战的延续，它反映了马克思主义传入中国后，人们对中国国情的认识由现实到历史的逆向发

---

　　① 　中国共产党第六次代表大会《政治决议案》，载中共中央书记处编《六大以来：党的秘密文件》，人民出版社 1981 年版，第 3 页。

　　② 　中国共产党第六次代表大会《土地问题决议案》，载《六大以来》，第 31 页。该决议还指出："现在农村的社会经济制度，完全受过去的封建制度之余毒束缚着。中国封建制度的历史发展之特殊情形，和西欧封建制度有许多差异；中国以前的国家封建制度（所谓国有土地）与地主土地私有制度同时并存，这两种制度互相斗争。然而根本的事实并不因此而变更，这个根本事实，就是现在的中国经济政治制度，的确应该规定为半封建制度。""如果（因为）[认为] 现代中国社会经济制度，以及农村经济，完全是亚洲式生产方法进于资本主义之过渡的制度，那是错误的。亚洲式的生产方法底最主要的特点是：（一）没有土地私有制度。（二）国家指导巨大的社会工程之建设（尤其是水利河道），这是形成集权的中央政府统治一般小生产者的组织（家族公产社或农村公产社）之物质的基础。（三）公社制度之巩固地存在（这种制度根据于手工业与农业经过家庭而相结合的现象）。这些条件，尤其是第一个条件，是和中国的实际情形相反的。"

展路线,因为人们是为了前瞻未来而回顾历史的。1937年何干之回顾这一论争时写道:"为了彻底认清目前的中国社会,决定我们对未来社会的追求,逼着我们不得不生出清算过去社会的要求。……这一场论争所涉及的问题是非常复杂的——由目前的中国起,说到帝国主义侵入前的中国,再说到中国封建制的历史,又由封建制说到奴隶制,再说到亚细亚生产方法。所有这一切,都是为了决定未来方向而生出彻底清算过去和未来的要求。"①

(二) 在社会史论战中封建社会问题的地位及各种不同的意见

在社会史论战涉及的各式各样历史问题中,封建社会的问题实际上占据中心的位置。这个问题与现实关系最为密切,社会性质论战要接触它,社会史论战也要接触它,所以它成为连接社会史论战和社会性质论战的枢纽。

在大革命期间和大革命失败后,中国共产党人指出鸦片战争以后的中国社会是半封建、半殖民地社会,其逻辑前提是认定鸦片战争以前的中国社会是封建社会,因为半封建、半殖民地社会正是由它演变而来的。1928年10月,陶希圣发表《中国社会到底是什么社会》一文,提出中国的封建社会在战国时代已经崩坏,秦以后的中国虽还存在封建势力,但已不是封建社会,而是商业资本统治的社会。以后他又连续发表了一系列相关的论著②。陶希圣的这些观点显然是针对中共六大关于中国社会为半封建、半殖民地性质的结论的,从而在社会上挑起了关于中国社会性质的争论,并把这一争论从现实拓展到历史。中国共产党人以《新思潮》为主要阵地对陶希圣等人的观点进行了反击。这些争论虽然也涉及历史问题,但基本上属于社会性质的论战。以社会史为中心的论战,则是以《读书杂志》为主要战场的。《读书杂志》在其创刊号(1931年4月)即开辟了"中国社会史论战"专栏,刊登了朱其华与陶希圣讨论中国封建制度的通信,由此揭开了论战的序幕。从同年8月至1933年4月,相继出版了4部《中国社会史论战》专辑,演出了论战中最为热闹的场面。可见,社会史

---

① 何干之:《中国社会性质问题论战》,《何干之文集》第1卷,北京出版社1993年版,第186页。

② 《中国社会到底是什么社会》一文载《新生命》第1卷第2期,1928年10月1日。从这开始,陶希圣陆续在《新生命》、《东方杂志》、《学生杂志》、《教育杂志》、《春潮》、《民族》、《经济学报》和《读书杂志》等刊物上发表了一系列相关文章,后来结集为或展写为《中国社会之史的分析》、《中国的封建社会》等书,成为当时论战中"新生命派"的主将。

论战首先是围绕中国历史上封建社会的问题展开的。

关于封建社会问题，当时讨论的并不是中国历史上有无封建社会，而是封建社会存在于中国历史上的哪个时代，什么时候形成，什么时候崩溃？也就是说，是在承认中国历史上存在过封建社会的前提下的讨论。1937 年，社会史论战的参与者陈啸江曾对 1937 年以前的中国社会经济史研究做过一个述评，其中收集罗列了 20 世纪 20 年代末至 1937 年中外学者论中国封建社会的各家观点①。我在此基础上加以补充，列成以下三表。

表 1　　　　　　　关于中国封建社会起迄的各种意见

类	开始	崩溃	其余意见	学者名	论文或专著及其出处
A	殷	清末	中间又分 6 个阶段	波里耶柯夫	关于中国封建构成的发展之合则性问题，收入《东洋封建制史论》一书中
A	夏	最近	战国时为暂时没落期，秦汉以后到最近仍可说是延续封建状态	熊得山	《中国社会史研究》，昆仑书店，1929 年
A	虞夏	秦以后至现代	秦朝打破旧时的封建局面，但迄民国初年仍是地主阶级政权	熊康生	《中国社会之蠡测》，载《中国问题之回顾与展望》
A	夏商周	清		杨一凡	《中国社会之解剖》
A	周	清末	中间又有几个曲折，如汉朝为封建奴隶私有制，元朝为新的封建化等	沙发诺夫	《中国社会发展史》，新生命书局，1932 年
A	周	清	周以前为封建一期，周至秦为封建第二期，秦至清为封建最后期	叶非英	《中国之封建势力》，载《中国问题之回顾与展望》
A	周	清中叶	周为初期封建社会，秦至清中叶为后期封建社会	刘兴唐	《中国社会史诸问题之清算》
A	西周	清	周为封建领主制社会，秦至清中叶为封建地主制社会	吕振羽	《中国经济之史的阶段》，《文史》创刊号
A	西周	清	西周迄战国为封建初期，秦迄清为完成期	谷森克己	《支那社会经济史》
A	春秋	清		郭沫若	《中国古代社会研究》《中国社会之历史的发展阶段》

———————

① 《中国社会经济史研究的总成绩及其待决问题》，载《社会科学论丛季刊》第 3 卷第 1 期。

类	开始	崩溃	其余意见	学者名	论文或专著及其出处
A	周	鸦片战争		马乘风	《中国经济史》第四篇：与陶希圣论中国社会史诸问题
A	周	近代	周为封建的纷争期，秦以后具备了集中国家的形态	米尔（Mir）	马札亚尔《中国农村经济研究》序
A	19世纪下半叶	秦汉迄清俱属此阶段	朱其华	《中国社会的经济结构》	
A	清初	乾嘉以后为没落期	祝百英	《我国封建社会问题》	
B	唐虞	春秋战国	秦以后为商业资本主义社会	梅思平	《中国社会变迁的概略》，载陶希圣编《中国问题之回顾与展望》
B	夏	春秋战国	夏商周为封建制，秦汉以后为商业资本发展的奴隶制	周绍溓	《对于〈诗书时代的社会变革及其思想的反映〉的质疑》，《中国社会史论战》第1辑
B	殷末	西周末	殷以前为原始共产社会，殷代为氏族社会，西周为封建社会，春秋以后至近代为商业资本主义社会	陈邦国	《中国历史发展的道路》，《读书杂志·中国社会史论战》第1辑
B	夏	战国	战国以后迄清是商业资本主义社会，其中又可分为10个循环期	非斯	《中国社会史分期之商榷》，《食货》半月刊第2卷第11期
B	周	周末	秦汉以后为商业资本主义社会	张军光	《中国社会史发展史纲》
B		周末	秦以后为商业资本主义社会	拉狄克	《中国革命运动史》，新宇宙书店，1929年
B	殷末	春秋战国	周为封建社会全盛期；秦以后为专制主义社会	王锡礼	《中国社会形态发展中之谜的时代》，《读书杂志·中国社会史论战》第3辑
B	周	春秋战国	传说时代为原始共产主义时代，殷代为氏族社会，秦至清末为专制主义社会	胡秋原	《中国社会＝文化发展草书》，《中国社会史论战》第4辑
B	周	周末	西周为封建时代，秦汉以后为前资本主义社会，或称"半封建社会"	李季	《中国社会史论战批判》，神州国光社，1936年

续表

类	开始	崩溃	其余意见	学者名	论文或专著及其出处
B	夏商周	周末	秦汉以后至清为亚细亚社会	魏特夫格尔	《中国经济史之诸基础及诸阶段》（日译文刊于《历史科学》第4卷第10、11、13各期）
B	三代	春秋		陈公博	《中国历史上的革命》
B	殷	春秋	西周一代为全盛时期	李麦麦	《中国古代政治哲学批判》，上海新生命书店，1933年
B	西周	战国	周代是典型的封建社会，但战国已瓦解，论断当日中国尚有封建制度没有根据	王亚南	《封建制度论》，《中国社会史论战》第1辑
B	周	周末		张荫麟	《周代的封建社会》，载《张荫麟文集》
B	周	周末	秦汉以后为半封建社会，或称"农村商业社会"	梁园东	《中国各阶段的讨论》，《中国社会史论战》第3辑
C	邃古至周初	秦以后至清	周初至秦为封建时代，秦至清封建制度在崩溃中	周谷城	《中国社会之结构》，新生命书局，1930年
C	周初	周末	秦至鸦片之役止为过渡时期	戴行轺	《中国官僚政治的没落》，《中国社会史论战》第1辑
D	三国	唐末五代	西周为氏族社会末期，战国两汉为奴隶社会，三国至五代为封建庄园时期，五代以后迄清为先资本时期	陶希圣	《中国社会形式发达过程的新估定》，《读书杂志·中国社会史论战》第3辑
D	五胡十六国	清末	周至西晋为奴隶社会，东晋至清末为封建社会	王宜昌	《中国社会史短论》，《中国奴隶社会史》，《中国社会史论战》第1、3辑
A	春秋	鸦片战争	西周以前为原始共产制，西周为奴隶制，春秋以后为封建制，最近百年为资本制	杜顽庶	《中国社会的历史的发展阶段》，《中国问题之回顾与展望》
A	西周	"太平革命"前		吴玉章	《太平革命以前中国经济、社会、政治的分析》，1928，整理稿载《历史研究》1884年第6期
A	西周	鸦片战争前	战国前为封建领主制，战国后为封建地主制	邓拓	《论中国封建社会"长期停滞"问题》，《中山文化教育馆季刊》第3卷第2期（1935年）

续表

类	开始	崩溃	其余意见	学者名	论文或专著及其出处
A	西周	清末	两周是典型封建经济时期，秦汉至鸦片战争是变相封建统治时期	李达	《中国商工阶级应有之觉悟》（1923）；《经济学大纲》（1935）
A	西周	鸦片战争前		翦伯赞	《中国农村社会之本质及其史的发展阶段之划分》，《三民半月刊》第5卷第6期，1930年11月
A		鸦片战争前		何干之	《中国封建社会长期停滞的历史根源》
A	周	晚清		嵇文甫	《对长期封建论的几种诘难和解答》，《食货半月刊》第5卷第5期，1937年3月
A	西周	鸦片战争前	西周至春秋末是古典封建社会，战国以后是特殊亚细亚形态的封建社会，特点是商业资本、高利贷资本与封建式的土地占有三位一体	陈伯达	《中国社会停滞状态的基础——封建生产方法在中国展开的特殊亚细亚形态》，《文史》第1卷第4期
A	西周	清末	战国以前是典型的封建社会，秦以后是多种经济因素和社会成分共存的社会，后来他称之为变态的封建社会	傅筑夫	《由经济史考察中国封建制度生成和毁灭的时代问题》，中央大学《社会科学丛刊》第1卷第1期；"研究中国经济史的意义及方法"，《中国经济》第2卷第9期
B	西周	战国	秦统一是商业资本的统一，结束了封建时代；秦以后中国的封建制度进入循环圈，未能达到资本主义阶段	王伯平	《中国古今社会研究之发轫》，《中国社会史论战》第3辑
B	西周	战国	春秋战国以前为封建社会，以后为商业资本主义社会	虎子	《中国商业资本主义社会的原始》，《中国问题之回顾与展望》
B	西周	战国	战国前为封建社会，战国后为佣佃社会	陈啸江	《西汉社会经济研究》，新生命书局，1936年
B	西周	战国		瞿同祖	《中国封建社会》，商务印书馆，1936年
C	尧舜	秦	自汉至清末为君主专制社会，而渐趋破坏；但封建势力仍居支配地位	黎标涛	《中国社会构造之史的观察》，《中国问题之回顾与展望》

类	开始	崩溃	其余意见	学者名	论文或专著及其出处
A	西周	鸦片战争前	战国前为初期封建社会，秦汉后为官僚主义封建社会	王亚南	《中国社会经济史纲》
B	西周	战国	秦以后为商业资本主义社会	陶希圣	《中国社会之史的分析》

说明：

1. 本表第一空行前为陈氏搜集的材料，我作了补充和修正，次序按类重排；

2. 本表第一空行以后为我补充的材料；

3. 本表第二空行后为两例特殊情况：陶希圣早在 20 年代末即为战国秦汉至鸦片战争为商业资本主义社会说的提倡者，其说影响很大，成为论战的焦点。虽然陈氏表中已列出他在 30 年代初修正了的主张，但他原来的观点仍应列出。王亚南在 30 年代初主张中国封建社会战国时代已经崩溃，陈氏已将他的意见列出，但他在其 1935 年编译的《中国社会经济史纲》中已改变了观点，认为秦以后中国仍然是封建社会，并作了比较系统的论述，故应单列为一种意见。

表 2　　　　　　　　关于中国封建社会崩溃期各类意见的统计

	A 清以后崩溃	B 秦以前崩溃	C 秦迄清间在转变过渡中	D 秦迄清包含多种社会	合　计
补充前统计数	14	15	2	2	33
补充后统计数	24	20	3	2	49

表 3　　　　　　　　关于秦迄鸦片战争中国社会性质各种意见及其代表人物

各种意见		代表人
A 封建社会	封建社会	郭沫若
	后期封建社会	刘兴唐
	"变相"封建社会	李达官
	官僚主义封建社会	王亚南
	封建地主制社会	吕振羽、邓拓
	亚细亚形态的封建社会	陈伯达
B 非封建社会	商业资本主义社会	陶希圣(前)、梅思平
	专制主义社会	王礼锡、胡秋原
	前资本主义社会	李季
	佣佃社会	陈啸江
	亚细亚社会	魏特夫

续表

各种意见		代表人
C 从封建向非封建 过渡之社会		周谷城、戴行轺、
D 包含多种社会	秦汉为奴隶社会，三国至五代为封建社会，五 代以后为先资本主义社会	陶希圣（后）
	五胡十六国前为奴隶社会，其后为封建社会	王宜昌

　　以上统计虽然不是完整无缺，但已能反映大体情形，从中可以看出：（1）上述论者虽然对中国封建社会的崩溃期主张不一，却没有主张中国历史上不存在封建社会的①；（2）对西周或先秦为封建社会，多数学者不持异议，因此，关于中国封建社会及相关问题的争论，聚焦于对战国秦汉到鸦片战争这一时期社会性质的认识和把握上②；（3）关于战国秦汉以后的社会性质的主张，大体上可以分为四类，其中，是否封建社会之争是主要的。

（三）社会史论战中秦以后是否为封建社会之争

　　主张秦以后非封建社会者，具体观点虽各异，然亦有共同处。他们都认为西周春秋社会是封建社会，只不过这种封建社会在战国时代瓦解了，此其一；他们都强调商业资本、商品经济的发展对封建社会的解体作用，强调商业资本在秦以后社会中的地位和作用，此其二；他们都把战国以后的中央集权、官僚政治作为它区别于封建社会的主要标志之一，此其三。以上三条中的第 2、3 条，既是他们论证封建社会崩溃的主要论据，也是他们确定秦以后社会性质的主要依据，只不过商业资本主义社会说更强调第 2 条，而专制主义社会说则更强调第 3 条罢了。例如，陶希圣认为战国时封建社会崩坏的根由和表现主要就是诸侯国中商业资本主义的发达，以及由于商业、战争等因素导致中央集权代替了诸

---

　　① 我们还没有发现当时中国学者有否认中国历史上存在封建社会的，但在苏联学者中确实有持这种主张的，如坎脱罗维亚、别林和洛马金。参阅白钢《中国封建社会长期延续问题论战的由来与发展》，第 3—4 页。
　　② 当时主张西周以后才进入封建社会的学者很少，主要代表者郭沫若在国外，人们对他的批评也集中在秦始皇统一是否完成了封建化的过程这一点上。

侯分立的局面；战国以后"商人资本却成了中国经济的重心"①。另一位"商业资本主义社会"论者陈邦国说："商品经济是破坏封建经济（自然的生产形式）的。在中国历史上，自西周末年便已开始了商品生产的形式……封建社会已开始崩溃。""秦的统一，是商业资本的统一。""集权的君主国，如秦始皇，这已经不是代表封建，而是商业资本的形式了。"②"专制主义社会"论者王礼锡把西周当作封建制度的标本。"到了周末，自然经济已经在分解中，交换经济发达，在过去为自给自足的生产者，转变为市场而生产。政权的逐渐集中化。到秦朝大一统就成功了。'政治关系的地域色彩和土地关系的政治色彩'（按，这是王氏引米诺贾托夫《英国中世纪的领地》中语）都逐渐地减弱了，这难道还是纯粹的封建制度吗？"他批评郭沫若的秦统一完成封建化时引述杜波罗夫斯基的话："封建制度的（政治上）特征是非中央集权化。"③

这些观点受到了主张秦以后为封建社会的学者的批评。他们指出，封建社会虽然是自然经济占统治地位，但商品经济和商业作为自然经济的补充早已存在；春秋战国时代商业资本的发展的确对封建领主制起了瓦解作用，但它没有能够破坏封建生产方式的基础；在秦汉以后的漫长岁月中，商业资本始终没有摆脱它的隶属性和限制性。商业资本不是生产资本，它只能依附于其他生产方式来发挥其剥削和破坏的机能，而不可能创造一种独立的社会形态，建立商业资本独立支配的时代④。他们又指出，权力的组织形式不足以作为判别是否封建社会的标志⑤，封建社会存在权力的分立和集中、离心和向心两种倾向，哪种倾向占优势，取决于交换关系发展

---

① 《中国社会之史的分析》，《中国之商人资本及地主与农民》，《新生命》第3卷第2期，1930年2月1日。

② 陈邦国：《中国历史发展的道路》，载《读书杂志·中国社会史论战》第1辑。

③ 王礼锡：《中国社会形态发展史中之谜时代》，载《读书杂志·中国社会史论战》第3辑。

④ 这方面的论述很多，可参阅朱新繁《关于中国社会的封建性的讨论》，载《读书杂志·中国社会史论战》第1辑；李达：《中国现代经济史之序幕》，载《法学专刊》1935年第3、4期合刊。李达指出：鸦片战争以前的商业，（1）其剥削机能的发挥始终依存于封建的生产方法；（2）历朝封建政府都实行重农抑商的政策，商业资本始终没能独立发展；（3）商业资本的活动，一直附属于封建的土地所有者；（4）商业资本始终没有插足对外贸易。结论是：中国商业资本从来没有脱掉它的隶属性和限制性。

⑤ 参见李达《中国现代经济史之序幕》。

的程度、居民的种族成分和地理条件等因素①。既然商业资本的发展和政权形式的更换都不足以判定封建社会之存否，那么，一个社会的封建性质是由什么来确定的？他们认为"封建"作为一种生产方式是生产关系以及由它所规定的剥削方式和阶级关系决定的。在这种剥削方式和阶级关系下：名义上的土地所有者，从独立生产者——农民——身上用超经济的压迫，以榨取其剩余劳动。这种剥削方法就是封建式的剥削，而维护这种剥削方法的制度，就是封建制度。② 以此标准衡量，无论是秦汉以后的历史上，还是当时的现实生活中，封建剥削方式和封建制度无疑是存在的。表现为：（1）地主征收占农民农产品收入50%—70%的地租；（2）地租之外往往有各式贡纳；（3）徭役制的残余依然存在；（4）地主统治农民的特权也不亚于从前的欧洲；（5）地主和农民实际的社会地位属于不同的等级。③

70年后我们回头看这场争论，当时的"新思潮"派和马克思主义史学家的观点，显然是更符合马克思主义的精神，也更经得起实践的检验的。各式秦以后非封建社会论者虽然也征引马克思、列宁的词句，实际上主要是以当时他们所了解的西欧中世纪社会为样板来认识中国的封建社会的，并把认识固着在这一点上，把西欧中世纪社会的某些特点绝对化。例如，按照当时所了解的西欧中世纪的模式，他们认为封建社会是一种严格的自然经济社会，商品经济、商业资本与封建制度是对立的、不相容的，它们的发展必然导致封建社会的崩溃。又如，他们认为封建社会是贵族统治的权力分散的社会，一旦出现官僚、集权和专制主义，他们就认为不是封建社会了。这种认识，即使在当时也是片面的。例如早在1930年，李立三在考察了西欧封建社会的历史，尤其是封建社会中商品经济和商业发展的历史之后指出："商业资本的发展，侵入农村，并没有改变农村的生

---

① 参见王渔邨《中国社会经济史纲》，生活书店1936年版，第112—113页。

② 参见立三《中国革命之根本问题》中的第2节"封建势力与封建制度"（该文载《布尔什维克》第3卷第2、3合期，第4、5合期，1930年3月15日，5月15日出版）；朱新繁：《关于中国社会的封建性的讨论》（载《读书杂志·中国社会史论战》第1辑）；伯虎：《中国经济的性质》（参见高军编《中国社会性质问题论战》，第490页）；杜鲁仁（何干之）：《中国经济读本》（参见高军前书引第二阶段第38、840页）；李达：《中国现代经济史之序幕》，载《法学专刊》1935年第3、4期合刊。

③ 立三、朱新繁前引文。关于现实生活中的封建土地关系和剥削方式，新思潮派的吴黎平、王昂、丘旭、刘梦云、潘东周等均有阐述，可参见前引高军所编书。

产方法，而只是促起地主在原有的生产方法上更厉害地剥削农民。"西欧中世纪晚期集中统一的君主国家，仍然是封建国家，并非建立在商业资本主义基础上的国家。① 在对西欧封建社会的认识有了长足发展的今天，这种观点之片面，就更加清楚了。专攻西欧中世纪史的马克垚指出：早期西方学者的研究，主要是依据狭小的罗亚尔河、莱茵河之间地区在 9 至 13 世纪的材料，概括出简单的封建主义的理想典型。比起以前的狭窄的认识，西欧封建社会无论空间或时间都应扩展，实际上它到 18 世纪才结束。法国史学家、中古史权威勒高夫就曾提出"一个扩大的中世纪"的主张。如果拿西欧"扩大的中世纪"来和中国秦以后的社会比较，可以发现许多共同点。例如，都是以农业为主要生产部门，以人畜力为主要动力，工商业有相当的发展，而且是越来越发展，并非原来所理解的严格地自然经济统治。又如，国家形态都是君主制，而且君主的权力越来越大，官僚机构越来越健全。分裂割据的势力时有出现，但不能把封建国家框定为主权分割的国家。②

　　还应该指出，秦以后非封建社会论者，虽然各自给这个时代冠以各种名称，使自己区别于封建社会说，但他们几乎都不得不承认这个时代存在着封建势力、封建剥削和封建关系。正是在这一点上，暴露了这些理论的破绽和难以克服的矛盾。

　　例如，主张秦以后为"专制主义社会"的王礼锡就说过："把由秦代至清鸦片战争以前的一段历史认为是封建制度，大体上是没有什么错误，虽然不是纯封建制度，但其最基础的生产方法是封建的。"那为什么不名正言顺地称之为封建社会？仅仅是因为他认定"封建制度的（政治上）特征是非中央集权化"（杜波罗夫斯基语）③。殊不知他已因此陷入把政治形式从经济基础分裂出来的泥潭中，其违背马克思主义的基本原理不言自明。秦以后专制主义社会论的另一主将胡秋原，认为东汉、北朝、元朝、清初都出现过"副带"的封建制度④。陈啸江曾经指出"专制主义社会"说的特征是"封建制度通……官僚与商品经济……相结合的"，所以较正

---

① 参见立三前引文。

② 马克垚：《关于封建社会的一些新认识》，《历史研究》1997 年第 1 期。

③ 王礼锡：《中国社会形态发展史中之谜的时代》，载《读书杂志·中国社会史论战》第 3 辑。

④ 胡秋原：《中国社会＝文化发展草书》，《读书杂志·中国社会史论战》第 4 辑。

确地说是"封建专制主义社会"①。李季认为秦以后为"前资本主义社会"。"前资本主义"原泛指资本主义社会以前的各种社会形态，以之命名一种独立的生产方式，本来就含混不清。而他列举"前资本主义社会"的 7 个特征："（一）小农业与家庭手工业的直接结合，构成一个地方小市场的网。（二）高利贷资本和商人资本很占优势。（三）商业主宰工业。（四）地主阶级和其他上等阶级的存在。（五）独立生产者——手工艺工人的存在。（六）向来各种生产方法残余的存在。（七）农工的破产流为贫民和生产工具的集中。"② 正如何干之指出的，都是封建社会后期的现象，没有一点可作否认封建社会存在的根据③。最有意思的是他给自己的"前资本主义社会"起了一个"半封建社会"的"副名"，这岂不是说，所谓"前资本主义社会"，实际上只不过是"封建社会"的别名吗？④

　　关于亚细亚社会说，已经被中共六大明确否定了。20 世纪 30 年代，有德人魏特夫来华宣扬此说，但中国学者应者寥寥。有一位叫王志澄的，是此说的信奉者，但他根本说不清其主张的"亚细亚生产方法"与封建制度有什么本质的差别。"科学的社会主义对于中国不正常的社会制度，不说是封建的，而说是'亚细亚的生产方法'。这里所谓'亚细亚的生产方法'，在本质上虽立于封建的榨取关系之上，但与欧罗巴之封建制度多少有些不同的性质。"有些什么不同呢？他举出了国家对土地的支配、封建官僚、封建土豪、封建家长制、土地买卖、农奴之隶属于地主、地主兼高利贷者和商人、灌溉农业、"没有私的土地所有"，等等，假如这些都能成立，也只是与欧洲有差别的封建社会的不同类型。但作者非得把它说成是"与封建的生产方法有差异的、个别形态"——"亚细亚生产方法"。可是，一会儿他又说："中国从前所存在以及目下犹在存在中的社

　　① 《西汉社会经济研究·导言》。
　　② 《中国社会史论战批判》，神州国光社 1936 年版，第 91 页。
　　③ 何干之：《中国社会史问题论战》，上海书店 1937 年版。
　　④ 李季：《关于中国社会史论战之贡献与批评》及《续》，《读书杂志·中国社会史论战》第 2、3、4 辑。为什么不叫"封建社会"而叫"半封建社会"？据李季自己解释，是因为秦汉以后周代的"封建"已变成"封而不建"了。"半封建社会……只能应用于秦汉以后，鸦片战争以前的中国社会。因为自汉景帝、武帝起，诸侯虽受封连城而不得治民补吏，遂逐渐形成一种封而不建的局面，不但封建的实质完全灭亡，即封建的名义也打掉一半，所以至多只能袭用'半封建社会'的名词……把'半封建社会'当作它（前资本主义）的副名，不独没有矛盾，并且很切合实情。"（《读书杂志·中国社会史论战》第 3 辑，第 58—59 页。）

会制度，实是封建制度，即为'亚细亚的生产方法'之本质的特征之封建的榨取。"① 不同于封建制度的特殊的亚细亚生产方式，和以"亚细亚生产方法"为特征的封建制度，应是两个不同的概念呀，把它们揽在一起，叫读者何所适从呢？

首先从历史上挑战"封建"说的陶希圣，其实对秦汉以后和现实生活中封建制度的存在是心知肚明的。他说："春秋战国时代是中国社会的一个关键，中国社会在这时候结束了封建制度，而破坏的封建制度仍然在另一基础上再建起来。""中国社会是什么社会呢？从最下层的农户起到最上层的军阀止，是一个宗法封建社会的构造。"既然如此，战国以后就应该仍然是封建社会；然而他马上改口说："叫做封建制度也不确，否认封建势力也不许。""封建制度已不存在，封建势力还存在着。"② 试问延续两千多年的"封建势力"，如果没有某种制度作为它的根基和依托，可能吗？讲到战国以后的"封建势力"，主要应是地主阶级及其政治代表，这一点陶希圣也是心知肚明的。他说："地主阶级是中国的主要支配势力。"地主阶级与农民阶级的对立，正是战国秦汉以后封建社会最基本的阶级关系，也是秦以后社会封建性质最主要的表现之一。出于某种政治目的，陶希圣要掩盖和模糊这种关系，他像变魔术一样从地主阶级中分离出一个"士大夫阶级"，作为封建势力的体现者，又硬把商人资本驾凌到地主阶级之上，这样绕来绕去，绕出了"中国社会是金融商业资本之下的地主阶级支配的社会，而不是封建制度的社会"的结论。陶希圣以善绕多变闻名，其论述前后矛盾，反映了他试图否认战国秦汉以后社会的封建性质，而又不得不承认封建关系之存在的尴尬。

当时讨论中有的学者强调秦至鸦片战争时期处于封建社会崩溃中的过渡性质，表面上似乎是不同于先秦封建社会的另一种社会，实际上仍然没有脱离封建社会的范畴。陈啸江认为凡是主张"半封建"、"后封建"、"深封建"等等的，都可以归入这一类。他看到包括陶希圣在内的"商业资本社会"说、"专制主义社会"说、"前资本主义社会"说

---

① 王志澄：《中国革命与农业问题》，载陶希圣编《中国问题之回顾与展望》，上海新生书店 1930 年版。

② 分别见《中国社会之史的分析》、《中国之商人资本及地主与农民》。陶希圣有时又称秦以后的社会为"变质的封建社会"或"后封建社会"。

等都没有划清与封建社会的界线，都没有证明秦以后的社会是不同于先秦的另一种生产方式，于是提出了自己的"佣佃社会"说。他强调封建社会是建立在强制劳动的基础上的，佣佃社会的特点则是在农业技术大变革基础上的"农业自由劳动"。陈氏认为他的佣佃社会既不同于封建社会，也不同于资本主义社会，又不是"过渡社会"，而是一种独立的社会形态。① 但是他的"农业自由劳动"说夸大了某些表面现象，实际上比或多或少承认秦以后社会封建性的诸说更加脱离历史实际，也没有获得什么响应。

　　为什么秦以后非封建社会论者各以不同的方式承认封建关系之存在呢？因为秦以后各种封建关系的继续存在毕竟是太明显的事实。有些人之所以主张非封建论，主要是囿于从有限的西欧中世纪封建社会的知识中形成的框框，总觉得秦汉以后社会与之相比不一样，但历史上和现实中的封建关系终究不能一笔抹杀；观念与事实这种难以调和的矛盾使它成为一种不能贯彻到底的非封建社会论。当然，也有些人恐怕是出于某种政治目的而自觉或不自觉地歪曲和掩盖事实。

　　经过论战，秦以后非封建社会的各种论调受到了批评而渐趋衰微。例如最为轰动一时的商业资本社会说，由于自身理论上的缺陷，受到各方面的激烈批评，不久就销声匿迹，连首倡者陶希圣也不得不改变观点②。其他诸说，或破绽屡见，或应者寥寥，鼓躁了一阵以后逐渐偃旗息鼓了。而唯物史观的正确的方法论被越来越多的人所掌握③，秦以后是封建社会的观点也为越来越多的人所接受。例如，王亚南就是主张从战国封建社会瓦解论转变为秦以后仍为封建社会的观点的，并为封建地主制理论的建设做出重要贡献，我们在下一节还将论及。从上面的统计表看，分别持两种主张的人似乎大致旗鼓相当，但"新思潮派"的学者一般没有参加社会史的论战，而他们的主张无疑是清以后崩溃者，所以持这种主张的人比表中所反映出来的要多。而且，在当时特定条件下，秦以后是否为封建社会，

---

① 陈啸江：《西汉社会经济研究》、《中国社会经济史研究的总成绩及其待决问题》。

② 陈啸江说："商业资本说，因其本身的不健全，后来即受许多严厉的批判，在以后几年的史坛中，几乎销声匿迹了。"

③ 嵇文甫说：通过论战，"从前划分社会发展阶段的标准很不一致，有的根据交换关系，有的根据政治形态，随手拈来，并没有确定见解。到现在，不论真正的理解程度如何，总都知道拿出生产方法作为划分社会史阶段的利刃了"。（参见马乘风《中国经济史》序）。

不仅是书斋中的问题，更是实践中的问题。中国共产党反帝反封建的民主革命纲领是建立在鸦片战争以后的中国是半殖民地半封建社会这种认识的基础上的，而后者的逻辑前提正是秦以后至鸦片战争前为封建社会。中国共产党正是根据这种认识和纲领指导革命获得了成功。

三　封建地主制理论的建立

（一）"封建地主制"概念的提出

中国马克思主义史学工作者在论定秦以后社会的封建性质的同时，力图揭示这一封建社会的特点和类型，在这过程中逐渐形成"封建地主制"的理论。

当时以郭沫若为代表，认为春秋以后中国进入封建时代，秦统一完成了这一过程；更多的人则认为战国、秦汉以后的封建社会是从西周的封建社会延续下来的，但两者有明显的区别，是封建社会发展的不同阶段。后者更有对不同阶段予以命名的需要。当时的命名形形色色，但主要有三种："变态封建社会"、"官僚主义封建社会"和"地主制封建社会"①。不同的命名反映了对秦以前和秦以后社会特殊本质的不同认识和不同定位。"变态封建社会"是相对于西周"典型封建社会"而言的②，而西周封建社会之所以被称为"典型"，实际上是以西欧中世纪为样板的。所以这一命名没有摆脱"西欧中心论"的阴影。"官僚主义封建社会"是相对于西周春秋"初期"的或"分权"的封建社会而言的，它的确抓住了秦以后封建社会不同于西周封建社会和西欧封建社会的一个重要特点，但主要是着眼于政治形态。"地主制封建社会"，或称"封建地主制"，或称"地主经济封建制"，是相对于西周春秋的"领主制封建社会"（或称

---

① 此外，1934年陈伯达在《中国社会停滞状态的基础》一文中把西周春秋称为"古典式封建社会"，把战国秦汉以后称为"特殊亚细亚形态"的封建社会，强调小农业和家庭手工业的结合和商业资本、高利贷资本和封建式土地占有的三位一体。参见白钢《中国封建社会长期延续问题论战的由来与发展》，第4—5页。

② 在20世纪30年代的《经济学大纲》中，李达又进一步阐明这一观点："中国的社会，由周代到鸦片战争时期，是属于封建经济的社会"（《李达文集》第3卷，第66页）。他按经济形态把中国封建社会分为两段："这个期间，可以分为典型的封建经济时期和变相的封建经济时期，西周和东周时代属于前者，由秦汉迄于鸦片战争时代属于后者"（《李达文集》第3卷，第110页）。

"封建领主制"、"领主经济封建制")而言的,它抓住了秦以后封建社会不同于西周封建社会和西欧封建社会的另一个特点,它的着眼点是经济形态。"官僚主义封建制"(或"中央集权封建制")和"封建地主制"这两种命名各有依据,从不同侧面反映了秦以后封建社会的特点,可以并行不悖,但相比之下,"地主经济"是秦汉以后封建社会更具根本性的特征,"官僚主义"的基础正是"地主经济",它显然更能揭示这种社会形态的本质,更能揭示它与秦以前社会和西欧中世纪的不同特点,因而"封建地主制"比"官僚主义封建制度"的命名要更胜一筹,并终于为大多数学者所接受。

据我现在看到的材料,最早对秦以后封建社会的特点进行探索的是吴玉章和林伯渠。1928 年年底他们在莫斯科中山大学研究院时,为了驳斥托洛茨基派拉基卡尔说中国土地可以自由买卖没有封建主义的谬论,共同撰写了题为《太平革命以前中国经济、社会、政治的分析》的长文。文章把从秦到太平天国时期的社会经济和政治的特殊结构概括为:1. 财产资本的土地私有经济;2. 家族的封建社会;3. 财产资本的地主阶级政治。第一条是最基本的。"财产资本",据作者解释,它源于马克思:"生产利息的资本是作为财产的资本,这是和那作为作用的资本相对峙的。"作者认为,中国的地主也是吃利息的人,他是变货币资本为土地作为财产资本去生产利息。"财产资本的土地私有经济是地主以土地为财产资本,以佃农的形式剥削农民,阻碍商业经济向前发展而保持半封建的生产方式。"文章谈到了土地私有、土地买卖、租佃关系、高利贷、自耕农之转化为佃农,佃农既受地租的剥削,又在农产品交换中受剥削等。在这里,虽然没有使用"封建地主制"这个词,但其揭示的实际上正是封建地主制的特点。吴玉章、林伯渠的这篇文章是马克思主义史学史上的开山作之一。它的成篇与郭沫若发表《中国古代社会研究》大致同时而各有侧重。郭沫若的著作着重论证马克思主义关于人类历史发展的普遍规律在中国是同样的,它主要讲述先秦历史,秦以后只是简略提及。关于中国封建社会,郭沫若突出了"官僚与人民"、"地主与农夫"、"师傅与徒弟"的阶级对立,但没有进一步探究其特点和类型。吴玉章、林伯渠的文章则是专门谈秦至太平天国这一阶段的历史,不但肯定了秦以后的中国属于封建社会,而且着重分析了它不同于西欧封建社会的特点,提出了一些非常很有价值的观点。它虽然带有探索过程中不成熟的印痕,当时没有定稿,也没有公开发表①，但它明确无误地反映了中国共产党人很早就在马克思主义指导下，从普遍性与特殊性的关联中来认识中国封建社会；它堪称"封建地主制"理论的先驱。

明确提出"封建地主制"概念的，最早当推吕振羽。1934 年 4 月，吕振羽发表了《中国经济之史的阶段》一文，其中谈到：

> 战国时代，中国封建社会内部所包含的一种变化，已开始成长。一方面，新兴地主经济之暂时确立，和商业资本的抬头，一方面原来封建贵族之大批没落。因而直到周秦之际，这种内部的变化因素已经存在，旧封建领主所支配的农奴经济不能不让位到新兴地主的农奴经济；因而建筑于其上层的封建领主的政权，当然不能完全符合新兴地主的要求。秦始皇的地主支配之封建国家政权，便在这个基础上建立起来的。

> 像这种地主表现领主职分之一形式的封建社会，为把它别于原来的封建社会，可以叫做地主制的封建社会。实际上，阶级剥削关系的内容，本质上不曾改变。这是应该知道的。

> 秦代以后的封建社会系专制主义的封建社会，因而在政治的形式上表现为一种外表的统一的国家，经济上有商品经济和高利贷者的存在和活动——实际，这在其前代就已经存在着的。这便使许多观念论的历史家们都陷入迷途。只能看见现象，对于其本质上的认识，便显出十分无力的窘状。……要了解入秦以后到鸦片战争以前这一阶段的经济性，只有从其阶级的剥削关系的内容上去考察，才是问题的核心，才能说明经济的性质。②

---

① 这篇文章后由《吴玉章传》写作组整理，发表于《历史研究》1984 年第 6 期。据整理者的说明，该文初稿完成于 1928 年 12 月，当时未做进一步的加工整理，1933 年，吴老又在原稿上批注道："这本小册子有许多观点不正确，不能发表。"关于该文的评价，张剑平指出：它"是一篇在中国马克思主义新史学发展过程中具有开山作用的史学论著，它的出现同样标志着中国马克思主义新史学的诞生"。参见所著《略论吴玉章在中国马克思主义史学中的地位》，载《社会科学研究》1997 年第 4 期。

② 该文载《文史》创刊号，1934 年 4 月 15 日出版。

接着，他在《秦代经济研究》一文中也探讨了"由封建领主经济到封建地主经济的转换"，并试图描述封建地主经济的一些特点。他指出"新兴地主是随着土地私有制的发生而存在的"，主要剥削方式为"佃耕—雇役制"。在封建地主制社会中，"主要对立的阶级为地主和农民"；地主和商人关系密切，"这时的大地主不必同时便是大商人，而大商人却同时便是大地主"；"从农奴制下解放出来的自由农民，所谓自由也还是表面的，部分地主仍然把他们束缚在土地上，对他们实行在其农奴制时代的榨取"[①]。

比吕振羽稍后，邓拓也提出了基本相同的观点。他在《中国社会经济"长期停滞"的考察》中说：

> 中国的历史，从西周到清代鸦片战争以前，在这一个长时期中，都是封建制度的历史……在这个长期的封建历史中，有若干不同的发展阶段。例如商业资本在春秋、战国时期已经日渐兴起，到了秦代就颠覆了原来的封建领主制，而确立了土地自由买卖的封建地主制，出现了商人、高利贷者和地主三位一体的结合状态。[②]

还有一些学者，虽然没有明确以战国、秦汉以后的封建地主制来与战国以前的封建领主制相对应，但也有类似的提法，或者努力探索秦至鸦片战争间封建社会的特点和本质。例如，当时在苏联从事历史教育的吴玉章，继《太平革命以前中国经济、社会、政治的分析》之后，在其1934年编写《中国历史教程》的讲义中，又一次批评了所谓秦废封建后中国已不是封建社会的论调，指出"秦之改革不过造成另一种初期封建形式"，分析了商鞅变法后土地私有、土地买卖和土地集中的发展过程，指出由于土地可以自由买卖，佃农制形成，"商业、高利贷资本能够购买土地来剥削农民，商业资本找到了一条出路，不必再往前发展了"[③]。原来持"变相"说的李达，在《中国现代经济史之序幕》中强调商鞅变法后由劳役地租转为实物地租，"随着实物地租之分裂为田赋和地租，而土地

---

① 该文载《文史》第1卷第3期，1935年版。

② 邓云特：《中国社会经济"长期停滞"的考察》，《中山文化教育馆季刊》第3卷第2期（1935年）。

③ 吴玉章：《论中国封建社会"长期停滞"问题》，见《历史文集》，人民出版社1963年版。按，吴玉章认为中国封建社会存在浓厚的宗法制残余，始终滞留于初期封建形式。

所有者也分裂为封建的领有（按：指'封建的最高权力者私有全国的土地'）与私人的占有（按：指'豪强兼并而可以自由买卖的土地'）"。又指出"（秦代以前）地方分权是封建领主对于农民的直接支配，（秦代以后）中央集权是地主的代表对于农民的支配，即是土地所有者独裁的国家"①。应该说，这些分析接触到了中国封建地主经济的本质。翦伯赞在其1939年出版的《历史哲学教程》中，批评苏联学者鲍格柯夫没有把握中国封建制之"部分质变"——"如由封建贵族经济向地主经济之转化，由地主经济向小土地所有者及自由商人经济之转化"。他在《中国史纲》第2卷中又指出，中国从秦代进入"中期封建社会"，其基础是土地所有关系的转变，即旧的商人地主土地所有替代了旧的封建领主土地所有②。这已经非常接近封建地主制或地主经济的概念了。

由此可见，马克思主义历史学家在中国社会史论战中和论战以后，通过对商业资本主义社会说、专制主义社会说等错误理论的批判，吸收三大论战的积极成果，努力探索战国、秦汉以后至鸦片战争以前中国封建社会的本质和特点，从而做出"封建地主制"或"地主经济封建制"这一科学的概括。

不过，在相当长的时期内，"封建地主制"这一概念的提出者虽然已经阐述了它的若干主要特点，但还没有展开充分的论证，形成系统的理论；这种观点虽然逐渐被学界所接受，但还没有形成统一的认识。1939年毛泽东撰写《中国革命与中国共产党》，肯定中国的封建制度"自周秦以来一直延续了三千年左右"，"如果说，秦以前的一个时代是诸侯称雄封建国家，那么，自秦始皇统一中国以后，就建立了专制主义的中央集权的封建国家；同时在某种程度上保留着封建割据的状态"。这虽然是就国家形式而言的，但毕竟没有明确采取领主制、地主制作为阶段划分的标志。不过，文中分析中国封建时代经济制度和政治制度的主要特点（涉及自然经济、土地占有和剥削方式、赋税制度、国家政权形式等方面）时，主要却是根据秦以后的历史做出的概括，一定意义上可以视为中国封建地主制的特点。我们知道，该文的历史部分主要依据当时在延安的马克思主义史学家的成果和意见。这就表明，领主制、地主制这种明确的阶段

---

① 李达：《中国现代经济史之序幕》，《法学专刊》第3、4期合刊，1935年5月。
② 翦伯赞：《中国史纲》第2卷，大孚出版公司1947年版，第29—31页。

划分，即使在马克思主义史学家中也没有被统一地认定①。

（二）王亚南的理论贡献和"封建地主制"概念之被普遍接受

第一次对"封建地主制"的理论作出系统阐述的是王亚南。王亚南很早就接受了马克思主义，并以此为武器研究中国经济的现实与历史，从不停止他的探索。20 世纪 30 年代初，他认为中国封建社会始于西周，崩溃于战国，他在《读书杂志·中国社会史论战》第一辑发表的《封建制度论》，即持此说。30 年代中期，他的观点发生了变化。在他 1935 年编写《中国社会经济史纲》中，西周被定为"初期封建制度"时期，秦以后被定为"官僚主义封建制度"时期，春秋战国为过渡时期。为什么说秦以后是官僚主义的封建制度？他解释道："秦始皇帝不把领土领民分交于其诸子功臣治理，而大权独揽，对诸子功臣仅'以公赋税重赏赐之'，此与封建似不能同日而语；但问题不在领土领民用何种方式支配，而在于支配领土领民的所谓支配阶级，究竟寄生于那种形态的生产上面。周代对其领内可以榨取的农奴劳动剩余，直接让诸子功臣分别自行处理；于秦始皇则把这些农奴剩余劳动，全都收归己有，然后再由给俸的形式，'以公赋税重赏赐之'，由此观之，秦之官僚主义的专制机构，与周代封建机构，同是建立在农奴生产形态上面，如其说，一种政治形态是取决于所由建立的经济基础，或者，封建制度的特质，乃存于农奴劳动的剥削，那秦代的郡县制，就与周代封建制没有何等本质区别，从而把秦代这种政治装置，称之为专制官僚主义的封建制，就没有什么说不过去的了。"② 1938 年，王亚南、郭大力翻译出版《资本论》第三卷以后，他更加纯熟运用马克思主义研究中国经济的现实和历史，这时，他已接受了"封建地主制"的观点。在 1946 年 1 月出版的《中国经济原论》中，王亚南指出春秋战国时期，"颁田制禄的封建领主制就转变为佃田纳租纳税的地主封建制；适应着这种经济剥削形式的转变，

---

① 上文谈到 1934 年 4 月《中国经济上之史的阶段》中提出"封建地主制"的概念。但同年 4 月，李达为吕振羽《史前期中国社会研究》作序时介绍作者分期的意见为"周代为中国史的初期封建社会"，"由春秋到鸦片战争前这一阶段，为变种的即专制主义的封建社会时代"。李达是吕振羽的老师，这里介绍的应是吕振羽原来的与李达一致的观点；论文反映的应是作者更新的主张。但吕氏对李达序中的表述不提出异议，起码反映了"封建地主制"的主张尚未定型。

② 《中国社会经济史纲》，上海生活书店 1936 年版，第 108 页。该书署名为王渔邨，从编写例言看，该书的编写完成于 1935 年。据作者的说明，该书自第二编以下，大体根据日本章华社出版的森谷克己氏所著的《支那社会经济史》编译而成。

分立的封建局面，也为中央集权的封建官僚统治所代替"。并分析了"作为中国典型的地主封建制"的特点。在 1948 年初版《中国官僚政治研究》中，王亚南对自己原来的认识作了一番检讨，提出了自己的新见解：

> 单纯从形式上、从政治观点上考察，说中国封建社会在周末解体了，那是不无理由的，即作者在中国社会史论战开始时，亦是如此主张……但后来对封建制作更深一层的论究，始觉得错了。
>
> ……对封建制有全面决定作用的因素，乃是主要由农业劳动力与土地这种自然力相结合的生产方式。……如果在自然经济形式上的封建制度，以政权的非集中化为特征，但只要生产关系仍旧是封建的，这个特征虽有了重要的变化，或甚至消失了，封建制度的本质仍没有变更。
>
> 中国的专制官僚政体是随中国的封建的地主经济的产生而出现的，它主要是建立在那种经济基础上的。

在 1954 年出版的《中国地主经济封建制论纲》中，王亚南全面阐述了"地主经济的封建制"不同于"领主经济的封建制"的特点，它的来龙去脉以及对社会、政治、文化等各方面的影响。

王亚南对"地主经济"理论的建设主要有以下三个方面：

首先，更加全面和深入地论述了"地主经济"特点和本质，主要有如下几点：(1) 指出地主经济封建制下的商品流通比领主经济封建制发达，因而农业劳动者对土地和土地所有者的依附相对较轻，土地和劳力能够自由转移，劳动者的积极性较高，地主经济是比领主经济进步的一种形态。不过，这种自由只是相对的，超经济强制依然存在，劳动者受的剥削甚至更加严重。(2) 分析了商业资本、高利贷与地主经济的关系及其运行规律，指出它们是"通家"、是"伙伴"，地主经济的再生机能与商业资本本身的再生是一致的。(3) 指出地主经济的封建结构具有"钝化或缓和矛盾的弹性"。

其次，把地主经济视为封建制度（主要指秦以后）的基础，深入分析了这一基础与封建社会政治、文化等方面的关系，并试图以地主经济理论为中心解答中国历史上的一系列重大问题，如封建社会长期"停滞"问题，中华民族如何形成问题等。尤其是明确指出了地主经济是中央集权官僚政治的基础，用水利工程、抵御外侮或选贤任能的要求来解释中央集权的形成都是不妥的。

再次，系统阐述了地主经济封建形态的形成和演变，它的来龙去脉。在这方面，最有特色的是把亚细亚生产方式与地主经济封建制的形成发展联系起来考察，指出亚细亚生产方式诸特点在地主经济封建社会中的残留。

王亚南第一次明确指出，较长时期停留在地主经济封建制度的发展阶段是中国历史不同于西欧的重要特点，这样，王亚南就不但把地主经济视作秦以后封建社会的基础，而且视为把握中国历史的一个"枢纽"，不但阐释中国封建社会的各种问题的理论基础，而且分析和研究半封建半殖民地的中国近代社会的形成及其特点的有力武器。

王亚南认识的变化具有典型的意义，他反映了一位真诚的学者是如何在马克思主义的指导下追求真理和接近真理的。[①] 我相信，每一个真诚信仰马克思主义的学者，在了解了真实的情况和进行了认真的研究以后，在对中国历史上的封建社会问题的认识上，都会和王亚南殊途同归的。

"封建地主制"或"地主封建制"、"地主经济封建制"虽然是主张西周即进入封建时代的学者为了区别战国、秦汉前后的封建社会而发明和使用的，但这和许多主张战国、秦汉进入封建社会的学者的认识是吻合或类似的。例如首倡秦以后进入封建社会的郭沫若，就把地主阶级与农民阶级的对立作为封建社会结构的基本特点。因而战国、秦汉封建论者一般也接受"封建地主制"或"地主经济封建制"的概念，把它作为凸显中国封建社会区别于西欧的特点的封建制度的一种类型。站在战国封建说的立场对地主制封建社会形态进行系统阐述的，应当首推胡如雷的《中国封建社会形态研究》[②]。

---

① 台湾某学者对王亚南在《读书杂志》表达的观点大加赞赏，说他之所以改变观点，是由于抗战期间任职军事委员会，受到周恩来、董必武的"耳提面命的惇惇教导"，因而"屈从政治权威"，"呼应中共中央的主张"云云（《读书杂志·中国社会史论战》，稻乡出版社1995年版，第242页）。这是毫无根据的忆测。实际上，王亚南当时虽然接受了马克思主义的影响，但运用还不纯熟，加上当时他对中国封建社会问题并没有深入的研究（这是他自己说的），所以他在《读书杂志》发表的文章明显受到托派观点的影响。不过，他自信不坚，文章发出后，感到自己"有见解不成熟的地方"，给王礼锡写信，"希望暂缓发表"，可是文章已经印好了。（见王礼锡《编者的话·关于参加中国社会史论战者的一些消息》，《王礼锡致胡秋原》）该作者的专著是以《读书杂志》为研究对象的，难道连《读书杂志》的主编发表在该杂志上的信也视而不见吗？再说，王亚南抗战以前早就改变了观点，认为从周代至鸦片战争都是封建社会，白纸黑字写在他的书（《中国社会经济史纲》，上海生活书店1936年版，第378页）上，这与什么"政治权威"有什么关系？为什么连最明显的事实也不顾呢？

② 三联书店1979年版。

1949 年以后，绝大多数学者接受了马克思主义作为史学研究的指导思想。史学界的所谓"五朵金花"，在某种意义上就是围绕中国封建社会发生发展规律及相关问题展开的研究和讨论。在讨论中尽管对中国封建社会始于何时有分歧，但没有人对鸦片战争前中国社会的封建性质提出否定的意见。"封建地主制"或"地主经济封建制"的概念也在讨论中被史学研究者所广泛接受，成为对战国秦汉以后社会性质认识中的主流观点。这种状况是学术研究发展过程中自然形成的，可以说是多数学者通过长期的学术实践所达到的共识，并没有任何行政命令或"政治权威"施加其间。

四　对质疑者的回答

从以上学术史的回顾可以看到，战国、秦汉以后是否为封建社会的问题，我们的先辈在七八十年前就已认真讨论过了。在讨论中，否认战国、秦汉以后是封建社会的各种论调露出了许多破绽，经不起实践的检验，已经相继为人们所抛弃。肯定战国、秦汉以后是封建社会的观点，虽然不是每个人都同意，但已被越来越多的人所接受。

现在有人又把这个问题重新提出来了。我不知道这些学者是否认真研究和总结过 20 世纪的这次大讨论。如前所述，20 世纪的二三十年代，虽然有不少学者认为战国、秦汉以后已经不是封建社会，但没有一个中国学者否认中国历史上存在过封建社会，绝大多数学者也不否认秦汉以后的中国社会仍然存在着严重的封建关系。现在有的人不但否认战国、秦汉以后是封建社会，而且否认中国历史上存在过与西欧中世纪封建社会性质相类似的封建社会。

那么，他们提出了一些什么新的理论和新的论据呢？恕我说一句不客气的话，他们没有提出过系统的理论，没有作出过严谨的论证。如果鸦片战争前的中国社会不是封建社会，那是什么社会，如何命名，为什么要这样命名？这些问题，他们一个也没有作正面的回答①，其论证主要是否定

---

① 20 世纪二三十年代社会史论战中否定秦汉后鸦片战争前为封建社会的学者，一般对这一时期都给出一个名称，作出论证，形成一定的理论。现在否定论者往往没有正面的论证。对秦至清这一时期，或称为"传统社会"，或称为"帝制时代"，等等。"传统"一称太笼统，现代以前都可以叫"传统社会"，"帝制"只反映了这一时期政治制度的某一特征。它们都不足以界定一个特定时期的社会形态。

性的。说来说去，无非是两条：第一条是：现在所广泛使用的"封建"一词，不符合中国历史上"封建"的本义，所以根本不能成立[①]；第二条是：认为秦废"封建"后仍然是封建社会，就是犯了西欧中心论，就是拿斯大林的五种生产方式的公式剪裁中国的历史。

"封建"一词和世间其他一切事物一样，其含义都是历史地变化着的，我们不应用凝固的观点看待它。上文已经指出，这种变化早在古代就已经发生了。近代引入西欧的"Feudalism"并用"封建"与之对译以后，"封建"的概念在短短二三十年间发生了两次"飞跃"。第一次突破了把"封建"仅仅看作我国古代一种政治制度的局限，把它视为在世界各地都经历过的一种社会形态，第二次是进一步把"封建"看作一种生产方式。我们现在历史分期中所使用的"封建"是后者，即采用马克思主义关于封建生产方式的概念。它当然不同于中国古代"封建"的初义。但这是再正常不过的事情。现在人文社会科学所使用的词汇，尤其是用中国古语译介西方有关概念的词汇，含义与该词的古义不同以至相反，并不鲜见。[②] 何况从欧洲引入的"Feudalism"未必与中国

[①] 李慎之在《"封建"二字不可滥用》（原载《中国的道路》，南方日报出版社2000年版，转载于网上《新观察文摘》）一文中说："滥用'封建'这个词原来正是政治势力压倒'知识分子的人文精神'的结果。因为时下所说的'封建'以及由此而派生的'封建迷信'、'封建落后'、'封建反动'、'封建顽固'……等等并不合乎中国历史上'封建'的本义，不合乎从Feudal，Feudalism这样的西文字翻译过来的'封建主义'的本义，也不合乎马克思、恩格斯所说的'封建主义'的本义，它完全是中国近代政治中为宣传方便而无限扩大使用的一个政治术语。"是"'一犬吠影，百犬吠声'的错误"。

[②] 林甘泉在《世纪之交中国古代史研究中的几个热点问题》一文（载《21世纪中国历史学展望》，中国社会科学出版社2003年版）中指出："关于封建社会，有一种意见认为，中国历史文献上的'封建'指封邦建国，与欧洲中世纪的封建制度完全是两码事，所以不应套用封建社会的名称。这种意见是很难令人信服的。近代以来，我国人文社会科学所使用的许多词汇，都和历史文献的本意不尽相符，有的意思甚至截然相反。比如'民主'一词，见于《尚书·多方》，原意是民之主宰，与我们今天所说的'民主'意思正相反。再如'革命'一词，历史文献的本意是顺天应人而改朝换代，与我们今天所说的'革命'意思也相去甚远。如果因为我们所使用的这些名词意思与历史文献不符，都要改正，岂不是乱了套？'封建社会'一词，大概是始于日本学者所翻译，再传播到我国的。中国历史上是否存在封建社会，根本问题要看封建社会经济形态的基本特征在中国历史上是否存在？这个基本特征就是封建的生产方式，而不必非是欧洲的封君封臣制度和庄园生产组织不可。我国学者无论是主张西周封建论，还是主张战国封建论或魏晋封建论，都着眼于封建生产方式（领主制或地主制），这完全无可厚非。如果认为只有具备西欧封建制的那些特征，才算得上是封建社会，这岂不是把封建社会形态当作欧洲的专利品吗？"

古代封建没有一点儿联系①。以现在使用的"封建"概念不同于中国古代的"封建"为由，来否定中国历史上（或秦汉以后）存在过封建社会，是完全站不住脚的。关键是我们现在使用的"封建"概念以及用它来确定秦汉以后社会的封建性质，是否科学，能否反映历史的本质。20世纪的学术史和中国民主主义革命的实践，不是已经作出了明确的回答吗！

如果说，现在使用的"封建"不同于中国古代的"封建"和西欧的"feudalism"还有部分的道理，那么说它也不符合马克思主义关于封建生产方式的概念，就真不知此话从何说起了。至于在民主革命和社会主义革命过程中，广大群众接受了"封建"的概念以后在使用中把它泛化了，一切与"五四"以来宣扬的民主科学精神不符的事物都被冠以"封建"，于是有封建思想、封建迷信等词汇的出现，这没有什么可奇怪的，因为词义总是在群众的使用中不断丰富其内涵的。这也没有什么不好，在某种意义上，它正是人民群众思想觉悟提高的表现，与什么"政治压力"毫不相干。反对西欧中心论是时下非常时髦的一个话题。但在反对西欧中心论的旗帜下可以有不同的思想路线：一条是承认各地区各民族历史的发展既是特殊的，也有普遍性的一面，承认马克思主义理论包含了对人类历史发展普遍性的认识，运用马克思主义指导研究而反对把它当作教条，反对把西欧历史变成僵死的模式来剪裁中国的历史，强调从各国历史实际出发，找出其间的特殊性、普遍性及其相互联结；另一条是强调各国历史发展的特殊性，否认这些特殊性中也包含了普遍性，否认马克思主义理论所揭示的人类历史发展的共同规律性，把运用马克思主义指导研究中国历史等同于教条主义

---

① 当年严复以"封建"对译"feudalism"是经过对比研究的，他的翻译很快就被人们所接受。西周的"封建"与西欧中世纪的"feudalism"确有颇多相似之处，例如，通过领地的分封而形成的封主与臣属之间的权利与义务关系，等级制、人身依附关系等等；应该说，把"feudalism"译为"封建"不是没有根据的。在一定意义上，这是西周封建论的认识基础之一。在相当长的时间内，没有人对这种翻译提出异议。20世纪40年代，侯外庐撰写《中国思想通史》时，认为中国古代的"封建"是指古代的城市国家，被译为"封建"的"feudalism"则是立基于自然经济、以农村为出发点的封建所有制形式，两者相混，是"语乱天下"（《中国思想通史》第2卷上册，生活·读书·新知三联书店1950年版，第374页。按，作者在《序》中说，该书写于40年代）。90年代，日知又在《"封建主义"问题》中详论用中国"古典时代"的"封建"对译属于欧洲中世纪"feudalism"，是错误的。侯外庐和日知均主张西周春秋为中国的"古典时代"。作为古史分期争论的一个侧面，以"封建"对译"feudalism"是否正确的争论还会继续下去。有人以此作为否认中国存在与西欧类似封建社会的一个论据。但他们忽视了，无论侯外庐或日知，都认为秦汉以后是与西欧中世纪本质相同的封建社会。何况，即使这一对译完全错了，也不足以否定中国存在过类似西欧的封建制度。

和西欧中心论。我们赞成第一条思想路线，反对第二条思想路线。

主张中国和西方都经历过封建社会的发展阶段，其前提是承认中国和西方历史的发展具有共同性。自严复以"封建"对译"feudalism"以来，就没有把封建社会局限于西欧一隅，而是理解为人类历史上带有普遍性的制度。前面谈到，鸦片战争以后，中国人不得不正视外部强大的西方世界，在研究历史时打破过去封闭的眼界，努力吸收西方的历史理念，把中国的历史与西方世界作比较，在当时，这成为不可抗拒的潮流。正是在这种比较中，先进的中国人认识到中外历史发展具有共同性。应该说，这是中国人历史观的一个巨大的进步。试想如果特殊的事物中不包含某种共同性，那么能够看到的只是一个个具体事物的眼前状况，无法上升到"类"的认识、"规律"的认识、发展趋势的认识，那还有什么科学研究可言呢？严复谈到国家时曾经说过："国家为物，所足异者，人类不谋而合。譬如我们古有封建，有五等，欧洲亦有封建、五等。吾古有车战，西人亦然。平常人每见各国之异而怪之，实则异不足怪，可怪者转是在同。于其所同，能得其故，便是哲学能事。"① 诚哉斯言！科学研究的重要任务之一正是异中求同，同中求故。由于中国传统社会的腐朽已经暴露出来，人们纷纷从外国的思想库中寻找武器，寻找能够正确解释人类历史发展规律的思想理论②。找来找去，比来比去，"于其所同，能得其故"者，莫若马克思主义的唯物史观。

中国共产党人和马克思主义史学家对中国社会封建性质的认识，无论现实的或是历史的，毫无疑问是在马克思主义的指导下进行的。有人把这一认识过程说成是把中国历史硬往斯大林五种生产方式的公式上套，这与事实相距太远了。我们知道，列宁去世以后，斯大林在和托洛茨基反对派的斗争中，的确对中国社会的封建性质有过阐述，这些阐述对中国共产党人当然发生了影响。但中国的先进分子和共产党人对中国社会封建性的认识，在这以前早就开始了，甚至在马克思主义系统介绍到中国以前就已经开始了。在马克思主义传播到中国以后，他们的理论武器主要是马克思、

---

① 《严复文集·政治讲义第二会》，1905年版。
② 中国社会史论战中关于秦以后社会性质的几种主要理论派别，无一不是以某种外国人的理论为其渊源。如陶希圣的商业资本主义社会说来源于德国人拉狄克的理论，王礼锡等人的专制主义社会说来源于俄国人泼可老夫斯基的理论，等等。这本身无可指责，问题在于采用的理论是否正确和对理论的运用是否正确。

恩格斯、列宁的有关论述。社会经济形态依次更替的理论是马克思、恩格斯创立的唯物史观的重要组成部分，不是斯大林的发明；而且，即使到了二三十年代中国社会史论战时期，斯大林论述五种生产方式的小册子《辩证唯物主义和历史唯物主义》还没有出版。

　　运用马克思主义社会形态学说进行研究，是否就要犯教条主义和西欧中心论的错误？

　　马克思主义最讲实事求是，它本质上与教条主义是不相容的。我们还没有看到哪一个思想家像马克思、恩格斯那样，公开劝诫人们不要把他们的理论当作教条。毋庸讳言，马克思、恩格斯对历史上各种社会形态的概括主要根据西欧的经验事实做出的，但也并不仅仅局限于西欧。即使是西欧经验，虽有其特殊性，但也包含了普遍性的一面。就马、恩、列关于封建制度的论述而言，有的是针对西欧具体情况而发的，不一定适合其他国家的情况，甚至有些论述从当时掌握的不全面的资料出发，带着时代的局限性，但是，不少论述又是带有普遍意义的，尤其是作为这些论述基础的社会经济形态学说，其正确性已被实践反复证明。这些学说和理论，如果不是生吞活剥当作僵死的教条，当然可以作为我们研究中国历史的指南。中国社会史论战中的各派学者，无不承认封建制度的普遍性，无不承认马克思主义有关理论的指导意义。因此，问题关键在于如何正确运用它。正确运用这种理论，不但不会导致教条主义和西欧中心论，相反，这正是克服教条主义和西欧中心论的有力武器。

　　中国共产党人在运用马克思主义认识中国现实和历史过程中，确实出现过教条主义，但这种教条主义从来就受到清醒的共产党人的抵制，理论与实际相结合是他们一贯坚持的原则。早在1921年，施存统就说过："我以为马克思主义全部理论，都是拿产业发达的国家底材料做根据的，所以他有些话，不能适用于产业幼稚的国家。但我以为我们研究一种学说一种主义，决不应当'囫囵吞枣'、'食古不化'，应该把那种学说的精髓取出。"还说："我们狠知道，如果在中国实行马克思主义，在表面上或者要有与马克思所说的话冲突的地方；但这并不要紧，因为马克思主义本身，并不是一个死板板的模型。所以我认为我们只要遵守马克思主义底根本原则就是了；至于枝叶政策，是不必拘泥的。"① 30 年代初，毛泽东写

---

① 《马克思底共产主义》，载《新青年》第 9 卷第 4 号，1921 年 8 月 1 日。

了《反对本本主义》，针对的就是在国情调查和认识中的教条主义。

　　在中国共产党建党初期和二三十年代的社会史论战中，共产党人和马克思主义史学工作者从总体上并没有犯教条主义的错误，起码在对中国社会封建性的认识上是这样。他们并没有拘泥于马克思、恩格斯对西欧封建社会的某些具体论述的词句，而是抓住作为一种生产方式最本质的东西。正因为这样，他们才能够看出战国秦汉以后的中国社会虽然与西欧中世纪社会有许多不同的特点，但生产关系本质上仍然是封建式的，从而作出了正确的定性。这绝非食洋不化者流能够做到的。如果说当时存在教条主义和西欧中心论的话，那不是秦以后封建社会论，而是战国封建社会崩坏论。因为它把当时人们所有限了解的西欧中世纪社会当作封建社会唯一的固定模式，凡是符合这个模式的就是封建社会，凡是不符合这个模式的就不是封建社会。这难道不正是教条主义和西欧中心论吗？

　　二三十年代的人们研究中国封建社会时，视西欧中世纪为封建社会的典型，拿中国与之相比，是十分自然的。即使是一些赞成秦以后为封建社会的学者，也往往因此把秦以后的中国社会称为"变态"的或"早熟"的封建社会。从这里可以依稀看见西欧中心论的影子。认识了这一点，我们就能够更深刻地理解"封建地主制"论的意义和价值。因为它突破了以西欧中世纪为封建社会唯一典型的思路，把中国的封建地主制作为不同于西欧封建社会的另一典型，彻底摆脱了西欧中心论的阴影。其实，中国的地主经济封建社会，从延续时间之长和发展之充分看，毋宁说，在人类封建社会的历史上更具典型意义。应该说，关于中国封建地主制的理论，是马克思主义基本原理与中国历史实际相结合的丰硕成果，是中国人对马克思主义史学的一个贡献。

　　还有"政治压力"一说。据说，运用马克思主义社会形态的理论研究历史，就是一种"政治干扰"、"意识形态诉求"；历史研究只有彻底摆脱政治，才谈得上科学性。不错，中国共产党人和马克思主义史学家对中国社会封建性的研究和认识，是由革命的需要所推动的，是与革命的实践（也就是政治）密不可分的。在我们看来，这是它的特点，也正是它的优点。我们不赞成把学术和政治混为一谈，但以反对套用五种生产方式公式为由否定中国马克思主义史学对中国封建社会的论定，本身就是一种"意识形态的诉求"，隐含着某种政治。在历史学中，不是每个问题都要与政治挂钩，但是，像"封建社会"是否存在这样的问题，你想和政治脱钩也脱不了。在历史科学中，把革命性和科学性完全对立起来是没有道理的。革命性和科学性可以统一。就 20 世纪初中国共产党人和马克思主义者关于中国社会的封建性的研究来说，在当时革命与反革命生死搏斗的情势下，论争带着强烈的情绪，在正确否定论敌错误观点的同时有时难免缺乏冷静的分析，但总的来说，其革命性和科学性是较好地结合在一起的。因为革命需要科学，科学支撑革命；如果对中国社会的现实和历史没有科学的认识，就不可能引导革命走向胜利。同时，革命又推动了科学、验证了科学。对中国社会封建性的认识指导了革命的实践，同时革命的实践又有力地证明了这种认识的科学性。对秦汉以来社会封建性质的认识与我国民主革命及其纲领的关系是如此之密切，以至要否定这种认识，势必牵涉到中国民主革命及其纲领，这当然是应该十分严肃慎重对待的事情。

古史分期八十年赞

天津师范大学教授　庞卓恒

中国古史分期的探讨，如果从郭沫若 1928 年发表有关此问题的文章算起，迄今已有 80 年之久了。如果从 1930 年他的《中国古代社会研究》一书问世算起也已经有 78 年。一个历史问题，经过如此漫长岁月的讨论，甚至激烈的争论，至今仍歧议多多，似乎还看不到隧道的尽头。于是，近年来有一种意见认为，那样的问题本身就是一个"假问题"，围绕一个"假问题"争论几十年，纯粹是白费了力气，更没有必要再讨论下去。有的论者甚至主张今后不要再以奴隶制、封建制之类的称呼来划分历史阶段或历史时代，称之为"古代"、"近代"、"现代"足矣。这样的看法很难令人首肯。因为这个问题实质是一个怎样认识历史发展规律的问题，甚至涉及历史发展究竟有没有规律的问题。如果不把它弄清楚，就不能科学地揭示历史发展的规律性，历史学就只能回到编年纪事或史事罗列叙说的古老窠臼里去，而那个窠臼里的历史，连当代西方著名历史哲学家和历史学家克罗齐都称之为"假历史"；或者，就只能把历史学变成让人们任意发表想当然的说古论今议论而不受任何科学规范检验的"俱乐部"，而那些五颜六色的高谈阔论尽管初露尊容之时会给人们不少的新鲜感，但最终还是难免让人们发现数十年前、甚至一二百年前西方故纸堆中的陈词老调，连西方学者都已经摒弃的东西。

实际上，80 年来的"古史分期"探讨已经取得了丰硕的成果。我甚至想斗胆地说，经过几代人锲而不舍的求索，问题已经在基本的方面得到了解决，或者说，已经为最终的解决打下了坚实的基础。

丰硕的成果首先表现在，对有关史料、史实的发掘，已经达到了现有条件许可范围内的最大限度的深度和广度，从甲骨金文、先秦文献，一直到近年来的最新考古成果，能收集到的都收集了，能利用的都利用了。各家各派在这方面所做的工作，虽然各自的视角不同，综合起来看，似乎已经接近于"穷尽"的程度。如果说毕竟还可能有尚未发现的东西，那也多半是深埋在地下唯待日后破土再现的古物了。单是这方面的成就，就是前无古人的，在中国史学史上无愧地占有了它的辉煌的一页。

最突出的丰硕成果，也许要算是把夏商周时代的劳动者的生产生活面貌、身份、地位及其在春秋战国时代的变化的历史轨迹的轮廓基本上弄清楚了。我觉得这是最值得肯定的成就。

老一辈的马克思主义史学家发起分期问题的讨论，从一开始就把问题的焦点集中到对殷周劳动者——"农夫"、"众人"或"民"、"人民"、"庶人"生产和实际生活过程及其身份、地位的辨识上。这确实是解决分期问题的关键所在。郭沫若在辨识殷商、西周劳动者的身份、地位时，曾证明，殷代卜辞说的"王大令众人曰：'协田，其受年'"与《诗·周颂·臣工》所说的"命我众人，庤乃钱镈，奄观铚艾"中的"众人"，身份地位是相同的；他还引用了《汉书·食货志》所云："殷周之盛，《诗》、《书》所述，要在安民……民，年二十受田，六十归田。七十以上，上所养也。十岁以下，上所长也。十一以上，上所强也。……春，令民毕出在野，冬则毕入于邑。……春将出民，里胥平旦坐于右塾，邻长坐于左塾。毕出然后归。夕亦如之。……冬，民既入，妇人同巷相从夜绩，女工一月得四十五日。"郭沫若肯定："班固号称'良史'，自应有所依据，不能作无根之谈。"郭老在这里不但肯定了殷周时代的"众人"身份地位是相同的，而且肯定了他们的生产生活方式也是相同的。与郭老观点相左的持"西周封建说"的学者对这些论证也是认可的。郭老与持"西周封建说"的学者的分歧主要在于他认为"殷周两代的农夫，即所谓'众人'或'庶人'，实际上只是一些耕种奴隶"。[①] 郭老和其他一些持"殷周奴隶制说"的学者举出了许多史实，证明殷代和西周的"众人"、"农夫"、"庶人"都是奴隶。如郭老引证《尚书·商书·盘庚中》载盘庚对"众"训话时所述"汝共作我畜民"、若不听训示就要将他们"劓殄灭之，无遗育，无俾易种于兹新邑"等语，证明这就是殷王要对不听话的"众人""斩尽杀绝，绝子绝孙，不使坏种流传"，"这就是所谓'当

---

① 见郭沫若《奴隶制时代》，人民出版社1973年版，第22、30页。

作牲畜来屠杀'了";还有殷周时期大量的人殉史实，也是任意屠杀奴隶的佐证；郭老还引证《左传·定公四年》所载周王分鲁公以"殷民六族"、分康叔以"殷民七族"、分唐叔以"怀姓九宗"等记载，指出："这所谓'殷民六族'、'殷民七族'、'怀姓九宗'，都是殷之遗民或原属于殷人的种族奴隶，现在一转手又成为周人的种族奴隶了"；还有《曶鼎》、《大盂鼎》等铭文所载贵族之间以"庶人"、"众人"作为赏赐和交易筹码等第一手史料，证明他们确实是被"当作牲畜来买卖"①。至今来看，郭老的这些引证，除了一些训诂释读方面有欠确切外，总体上仍是很有说服力的。吕振羽、翦伯赞、侯外庐、范文澜、吴泽、邓拓等老一辈马克思主义史学家，虽然持论各自有所不同，但实际上都从不同角度对辨识那个时代的劳动者身份地位和生产生活面貌作出了开拓性的贡献。他们之间的分歧主要是把那些"众人"、"庶人"、"农夫"、"民"视为奴隶还是农奴的分歧，也就是说，实际上主要是名称上的分歧。

新中国成立后，一大批造诣深厚的老一辈史学家加入到马克思主义史学行列，给分期探讨增添了巨大的新的活力。

在 20 世纪 50 年代的百家争鸣的活跃气氛中，对劳动者生产生活方式及其身份、地位的探索推进到了一新的深度和高度。如嵇文甫指出："大概殷代的农业，乃是在王和他的官吏督导之下，由"众人进行着集体的耕作"，认为殷代的"众人"和西周的"农夫"多是处于"半农奴状态"的"氏族成员"，而殷周的制度"乃是一种尚未彻底奴化或不成熟的变种的奴隶制度"②。张政烺指出，商代社会普遍存在氏族组织，还指出那时人们的劳动方式是以氏族为单位进行集体耕作。张先生认为"众"是不同于古希腊、罗马的另一种奴隶③。王玉哲根据《诗经·载芟篇》指出其中描绘的参加耕作的人"包括有家长（主），长子（伯）、次长之仲叔（亚），众子弟（旅），邻人之来助者（强），以及奴隶（以），等等。这是一个共同耕作的大家族"。他认为西周是向封建制过渡的社会④。日知

---

① 郭老的这些论证集中见于《奴隶制时代》，人民出版社 1973 年第 2 版，第 17—34 页。

② 嵇文甫：《中国古代社会的早熟性》，载《新建设》1951 年第 4 卷第 1 期。

③ 张政烺：《古代中国的十进制氏族组织》一文，载《历史教学》1951 年第 2 卷第 3 期。张政烺先生 1973 年又发表《卜辞裒田及其相关诸问题》一文（载《考古学报》1973 年第 1 期），进一步论证殷代的"众"生活在百家为族的农业共同体中，为殷王承担师、田、行、役等徭役。

④ 王玉哲：《两周社会形态的检讨》，载《历史教学》1951 年第 2 卷第 1 期。

（林志纯）、吴大琨根据马克思关于亚细亚生产方式的理论，认为《诗经》里说的"庶民"、"农夫"既非奴隶，亦非农奴，而是尚未完全解体的"氏族公社"成员，认为西周社会属于古代东方奴隶制生产方式，是奴隶社会的初级阶段①。杨向奎、王仲荦、童书业认为"井田制"是一种保存着家族公社制的农村公社制。但他们对周代社会性质的看法各不相同，如童书业认为西周、春秋都属于"初期奴隶制社会"，东汉以后才过渡到封建社会；杨向奎对此极表异议，认为西周已是封建社会②。徐中舒认为周代的"生产者属于家族公社的自由民或村公社的半自由民"，他们承担的"劳役地租"或"生产物地租"表明他们是"封建社会形态"中的生产者③，等等。诸家论证，尽管存在着"奴隶"、"农奴"、"公社成员"、"自由民"等定性概念上的歧议，但对那个时代劳动者的实际面貌的辨识，不但比前一时期更加深化了，而且在具体面貌的辨识上逐渐显现出了一些趋于一致的趋势。

改革开放以后，在空前宽松的政治气氛和学术气氛中，分期探讨重新活跃起来，而且达到了一个新的深度和高度。仅就我有限的眼界，略举数端。

朱凤瀚于 1981 年发表《殷墟卜辞中的"众"的身份问题》一文④，论证"众"是生活于商人家族组织中的族众，承担劳役、兵役，能参加族中一定的宗教活动；属于平民阶级，不是奴隶。

裘锡圭于 1983 年发表《关于商代的宗族组织与贵族和平民两个阶级的初步研究》一文⑤，论证殷代卜辞中的"众"有广义狭义之分，广义的"众"泛指众多的人，包括除奴隶等贱民以外的各个阶层的人；狭义的"众"主要指为商王服农业劳役的基本生产者，他们"无疑也是广义的众里面数量最多的那一种人。他们应该就是相当于周代国人下层的平民"。

---

① 参见日知《与童书业先生论亚细亚生产方式问题》，载《文史哲》1952 年 3 月号；吴大琨：《与范文澜先生论划分中国奴隶社会与封建社会的标准问题》，载《历史研究》1954 年第 6 期。

② 王仲荦：《春秋战国之际的村公社与休耕制度》，载《文史哲》1954 年第 4 期；杨向奎：《关于西周的社会性制问题》、《试论先秦时代齐国的经济制度》、《〈中国古史分期问题的讨论〉商榷》等文，分别载《文史哲》1952 年第 5 期、1954 年第 11 期、1955 年第 1 期；童书业：《中国古史分期问题的讨论》，载《文史哲》1955 年第 1 期。

③ 徐中舒：《试论周代井田制及其社会性质》，载《四川大学学报》1955 年第 2 期。

④ 载《南开学报》1981 年第 2 期。

⑤ 载《文史》第 17 辑，1982 年版。

杨宝成、杨锡璋于 1983 年发表《从殷墟小型墓葬看殷代社会的平民》一文①，根据他们多年从事殷墟发掘掌握的情况，认为殷墟小型墓的墓主生前当属聚族而居的平民，其身份与卜辞中的"众"一致。

李学勤于 1985 年发表《论曶鼎及其反映的西周制度》一文②，通过对《曶鼎》铭文的考释具体地显示了西周时候的"众"、"人"的人身被完全占有的情况。铭主曶（学勤先生考证他的等级地位约为"下大夫"）在该铭第二段述说他"用百锊"钱向另一个等级地位相同的贵族效父"赎兹五夫"，王室认可了该项交易。铭文第三段述说曶向东宫控告另一贵族匡季指使他的"众"和"臣"共"廿夫"抢劫了他的"禾十秭"，最后赔偿"田七田、人五夫"了结官司。郭老曾引证《周礼·地官·司徒·质人》："质人掌成市之货贿：人民、牛马、兵器、珍异。凡买卖者，质剂焉。"这就是说，"人民"与牛马等物一样，都是在官方管理的市场上的买卖对象。对照《曶鼎》铭文来看，《周礼》的这条记载更显得可信。

王贵民于 1990 年发表《商代"众人"身份为奴隶论》一文③，认为"众人"是保持着氏族组织的奴隶，不是平民。

进入 20 世纪 80 年代以后，一批研究殷周社会的专著相继面世，对于辨识"众人"、"庶人"、"农夫"的实际生活过程、身份地位和殷周社会性质作出了重要贡献。限于篇幅，我在此仅略举其中数种。

赵光贤于 1980 年发表《周代社会辨析》一书。此书虽然主要探讨周代社会，附录中专用一篇探讨殷代主要农业生产者——"众人"的身份和地位。他通过对大量甲骨、金文和先秦文献的研究，认为殷代卜辞和《尚书·商书·盘庚》等文献中所说的"'众'或'众人'应指农民，即农村公社社员"，并认为他们的身份、地位与西周《曶鼎》铭文中作为贵族交易对象的"众"是相同的，都是"自由民"。自由民为什么会成为交易对象呢？他指出，这就是马克思、恩格斯说的古代东方专制国家的特点，"国王和贵族们抢夺霸占村社农民的土地、财产、女人、牛马，甚至把村社农民当作奴隶来役使、赏赐、买卖，都是很平常的事，《曶鼎》铭

---

① 载《中原文物》1983 年第 1 期。
② 李学勤：《论曶鼎及其反映的西周制度》，载《中国史研究》1985 年第 1 期。
③ 载《中国史研究》1990 年第 1 期。

正给我们一个实例"。他认为，"众"或"众人"是商族本族人，不但是殷代的主要农业生产者，也是王国徭役、兵役的主要承担者；殷代有战俘奴隶和罪隶，但不是主要的农业生产者。关于殷代的社会性质，他说："我以为殷代社会应当认为一种东方型的奴隶社会"；"可是在农业生产上的劳动者却是包括家庭奴隶在内的村社社员，而不是一般意义的奴隶"，那村社就是马克思说的那种"亚细亚形态"的村社①。西周的"众人"、"庶人"或"庶民"，他认为不是奴隶。如《诗·灵台》歌颂周文王作灵台时"庶民子来"；《诗·卷阿》颂召公告诫成王要多用"吉人"，"媚于庶人"；《尚书·无逸》记周公告诫成王要"保惠于庶民"；《诗·节南山》述家父警示周幽王必须勤政亲政，才不致"庶民弗信"等等，都是讲对"庶民"要亲、要爱，足证庶民不可能是奴隶；《大盂鼎》铭文所载周王赐"邦司［王臣］四伯人鬲自驭至于庶人六百又五十又五夫"等情况，只是周王拥有"普天之下，莫非王土，率土之滨，莫非王臣"的权威的表现，不能以此证明庶民是奴隶。他认为，西周的"庶人"或"庶民"或"众人"与殷代的"众人"身份地位已经有所不同，主要区别是，"在殷代，公社社员被国王征发来在王田上耕种，他们和奴隶所受的待遇恐怕差不了多少。在西周，王田上实行井田制，农民分得私田，还有自己的生产工具和个人的经济，地位稍见提高"。据此，他认为西周的"庶人"或"庶民"或"众人"是"在井田制下耕作的农民"，"过着一家一户的个体经济生活，他们在不同程度上成为隶属于贵族领主的隶农或农奴"，并据此认西周为封建社会②。（我觉得赵先生认定西周庶人"分得私田"这一论断有些欠说服力。因为他所举出的证据是不足的，更何况他还肯定过殷代的"众"和西周《曶鼎》铭文里用作交易对象的"众"的身份地位是相同的。对此，我们将在后面论述。）

田昌五1980年发表《古代社会形态研究》一文，1982年发表《古代社会断代新论》一文。作者认为，"在中国奴隶社会里，农业劳动中明显地存在着原始的简单劳动协作的关系。这种简单的劳动协作起源于家族共耕制度，后来便发展为井田制。所谓井田制，从某种意义上说，便是一种共耕的生产单位"；不但在贵族土地上实行"千耦其耘"的"耦耕"，

① 赵光贤：《周代社会辨析》，人民出版社1980年版，第2—3、207—208页。
② 同上书，第75—82、219—221页。

"一般农田耕作也离不开耦耕"。如《诗·周颂·载芟》所云"载芟载柞，其耕泽泽。千耦其耘，徂隰徂畛。侯主侯伯，侯亚侯旅，侯强侯以。有其，思媚其妇，载南亩……"等语，说明"每家农夫的父子兄弟：'侯主侯伯，侯亚侯旅，侯强侯以'，凡是能劳动的，都必须整天在地里干活，由家中的妇女送饭来吃"。田先生还指出：这种共耕制度之所以必要，"主要是由于当时使用的是落后的原始生产工具"，木、石、骨等材料制成的农具。只是到了春秋、战国时期，随着铁器和耕畜的使用，"集体耦耕"才逐渐被个体耕作取代，并由此引起了社会制度的根本性变革①。

1983年，金景芳的《中国奴隶社会史》出版。他认为"商代的'众'、'众人'，同'民'和'小人'的区别不大，他们大多数原来是商本族的成员，其中有的最初就是劳动群众，有的则由于某种原因，逐渐由贵族地位下降而来的，他们一般都从事农业生产劳动，地位处于下层，但他们是平民，他们的身份是自由的，他们不是奴隶。用周制作参考，就是他们有当兵的权利，有参加政权的机会。"他以《尚书·盘庚》为例，认为应国王之召出席王庭大会的"众"或"万民"，"在周为国人，这个'众'在殷也自然是国人。……当时实行井田制，即马尔克或农村公社，这个'众'或'万民'，无疑都是郊以内的农村公社的成员"。总之，在他看来，殷代和西周的"众"、"民"等的身份地位没有本质区别，社会性质也都属于奴隶制社会，只是"中国奴隶社会是以井田制为基础的亚细亚类型的社会"②。

1990年，朱凤瀚的《商周家族形态研究》问世。作者紧紧抓住"家族形态"这个主题，实际上可以说是对整个殷周社会组织做了"肌体解剖学"式的剖析。因为整个殷周社会就是由各级蛛网般的家族组织编织起来的。尤其可贵的是，作者不是单纯描绘家族组织的外观形态，而是竭力透过外观形态，揭示出决定那些外观形态产生、发展和演变的内在动因，即保证社会生产和生活过程有序运转的客观需要。因此，作者倾注了巨大的精力去探寻殷周社会基本生产者——"众人"、"庶人"、"农夫"

---

① 见田昌五《古代社会断代新论》，人民出版社1982年版，第127—129、134—144等页；并参见他所作《古代社会形态研究》，天津人民出版社1980年版，第256、274—282等页。

② 金景芳：《中国奴隶社会史》，上海人民出版社1983年版，第83页、158页。金先生认为殷代与西周基本制度无本质区别，如卜辞中"'协田'的'田'则是井田。这一点不但《孟子·滕文公上》有'殷人七十而助'的记载，即从卜辞'田'字象形，也可以窥见其形制"（见同书第61—62页）。

的生产生活方式和他们的实际生活过程的真实面貌。

关于殷代的"众"的身份、地位和生产生活方式，作者进一步深化了他在 1981 年的论文中提出的认识，认为"商人宗族内一般的族人通称为'众'，而在卜辞中往往可以见到，商王命令某贵族'以众'、'氒众'（即带领、挈带'众'）去从事某种役事。很显然，这个被命令的贵族与其'众'（即其族人们）之间有着一种等级身份的差别"，但都属于同一家族或宗族。他根据殷墟西区和后冈两处王陵以外的商人家族墓葬遗址，认为其中数量较少、墓制规格和随葬品（包括人殉）显示出拥有特权地位的"一类墓"，属于宗族中的贵族阶级；数量最多、墓制规格和随葬品都很简陋的"二类墓是商人宗族内一般的族人，基本上可以归属平民"，卜辞中所说的"众"，主要是指他们。他着重对西区平民墓葬的"群"、"组"布局形制做了分析，认为"像这样几代近亲集中葬于一处，说明他们生前的亲属组织也是连续几代人生活在一起的一个家族，而不可能只是包括两代人的核心家族"；贵族在家族组织中自然居于尊长和支配的地位，家族中的平民则是主要的劳动者，他们还没有形成独立的个体家庭经济，而是以一定规模的家族为单位进行集体耕作，也就是卜辞中所说的"协田"，因为当时仅有木、石、骨、蚌壳等材料制成的简陋工具，不可能进行个体耕作；商人家族组织中有奴隶，似乎主要来自战俘和被征服的异族人，"主要归属于家族内的贵族，极少数的属于平民的上层"；他们被用作田猎等事，也被用于殉葬，有的也被用于田间劳动，"成为家族内平民劳动的补充形式"；宗族长在本族内集族权、政权、神权、宗族武装指挥权和全宗族的经济大权于一身，但要服从殷王或上一级大宗族长的号令；"整个宗族中大宗本家与诸小宗分支依照其亲属结构，在属地上聚居。家族长与其近亲族人居住于属地中心带有城墉的大邑中……中心大邑四郊称奠（或称鄙），其中有农田并散布着较小的邑落，是各分族的族人们之居处"；《左传·定公四年》所言周王"分鲁公以……殷民六族：条氏、徐氏、萧氏、索氏、长勺氏、尾勺氏，使帅其宗室，辑其分族，将其类丑"等语，表明殷人在被周族征服之前，"他们一直是按照这种亲属结构聚族而居的"[①]。

---

① 朱凤瀚：《商周家族形态研究》，天津古籍出版社 1990 年版，第 94、133、135、149、150、186、218—220 等页。

　　朱凤瀚认为，西周社会在继承殷商社会文明成果基础上，呈现出不少新的因素，在社会组织方面，突出表现在融合了众多的民族成分，有了相当规范的宗法制度和家臣制度，等等；但由于西周时期的"经济发展水平、生产方式在相当长时间内仍然不能说同殷代社会有什么质的变化，这些已为田野考古发掘资料所证实。在这种物质生产的基础上，人们构成的社会关系自然就具有种种共性，而共性的主要表现是：无论是在社会经济、政治领域中，还是在社会成员的各个等级中，血缘性的家族组织仍然普遍地起着异常重要的作用"。他对贵族和庶民的家族形态都做了深入剖析。其中，对庶民家族形态及其生产生活方式的剖析，对于辨识庶民的身份地位和西周社会性质，尤为重要。西周的庶民阶级主要由"土著附庸"之族组成。他们是西周社会的主要劳动者，通称为"庶民"、"庶人"、"众人"、"农夫"，等等。他们保留着自己原有的家族组织，集体地在西周国王和贵族的"公田"服劳役，在家族的"私田"上生产自己消费的生活资料。他们即使在"私田"上劳动，也是以包含若干核心家族的"大型伸展家族"为生产单位，集体耕作、集体分配劳动果实，而不以个体家庭为生产单位。如《噫嘻》篇所言："噫嘻成王，既昭假尔，率时农夫，播厥百谷，骏发尔私，终三十里。亦服尔耕，十千维耦"。此诗成于周初成王之时。朱凤瀚认为该诗是"以王之农官传布王戒农之命的口吻写成，由'率时（是）农夫'看，受命者是率农耕作者，这些人应是农民诸家族之长"；其中的"十千维耦"表明农民耕种私田的方式也是集体耦耕。"耦耕本意是二人合作翻土，但在典籍中'耦耕'有时并不单指这种形式，如《周礼·地官·里宰》：'以岁时合耦于锄'以治稼穑。郑玄注：'锄，助也。'是讲按农业时令使里中居民于公田实行耦耕，这里的耦耕即是泛指一种集体的合作耕种。所以《噫嘻》的'十千维耦'证明当时农民是以集体协力共耕的形式在私田上劳作"；又如《载芟》所言"千耦其耘，徂隰徂畛。侯主侯伯，侯亚侯旅，侯强侯以……"等语，也表明当时农民耕种私田是由家族长（侯主）带领长子（侯伯）和众子弟（侯亚、侯旅）等老少强弱（侯强、侯以）全族人合力共耕。其中，对"主、伯、亚、旅"的解释，古今诸家历来歧议甚大。有的论者解为公卿、百吏，认为该诗是描写他们同农民一起参加周天子主持的春耕藉田之礼的情景。然而，"全诗先咏斩草除木之开荒，继咏翻地、播种与除草，又言丰收与庆丰之祭，诗中还写了当农妇送饭至田间时夫妇相敬爱的情景。所以全诗实是描绘了当时西周农民的整个农作过程，与王公贵族参加农作或行藉礼皆无关，由于是为贵族所做之颂诗，故气氛高昂，多有渲染。《诗序》言此诗是'春藉田而祈社稷也'，是讲周代时在什么场合下歌咏此诗，是说诗的用处，并不是讲诗的本意。毛传、郑笺皆以此为咏农民农作之诗，所释是不误的"。又如《良耜》一诗，在描写耕地、播种、除草之后，还描述了共同收获和分配劳动果实的情景："获之栉栉，积之栗栗，其崇如墉，其比如栉。以开百室，百室盈止，妇子宁止。"对此，郑玄笺为："百室，一族也……千耦其耘，辈作尚众也。一族同时纳谷，亲亲也。百室者出必共洫间而耕，入必共族中而居，又有祭酺合醵之欢"。这样笺注"正确地解释了诗中所反映的历史事实"。朱凤瀚认为，"直到《七月》诗所反映的时代，约西周末期，农民仍是以一种规模较大的家族为经济单位"，如其中所言"嗟我农夫，我稼既同，上入执宫功。昼尔于茅，宵尔索綯，亟其乘屋，其始播百谷"等语，"全句是家长布置庄稼聚入要抓紧完成的工作。说明此时农作仍由家长支配，而且从诗中情况看，受其支配的族人不在少数"；诗中还说到"八月载绩"、"为公子裘"、"九月授衣"等情节，表明"西周时代农民的家族经济大致属于一种农业与手工业并存的自然经济的性质"。不少论者以《七月》诗作为西周个体耕作的农民或农奴述说一年四季辛苦劳作、艰难度日的史证，关键是把诗中的"我"理解为个体农民或农奴的自我称谓；朱凤瀚则从朱熹释之为"家长自我"，从焦琳《诗蠲》释"嗟字以下，皆家长告农夫之词"。这样解释看来较合情理和文意。总的来看，朱凤瀚把《诗经》中所有的农事诗都置于反映当时农民以大家族为单位从事集体经济活动这一大背景下来理解，是有道理的。而且，他指出："西周时代从事农耕的庶民阶级，所以要以这样一种较大规模的家族为经济细胞，主要是由当时农业生产力水平决定的。考古发掘资料证明，西周时代的农业生产工具与殷代没有多大变化"，农具仍然主要是骨、蚌、石制成，"小规模的家族使用这种落后的工具，工作效率极低，而且不足以克服自然灾害带来的困难，因此在农耕上就需要集体的协作，而能够把人们聚合起来进行这种集体协作的组织只能是血缘亲属组织"。朱凤瀚认为，随着铁器、耕牛逐渐推广使用，包容几代人的"伸展家族"作为庶民生产单位这种状况，到春秋初年开始发生急剧变化：规模较小的"核心家族"或"直系家族"逐渐代替原来的"伸展家族"成为基本的生产和经济单位。因为"农业生产力的提高使农业生产组织的规模有可能缩小。……而小型的家族作为生产组织与经济单位更有利于农业生产者积极性的发挥。这应该是庶民家族在一个较短的历史阶段内规模由大变小的最根本原因"①。

赵世超于1991年发表《周代国野制度研究》一书。他也认为,《诗经·周颂》中的《载芟》、《良耜》、《噫嘻》、《臣工》等篇,都说明"西周的农业劳动是在家长的领导下,由长子、长子以下的兄弟们、血缘关系稍远的叔伯兄弟、众多的子侄及家内奴隶共同参加,集体进行的"。他还对西周家族生产单位的规模作了考察,认为当时"五代、百室、数百成员的公社应属寻常,除去老弱馈饷,一个共耕组至少也有百人以上"。他还指出:"个体劳动在春秋的中后期才开始步履蹒跚地来到了世间。只有到了战国,反映个体劳动的材料才开始陡然增加了。《孟子·滕文公上》:'夫以百亩之不易已为忧者,农夫也。'《万章下》:'耕者之所获,一夫百亩。百亩之粪,上农夫食九人,上次食八人,中食七人,中次食六人,下食五人。'《荀子·王霸》:'百亩一守,事业穷,无所移也。'《吕氏春秋·乐成》:'魏氏之行田也,以百亩,邺独二百亩,是田恶也。'《汉书·食货志》记李悝语:'今一夫挟五口,治田百亩。'显然,'百亩一守'已取代了家族成了常见的生产单位。正是在此基础上,孟子鼓吹'百亩之田,匹夫耕之,八口之家,足以无饥矣!'荀子主张'农分田而耕,贾分货而贩,百工分事而劝,士大夫分职而听。'《吕氏春秋》的作者悟出了'公作则迟'、'分地则速'的道理。商鞅规定'民有二男以上不分异者倍其赋',强制推行小家庭制度。若谓西周已是每个农户占有百亩土地,各自进行个体耕作,则何须荀子等人再去提倡'分田而耕'?而商鞅强制家庭细分的措施岂不完全失去了意义?更重要的是,按着这种观点去讲历史,先秦劳动组合的发展演变脉络也就彻底泯灭了。"② 我觉得,赵世超的这些论证是极富有说服力的。

晁福林于1996年和2003年先后发表《夏商西周的社会变迁》和《先秦社会形态研究》③ 两部力作,把中国古史分期和社会形态演进的探

---

① 朱凤瀚:《商周家族形态研究》,天津古籍出版社1990年版,第242、434、435、437、438、614—616等页。

② 赵世超:《周代国野制度研究》,陕西人民出版社1991年出版,第87—95页。

③ 《夏商西周的社会变迁》,北京师范大学出版社1996年版;《先秦社会形态研究》,北京师范大学出版社2003年版。

讨从广度和深度上又向前推进了一步。他根据先秦典籍和最新的考古发掘成果，证明夏代的劳动生产方式与商代类似，都是通过氏族组织进行集体劳动，西周则是按宗族组织进行集体劳动。他据此认为，夏、商和西周都不是奴隶制社会，"夏商两代应当称之为氏族封建制的社会，而西周则是宗法封建制的社会，到了东周时期，宗法封建制社会逐渐解体，而步入了地主封建制社会"①；"在这里必须强调指出的一点是，判断夏商周三代社会性质并不是因为其社会存在着氏族、宗族，我们不能因为见到社会上有氏族、宗族的存在就断言其为氏族封建制或宗法封建制，我们所首先重视的是夏商周三代的氏族、宗族是当时社会生产的主要组织形式，在当时的社会生产关系中占有主导的统治的地位，是影响当时社会生产关系的主要因素"②。

晁福林还深入地探讨了有关古史分期和社会形态辨识的几个根本性的理论问题。其中给人印象最深的有以下三点：其一，他引证马克思常将"奴隶制和农奴制"并提的论述（如《马克思恩格斯全集》第 19 卷，第 450 页；第 20 卷，第 70 页；第 46 卷上，第 490—491 页），认为从中"可以看到，奴隶制和农奴制并不是先后相续的两种社会经济形态，而是在'败坏和改变一切共同体的原始形式'的时候所同时产生的"③。我觉得他的论证是有说服力的。我还可以补充一点，就是马克思在论述人类社会演进的"三大形态"或"三大阶段"时，明确地把"家长制关系，古代共同体，封建制度和行会制度"并列为"第一大形态"或"第一大阶段"，其中的"家长制关系"指的就是"亚细亚所有制"关系，"古代共同体"指的就是《政治经济学批判·序言》所说的"古代的"生产方式，其中包括古希腊、罗马的奴隶制。④ 遗憾的是，马克思的这一论说至今没有引起足够重视。其二，他指出划分社会形态必须有一个统一的标准。他指出："从目前研究的发展来看，学术界专家已经提出的中国古代社会形态的划分至少有六七种说法，今后随着研究的展开，也许会出现更多种的新说法，这些说法划分社会形态的标准各不相同。这就有一个统一标准的问题。如果标准不一样，势必很难出现大家认可的结论。划分社会形态的

---

① 晁福林：《夏商西周的社会变迁》，北京师范大学出版社 1996 年版，第 229 页。
② 晁福林：《先秦社会形态研究》，北京师范大学出版社 2003 年版，第 105—106 页。
③ 晁福林：《夏商西周的社会变迁》，北京师范大学出版社 1996 年版，第 227—228 页。
④ 《马克思恩格斯全集》第 46 卷上，第 104 页。

标准，应当以社会经济形态为主，而不应当是社会上层建筑的形式抑或社会历史时代的早晚。此外，似乎也没有必要用'文明'、'文化'的演进来作为替代标准。"① 其三，他指出应当科学地理解人类历史的共同规律和中国历史规律的特殊性之间的关系。他说："中国历史和世界历史的关系，可以说是整体和局部的关系的一个绝好例证。如果在研究中否定整体，往往导致否定规律，从而使研究的视野大受局限；相反，如果在研究中否定局部，则往往导致否定局部的特色，从而使研究的内容空泛无根。就目前的情况看，愚以为关键在于消除以往对于'局部'的忽视，在于破除相关研究中'左'的影响，认真探讨人类历史发展中社会形态的中国特色"；"人类社会发展的共同规律和鲜明的中国作风、中国气派的社会形态，可以说是互为补充、交相辉映的双璧。阿Q式的夜郎自大虽不可取，但若以为只有外国的月亮才圆，恐怕会走上另一个极端，而有失科学和公允"②。弄清这些问题，对于古史分期的确是很重要的。

2001年，张广志、李学功合著的《三代社会形态——中国无奴隶社会发展阶段研究》一书由陕西师范大学出版社出版。该书可说是作者多年来研究先秦社会形态和古史分期问题的成果的一次总结。作者的基本看法是：夏、商、西周直至春秋，中国是建立在村社基础上的村社封建制社会。战国后，村社封建制社会始转变为地主租佃制的封建社会。

2003年，张广志著《中国古史分期讨论的回顾与反思》一书问世。该书对70多年间古史分期问题的探讨和争鸣作了系统的评说。2004年，罗新慧著《20世纪中国古史分期问题论辩》一书由百花洲文艺出版社出版，也是致力于对近80年来的古史分期问题的讨论和争鸣做一番总体性评述。这两部著作视角有所不同，但都为我们纵览80年来的探讨轨迹提供了有益的帮助。

总起来看，80年来的探讨在取得重要成果的同时，确实也走过不少弯路。我个人觉得，主要的弯路之一是，把马克思在《政治经济学批判·序言》中主要针对西欧历史演进归纳出来的"亚细亚的、古代的、封建的和现代资产阶级的"四种生产方式加上社会主义共产主义的生产

---

① 晁福林：《先秦社会形态研究》，北京师范大学出版社2003年版，第3—4页。
② 同上书，第1页。

方式误解为"五种生产方式依次更迭的普遍规律"，以此为标准"蓝图"，在中国的浩瀚"史林"中"按图索骥"，误以为按照那个图样——对上了号，就算找到了规律。这是一大误解引起的一大弯路。仔细解读马克思的有关论说就会发现，马克思在《政治经济学批判·序言》中归纳的那几种生产方式绝不可能是就全人类而言的。因为其中的"亚细亚生产方式"虽然可以按马克思使用该词的第一层含义理解为原始公社所有制①，是全人类都曾经历过的，可是，马克思在当时就明确说过：西欧出现的那种奴隶制和农奴制"不适用于例如东方的普遍奴隶制；这仅仅是从欧洲的观点来看的"②。后来，他在《给维·查苏利奇的复信》中还指出，他在《资本论》中阐述的资本主义产生"这一运动的'历史必然性'明确地限于西欧各国"③。既然如此，怎能说《序言》中的归纳是对"普遍规律"的表述呢？

由于把马克思对西欧社会形态的历史演进顺序所做的归纳误解为全人类的普遍规律，把那里的奴隶制或农奴制也视为普遍规律中的标准范型，竭力在中国历史中寻找对得尚好的形态，结果就总是出现"又像又不像"的困惑。有的论者甚至把中国的演进序列称为不同于"常态"的"变态"或"普遍"之外的"特殊"。这样讲"规律"，自然就越来越难以令人信服了。

有幸的是，随着讨论的深入推进，人们越来越强烈地意识到摆脱公式化的统一模式束缚的必要性，从老一代马克思主义历史学家吕振羽、翦伯赞、范文澜、侯外庐，到越来越多的中生代、新生代史学家，投入了更多的精力探寻中国历史演进过程的特殊规律性，而且也正是沿着这个方向的研究取得了最丰硕的成果。突出表现在对历代劳动者世纪生活过程和他们的生产生活方式的变化的研究，越来越深入。

这正是马克思和恩格斯对具体的历史研究提出的基本要求。他们告诫说，不要把他们对历史过程所作的理论抽象作为具体的历史研究的前

---

① 马克思的"亚细亚生产方式"的另一层含义，是指一些东方国家长期保存下来并成为东方专制制度基础的公社所有制，马克思把它称为既不同于古希腊罗马的奴隶制也不同于西欧的农奴制的、东方特有的"普遍奴隶制"。但这种"普遍奴隶制"没有改变亚细亚公社的"本质的关系"。（参见拙著《唯物史观与历史科学》，高等教育出版社2004年版，第72页。）

② 《马克思恩格斯全集》第46卷上，第496页。

③ 《马克思恩格斯选集》第3卷，人民出版社1995年版，第774页；《马克思恩格斯全集》第19卷，第268页。

提，"这些前提在这里是根本不可能提供出来的，而只能从对每个时代的个人的现实生活过程和活动的研究中产生"①。要"对每个时代的个人的现实生活过程和活动"进行研究，首先就需要对基本的劳动大众的现实生活过程和活动进行研究，因为唯物史观本来就是"在劳动发展史中找到了理解全部社会史的锁钥"② 的历史观；弄清了劳动大众的实际生活过程和活动方式，才能理解该时代的社会结构和国家制度，因为"以一定的方式进行生产活动的一定的个人，发生一定的社会关系和政治关系，经验的观察在任何情况下都应当根据经验来揭示社会结构和政治结构同生产的联系，而不应当带有任何神秘和思辨的色彩。社会结构和国家总是从一定的个人的生活过程中产生的"③；把劳动大众的生产生活方式和他们的物质生产能力的发展过程弄清楚了，社会结构和政治结构的特征及其演变的奥秘也就不难揭开了；这样，历史发展的阶段性及其规律性也就揭示出来了。

正是从这个角度上看，我认为 80 年来的古史分期探讨的最大成就，就是把夏、商、西周时代社会基本生产者的身份、地位、实际生活过程及其在春秋战国之际的变迁的基本历史轮廓大体上弄清楚了。各家论证，尽管看起来分歧仍然很大，其实在两个关键点上，认识已进一步趋于一致，或为取得一致认识打下了基础：其一是，夏、商、西周时代的基本生产者——"众人"、"农夫"、"庶人"等等，一般都保持着氏族或宗族组织，有的甚至与国王、贵族属于同一个家族或宗族。这就决定了他们具有双重的身份和地位：一方面，作为宗法制国家的家族、宗族的成员，他们被宗法制国家的"总家长"——国王视为自己的"子民"，要对他们施行"亲"、"媚"、"养"、"教"、"保"、"惠"等等"仁政"，其中属于"国人"下层和"平民"上层那一部分"众人"或"庶人"，还可以出席"万民"大会，就国家大事表示态度，参与家族、宗族的祭祀、军事、喜庆宴饮等等活动；另一方面，作为宗法制国家的被统治阶级成员，他们处于"总家长"和各级族长的绝对权力支配之下，不但要无条件地承担各种力役和贡纳，还被国王、贵族当作"人

---

① 《马克思恩格斯选集》第 1 卷，人民出版社 1995 年版，第 74 页。

② 《马克思恩格斯选集》第 4 卷，人民出版社 1995 年版，第 258 页。

③ 《马克思恩格斯选集》第 1 卷，人民出版社 1995 年版，第 71 页。

鬲"进行赏赐、交易，一旦违背"总家长"或各级族长的意志，就要受到无情的惩处，直至"殄灭"其族。其二是，夏、商、西周时代的"众人"、"农夫"、"庶人"等的生产生活方式及其在春秋战国之际的发展演变脉络已经探索得比较清晰了：各方面的研究都可以证实，夏、商和西周时代确实普遍实行集体协作的劳动方式，到春秋战国之际，这种集体协作的劳动方式逐渐被个体耕作劳动方式取代，由此引起了一次巨大的社会变迁。有了这两点基本的共识，就为取得最终的一致认识打下了坚实基础。

春秋战国之际确实发生了这样一场社会大变革，对此，我国史学界实际上没有分歧。长期以来存在的分歧主要是如何界定这场大变革的性质：一种意见认为是从奴隶制转变为封建制的大变革，另一种意见则认为是从封建领主制转变到封建地主制的大变革，或认为是从"宗法封建制社会"步入了"地主封建制社会"的变革，或认为是从"村社封建制社会"转向"地主租佃制的封建社会"的变革。笔者觉得，这个分歧并不特别重要。最重要的是，经过80年来几代人的求索，对西周社会和春秋战国之际的大变革的历史真相已经揭示得越来越清晰了，已经比较清晰地展示出，这段历史过程是生产力与生产关系、经济基础与上层建筑的矛盾运动推动社会从低级向高级发展的普遍规律的具体展现。在这些基本点上，史学界的认识已经越来越趋于一致了。马克思、恩格斯揭橥的"劳动发展史"和劳动者"个人本身力量发展的历史"①的普遍规律的脉络已经从中国历史进程中比较清晰地勾勒出来了。也就是说，这个阶段上的中国历史发展演变的规律性已经大体上揭示出来了。实际上这就是80年来"分期"或"断代"问题讨论的最大成果。余下的问题只是给西周（及其以前的夏、商）社会和春秋战国之际的社会大变革确定一个什么名称较为合适的问题。

如前所述，名称界定上的争论之所以长期得不到解决，一个重要原因是，人们无论说奴隶制或封建制，都往往容易把马克思、恩格斯论述的西欧的奴隶制或封建制作为"典型"，以此来衡量夏、商、周时代的"众人"、"农夫"的身份、地位，结果总是"又像又不像"，由此引起无休止的争辩。要摆脱困境，必须抛开那个"典型"，立足于中国自身

---

① 《马克思恩格斯选集》第4卷，人民出版社1995年版，第258页；第1卷，第124页。

的历史特性，作出自己的判断。

马克思、恩格斯论述奴隶制和封建制时，狭义上仅仅指希腊、罗马的奴隶制和中世纪西欧那种"拉丁—日耳曼封建制"，而且说明那是不适合于亚洲的。但在广义上，他们有时把奴隶制视为劳动者毫无个人独立地位或人身完全被占有的状态。如马克思在论述印度的农村公社时指出："这些小小的公社带着种姓划分和奴隶制度的污痕。"① 恩格斯曾说："在亚细亚古代和古典古代，阶级压迫的主要形式是奴隶制，也就是说，群众不仅被剥夺了土地，甚至连他们的人身也被占有。"②

西周时代的"众人"、"庶人"被周王作为赏赐品、被贵族作为交易品的记载，屡见于众多的铭文和文献，充分表明他们确实毫无个人独立地位，他们的人身完全被统治阶级占有。正是在人身被完全占有这个意义上，我倾向于同意把夏、商、西周社会视为奴隶制社会。但这种奴隶制与古希腊、罗马的奴隶制极不相同。它是一种包裹在家族、宗族的温情脉脉的外壳之中的奴隶制。这就是前面说的殷周时代的"众人"、"农夫"、"庶人"具有双重身份和地位的奥秘所在。这也许是马克思称之为"普遍奴隶制"的用意所在。

相比之下，经过春秋战国之际的社会大变革，秦汉以后的农民，身份地位有了明显提高：由原来人身完全被占有的"众人"、"庶人"上升为有一定独立地位的国家"编户齐民"。他们对官府、地主还有一定的人身依附关系（或为"君父"、"父母官"的"子民"，或为豪绅、地主的"部曲"、"佃仆"），但已经是不完全的人身占有了。在这个意义上，称之为封建依附关系，是言之成理的。不过，这种封建依附关系与西欧那种"拉丁—日耳曼封建制"也是极不相同的。

我们说，经过80年来几代人持续不断的百家争鸣和艰苦求索，在中国古史分期问题上，已经在一些根本性问题上逐渐取得相当程度的共识，或为取得共识打下了坚实基础，当然也只是相对而言的，实际上仍然存在着不少的分歧。任何一家之言都不能人为地定为最后定论。只有继续通过百家争鸣，才能逐步地、自然地达成共识。不过，既然在一些根本性问题上已经取得了共识，或已经为取得共识打下了坚实基础，只

---

① 《马克思恩格斯选集》第1卷，人民出版社1995年版，第766页。
② 《马克思恩格斯选集》第4卷，人民出版社1995年版，第391页。

要沿着唯物史观指引的方向继续深入探讨下去，达到整体性的共识，似乎已经不太遥远了。

正因为此，我们要大声疾呼：必须充分肯定从郭沫若开启端绪以来的古史分期求索的成果，并在此基础上继续前进，倒退、逆行绝不可取。

近代中国爱国主义的历史特点

中国人民大学教授 李 文 海

爱国主义是我们中华民族的优良传统。几千年来，我国人民的爱国主义精神从来就是推动祖国社会历史前进的一种巨大力量。作为一种伟大的凝聚力和向心力，它使中华民族能够经受住无数自然的、社会的难以想象的困难和风险的考验。当然，爱国主义又是一个历史的范畴。在我国历史发展的长河中，爱国主义的具体内容，是随着历史条件和历史阶段的变化而发展变化的。在鸦片战争以前的封建社会阶段，总的说来，爱国主义主要是同反对分裂、反对民族压迫、反对统治阶级内部昏庸腐败和封建专制的斗争相联系的。

历史进入近代之后，爱国主义又增加了新的内容和特点。它主要表现为对外反对殖民主义和帝国主义的侵略，捍卫祖国的独立和领土完整，对内反对同列强相勾结、出卖祖国利益的反动统治阶级，要求改变造成祖国贫弱、阻碍祖国振兴的封建专制制度。当中国无产阶级产生了自己的先锋队，独立地登上了政治舞台，并成为中国各族人民的领导力量以后，爱国主义运动也发生了伟大的飞跃。它不仅以反帝反封建作为自己的斗争目标，而且同争取中华民族的彻底解放，实现祖国的社会主义前途紧密联系起来，同维护世界和平联系起来。从此，中国人民的爱国主义发展到了一个崭新的历史阶段。

中国近代的爱国主义具有鲜明的历史特点。其主要内容是：

第一个历史特点：对"振兴中华"的执著追求同英勇无畏的牺牲精神和献身精神的统一。

近代中国的爱国者，面对着国家民族被侵略、被奴役、被凌辱的悲惨现实，无时无刻不在梦寐以求着中华的振兴。但是，他们并不是一群高谈阔论的空想主义者。他们脚踏实地，用自己的全部聪明才智，为国家的美好未来而奋斗。只要需要，他们可以牺牲个人的幸福和利益，必要时甚至可以牺牲自己的生命。中国近代史上第一位民族英雄林则徐，为了坚持正义的禁烟运动，为了坚持抗击英国殖民主义的野蛮武装侵略，即使被道光皇帝革职查办，甚至发配到新疆，也仍然以国家民族利益为重，一往无前，不改初衷。他的著名诗句："苟利国家生死以，岂因祸福避趋之"，就很好地反映了他忠贞不二的爱国情操。

为着"救亡"而矢志改革的梁启超，在戊戌维新运动失败之后不久，曾经讲了这样一段话："今夫所谓爱国之士，苟其事有利于国者，则虽败己之身，裂己之名，犹当为之。今既自谓爱国矣，又复爱身焉，又复爱名焉，及至三者不可得兼，则舍国而爱身名，至二者不可得兼，又将舍名而爱身。吾见世之所谓温和者，如斯而已，如斯而已！"（《戊戌政变记》卷3）

梁启超所批评的"所谓温和者"，是指李鸿章、张之洞等洋务派。当时，他们和康有为、梁启超等维新派，都以"爱国"相标榜，也都倡言"变法"。有些人认为二者的区别只是在于洋务派主张"温和"地改革，维新派主张"急激"地改革。梁启超对此作了驳正，强调指出他们之间的区别在于在国家利益和个人私利之间把什么放在第一位。梁启超在这里实际上提出了一个重要原则：如何处理爱国、爱名、爱身的关系，是区分真爱国主义、假爱国主义的试金石。

中国近代史上出现过一批又一批爱国的志士仁人：有的是在反侵略的民族战争中洒血疆场的将士，有的是勇敢探索富强之路的改革者，有的是对封建旧秩序进行武器批判的革命先烈，也有的是为创造和传播先进的科学文化而呕心沥血的学术人物。尽管他们的斗争业绩和历史贡献各不相同，但有一点是共同的，那就是他们对祖国、对民族、对人民，都有一种执著而真诚的献身精神。他们的爱国并不以爱名、爱身为前提，相反，他们把自己的一切包括宝贵的生命，统统奉献给了伟大而苦难的祖国。

爱国者并不是没有觅取个人名利权位的机缘和条件。梁启超在谈到他的老师、同志康有为时说，以康的才力学识而论，如果他"曲学阿世"，不难在封建宦途上飞黄腾达，安富尊荣。但他并不受名缰利锁的羁绊，决心为争取国家的进步，"逆势而与社会战"，虽遭受"奇险殊辱"，也"无所于挠，锲而不舍"（《康有为传》）。康有为的选择，表现了一个爱国主义者视富贵如浮云、履崎岖若坦途的情操和勇气。

他们也并不是没有一己的眷顾和爱恋。著名的同盟会员方声洞，在参加黄花岗起义的前夕，写给他父亲的诀别书中，满怀深情地叙说了对家庭的系念，同时又慷慨从容地剖白了为国捐躯之必要。他在信中说："夫男儿在世，不能建功立业，以强祖国，使同胞享幸福，虽奋斗而死，亦大乐也；且为祖国而死，亦义所应尔也。儿刻已念有六岁矣，对于家庭，本有应尽之责任，只以国家不能保，则身家亦不能保，即为身家计，亦不能不于死中求生也。"他反复要求他父亲"以国事为心，勿伤儿之死"（《方声洞传》）。后来他果然在这次战斗中英勇牺牲。同时就义的另一位革命党人林觉民，在起义爆发前夕给妻子写的一封绝笔书中说："吾至爱汝，即此爱汝一念，使吾勇于就死也。吾自遇汝以来，常愿天下有情人都成眷属。然遍地腥云，满街狼犬，称心快意，几家能够！""吾充吾爱汝之心，助天下人爱其所爱，所以敢先汝而死，不顾汝也。"（《林觉民传》）爱国主义的民族英雄不是铁石心肠的无情汉，他们对自己的父母妻子，有着炽烈的爱。但是，在爱祖国与爱一己的对立面前，他们心甘情愿地忍受着与亲人生离死别的苦痛，使自己的家人骨肉之爱服从于和融化于对国家民族之爱。

在一个文艺作品中，有一位主人公曾提出过这样的问题："我爱祖国，但祖国爱我吗？"后来，这个问题颇为一些人津津乐道。如何看待这个问题，我以为还是结合中国近代史上的事例来回答。在旧中国，爱国是"有罪"的，因为爱国就不能不同统治着中国并把它拖上了绝境的帝国主义和封建势力作殊死的斗争。因此，要爱国，就必须准备承受反动势力的侵袭打击，甚至要冒坐牢杀头的风险。在那个时候，任何一个真诚的爱国主义者，从来不期待自己振兴祖国的努力会换得祖国对自己有什么报偿。对于许多人来讲，他们清楚地知道祖国的独立富强是无法亲眼看到的，但他们坚信，自己的努力将会为这一天的早日到来创造条件。辛亥革命时期领导安庆起义的革命党人熊成基，被清政府逮捕后，在狱中写下了这样的话："我今早死一日，我们之自由树早得一日鲜血，早得血一日，则早茂盛一日，花方早放一日。"（《熊烈士供词》）这短短的几句话，生动而鲜明地反映了一个爱国主义者的伟大胸怀。正如大家所知道的，共产党人为了爱国而救国，不惜抛头颅洒热血的事例，是数不胜数的。

这种充溢着献身精神的爱国主义，同那种口头上高唱"爱国"，但一遇到爱国、爱名、爱身"三者不可得兼，则舍国而爱身名"的假爱国主义，是不可同日而语的。爱国主义是一种崇高的思想感情，它同任何市侩心理都格格不入。如果心里老装着一架利己主义的天平，时刻盘算着对祖国的贡献同国家的报偿之间是否"等价"，甚至有时还发出诸如"我爱祖国，但祖国爱我吗？"之类的责难，那就不但愧对历史上的爱国志士，而且也亵渎了爱国主义。

第二个历史特点：强烈的忧患意识与坚定的民族自信心的统一。

近代中国社会是半殖民地半封建社会。帝国主义的野蛮蹂躏，封建主义的黑暗统治，把曾经创造了灿烂的物质文明和精神文明的中国推向了沉沦和毁灭的边缘。在这种情况下，"救亡"就成了近代爱国主义的主题，争取民族的生存和解放，追求祖国的独立和富强，就是这一历史阶段爱国主义的基本内容。

在近代历史上，国家民族的屈辱和危难每增加一分，爱国主义思潮的影响也扩大一步。一些重大的爱国运动，往往都是在我们国家民族存亡绝续的危急关头酝酿和爆发的。正是在这样的背景下，近代的一些爱国主义者，无不具有极为强烈的忧患意识，鸦片战争时期的民族英雄林则徐，在清政府被迫签订了第一个不平等条约《南京条约》后，就提醒人们"须防蚕食念犹纷"，并且悲愤地指出："正是中原薪胆日，谁能高枕醉屠苏！"戊戌变法的领导人康有为，把在帝国主义列强瓜分危机下的中国比喻为一个"枯干瘦羸，渐无精气"，病入膏肓的垂死老人；梁启超则把它比作一栋"瓦墁毁坏，攘栋崩析"，即将倾圮的千岁老屋。据梁启超自己说，甲午战争以后，他曾"日攘臂奋舌，与士大夫痛陈中国危亡朝不及夕之故"，希望"使吾四万万人者，咸知吾国处必亡之势，而必欲厝之于不亡之域。"伟大的革命先行者孙中山同梁启超一样，也曾把当时的国家比作一栋即将坍塌的大厦，忧心如焚地发出"强邻环列，虎视鹰瞵"，"蚕食鲸吞，已效尤于接踵；瓜分豆剖，实堪虑于目前"的呼喊。近代历史上无数志士仁人，正是为了挽救祖国的危亡而勇敢地投身到救亡斗争中去。"五四"运动、"一二·九"运动，以及无数热血青年奔赴抗日救亡的战场，都是在这个前提下发生的。

但是，近代的爱国主义者绝不是民族虚无主义者。他们痛彻淋漓地大声疾呼"国势危蹙"情状，是为了唤起人们的觉醒，激发人们的斗争勇气，而不是为了把我们的国家民族描绘得一团漆黑，一无是处，使人们看不到前途和希望，从而瓦解斗志，涣散士气。他们的忧患意识同炽烈的民族自豪感和坚定的民族自信心紧紧地交融在一起。梁启超下面的这段话，颇为典型地反映了二者的联系和统一："必有忧国之心，然后可以言变法，必知国之弱，由于守旧，然后可以言变法；必深信变法之可以致强，然后可以言变法。"孙中山认为，中国凭借"四百兆苍生之众，数百万里土地之饶"，只要奋臂而起，"振兴中华"，即可"发奋为雄，无敌于天下"；一旦推翻了封建专制主义的统治，中国一定能够在经济发展中取得"异常之速度"，不但可以"举西人之文明而尽有之"，而且可以胜过和超过他们。不难想象，如果近代的爱国志士们没有对祖国和人民的美好未来的热切向往和坚定信念，他们是不可能如此义无反顾地将自己的一切无私地奉献给祖国母亲的。

第三个历史特点：抵抗侵略与向外国学习的统一。

大力提倡爱国主义，会不会导致狭隘民族主义的滋长，民族虚骄心理的复归，甚至重新走闭关锁国的老路，影响改革开放呢？

近代爱国主义历史发展的具体实践，已经对此作了清楚明确的否定回答。这正好涉及近代爱国主义的第三个历史特点，即抵抗侵略与向外国学习的统一。

近代中国是个半独立国家，绝大多数的爱国人士都懂得，不抵抗外国资本主义和帝国主义的侵略，不首先争取国家的独立和民族的解放，祖国的进步和富强就没有必要的前提条件。人们正是在围绕着争取祖国独立而展开各式各样的爱国行动的。在近代历史上，对于中华民族任人宰割的"腥风血雨"黑暗岁月的悲愤填膺的揭露，对于帝国主义强盗残杀掠夺中国人民的撕肝裂胆的控诉，都曾经极其强烈地激发起人们的爱国热情，振奋起人们的革命精神。

但是，近代的绝大多数爱国主义者，并没有把抵抗外国侵略同向外国学习对立起来。改变祖国贫弱落后的迫切愿望，开阔了他们的胸怀，使他们努力在历史条件所许可的范围内认真吸取世界各国的优秀的文明成果。

林则徐对发动罪恶的鸦片战争的英国殖民主义者的英勇斗争，谱写了近代爱国主义的第一曲乐章，同时，他也是近代中国睁眼看世界的第一人，深信为了有效地抵抗侵略，必须知己知彼，了解西方。他通过同外国人的直接接触和阅读西方书报，获得了不少有关西方国家政治、军事、经济、史地等方面的知识，并辑译了《四洲志》、《华事夷言》、《各国律例》等资料。和林则徐同时代的魏源，在林则徐的启发、影响下，提出了"师夷之长技以制夷"的主张，这个主张简洁明了地表述了抵制外国侵略和学习外国"长技"的相互关系。

太平天国运动时期，后期"总理朝纲"的干王洪仁玕，为了能够"与番人（指外国人）并雄"，写作了《资政新篇》，提出了一系列学习外国政治经济制度的建议，这些建议得到了天王洪秀全的赞同和支持。这表明，即使是农民阶级的政治代表，为了祖国的富强，也并不拒绝学习外国某些有益的东西。与此同时及稍后一段时间，封建统治阶级中的某些有识之士和一批关心祖国命运的爱国知识分子，也不断提出学习西方先进科学技术的主张，并在一些方面付诸实践。

19世纪末叶发生的戊戌维新运动，既是一次具有鲜明爱国色彩的救亡斗争，又是一场按照资本主义蓝图来改造封建统治的政治改革。维新派的信条是：要救国，只有维新；要维新，只有学外国。在他们的政治纲领和政治实践中，救亡图存同学习外国的先进经验是逻辑地、内在地统一在一起的。

戊戌变法失败之后，资产阶级革命派领导的革命斗争蓬蓬勃勃地开展起来，在20世纪的最初10年中，逐渐成为爱国运动的时代主流。爱国主义成为资产阶级革命派动员群众、宣传群众的一个最主要也最有力的武器。资产阶级革命派在淋漓尽致地揭露帝国主义列强对中国"割要地，租军港，以扼其咽喉；开矿山，筑铁路，以断其筋络；借债索款，推广工商，以吮其膏血；开放门户，划势力圈，搏肥而食，无所顾忌"的侵略罪行的同时，十分强调要敢于和善于学习世界各国的长处。他们针对有些人认为既讲爱国，就不应该向自己的民族敌人学习，"一言学人则骂之耻之"的论调，进行了很有说服力的反驳。如著名爱国宣传家陈天华说："须知要拒外人，须要先学外人的长处。""凡他种种强过我们的事件，我那一件不要学他的呢？不把他们的好处学到手，可抵得住他吗？"他们强调，中国今日，不应当以学人为可耻，相反，应当以不学为可耻。那种认为学习外国就是丢了脸面的"高论"，"固欲中国之束手以待列强之烹割而已"。

如果说在近代历史上的绝大多数爱国主义者，都能正确地处理和对待抵抗侵略和学习外国的关系，那么，对于我们一直坚持爱国主义与国际主义相统一的马克思主义者来说，当然就更应当把弘扬爱国主义同坚持改革开放辩证地统一起来。目前正在进行的社会主义现代化建设，是"振兴中华"的宏图大业，实现这个空前伟业，需要立足于中国的实际，一方面继承和发扬中华民族的优秀文化传统，一方面注意学习和吸收世界各国人民在历史上包括在资本主义制度下创造的优秀文明成果。敢于和善于吸取世界各国的文明成果，这也正是一个民族具有自信心的表现。

第四个历史特点：炽烈的"报国之志"同冷静探索"强国之路"的统一。

爱国主义作为人们对于"生于斯，长于斯，衣食于斯"的祖国的一种神圣的感情，在近代历史上曾经最大限度地团结了各种社会力量，为祖国的前途和命运进行了积极的斗争。在各个不同历史时期，在各种不同的战斗岗位上，无数仁人志士，受到爱国主义这一强大精神力量的鼓舞和推动，把自己毕生的精力投入捍卫祖国独立和追求祖国富强的伟大斗争中去。其中，有在帝国主义列强的武装侵略面前不畏强暴、奋起抵抗不惜英勇献身的战士，有为了争取祖国的发展和进步而同反动腐朽的封建势力进行殊死搏斗的改革者和革命者，有为维护民族的团结和祖国的统一而作出了重大贡献的杰出政治家，也有为发展祖国的民族经济、民族文化而殚精竭虑的实业家、教育家、文学家、艺术家、科学家。至于更多为祖国的利益而牺牲一己私利的无名的爱国志士，就更是无以计数了。

所有这些具有炽烈的"报国之志"的爱国者，由于历史条件的限制，在从鸦片战争到"五四"运动的整个旧民主主义革命时期，如果以单个的个人来说，不论其事业有多大的成就，以"救亡"这个近代爱国主义的主题来衡量，似乎都是"无力回天"的悲壮的失败者。也就是说，任何一个杰出的爱国英雄、任何一次伟大的爱国运动，都没有能争取到祖国的独立，没有能真正解除民族危殆的险恶处境。但是，也正是这些此呼彼应、前仆后继的爱国者连绵不绝的斗争，才使得近代中国在那么多帝国主义的军事的、政治的、经济的、文化的各种手段的侵略面前，没有被瓜分，没有出现亡国灭种的悲惨局面。在这个意义上，近代的无数有名的和无名的爱国者，真正是"中国的脊梁"。

爱国主义是一个历史范畴。如同毛泽东同志所说的："爱国主义的具体内容，看在什么样的历史条件之下来决定。"在近代社会，爱国主义的历史发展，始终同对于"强国之路"的艰难探索紧密联系在一起；随着对于中国社会发展道路的认识的一步步提高，爱国主义的内容也一步步得到丰富和发展。

从鸦片战争、太平天国运动一直到辛亥革命，随着时代的变化，爱国主义的内容也不断丰富、发展。到辛亥革命时期，以孙中山为代表的资产阶级革命派，把近代历史上的爱国主义提高到一个新的水平。他们把爱国主义与民主主义相结合，在历史上第一次从革命立场阐明爱国与"忠君"的区别，把爱国与推翻封建专制主义政权统一起来。他们不仅要求在政治上改造中国，而且要求在经济上建设中国，真诚地追求祖国的繁荣昌盛，把民族独立与国家富强相统一起来。他们鲜明地反对国家分裂，要求国家统一，指出中华民族"有统一之形，无分割之势"，只有国家的"统一独立"才有国家的"兴盛"。他们不是把祖国看做一个抽象的概念，而是把数万万同胞看做是祖国的实体，热爱、关怀人民群众，真诚地为谋取人民幸福而献身。最后，他们把中国的民族运动同世界被压迫民族的民族运动相互联系起来，争取与世界各民族平等相处，以达到"大同之治"。

但是，辛亥革命虽然推翻了清朝封建君主专制的统治，却并没有找到解救中国的正确道路。于是，真诚热爱祖国的先进的中国人，继续进行冷静而又痛苦的探索，终于经过伟大的"五四"运动，经过中国共产党的成立，使中国人民接受了马克思主义，选择了社会主义这个唯一能够救中国的历史道路。从那以后，随着革命性质的变化，爱国主义也发生了新的升华，进入了一个崭新的历史阶段。

这也正是我们今天强调在当代中国，爱国主义与社会主义本质上是统一的一个历史依据。

如何认识近代中国的反侵略问题

——与一些流行的观点商榷

中国社会科学院近代史研究员　张海鹏

鸦片战争以后的近代中国，存在一个资本—帝国主义侵略中国，和中国人民、中国政府反侵略的事实。这是近代中国历史上的一个基本事实。凡是上过中学历史课的人，无不知道这个历史事实。中国的历史学界，特别是中国的近代史学界，也在努力通过学术的研究，以大量的历史资料，从史学的规范上论证这一事实，重建这一历史事实的本来面目。这是众所周知的。其实，不仅 1949 年以后中华人民共和国的历史书是这样写的，1949 年以前很长时间里，许多历史著作也都是这样写的。就是今天西方国家的历史学家，在研究中国的近代历史的时候，也都承认近代中国的这一基本历史事实。已故著名美国历史学家费正清主编的《晚清中国史》，也大体上如实地记载了这个历史事实。

但是，在最近 20 年来，在国家进入史无前例的空前规模的现代化进程的时候，在我国的思想界、学术界，却出现了挑战这一历史事实的种种议论和见解。

1986 年，有一个刊物发表文章，提出一种见解说，鸦片战争打开了中国的大门，"资本主义终于打入了封建主义禁锢着的神圣王国"，是好事，应当大恨其晚，如果来得早一点，"我们中国就远不是如此的面貌了"。这种观点还认为："科学是无国界的，文明是无国籍的。难道为了'抗拒'外国，宁肯让我们中华民族退到刀耕火种不成？"① 它似乎要告诉人们：由于资本主义文明是先进的，资本主义列强侵略落后

---

① 吕兴光：《应当如何认识近代史上的"开关"》，《北方论丛》1986 年第 3 期。

的封建中国时，中国只能敞开大门让其侵略，绝不能反抗。这样提出问题，不仅涉及怎样看待资本—帝国主义侵略对中国社会历史发展的作用，而且涉及中国人民要不要抵抗外国侵略的问题。这当然是一个极为严肃的问题。

1989年，又有人提出，中国如果经历过300年殖民地，中国就现代化了。说这种话的人，似乎认为中国近代只经历了一百多年的半殖民地，不过瘾，如果对外来侵略不抵抗，经过300年殖民地，何须现在搞什么现代化，中国在殖民地时代早就现代化了。

后来又有人说，鸦片战争时期，中国人应该学习日本的"黑船"事件，对美国的侵略不抵抗，中国就更好了。

今年1月，又有某教授在中国青年报冰点栏目发表《现代化与历史教科书》一文，集中评论中国近代史上的反侵略问题，引起广泛关注。这篇文章名义上针对我国中学历史教科书，实际上是针对我国学术界研究中国近代史所取得的基本结论。笔者尊重作者发表见解的权利，但不赞同作者的见解。为此，笔者曾在中国青年报冰点栏目发表《反帝反封建是近代中国的历史主题》一文，对上述文章加以评论。

以上简略介绍了最近20年来在近代中国反侵略问题上的几种主要不同意见。下面，针对流行的这些不同观点做出一些分析，再分析一下产生这些不同观点的思想上的原因，或者还稍微涉及中国近代史研究的方法论问题。

一　关于近代中国的"开关"：传播文明与侵略的辨正

20年前，有文章讨论所谓"开关"问题，认为英国以资本主义文明打开中国的大门，如果中国不抵抗，中国早已是现代化了。多出几个林则徐似的英雄也没有用，不过延缓中国接受资本主义文明的时间罢了。这是改革开放以后最早提出的近代中国不要抵抗侵略的见解。

显然，这是把资本主义文明的传播与侵略行为的关系弄混了。1847年，在欧洲资本主义发展的上升期，马克思、恩格斯合著了著名的《共产党宣言》，在这篇名著里，马克思主义的创始人不仅预言了资本主义的必然灭亡，共产主义的必然实现，而且高度评价了资本主义在历史发展进程中的积极作用，指出了资本主义正在世界各地推广它的制度。但是，马克思、恩格斯从来没有批评或者剥夺落后国家抵抗资本主义文明侵略的任何手段，而是高度称赞这种抵抗侵略的正义性。他们是把资本主义生产方式的进步性和殖民主义侵略的野蛮性区分开来看待的。

　　资本主义生产力创造的物质财富比封建主义长期积累的财富还要多，这是事实。这就是说资本主义生产方式比封建主义生产方式进步。这是历史发展的辩证法。虽然近代中国的先进分子在逐步认清这一点后，在努力学习资本主义的生产方式和社会政治学说，但是，用大炮和鸦片来打开中国的大门，不能看作是一种文明的行为。即使是一种最好的制度也不能用武力形式强迫别人接受，就好像今天美国用最先进的武器在中东推行美国式民主，受到世界广泛质疑和反对一样。况且，美国式民主是不是具有普世价值，也是遭到广泛质疑的。英国用非法的鸦片走私和军舰、大炮强行打开中国的大门，以便进行野蛮的掠夺。这是中国被迫开关的直接原因。鸦片贸易是赤裸裸的掠夺，不带有任何传播资本主义文明的性质。西方有些学者把鸦片战争称之为"争取平等通商权利的战争"，而讳言鸦片对中国人民的毒害，是出于对殖民主义侵略的辩护，是对可耻的鸦片贸易的美化。在这里，武力打关、鸦片走私和侵略几乎是同一含义。它给中国带来了什么后果呢？除了《南京条约》成为此后资本帝国主义侵略中国并与中国签订一系列不平等条约的范本，使中国走上半殖民地半封建的道路，因而从一个重要方面规定了此后中国历史发展的方向外，并没有立即给中国带来资本主义。资料表明，"开关"以后二三十年间，列强为了侵略的需要，虽在中国的开放口岸建立了若干加工工业和修造业，但都不是直接影响中国国计民生的大规模的资本主义企业。这些企业对中国封闭似的自给自足的小农经济的影响是微乎其微的。英国那时开始工业革命还不到一个世纪，它的经济实力还不允许它向中国大量输出资本主义的生产技术，所关心的主要是通过超经济的办法实现其对华掠夺。就贸易关系而言，这期间进口的棉布和棉纱较之鸦片战争前，有的只略有上升，有的甚至减少了。列强对华进行经济掠夺最得心应手的手段仍然是鸦片贸易。鸦片在中国的进口贸易中仍占第一位，由于从非法转到公开，进口数量成倍增长。后来中国兴起近代工业，当然与"开关"后西方资本主义的影响有直接关系，但主要决定于中国内部日益滋生着的实际需要。资本帝国主义的入侵，绝不是要把落后的中国变成先进的中国，而是要变成它们的半殖民地或殖民地。中国资本主义是在封建主义和帝国主义的夹缝中艰难成长的。帝国主义不是要中国发展成为它的商品竞争对手，而是要中国成为它的原料供给地和商品市场。因此，它既要在中国适当发展资本主义，又要使中国基本上保持传统的生产方式。中国资本主义之不能迅速发展和自给自足的封建经济不能迅速解体，是与帝国主义在华的政治经济利益相合拍的。资本帝国主义的侵入，并没有给中国带来资本主义大发展的前景。它对中国资本主义的发展虽然起到了某些促进的作用，更主要的是起了阻碍作用。

因此我们说，所谓鸦片战争，是英国发动的侵略中国的战争。清政府反击英国的侵略是正义的，虽然这种反击失败了。

二　第二次鸦片战争的发生：主要不是修约和广州入城问题，而是侵略和反侵略问题

批评中学历史教科书的作者把"让英国官员和商人可以自由进入广州城"（即外人入城问题）和修约问题作为引发鸦片战争的两条根本原因。[①] 其实，入城问题和修约问题只是两个表面原因，不是根本原因。根本原因是资本主义侵略者的利益最大化未能得到满足。《南京条约》等一系列不平等条约签订后，西方列强虽然从中国取得了许多特权，但还要取得更多的特权。他们还要求在中国实现鸦片贸易合法化，要求在中国全境通商，要求在北京设立使馆。澳大利亚社会科学院院士黄宇和教授近年的最新研究成果证明，英国之所以发动这场战争，很大程度是要强迫清政府把鸦片贸易合法化，以保障当时英国在华最大的经济利益——鸦片贸易。[②] 谋求在华的全面经济与政治利益，这是他们的根本利益所在。这个根本利益拿不到手，新的一场侵略战争迟早是要爆发的，问题只在发动战争的时机和借口而已。这个根本原因，我国中学历史教科书清楚记载着："鸦片战争以后，英、法、美三国不满足既得利益。他们企图进一步打开中国市场，扩大侵略权益。1954 年夏，英国首先提出修改条约的要求，谋求增加沿海通商口岸、允许外国人在内地自由贸易等特权。"[③] 这样的写法，简明地写出了发动第二次鸦片战争的真正原因，揭示了历史事件本来面目，是符合历史事实的。

---

① 袁伟时：《现代化与历史教科书》，《中国青年报》2006 年 1 月 11 日。

② 参见 J. Y. Wong, *Deadly Dreams*：*Opium*，*Imperialism*，*and the* '*Arrow*' *War*（1856—60）*in China*，Cambridge University Press，1998。

③ 人民教育出版社历史室编：《中国历史》第 3 册，人民教育出版社 2001 年版，第 44 页。

　　有人以为，从今天的角度看，修约和入城问题，小事一桩，都不应该成为问题，为什么要反对呢？这样的认识，是缺乏历史知识的表现。

　　要求修约，是西方列强企图从中国拿到更多权益的策略手段，换句话说，是进一步扩大对华侵略成果的策略手段。早在 1853 年，英国就利用最惠国待遇和中美《望厦条约》有关 12 年后贸易及海面各款稍可变更的规定向中方提出修约要求。《望厦条约》即中美《五口贸易章程：海关税则》，是中美之间缔结的一项商约。它的第 34 款规定："合约已经议定，两国各宜遵守，不得轻有更改；至各口情形不一，所有贸易及海面各款恐不无稍有变通之处，应俟十二年后，两国派员公平酌办。又和约既经批准后，两国官民人等均应恪遵，至合众国中各国均不得遣员到来，另有异议。"① 这里非常明确地规定了《望厦条约》"不得轻有更改"，中美两国"均应恪遵"，美利坚联邦各州（"至合众国中各国"）不得派人前来对此另有异议。在什么情形下可以在 12 年后"稍有变通"呢？条件只是因为"至各口情形不一"，涉及贸易及海面各款时，可以稍加修订。这实际上指的只是细小的修订。美国以及各国清楚这一点，中方也清楚这一点。1855 年 5 月，美、英、法三国公使先后照会两广总督叶名琛，要求在北京修订《望厦条约》，为此清政府指示说："各夷议定条约，虽有 12 年后公平酌办之说，原恐日久情形不一，不过稍为变通，其大段断无更改"②，清政府的认识是合理合法的，英、法、美各国都没有提出大段修改条约的权利；即使稍加修订，也需要通过外交途径，与清政府商议，"公平酌办"。如果清政府不同意修订，只好等待。以武力逼迫签订的条约是无效的。马克思曾经援引前任香港首席检察官致伦敦《晨星报》的声明，那份声明说："无论这个条约是怎样的，但既然英国政府及其官吏采取了强力行动，它早已失去了效力，因而大不列颠王国至少已没有权力享受这个条约所赋予它的优先权利和特权。"③

　　1853 年 5 月，英国政府训令驻华公使文翰提出修订《南京条约》问题，要他向中方提出：中国应毫无保留地给英国人开放全部城市和港口，英国人走遍全中国不受任何限制。其实，研究帝国主义侵华历史的学者早

---

①　王铁崖编：《中外旧约章汇编》第 1 编，三联书店 1957 年版，第 56 页。

②　《咸丰朝筹办夷务始末》第 13 卷，第 14 页。

③　转引自马克思《新的对华战争》，《马克思恩格斯选集》第 2 卷，第 4 页。

已指出，英国要求修订《南京条约》是没有任何根据的，因为《南京条约》是一项政治条约，不是商约，没有修订的规定；而修约本身不能包括在最惠国待遇之内。① 英国利用中国当局不了解欧洲人的国际关系知识，加以蒙哄和欺诈，清政府只有被牵着鼻子走了。

　　1854 年，英国、美国、法国都积极活动修约。法国驻华公使布尔布隆会见英国驻华公使包令后，认为包令正"十分急切地想以重要行动来标志他的到华，急于想一下子解决与一个极端复杂的任务有关的各项问题"②，这种说法是外交辞令，实际上是想以战争行动解决修约问题。但是对于英国来说，采取战争行动解决修约问题的时机没有成熟。最大的原因是，英、法联盟正与俄国为分割和奴役土耳其打着克里米亚战争，英国的军力布置在克里米亚战场上。1855 年，美国任命传教士伯驾为驻华公使，给伯驾的任务，是要他从清政府取得公使驻京、无限制扩大贸易以及取消对个人自由的任何限制等三项主要权利。伯驾知道，《望厦条约》只规定了 12 年后做细小的修改，但他认为："为了达到各国政府的最大利益，不仅细小的修改，而且激烈的变更是必不可少的"，为此"必须采取强硬手段"。伯驾在来华前，遍访了伦敦和巴黎外交部，取得了一致意见。1855 年 8 月，伯驾希望北上渤海湾，逼迫北京政府举行修约谈判。包令说："用孤单的行动而不伴以强大的军事压力，就没有希望从中国取得任何重要的让步。"③ 这就是说，用战争手段，达到逼迫清政府同意修约的目的，这已经是既定决策。关于这一点，我再引用下面的材料加以证明。研究远东国际关系的历史学家、苏联人纳罗奇尼茨基写道："还在 1850—1854 年，英国政府已在考虑对中国发动新的战争。1850 年 9 月 29 日，巴麦尊写道：很快就可以通过对扬子江下游重要据点的占领以及切断大运河的交通来对中国实行'新的打击'。他写道：'中国人在对唯一能使他们信服的论据——大棒论据退却以前，就不仅应该看到这根大棒，而且应该感到这根大棒确实打在自己的背上'。1851 年 9 月，巴麦尊询问包令究竟在什么时候最宜切断对北京的大米

---

　　① 中国科学院近代史研究所丁名楠等：《帝国主义侵华史》第 1 卷，人民出版社 1973 年第 2 版，第 118 页。

　　② W. C. Costin：*Great Britain and China* 1833—1860，p. 187；转引自丁名楠、余绳武等《帝国主义侵华史》第 1 卷，第 119 页。

　　③ 马士：《中华帝国对外关系史》第 1 卷，英文本，第 687 页。

供应，中止大运河和长江会合处的粮食运输。"① 战争已经逼近中国人的头上了，可惜当时的中国政府还浑然不觉。

1856 年 3 月，克里米亚战争结束。英国、法国、俄国作为克里米亚战场的对手，都把各自的军舰移师中国，在中国战场上成为合作的伙伴。这时候，马神甫事件发生了，亚罗号事件发生了。这便成为英、法发动对华战争的好借口。其实，殖民主义者要寻找侵略中国的借口是不难的。20 世纪初法国的研究者研究了资料后指出：包令"要向中国启衅，不愁找不到合法的借口；如果需要的话，他还有本领找到比劫持'亚罗'号更好的借口"②。这就是说，马神甫事件、亚罗号事件，只不过是英、法发动侵华战争的借口，发动战争是为了取得在谈判桌上拿不到的修约权利，而取得修约权利，则是为了在中国得到更大的政治、经济利益。这些利益，通过《天津条约》和《北京条约》都拿到了。清政府当时即使不懂得欧洲人的国际法知识，但是依据《望厦条约》的文字，不同意修约，实际上含有反侵略的意义，即使在今天的角度，也是应该加以肯定的。

外人入城问题，在当时是一个相当复杂的问题，绝不是像今天这样看起来是一个极为简单的问题。《南京条约》第 2 款："自今以后，大皇帝恩准英国人民带同所属家眷，寄居大清沿海之广州、福州、厦门、宁波、上海等 5 处港口，贸易通商无碍；且大英国君主派设领事、管事等官，驻该五处城邑。"这就是说，一般英国人（包括商人、传教士、旅行者及其家属）可以居住在港口，英国女王任命的外交官则可以住在城邑。中方认为，按中文字义，城邑不一定指城内，条约未给英国人入城的权利。《南京条约》英文本把中文本中的"港口"和"城邑"通通翻译成 Cities and Towns。英方认为 Cities and Towns 就可以指城内，因此，英国外交官和一般英国人都可以入城。中英双方在条约约文的理解上，发生了歧议。按照欧洲人的国际法，《南京条约》的两种文本（当时没有第三种文本）具有同等的法律效力。条约签字时未声明以哪种文

---

① 见 А. Л. Нарочницкий: Колониальная Понитика Капиташстических Держав на Дальнем Востоке 1860—1895, 第 71 页, 莫斯科, 1956 年。转引自中国近代史资料丛刊《第二次鸦片战争》第 6 册，第 18 页。

② H. Cordier: L' Expedition de Chine de 1857—1858, Paris, 1905, pp. 51—52. 转引自中国近代史资料丛刊《第二次鸦片战争》第 6 册，第 54 页。

本为准，在文本的解释发生歧义时，应允许各方各执己见。事实上，这两个文本都是英国提供的。英国人提供的中文约本，把港口和城邑区别对待，说明港口和城邑不是一处地方。这就造成了入城和反入城的同一法律来源的不同解释。在中方看来，英人要求全面履行条约的理由不充分。其实中国官方在英国的压力下，已经同意英国人可以入城。但是广州城厢内外社团、士绅坚决不同意英国人入城，甚至不惜开战，官方只得以"民情未协"为由，推迟入城的时间。有学者认为，入城并不能给英国人带来多少实际利益，英国人更多侧重于心理方面。在英国人看来，他们是"高等民族"，拒绝入城是对他们的污辱，他们企图用入城的手段来击垮清政府力图保持的"天朝"颜面。因此，从历史的角度看，广州民众的仇外情绪当时有其存在的合理性，广州民众反入城斗争当时有其发生的条件。① 这个评论是客观、公允的。反入城斗争坚持了差不多15年时间，中英之间有多次交涉，这样复杂的事件，要在中学历史教科书里解释清楚是难以做到的。历史教科书的编者从少年学生的接受程度出发，不讲入城、反入城问题是可以理解的。从今天的角度看，如果发生类似入城问题，完全可以拿到谈判桌上加以讨论，或者签订补充协议，加以明确规定，用不着使用战争手段。在当时英国炮舰政策下，修约也好，要求入城也好，都是一种侵略手段。

除了修约和反入城问题以外，还有一个大沽口作战的问题。当法国人知道清政府已经在大沽口设防，仍然决定与英国公使乘炮舰从大沽口溯白河到天津。法国公使布尔布隆报告法国政府说，他们不但能应付困难，并且预先要激起某些困难，使自己处于更加有利的地位。② 英国公使普鲁斯给英国政府报告说："我们不得不在天津给予中国政府另一次教训，……我一定要使清朝皇帝及其大臣相信：一旦我提出要求，就定要把它索取到手，如不顺从我的要求，我已准备凭借武力威胁来索取。"③ 普鲁斯声称"定行接仗，不走北塘"，坚持经大沽口溯白河进北京。英法联军在充分

---

① 参见茅海建《近代的尺度——两次鸦片战争军事与外交》，上海三联书店1998年版，第106、114页。

② 转引自丁名楠、余绳武等《帝国主义侵华史》第1卷，第147页。

③ 转引自丁名楠、余绳武等《帝国主义侵华史》第1卷，第148页。

准备下（仅英国舰队就有战舰、巡洋舰、炮艇共十余艘，士兵 2000
人），① 1859 年 6 月 25 日下午向大沽炮台突然发动进攻。大沽守军进行了
坚决回击，激战一昼夜，击沉击毁英法兵船十多只，毙伤英国士兵 464
人，法军 14 人，英国舰队司令也受了重伤，不得不狼狈撤走。英法军舰
首先向大沽炮台开炮，大沽守军回击，完全是正义的。不容置疑，大沽事
件的责任完全在侵略者一方。一贯同情被侵略国家的无产阶级革命领袖马
克思在 1859 年 9 月 13 日评论道："即使中国人应该让英国和平的公使前
往北京，那末中国人抵抗英国人的武装远征队，毫无疑义地也是有道理
的。中国人这种行动，并没有破坏条约，而只是挫败了英国人的入侵。"②

实际上，清政府已经同意在北京换约，并且安排了大臣到北塘迎接英
法公使，安排了沿途招待照料，在北京城内安排了公使住处。清政府从安
全出发，指定了公使进京的路线，规定可带随从，不准带武器。这些安排
完全合乎当时国际关系的准则。欧洲人制定的国际法没有规定可以携带武
器到他国首都去交换条约批准书。

三 关于义和团与八国联军侵华：义和团起义是
反侵略的行为，不是敌视现代文明

有人指责义和团的行为是"敌视现代文明和盲目排斥外国人以及外
来文化的极端愚昧的行为"，说义和团犯了反文明、反人类的错误，"这
些罪恶行径给国家和人民带来莫大的灾难"，是中国人不能忘记的国耻。③
对义和团的这种看法，显然不是历史主义的，对义和团的历史评价显然是
不公平的。义和团是农民的松散的组织，没有公认的领袖，也没有统一的
指挥，他们往往以坛口为单位，其主要的坛口有比较严密的组织纪律，比
较小的坛口，未必能够接受大的坛口的约束，在行动中难免有乱打乱杀的
现象。义和团以"扶清灭洋"为基本的口号，表现了反对帝国主义侵略
的精神和反帝斗争的原始形式，表现了中国人民朴素的爱国主义，是中国

---

① 参见中国社会科学院近代史研究所《中国近代史稿》第 1 卷，人民出版社 1978 年版，
第 197 页。

② 马克思：《新的对华战争》，《马克思恩格斯选集》第 2 卷，人民出版社 1972 年版，第
43 页。

③ 袁伟时：《现代化与历史教科书》，《中国青年报》2006 年 1 月 11 日。

人民民主主义革命的先驱。1955 年 12 月，周恩来总理在北京各界欢迎德意志民主共和国政府代表团大会上讲话，特别指出"1900 年的义和团运动正是中国人民顽强地反抗帝国主义侵略的表现。他们的英勇斗争是 50 年后中国人民伟大胜利的奠基石之一"①。这个评价，是符合近百年来近代中国的历史进程的实际的。当然，义和团的"灭洋"具有不可否认的笼统排外主义的倾向。所谓"灭洋"，是对洋人、洋教、洋货、洋机器，采取一概排斥的态度。为什么一概排斥？农民看到了鸦片战争以后，一系列不平等条约的签订加给中国的危害。义和团的传单说："只因四十余年内，中国洋人到处行。三月之中都杀尽，中原不准有洋人。余者逐回外国去，免被割据逞奇能。"② 他们表示："最恨和约，误国殃民。"③ 可见，农民已经认识到了帝国主义侵略的严重后果，同时也反映了那时的中国人对外国侵略的认识水平。那时的中国人（不仅是农民）还不能了解资本主义在世界历史上的作用，不了解资本主义生产方式比封建主义生产方式先进，他们把侵略中国的洋人与洋机器等同起来。对西方资本主义和资本—帝国主义侵略者有比较正确的认识，需要等到"五四"运动以后。因此，在看待义和团的历史作用的时候，要小心谨慎加以分析，不要在倒洗澡水的时候，把婴儿也一起倒掉了。这就是说，在义和团的斗争中，反映了农民的落后、愚昧的一面，这是脏水，可以倒掉；但是义和团的斗争所反映出来的反对外国侵略的精神的一面，是应该肯定的，如果把这一点也否定了，就等于是泼洗澡水，连同婴儿一起泼掉了。我们总结历史经验的时候，千万不要犯这样的错误。其实，这个问题，不仅农民如此。西方早期工人阶级也有这种情况。工人不能认识自己遭受剥削的原因，就痛恨机器，把机器砸了，也是常事。马克思、恩格斯指出过这种现象：工人阶级"不仅仅攻击资本主义的生产关系，他们攻击生产工具本身；他们毁坏那些来竞争的外国商品，捣毁机器，烧毁工厂，力图恢复已经失去的中世纪工人的地位"④。这是工人运动的初级阶段。列宁评论说："这是工人运动

　　① 周恩来讲话，见《人民日报》1956 年 12 月 12 日。
　　② 佐原笃介：《拳乱纪闻》，载中国史学会主编《义和团》一，上海人民出版社 1957 年版，第 120 页。
　　③ 同上书，第 112 页。
　　④ 《共产党宣言》，《马克思恩格斯选集》第 1 卷，人民出版社 1995 年版，第 280 页。

的最初的、开始的形式，而这种形式也是必要的。"① 我们不好说欧洲的工人阶级也是反对现代文明的吧。我们在这里是要阐述义和团的历史作用，不赞成无原则地为义和团辩护，也不赞成无原则地把义和团骂倒。我们只是说明在一定的历史条件下，会发生一定的历史事件；认识历史事件都要以一定的时间、地点为转移。

有人说："义和团烧杀抢掠、敌视和肆意摧毁现代文明在前，八国联军进军在后，这个次序是历史事实，无法也不应修改。"② 我们要问，作者在这里所说的这个次序，究竟是不是历史事实呢？我看不是历史事实。在义和团起事以前，列强在华瓜分势力范围、抢夺租借地，中华大地正面临被瓜分的危机。这是全世界都看到的事实，也是那时的中国人所忧心忡忡的事实。正是在这个令中国人忧心忡忡的事实面前，才有义和团的起事在后。难道这个次序不是客观事实吗？一些外国传教士、教民在中国各地的为非作歹，更是义和团起事的直接原因。19 世纪 60 年代以来，外国传教士蜂拥而至，各省都有外国教士的足迹。一些传教士霸占田产、抢占庙产、包揽词讼、干涉内政，"凌虐乡里，欺压平民"，处处引发与当地农民甚至官府的冲突。他们在中国自立门户，违抗法令，"直如一国之中，有无数自专自主之敌国者"。③ 因此，各地教案频发。1871 年天津教案就是一次大爆发。当时清政府就担心总有一天会激成重大的"祸变"。义和团起事就是 19 世纪 60 年代以来一次最大的教案。传教士固然有纯粹是为了传教而来到中国的，但是更多的传教士是打着传教的旗号，充当了帝国主义侵略中国、刺探情报的先头兵。一个英国传教士公开承认：列强派遣传教士"实无异于发强兵深入人地"④。美国公使田贝也承认："这些先锋队（指传教士）所收集的有关中国民族、语言、地理、历史、商业以至一般文化的情报，对美国的贡献是很大的。"⑤ 传教士、教会与中国乡民、官府的冲突，既是文化的冲突，也是物质利益的冲突，还有干涉主权与维护主权的冲突。到义和团起事的时候，这种民教矛盾就不是一般的民教冲突所能涵括的了。其

① 列宁：《社会民主党纲领草案及其说明》，《列宁全集》第 2 卷，第 86 页。
② 袁伟时：《现代化与历史教科书》，《中国青年报》2006 年 1 月 11 日。
③ 《筹办夷务始末》（同治朝），第 82 卷，第 16 页。
④ 宓克：《支那教案论》，第 2 页。
⑤ 《美国对外关系，1888》，转引自张海鹏《追求集》，社会科学文献出版社 1998 年版。

实当时一些西方人士也已经看出了这一点。奥国首都的一家报纸说："中国之痛恨教士，隐忍有四十余年矣。即以近六年而论，亦无时不觉洋人之渐食其肉也，又何怪其乘机滋事，思有以脱去洋人制压之痛哉。"① 北京教区西什库教堂主教、法国人樊国梁 1901 年在巴黎说："义和团运动的爆发，主要不是宗教性的，而是政治性的运动……义和团主要是赶走外国人，其所以杀教友，是因为他们视教友为'二等欧洲人'，'二等法国人'，视天主教的宣传是为适应我国的利益。"② 这里所引用的几段话，不仅清楚地说明了外国教士对中国的侵略性质，而且说明了义和团运动反对外国教士不是宗教冲突，而是政治运动的性质。

一个署名子乔的网友通过大量事实的举证，证明"义和团开始广泛宣传拆毁铁路、电杆，正是在列强以战争胁迫清政府镇压义和团的时候，而采取大规模实际行动，则正是在清政府镇压期间和八国联军战争期间"③。子乔在早前的评论中还指出，"从 1898 年至 1900 年 4 月底，除山东高密县外，各地义和团和其他民众并没有大规模的拆毁铁路、电杆的行为，连这类口号都较少；从 1900 年 4 月底至 8 月中旬，'义和团在京津地区和直隶、东北一些地方，广泛地掀起拆毁铁路、电杆和焚砸其它洋物洋货的活动，还采用遍贴传单的形式造成强大的宣传攻势'，而第一次大规模的实际行动，国内外学术界一致认为是从 5 月 27 日开始的。八国联军战争爆发后，不但义和团拆毁铁路，清政府也命令清军拆毁铁路以阻挡敌军；从 1900 年 8 月中旬北京陷落到 1902 年各地义和团运动失败，'拆毁铁路电杆的活动与宣传转入尾声，而日趋销声匿迹'"，"即便是在运动的高潮中，义和团也没有'逢洋必反'"。已有的这些行动，基本上与敌视现代文明无关。④ 这些举证，有力地说明了：列强侵略中国在前，义和团作出反应在后。据美国历史学家施达格在 1927 年前的研究，在"1900 年 5 月 31 日之前，在整个义和团运动中，在中国的任何地方，没有一个外国人是死在拳民手上的；唯一的一个就

① 王其渠辑：《有关义和团舆论》，载《义和团》四，第 243 页。
② 转引自马光普《樊国梁的一张布告》，《近代史资料》1963 年第 3 期，第 105 页。
③ 子乔：《就义和团运动的一些史实与袁伟时先生商榷》，http：//64.1.25.169/showthread.php？t=27664 注册日期：2006—01—27，引自天涯社区关天茶舍。
④ 子乔：《矫枉岂能过正——义和团运动史实述评》，世纪中国系列论坛 www.ccforum.org.cn/archiver/ 2005—10—13。

是卜克思先生在山东的遇害"①。1900 年 5 月 31 日晚，英、俄、美、法、日、意六国士兵共 356 名自天津抵达北京。6 月 3 日，还有一批德国兵和奥匈兵到达。据马士统计，总共到达北京的武装人员有 451 名，其中两名军官和 41 名卫兵保护西什库天主堂（即北堂），17 名军官和 391 名卫兵保护使馆。士兵携有机关枪和大炮。德国驻华公使克林德在各国公使决定调兵的集会上说过"这些行动就是瓜分中国的开始"。洋兵入京，不仅在克林德看来是瓜分中国的开始，在拳民看来也是瓜分中国的开始。义和团在北京和各地杀传教士、焚毁教堂、破坏铁路和电线杆以及部分人的抢劫行为，都是在这批外国士兵进京以后发生的。攻打西什库教堂和使馆区也在这以后。洋兵入京是事变变得更加复杂和动乱的根源。据施达格研究，1900 年 5 月 29—6 月 4 日，发生在雄县附近义和团与京保铁路洋工程师倭松（Ossent）的冲突，是义和团与武装的欧洲人的第一次冲突，洋人先开枪，义和团从数百人聚集到万人，对洋人加以追击，"将洋人追击上岸，未知存亡"②。从这里我们可以看见义和团杀教士、焚毁教堂、铁路等的具体原因。至于长期原因，则与鸦片战争以来西方列强对中国的侵略有关，特别是《马关条约》以后帝国主义各国在中国掀起瓜分狂潮有关，与外国传教士长期以来在中国传教过程中的为非作歹有关。子乔说："袁伟时先生不提那些铁路被毁前清政府以之运兵镇压义和团的史实，不提列强及其中国帮凶在修路时对沿线居民的巨大伤害，如强购土地、擅掘坟墓、拆毁民房、糟踏农田、破坏水系、拖欠补偿、调戏妇女、滥杀无辜，等等，更不提由此引发的义和团运动时期拆毁铁路的肇始'高密反筑路运动'，而只顾指责义和团'敌视现代文明'。这属于严重的隐匿行为，已经对读者产生了误导"③。这样的分析是有历史根据的，我完全赞成。有人辩解说，克林德后来否

①　施达格（George Nye Steiger）：《中国与西方：义和拳运动的起源和发展》，第 162 页，1927 年英文版，转引自牟安世《义和团抵抗列强瓜分史》，经济管理出版社 1997 年版，第 286—287 页。

②　廷杰、廷雍等：《致裕禄电》，1900 年 6 月 2 日，见《义和团运动史料丛编》第 2 辑，第 148 页。

③　子乔：《矫枉岂能过正——义和团运动史实述评》，世纪中国系列论坛 www.ccforum. org. cn/archiver/2005—10—13。

认了他说过这样的话，① 似乎八国联军到来与瓜分中国无关。这种辩解是无力的。克林德稍后是否认自己说过瓜分的话，但那是在德国外交部的压力下提出否认的；而且，他在会议上说过的话，已经传播开来，实际发生了作用。义和团在北京和各地杀传教士、焚毁教堂、破坏铁路和电线杆以及部分人的抢劫行为，都是在这批外国士兵进京以后发生的。攻打西什库教堂和使馆区也在这以后。

刻意为侵略行为辩护的人还对义和团围攻使馆和西什库教堂耿耿于怀，说没有材料证明教堂是侵略者据点。据记载，西什库教堂内有"法水师兵 30 人，意水师兵 10 人，法教士 13 人，女教士 20 人，华教民 3200 人"。义和团于 6 月 15 日围攻教堂，由于教堂防卫坚固，始终未能攻下来。再看使馆。6 月 12 日，东交民巷一带已被西兵占据，不准中国人进入。试图靠近的拳民，往往被击毙。据美使康格 6 月 15 日的电报，"我们仅仅力图保卫我们自己直到增援部队到来之时，但是各使馆驻军早已枪杀了差不多一百个拳民"②。使馆以为西摩尔联军很快就会赶到，有恃无恐，3 天之内就枪杀了近百个拳民，这不是在义和团的仇外心情上火上浇油吗？围攻使馆固然违反国际法，但必须指出，早在 5 月底，各国已在各自使馆驻扎重兵，把使馆变成设在北京城内的外国军事据点。这也是完全违背国际法的。据当时欧洲的国际法学家的意见："使臣公署，不得据之屯兵"③，这是国际公法常识。大沽事件后，各国侵华战争宣告爆发，清军和义和团攻击使馆，实际上是对这个外国军事堡垒的进攻，从国际法角度看，不能说完全无理。外国教堂屯兵，更是违反国际法的。

为了否定义和团运动的反侵略性质，贬低义和团运动的历史作用，有的作者把义和团避免外国瓜分说斥为"诡辩"，说八国联军统帅瓦德西的话只是个人意见。这里需要指出，八国联军出兵以前，列强瓜分中国之说甚嚣尘上；八国联军出兵引起义和团强烈抵抗之后，经过帝国主义各国之间的辩论，瓜分中国说为保全中国说所代替，则是基本的历史

---

① 袁伟时：《为何、何时、如何"反帝反封建"？答〈反帝反封建是近代中国历史的主题〉》，多维网：DWNEWS. COM——2006 年 4 月 7 日 22：19：18（京港台时间）。

② 引自施达格书。

③ 马尔顿（Martens）：《星轺指掌 Laguide diplomatique》第 2 卷，1876 年同文馆版，第 16 页。

事实。说瓦德西的话是个人意见，是一种诡辩。瓦德西是德国元帅，又是八国联军统帅。他说：中国群众"在实际上，尚含有无限蓬勃生气"，"可于此次'拳民运动'中见之"，"无论欧美、日本各国，皆无此脑力与兵力，可以统治此天下生灵四分之一也"，"故瓜分一事，实为下策"①。这些话不是随便说的，是送给德国皇帝威廉二世的报告。一位法国议员在议会辩论时说："中国地土广阔，民气坚韧"，"吾故谓瓜分之说，不啻梦呓也。"② 在中国担任总税务司长达 45 年的英国人赫德在当时写的文章中分析道："不论中国哪一部分领土被分割去，都必须用武力来统治。像这样，被分割去的领土越大，治理起来所需要的兵力就越多，而骚乱和叛乱的发生就越是确定无疑。中国如被瓜分，全国即将协同一致来反对参与瓜分的那几个外国统治者。"③ 义和团阻止列强瓜分中国的历史作用，西方人很快就看出来了，中国人也很快看出来了。最早看出这一点的中国人，是留日学生。1901 年在横滨出版的《开智录》上，有作者著文，对义和团给予了崇高的评价，说"义和团此举，实为中国民气之代表，排外之先声矣"，"有此数功，则我国民精神从此振刷矣"④。孙中山很快就转变了态度，高度评价义和团的历史功绩。1924 年孙中山在广州演讲三民主义，说义和团"其勇锐之气，殊不可当，真是令人惊奇佩服。所以经过那次血战之后，外国人才知道，中国还有民族思想，这种民族是不可消灭的"⑤。1924 年 9 月 7 日，孙中山代表中国国民党为九七国耻发表纪念宣言，从不同的角度论证了义和团发生的原因是帝国主义的侵略，他说："我们对于义和团事件何以发生的一问，可以无疑无贰的答道，'是因为帝国主义逼着他发生的'。"⑥

国际无产阶级高度评价了中国的义和团运动。俄国革命领袖列宁在1900 年写道："那些到中国来只是为了大发横财的人，那些利用自己的所

① 《义和团》三，上海人民出版社，第 86—87、244 页。
② 同上书，第 245—246 页。
③ 吕浦、张振鹍等编译：《"黄祸论"历史资料选集》，中国社会科学出版社 1979 年版，第 152—153 页。
④ 《义和团有功于中国说》，载张枬、王忍之编《辛亥革命前十年间时论选集》第 1 卷上册，三联书店 1960 年版，第 62 页。
⑤ 《三民主义·民权主义》第五讲，《孙中山选集》下卷，第 724 页。
⑥ 孙中山：《中国国民党为九七国耻纪念宣言》，原载《国父全集》，转引自《海峡评论》，台北，第 185 期，第 50 页。

谓文明来进行欺骗、掠夺和镇压的人，那些为了取得贩卖毒害人民的鸦片的权利而同中国作战（1856 年英法对华的战争）的人，那些用传教的鬼话来掩盖掠夺政策的人，中国人难道不痛恨他们吗？欧洲各国资产阶级政府早就对中国实行这种掠夺政策了。"[1] 德国工人阶级政党的报纸《前进报》，1900 年 6 月 19 日发表题为《铁拳》的社论，说"如果说有所谓'神圣的战争'，那么中国奋起抗击以主子姿态出现的外国剥削者的战争，正是这样一个'神圣的'民族战争"[2]。比较一下中外人士在 20 世纪之初的这些评论，反其道而行的人不觉得汗颜吗！和清朝统治者与帝国主义一样，把义和团称作"匪"，坚持认为义和团反文明、反人类，把义和团说得一文不值。这样的观点符合历史事实吗？

以农民为主体组成的松散组织义和团，其本身愚昧、落后，有许多缺点，没有先进阶级的指导，带有时代和阶级的局限性。但是必须指出，义和团的笼统排外主义实质上是农民阶级有历史局限性的民族革命思想，也是中国人民反抗帝国主义侵略的原始形式。它反映了中国人民反帝斗争初期的共同特点，义和团运动不过是它的典型代表和集中表现。我们今天肯定义和团的历史作用，是肯定基本的历史事实，是肯定历史事实中的积极因素，不是要宣扬、提倡义和团的组织形式和思想倾向中那些愚昧、落后的方面。这是不容置疑的。因之，对义和团的排外主义，不应采取简单回避或全盘否定的态度，而是需要进行科学的阶级分析和历史考察，对它作出合情合理的解释。

结论只能是义和团以笼统排外主义形式所表现的，是中国民众一种原始的反帝斗争，是一种爱国主义行为，把它说成是敌视现代文明，是不妥当的。

四　马克思主义经典作家怎样看待落后国家抵抗资本主义国家的侵略

以资本主义文明先进为由，否定落后国家抵抗资本主义国家的侵略，

---

① 列宁：《中国的战争》，《列宁选集》第 1 卷，人民出版社 1960 年版，第 214 页。
② 中国社会科学院近代史研究所《近代史资料》编辑组：《义和团史料》上册，中国社会科学出版社 1982 年版，第 27 页。

这种观点很难使人理解。下面我们看看马克思主义经典作家是怎样看待落后国家抵抗资本主义先进国家的侵略的。

马克思、恩格斯虽然从历史发展的角度肯定了资本主义文明的进步作用，却丝毫也没有表示落后国家应当欢迎资本主义国家的侵略。在《不列颠在印度统治的未来结果》中，马克思期待印度人民强大到能够摆脱英国的枷锁，相信这个巨大而诱人的国家将复兴起来。马克思、恩格斯同时关注亚洲其他处于殖民地半殖民地状态的国家，对它们反对资本主义列强侵略的斗争给以高度评价。在19世纪50年代，即英国发动并导致中国"开关"的第一次鸦片战争结束后不久，马克思、恩格斯曾严厉谴责英国政府的非法的鸦片贸易政策，并密切注意当时正在进行的第二次鸦片战争的进程。1857年，马克思称这次由英国发动的战争是"极端不义的战争"，他说："在中国，压抑着的、鸦片战争时燃起的仇英火种，爆发成了任何和平和友好的表示都未必能扑灭的愤怒烈火。"① 恩格斯曾专门撰文评论中国人民的反侵略战争，论述中国人民排外主义的产生及其实质，说，第二次鸦片战争期间中国南方人民的反侵略战争，是"根本反对一切外国人的战争"，带有"灭绝战的性质"，"英国政府的海盗政策造成了这一中国人普遍奋起反抗所有外国人的局面"，认为这是中国人民民族觉醒的表现。恩格斯说："我们不要像骑士般的英国报纸那样去斥责中国人民的可怕的残暴行为，最好承认这是保卫社稷和家园的战争，这是保存中华民族的人民战争。"恩格斯特别强调："对于起义民族在人民战争中所采取的手段，不应当根据公认的正规作战方法或者任何别的抽象标准来衡量，而应当根据这个起义民族所以达到的文明程度来衡量。"恩格斯还说："中国的南方人民在反对外国人的斗争中所表现的那种狂热态度本身，显然表明他们已觉悟到古老的中国遇到极大的危险；过不了多少年，我们就会看到世界上最古老的帝国作垂死的挣扎，同时我们也会看到整个亚洲新纪元的曙光。"②

当1859年英国军舰在大沽失败的消息传到伦敦，英国资产阶级的报纸反诬中国破坏条约，要求英国政府对中国实行"报复"。英国《每

---

① 马克思：《英人在华的残暴行动》，《马克思恩格斯选集》第1卷，第704—705页。
② 恩格斯：《波斯与中国》，《马克思恩格斯选集》第1卷，人民出版社1995年版，第710、712页。

日电讯》甚至狂叫：大不列颠应攻打中国沿海各地并占领北京；应教训中国人，英人应该成为中国的主人；应该像领有印度的加尔各答一样，把广州保留在自己的手里。马克思当时在评论大沽事件时写道："难道法国公使留住伦敦的权利就能赋予法国公使以率领法国远征队强行侵入泰晤士河的权利吗？""既然天津条约中并无条文赋予英国人和法国人以派遣舰队驶入白河的权利，那么非常明显，破坏条约的不是中国人而是英国人，而且，英国人预先就决意要在规定的交换批准书日期以前向中国寻衅了。""就算是中国人必须接纳英国的和平公使入京，他们抵抗英国人的武装远征队也是完全有理的。中国人这样做并不是违背条约，而是挫败入侵。"① 马克思是研究了英国公使和记者从中国发回的报道写下这些评论的。马克思是完全站在被侵略者一边的。看到这里，联系到前述《现代化与历史教科书》那篇文章，作者在那里汲汲计较于清帝与僧格林沁的"诱击"之计，认为那是导致圆明园被焚的过错云云，那是多么可笑。

列宁根据帝国主义时代的新形势，又进一步抨击资本主义工业发展很快的国家向落后国家和地区实施战争、掠夺政策，抨击它们那种欧洲式"文明传播者使命"，提出应坚决支持中国及其他东方民族反抗帝国主义侵略、压迫的斗争。马克思主义的经典作家并没有因为中国是一个落后的封建帝国，就认为中国不应抵抗处于上升时期的资本主义强国（哪怕是第一强国）的侵略。

用马克思主义观点考察整个世界历史，我们任何时候都不能剥夺被侵略者反抗侵略的正当权利，不能承认所谓先进国家侵略落后国家具有进步性的辩辞。否则，我们将无法解释近代中国人民无数次反抗资本帝国主义侵略的悲壮史实，包括八年抗战那样全民族抵抗外敌入侵的壮举，无法解释百年来全世界殖民地半殖民地、被压迫的落后国家掀起的反抗新老殖民主义、帝国主义入侵，争取独立、自由、主权的伟大民族解放运动，无法解释世界历史的发展。

我们看到，历史上还没有一个国家不经过反抗就变成殖民地半殖民地的，也没有一个国家是在欢迎资本帝国主义侵略后迅速发展为资本主义国

---

① 马克思：《新的对华战争》，《马克思恩格斯选集》第 1 卷，人民出版社 1995 年版，第 740、743 页。

家的。印度在成为殖民地后，还在 20 世纪中叶爆发了一次规模巨大的全国反抗运动。中国在沦为半殖民地的过程中不断掀起全国规模的反抗运动，终于使中国避免了完全殖民地的命运。

近代中国存在着既要抵抗资本帝国主义的侵略，又要学习西方资本主义文明这样复杂的历史运动。从客观上来说，抵抗侵略是为了保持中国的民族独立，摆脱半殖民地半封建社会道路；学习西方，是为了加速中国的近代化步伐。实际上只有民族独立以后，才有真正吸取西方文明为我所用的可能。从旧民主主义革命到中国共产党领导的新民主主义革命和社会主义革命一个多世纪的历史过程，清楚地说明了这一点。

五　产生糊涂看法的思想上的原因分析
兼及中学历史教科书问题

1842—1860 年间，通过两次鸦片战争，以《南京条约》和《北京条约》为标志，中国被迫签订了一系列不平等条约，形成了束缚中国发展进步的不平等条约体系。正是这个条约体系，使中国由一个独立的封建社会逐步"沉沦"为半殖民地半封建社会。1895 年的《马关条约》和 1901 年的《辛丑和约》，完全形成了中国的半殖民地半封建社会。在近代中国 109 年的历史进程中，由中国的革命政党推动的包括旧民主主义革命和新民主主义革命，组成了近代中国社会发展进步的主旋律。这个革命主要是反对帝国主义侵略，以谋求民族独立；反对封建专制，以谋求国家的民主进程。在基本上完成了这个任务后，在人民掌握了国家的主权后，国家的现代化事业才能够比较顺利地进行。这是积 109 年及其后 56 年的历史经验所证明了的。凡是尊重历史的人，无不尊重这样的历史经验。

有一种认识，以为今天已经全面引进资本主义生产方式和管理技术了，已经加入世界贸易组织了，已经和国际接轨了，已经在走向全球化了，我们看待历史，就不要再讲侵略反侵略了。所以，在中国近代史研究领域，有一种观点很流行，叫做现代化史观。他们主张用现代化史观取代中国近代史研究中长期形成的所谓"革命史观"，用现代化史观统帅近代史研究。这就是说，要从现代化的观点来叙述历史，在这种观点下，近代中国的历史主题不再是反帝反封建了，而是现代化了，不要再去讲什么阶级斗争了，不要再去讲什么革命甚至改革了，当然也不再去讲帝国主义侵略和人民的反侵略了。在这种史观下，近代中国的地主阶级和农民阶级不见了，资产阶级和无产阶级不见了，皇帝和官僚不见了，打倒列强不见了，革命也告别了，让慈禧太后去搞他的现代化，让慈禧太后、李鸿章去走向共和，什么旧民主主义革命、新民主主义革命，都可以子虚乌有了；在这种史观下，强调的是第一家外资怎样进入的，第一个电灯何时安装的，第一条马路何时开的，第一条铁路何时建的，第一家银行何时开的……

总之，在现代化史观下，我们所了解的近代中国，中外史家基本上认同的以革命为基调的中国，面目全非了。

人类的历史进程是客观存在，历史学家的责任是对这一客观存在的历史进程作出研究，正确地复原、描述并且解释历史，把握历史发展的主题，照顾历史发展主题周围的方方面面，在尽可能准确地复原历史进程的同时，总结历史过程的经验教训，给后来的人以必要的启迪。

我认为，所谓革命史观，所谓现代化史观，都不是指导历史研究的正确的史观。指导历史研究的正确史观，是马克思主义的唯物史观。按照唯物史观考察近代中国历史，应该认识，反帝反封建是近代中国的历史主题，旧民主主义革命和新民主主义革命是贯穿近代中国历史的真正的主线，现代化进程在近代中国虽然在缓慢地进行，却从来没有居于主导地位。在近代中国，革命和改革是历史发展的主调，但如果认为近代中国历史上只有革命和改革也是不完全的认识，近代中国还有现代化进程的萌发，资本主义的社会政治学说和生产力因素已经传入，马克思主义的社会政治学说已经传入、无产阶级政党已经组成，现代化学说里主张的现代性的增长，传统社会因素的剥落，正在发生。主导中国两千年的儒家学说面对西方传入的思想政治学说（包括资产阶级学说和无产阶级学说），并无招架之力。但是，现代化进程没有成为社会发展的主流。因此，现代化史观把现代化进程作为历史发展的主流，是不妥当的。按照唯物史观，现代化进程在中国社会发展中成为主流，是在 1949 年 10 月中华人民共和国成立之后，特别是在国家政权巩固、社会经济全面恢复并有所发展之后，现代化进程实际进入中国社会生活领域。在这个时候，现代化进程是主导方向，阶级斗争是次要方向。在这个时候，把阶级斗争当成主要方向，提出"以阶级斗争为纲"是错误的。这就是"文革"错误的基本的理论说明。在 1956—1976 年的 20 年中，国家社会经济有了飞速的发展，社会主义的经济基础基本奠定，但是政治运动不断，而且是在"以阶级斗争为纲"指导下进行的，这就冲击了现代化进程，影响了现代化进程，延缓了国家社会经济发展的速度。这是一个教训。1978 年以后，国家政权把现代化进程作为社会发展的主导方向，政治运动约束在以经济建设为中心的前提下，才取得了举世瞩目的发展程度。

从西方传来一种说法：一切历史都是当代史。如果说一切历史都是当代有思想的人写出的，上述说法有一定的意义。但是，这种说法会给人以误导，以为历史是依当代人的愿望随意改写的，从中可以嗅出唯心史观的意味来。

写历史，是写过去的政治、过去的经济、过去的文化，不是写今天的政治、今天的经济、今天的文化。因此，过去的政治、过去的经济、过去的文化不等于今天的政治、今天的经济、今天的文化。这是历史与现实的基本区别。司马光著《资治通鉴》，是要让最高统治者借鉴历史上的经验。从借鉴历史经验的角度说，历史对于现实的意义，今天仍是这样的。但是历史对于现实，仅止于借鉴，提出更多的要求是不合适的。历史为现实服务，不是说为现实政治作简单地服务，所谓服务，是从借鉴历史经验的意义上说的。

另外，写历史也不能用现实的需要改铸历史。今天我们在搞现代化，用现代化的框架改写历史是不行的。今天我们以经济建设为中心，放弃了"阶级斗争为纲"的路线，不能说历史上就不存在阶级和阶级斗争。今天党中央提出建设和谐社会，我们在历史书上也去构建一个和谐社会的形象，这是历史书吗？为了集中精力发展经济，我们今天强调社会稳定，难道我们要在历史书上也强调社会的稳定吗？

历史上从来没有两个完全相同的人物，也没有两个完全相同的事件。如果有类似的历史人物、类似的历史事件，也是在不同的历史时代、不同的时间和地点发生的，因而它在历史上所造成的影响也是完全不同的。简单地类比也是很危险的。

研究和解读历史，是非常严肃的事情。把研究和解读所得用通俗的文字介绍给广大读者，更应该对社会、对读者抱着非常负责的态度。有人或许以为，历史不过是过去的事情，可以随人俯仰，公说公有理，婆说婆有理而已。这种态度显然是不对的。历史过程、历史规律是怎么样就怎么样，历史事实是怎么样就怎么样，并不能由人做任意的解释，这才是历史唯物主义的态度。同时，历史进程充满矛盾的运动，复杂的事件是有各种各样具体的事件组成的，我们在分析、研究历史事件时不能把握尽可能多的史料，不能把事物提到一定的历史范围内，不能抓住历史过程的本质方面，不能对历史现作出阶级地、辩证地分析，我们就不能从纷纭的历史现象中理出头绪，把握历史过程的基本规律。如果不尊重历史事实，对历史事实、历史过程做任意的裁剪与解释，那就是历史唯心主义。我还要对历史教科书的编写说几句话。所谓历史教科书，实际上指的是中学历史教科书。中学生是形成正确的人生观、世界观的最初的时期，是一个打基础的时期，具有特殊的重要性。中学历史教科书，要在帮助中学生打好正确人生观、世界观的基础阶段起到潜移默化的作用。从这个角度说，中学历史教科书从来都是国家意志、国家主流意识形态的体现。以此为标准，对教科书加以衡量，提出修订和完善的意见，是建设性的；如果超出这个范围，对中学历史教科书做过多的挑剔，是值得商榷的。中学历史教科书要以确凿的历史事实，帮助学生形成正确的历史观，只能讲简单的历史过程和无误的历史结论。中学历史教科书不是一般的历史著作，不允许做百家争鸣似的学术探讨，因而对历史学界有争议的学术问题，一般不须涉及，换句话说，历史教科书要求稳定，不能每年都重新编写。我以为，学术界争论的问题，大体上取得共识，需要 10—20 年的时间。中学历史教科书与学术界的讨论保持 10—20 年的距离是合适的。

鸦片战争以后 160 多年的中国近现代史，是侵略与反侵略同在，压迫与反抗同在，屈辱与辉煌同在。屈辱、觉醒、奋斗、牺牲、变革、进步，贯穿了整个中国近现代史。总结 160 多年的历史进程，可以分为前 109 年和后 56 年。前 109 年，历史的大关节，基本上是帝国主义侵略中国和中国人民反对帝国主义侵略的历史，是封建统治者勾结帝国主义镇压人民起义和人民群众反帝反封建的历史，是中国要求追上世界资本主义的步伐、在中国发展资本主义而封建统治者和帝国主义反对中国发展资本主义的历史。所有政治的、经济的、军事的、思想文化的种种斗争，几乎无一例外地都是围绕这些历史的大关节进行的。经过社会先进人士无数次的社会改良，经过新的社会阶级、政党发动的屡次革命，在坚持长期反帝反封建斗争之后，在中国共产党的领导下，终于赢得了中华人民共和国即由人民掌握政权的新中国的诞生。后 56 年，历史发展虽然也很曲折，但其历史的大关节，基本上是在人民取得政权的基础上，探索国家现代化并且取得巨大成绩的历史，探索建设有中国特色的社会主义并且成功地摸索出社会主义市场经济体制的历史。后 56 年内特别是前期的某些失误，也与这种探索有着密切的关系。换一个说法，前 109 年是争取国家独立的历史，后 56 年，是争取国家现代化和富强的历史。这样一个简单的历史过程，大多数人都是明了的，特别是最近 50 年，同时代人作为这一历史过程不同程度的参与者、见证者，都体验到了创造历史的艰辛与喜悦。怎么可以说我们几代人都是"吃狼奶长大的"呢？

近些年来近代史人物评价的若干问题

北京师范大学教授　郑师渠

人类社会的历史，说到底，就是人类自身的活动历史。所谓"知人论世"，即是强调研究历史人物与研究社会历史，二者密不可分。要了解历史人物，不可不研究人物所处的时代和社会，而要真正了解特定的时代和社会，又不可不研究活动于其间的历史人物。历史人物的研究在史学研究中的重要地位，显而易见。

中国近代社会，风云变幻，跌宕起伏，更为众多的人物提供了指点江山、各领风骚的历史舞台。所以，在近代史研究中，人物的研究始终占有突出的地位。党的十一届三中全会后，近代史研究进入了繁荣时期，人物研究也愈形活跃。这不仅表现为涉及的人物范围广泛，更主要的是表现为思想活跃，视野开阔，成就斐然。但是，无可讳言，近些年来的人物研究和评价，也存在着值得重视的某些不良的倾向。

一　贬抑反帝反封建的代表性人物，颂扬某些统治阶级的代表性人物

一些文章对林则徐、洪秀全、康有为、谭嗣同、孙中山等人随意贬抑，其中又以对太平天国农民革命的领袖洪秀全和资产阶级革命的先行者孙中山的否定，最为粗暴。

有一种观点认为，洪秀全只是向西方学来了基督教，使之与封建政权结合在一起，建立起了西方中世纪式的神权政治。洪秀全领导的太平天国运动若成功了，中国将倒退到神权政治黑暗的时代。太平天国绝无进步的历史意义可言，只是反动与倒退。幸亏曾国藩镇压了太平天国，中国才避

免了这场大倒退。① 此种观点貌似新颖，实则毫无事实根据。"神权政治"的概念始见于 17 世纪的西方，其本意是指神权脱离政权并凌驾于政权之上的一种政治体制。其时斯宾诺莎等人极力反对神权政治，在他们看来，造成神权政治的原因不是由于集政权、神权于一身，而是由于掌握政权的人失去神权并使之落入教会之手，因此只有掌握政权的人同时把神权也抓在手中才能结束神权政治，保证国家安宁。斯氏诸人主张政教合一，反对教会干政。② 洪秀全是拜上帝会的创始人，集政权与神权于一身。虽有杨秀清代上帝传言，但最初它是维护洪秀全最高权威和太平天国利益的一种需要。后期杨谋不轨，洪坚决予以铲除，正说明洪不能容忍神权的旁落或凌驾于政权之上。由是观之，洪所建立的太平天国不仅不是西方式的神权政治，而恰恰是反对这种神权政治的。同时，要看到洪秀全只是借助于基督教的形式以宣传和组织农民革命。故拜上帝会不是一般的宗教，它强调建立现实性的地上天国，而非来世的彼岸世界，即它是服务于农民革命的政治工具。因此，很显然，那种断言洪秀全如果统一了中国，中国历史将倒退到中世纪神权的黑暗时代的大胆假设，纯属主观臆断。

说洪秀全只学基督教，与近代化潮流背道而驰，代表反动与倒退，与历史事实也不相符。事实上，在当时条件下，洪秀全和太平天国的思想与实践所体现的新因素，恰恰与中世纪背道而驰，而与近代化潮流相一致：

其一，太平天国政权具有某种程度的开放性。在太平天国革命酝酿时期，洪即指出世界各国当"各自保管其自有之产业，而不侵害别人所有"，各国间"要彼此交谊，互通真理及知识，而各以礼相接"③。此种平等交往的思想主张，不仅与清政府闭关自守政策不同，也与各国互相隔绝的西方中世纪有别。它已显示了某种可贵的开放心态。这一点在其对外政策中表现得更明显。洪等太平天国领袖们视西方基督教国家的人为"洋兄弟"，这固然有模糊西方侵略者本质的消极的一面，但同时也使他们对与西方资本主义国家的交往不存抵拒心理，充满热情。1853 年 5 月英使文翰抵达天京，杨秀清、韦昌辉、石达开等都表示要平等往来，并允许英人"自由出入，随意进退，无论协助我天兵的灭妖敌，或照常经商营业，悉

---

① 参见冯友兰《中国哲学史新编》第 6 册，第 64、65 章，人民出版社 1989 年版。

② 见朱东安：《太平天国"推行神权政治"说质疑》，《历史研究》1990 年第 5 期。

③ 《中国近代史资料丛刊》：《太平天国》（六），上海人民出版社 1957 年版，第 853—854 页。

听其便"①。1854 年 6 月,杨秀清在《答英人三十一条并责问五十条诰谕》中又说:"不惟英国通商,万国皆通商,天下之内兄弟也。"② 曾参加过太平军的英人呤利指出,太平天国一直想占有一个海口,以便可以和外国通商。太平天国辖区生丝出口量大幅度持续增长的事实,更说明太平天国不仅积极促进对外贸易,且卓有成就。

其二,太平天国主张"师夷长技"。后期到天京的洪仁玕说:"天王对于引进欧洲进步事物,诸如铁路、蒸汽机等类东西,极为赞成。"③ 当时天王府前摆有两门西洋新式大炮,这自有象征的意义,表明太平天国主张"师夷长技"。呤利说,许多到过他的船上的太平军战士"都迫切要购买枪炮"④。李秀成部拥有不少洋枪洋炮,这更是人所共知的。

其三,提出了近代化的方案——《资政新篇》。后期总理朝政的洪仁玕提出的《资政新篇》,不能看作个人的著作,它由洪秀全批准,是作为太平天国的纲领性文件颁行的。洪秀全对该篇的主要内容表示赞成。《资政新篇》不仅主张学习西方的科学技术,开发矿产资源,发展近代交通,制造工业品等等,而且主张学习与此相适应的制度和政策,抛弃陈腐落后的观念,办银行、兴邮政、发行报纸、成立公司、创办医院,等等。尽管因时代条件的局限,《资政新篇》未能付诸实施,但是,重要的在于,这个当时中国最先进的近代化方案能由太平天国领导人提出,并得到洪秀全本人的支持,绝非偶然。它说明后期的太平天国领导人对未来的构想中已增加了带根本性的新因素;同时,这与上述太平天国政权具有某种开放性和主张学习西方长技,又是一脉相承的。

由上可知,指责太平天国逆近代化潮流而动的观点,恰恰与历史实际背道而驰。对资产阶级革命领袖孙中山的贬抑,集中表现为粗暴否定他所领导的辛亥革命。有人说,孙中山领导的辛亥革命无非是"激进主义思潮的结果",它"搞糟了"。清朝虽是很腐败的王朝,但保存它"有很大意义,宁可慢慢来,通过当日立宪派所主张的改良"来逼它走上现代化的道路。现在一下子把它推翻,"反而搞糟了,必然军阀混战"⑤。有的干

---

① 罗尔纲编注:《太平天国文选》,第 84 页。
② 《文史》1962 年第 1 辑。
③ 洪仁玕语,《北华捷报》第 524 号,1860 年 11 月。
④ 《太平天国革命亲历记》,上册,上海古籍出版社 1985 年版,第 60 页。
⑤ 李泽厚、王德胜:《关于文化现状:道德重建的对话》,《东方》1994 年第 5、6 期。

脆说："辛亥革命其实是不必要的。这样我就否定了孙中山最重要的革命业绩。"①

　　将一场震惊中外，改变了中国历史进程的伟大革命，说成是几个人鼓动的所谓激进思潮的结果，是一种唯心论的观点。列宁曾指出，革命的发生不是随心所欲的，它必须具备这样的革命形势：不单是下层民众不能照旧生活下去了，而且统治阶级本身也不能照旧统治下去了。20世纪初的晚清社会，正面临着这样的革命形势。因清政府腐朽反动的统治，中国不仅民族危机日亟，且社会经济凋零，民不聊生。进入20世纪后，全国各地抗捐抗税及会党起义、饥民抢米暴动，与日俱增，下层民众显然不能照旧生活下去了。清政府在镇压了义和团运动后，与列强订立丧权辱国的《辛丑条约》，表示从此要"量中华之物力，结与国之欢心"，甘当列强的走狗以维持政权；同时，为了缓和国内的不满情绪，特别是拉拢资产阶级，于1901年即发表"新政"上谕，1906年后又被迫答应"预备立宪"。它说明清政府也不能照旧统治下去了。列宁指出，革命形势的形成还只是客观的条件，革命的最终发生还需要主观条件配合，即革命阶级的推动。对于辛亥革命来说，便是反映资产阶级利益与要求的孙中山革命派的形成及其对革命形势的把握。经庚子之役，清廷卖国本质大白于天下，更多的有识之士将反帝与反清廷联系了起来，以为要救国当先推翻清廷。1904年孙中山发表《中国问题的真解决》一文，明确指出，"全国革命的时机，现已成熟"。"中国现今正处在一次伟大的民族运动的前夕，只要星星之火就能在政治上造成燎原之势。"② 清政府如同一座即将倒塌的房屋，是必须也是可以推倒的。故于次年，孙中山等即组织同盟会具体着手大力推进革命。1911年清廷出卖路权激起的铁路风潮，更直接成了辛亥革命爆发的导火索。武昌起义的枪声，最终敲响了清王朝的丧钟。

　　辛亥革命不是什么"激进思潮"的产物，更不是孙中山主观愿望的结果，而是近代中国社会矛盾发展的必然。孙中山顺应了时代的潮流，故成为伟大的革命先行者。在历史的巨轮转过近百年后，有人说这场革命其实是不必要发生，孙的历史功绩应当否定，岂非梦呓？同样，说什么如果按立宪派的思路，逼清政府走现代化的道路就如何如何，也无非是主观臆

---

① 李泽厚、刘再复：《告别革命》，香港天地图书有限公司1995年版，第129页。

② 《孙中山选集》，第66、68页。

想。一是历史本身并不理会"如果"；二是事实上立宪派组织三次国会请愿运动本意也就是要逼清廷走上现代化道路，怎奈后者并无诚意，这样做无异是缘木求鱼。故在皇族内阁成立后，立宪派也感绝望，从而转向革命。历史选择了革命的方式为自己开辟了前进的道路。辛亥革命否定不了，孙中山的业绩也否定不了。

与上述贬抑洪秀全、孙中山诸人相反，有人对西太后、曾国藩、袁世凯等人则颂扬有加，二者形成了鲜明的对比。

西太后从北京政变上台后，执掌政柄几及半个世纪，与清政府相终了。清政府祸国殃民，与她的独裁昏聩是分不开的。现在有的文章对她作了"全新"的评价，以为她是晚清近代化的最高拍板人，可惜未能实现其主张，要不中国可能早就近代化了。他们说："只要有利于中国的富强与发展，有利于恢复中华帝国在国际社会应有的风度与地位，西太后并不是坚持排斥与反对，而是乐观其成的。"同时，她毕竟又是清政府的最高主宰，故其改革不能不讲原则性与策略。"在她看来，中国如果不改革，不引进、吸收外来先进的东西为我所用，中国便不可能真正有希望。"但这种改革"应在政府的主导下循序渐进，操之过急引起动荡可能适得其反，一事无成"。同一位论者说，"西太后的认识与主张并无大错"，甲午后如能以此为共识，中国将大有希望，可惜光绪帝与之分歧，"遂使本该达成的共识束之高阁，反将中国引到另一条道路上去了"①。这就是说，慈禧不仅是一位极力推动中国近代化的英明太后，而且近代中国之所以衰败，恰恰在于人们未能在她正确的认识的基础上形成共识，即实现其理想与主张，中国近代化因此被延误了。这全然颠倒了历史是非。康有为等在《公车上书》中批判祖宗之法不可变的谬说，大声疾呼，国势阽危，唯有变法图强中国才有生路。康有为说："不揣狂愚，窃为皇上筹自强之策，计万世之安，非变通旧法，无以为治。"②梁启超著《变法通议》，强调"变者，古今之公理也"③。戊戌维新的目的在变法图存，若西太后是积极的改革者，康、梁等发动戊戌变法运动不是成了无的放矢和多余的了吗？说西太后并非阻止变法，而是以为"改革应在政府的主导下循序渐进"，

---

① 马勇：《甲午战败与中国精英阶层的分化》，载《甲午百年祭：多元视野下的中日战争》，知识出版社1995年版。

② 汤志钧编：《康有为政论集》上册，中华书局1981年版，第123页。

③ 李华兴等编：《梁启超选集》，上海人民出版社1984年版，第3页。

但戊戌变法不正是走自上而下的道路，"在政府的主导下"进行的吗？西太后却血腥镇压了它。谓时人若能认同西太后的主张，中国将走上近代化道路，岂不是说近代中国人民的反封建斗争推翻清政府反而是一种倒退！

以往把曾国藩定为"汉奸、卖国贼"有失简单化，但如今有人似乎又要把他说成是救世主或圣人了。无论如何，镇压太平天国是他一生中的最大污点，不应也不可能为这洗刷罪过。但有的论者却极力为之辩白，将罪说成功，认为：曾镇压了太平天国，阻止了中国历史倒退到中世纪的神权政治的黑暗时期，这就将曾说成了是中国的救世主。有人又把这一观点作了进一步的发挥，提出了一个很有代表性的观点。他说："如果说，两个政权，清王朝与太平天国都是封建政权，我认为消灭哪一个都是一样的！巩固哪一个也都是一样的。太平天国既然已经转化为封建政权，甚至还加上了神权政治，我们就不必因它源于农民，就予以特殊同情。镇压太平军的湘军士兵又何尝不是源于农民呢？所以只能看政权的性质。这样标榜空想的平均主义的封建主义加神权主义的专制腐败政权，如果统一中国，难道能比腐败的清王朝好吗？谁好谁坏这要由历史选择。而历史的选择是假曾国藩来实现的。正是以曾国藩为代表的湘军实现了中国重新统一与重建社会秩序，恢复和发展中国社会生产力的历史任务。其历史功过是不言自明的。"[①]

这里有几个明显的问题：

其一，论者的议论缺乏真实的事实根据，而是全部以假设为前提。先说："如果说，两个政权……都是封建政权……"其后，又说：太平天国是"封建主义加神权主义的专制腐败政权，如果统一了中国……"以假设为前提，借如果去推导结论，随心所欲，虚无缥缈，如能有说服力！

其二，逻辑混乱。开始是明确假设两政权都是封建政权，但其后却改换前提，坐实了假设："太平天国既然已经转化为封建政权，甚至还加上了神权政治……"论者又以子虚乌有的根据去假设，这样的政权"如果统一了中国，难道能比腐败的清王朝好吗？"论者前后矛盾，虚实相杂，混乱孰甚？

其三，历史是不能假设的。论者说，太平天国如果统一了中国，不可

① 徐泰来：《论曾国藩的历史作用和地位》，《湖南师范大学社会科学学报》1995 年第 5期。

能比腐败的清王朝好。人们也可以反问：颁布了《资政新篇》，这公认是当时中国最先进的近代化方案的太平天国若统一了中国，怎么知道一定不会比论者自己也承认的"腐败的清王朝好"呢？

其四，论者说，谁好谁坏要由历史来选择，而历史的选择是假曾国藩来实现的。他使中国重新实现了统一、秩序和社会生产的发展，功莫大焉。这给人一种"胜者王，败者寇"的感觉。有时历史上的胜利者并不一定就是正义的代表。曾虽血腥镇压了太平天国，使"腐败的清王朝"一时躲过农民革命的风暴，但后来的历史证明，它更加腐败，祸国殃民，最终由孙中山革命派付出巨大代价才将其推翻，使中国社会出现了转机。从这个角度看，曾镇压太平天国又如何说是功莫大焉？同一位论者还断言说，曾的"重要性""在中国近代历史前六十年时几乎无人可与之相比"。1900 年前中国有无人可与之相比，可不置论；但是，"重要性"并非是评价历史人物的标准，西太后、袁世凯各有其"重要性"，能影响对其评价吗？曾虽是大人物，但他镇压太平天国却是应当否定的。

对于袁世凯不能只冠以"窃国大盗"，否定了事，需要作进一步研究。但其作为否定的人物，盖棺定论，似无疑议。然而近年也有人为之捧场，称颂袁是"惊天动地的人物"、"瑰异总统"。甚至将复辟帝制也说成是袁为混乱的民初社会重新确立秩序而作的合乎国情的一种选择。如此等等。

二　盲目颂扬主"和"论而贬抑抵抗

以往的近代史研究受"左"的影响，确实存在着强调对外主战即爱国、主和即卖国简单化的倾向。但是，近年的人物研究中却又出现了相反的倾向，盲目颂扬主"和"论而贬抑抵抗者。

有人认为，鸦片战争后处理中外关系，在战略上主和是一个较佳的方案。这就是要避免纠缠小事，酿成不必要的冲突，以利于中国的改革。郭嵩焘等人探讨主和是中华民族觉醒的记录，其对策不能见用，则预示着中华民族苦难的加深。持这样观点的同志多高度评价李鸿章等人"委曲求全"的对外政策和主张，其中有一种对李鸿章外交思想的肯定性概述，实际上也反映了作者自己的观点，很有代表性："李鸿章认为，和战的选择必须以国家的最高利益为转移。为达此目的，即使暂时承认列强在华的既得利益，或扩大其一部分通商利益，也应该忍痛而为之。因秦以来的数千年历史证明，中国不可能有效地进行持久战，但可以通过'羁縻'的驭外手段维持和平。俗话说，留得青山在，不怕没柴烧。暂时的'委曲'，是为了'求全'，也只有'委曲'，才能'求全'。只要中国能够保住和局，避免战争，何愁不会有强盛的一天？鉴于此种认识，李鸿章在后半生，从不轻言战争，每遇中外冲突，总是设法寻求和平解决的途径，'息事宁人'。"① 这里无意评论李鸿章洋务派的外交思想，只是就人物评价角度，提出几个问题：

其一，近代中外"失和"的根本原因何在，李鸿章等人对此的认识是否正确。

所谓作为弱国，近代中国在战略上主和是一种较佳方案，这在抽象的意义上说，不无道理；但历史是具体的，本质的问题是近代中外何以"失和"，即原因何在，然后才能评论当如何应付；离开这一点，强调一种常识性的判断，是空洞无益的。应当说，在近代，清政府始终是把主和放在第一位的。所以发生那么多中外纠纷，其中包括多次中外战争，此外还有边疆冲突与教案问题等。究其根本原因，是西方侵略者不断扩大对华侵略所致，绝非中国政府与人民好战不主和的结果。鸦片战争是英国以武力保护鸦片走私挑起的。《南京条约》又叫"万年和约"，"永久和约"。但不久英法美诸国便趁中国发生太平天国革命之机，两次提出无理修约要求，理所当然为清政府所拒绝。咸丰说："各夷议定条约，虽有十二年后公平酌办之说，原恐日久情形不一，不过稍有变通，其大段断无更改，故有万年和约之称。"但是为了"怀柔远人"，"暂示羁縻"，"可择事近情理，无伤大体者，允其变更一二条，奏明候旨"②。可见仍以保和为重。无奈列强侵略欲壑难填，终借"亚罗号事件"挑起第二次鸦片战争。《天津条约》订立后，本可息兵，清廷在京准备了三处宽敞的驿馆，并派直督亲到北塘接各国公使进京换约；但英法公使无理拒绝走北塘，坚持要清廷撤走大沽防御，率兵沿白河入京。即便在这时，咸丰仍指示"勿遽开枪炮，顾全大局"③。但列强发动进攻，又挑起了新的战争，终迫使清廷

---

① 张富强：《李鸿章外交思想论纲》，《社会科学战线》1992 年第 4 期。
② 《筹办夷务始末》咸丰朝（二），中华书局 1964 年版，第 466 页。
③ 《筹办夷务始末》咸丰朝（四），第 1436 页。

再订《北京条约》，夺得新的侵略权益。近代所有的中外战争都是列强强加给中国的。教案表面上是民众攻教堂杀传教士，但其根源仍在于侵略者的压迫引起了中国民众的反抗。不是中国方面要"纠缠小事"，引起中外冲突，恰恰是列强时常以"小事"为口实，挑起新的侵华战争，以不断扩大侵略权益。在一些论者那里，事情恰恰弄颠倒了。

那种强调李鸿章等倡主和是中华民族觉醒的纪录的观点，是不恰当的。对于李等人主和，我们不否认他们在主观上是存在着争取较好的外部环境，以便从容致力于内部调整的动机，这与顽固派盲目虚骄，一味倡言排外相较，自有它的合理性。但是，问题在于，他们主和的认知前提并不正确。这个认知前提，便是一些论者所高度评价的李等人关于情、势、理的解说。按李等说法，所谓情，泛指洋人情形，但核心是要明白洋人志在通商求利，并无恶意。这在郭嵩焘叫作"西人以通商为义，本无仇害中国之心"[1]，在曾国藩则称洋人"不伤毁我宗庙社稷"，"有德于我"[2]；所谓势，就是敌强我弱；所谓理，即事理，但具体却是指所订立的不平等条约。郭说："天下事，一理而已。理得而后揣之以情，揆之以势，乃以平天下之险而无难。"[3] 情势理整合后的结论就是："守定和议，绝无改更，用能中外相安"，即守定不平等条约，主和是最佳的方案。李等认知的最大失误，是看不到列强正一步步欲变中国为其殖民地，而相信洋人无害中国之心。事实上，已定的不平等条约哪一个不是严重侵害中国主权，而仅在于通商求利？香港割让在先，东北、西北的大片领土丧失在后，边疆危机在即，洋人如何不谋我土地？他们既看不到这些，自然把列强不断扩大的侵略，天真地看成是中外"纠纷"，并将责任归结到中国人自己的身上。曾国藩说，"办理洋务，失在朝和夕战"，未能"坚持一心曲全邻好"[4]。郭嵩焘讲得更彻底：这全然是"中国一味怕"、"一味诈"、"一味蛮"、"一味蠢"的结果。[5] 如此识见，能称是"民族觉醒"的记录！

其二，李鸿章等主和的效果如何？

李等主和，按他们自己的说法就是"委曲求全"、"曲全邻好"，而其

① 《郭嵩焘诗文集》，岳木麓书社1984年版，第24页。

② 《曾文正公手书日记》，同治元年五月七日。

③ 《郭嵩焘诗文集》，第149页。

④ 《曾文正公奏稿》卷29，第27页。

⑤ 《郭嵩焘日记》，湖南人民出版社1981年版，第469页。

实质是妥协退让。一些论者对此却是一味肯定。有人只是换种现代的说法：避免纠缠小事，酿成不必要的冲突，以利于中国的改革。或叫"力图寻求一个和平的国际环境，以保证国内现代化建设的顺利进行"①。但问题在于，它事实上给近代中国带来了和平的国际环境了吗？近代中国外侮日甚，民族危机日亟的事实，已经回答了这个问题。

其三，面对强国的侵略，弱国是否只能俯首帖耳永无反抗的资格？

李鸿章等人的逻辑是：敌强我弱，只能委曲求全，战则必败，虽暂胜也终败。他们是中国必败论者。现在有些论者对此津津乐道，且将这进一步发挥了。如有文赞扬曾国藩对外"委曲求全"的主张是"稳健之策"，说："简言之，就是在近代化的事业未成前，不轻言战。尽管这仍是在不平等条约下的'和局'，但国力未实以前，只能暂且忍耐。"② 这里的问题有二：一是在侵略者的面前始终"委曲求全"，"暂且忍耐"，守定不平等条约，中国"近代化的事业"有望实现吗？"留得青山在，不怕没柴烧"，青山真留得住吗？孙中山先生说，不平等条约是"卖身契"，"我们中国人的地位，堕落到了这个地步，如果还不想振作国民的精神，同心协力，争回租界、海关和领事裁判权，废除一切不平等的条约，我们中国便不是世界上的国家，我们中国人便不是世界上的国民"。国将不国，为国民且不可得，遑论近代化！二是弱国可不可以积极反抗强国的侵略以维护自己的权益？孙中山先生说："中国一般普通人的心理，以为外国人废除不平等条约，必须要中国有力量，如果中国一日没有力量，那些旧约便一日不能废除。这个道理，殊不尽然。要问外国能不能废除旧条约，就问我们有没有决心去力争，如果大家决心去力争，那些条约便可废除。"③ 他强调了抵抗侵略和积极维护国家权益的必要性。孙先生的见解不是比某些论者高明吗？

以弱胜强，古今中外不乏其例，可见弱国仍然可以积极反抗。退一步说，弱国难以骤胜强大的侵略者，弱国要取得独立，也必须积极反抗强国侵略，因为殖民主义不会自行退去。当然，此种反抗应当是有理、有利、有节的，而非蛮干。但其前提是自尊、自信、自强，尤其是自尊、自信，无此二者，

---

① 张富强：《李鸿章外交思想论纲》。
② 顾卫民：《文化背景：曾国藩与天津教案》，《江海学刊》1988 年第 3 期。
③ 《孙中山选集》，人民出版社 1981 年版，第 982、964 页。

自强谈不上，有理、有利、有节的反抗也自是空谈。林则徐在广东抗英使侵略者无机可乘，僧格林沁的大沽口挫敌、镇南大捷等，都说明只要认真组织抵抗，挫敌是可能的。即便不能避免最终的失败，结局也将大不相同。特别要提到左宗棠收复新疆。李等当时是坚决反对的，以为会刺激英俄，破坏和局。郭说，左欲收复伊犁，不考虑"情势之当否，事理之顺逆，悖然主战"，"贻害天下国家"①。李力主批准崇厚所定的《里瓦机亚条约》，理由是中国"军心不固，外强中干"②，不足与俄人抗。但左不为所动，确定对俄总方针："先折之以议论，委婉而用机；次决之以战阵，坚忍而求胜。"③ 这便是有理、有利、有节的策略，其前提在"决之以战阵，坚忍而求胜"，即自尊、自信、自强勇于反抗侵略的精神。历史已判明左是正确的。他的此种精神正体现了崇高的爱国主义。左、李的分别正在于此，耐人寻味。

近代中国面临帝国主义不断扩大侵略和战争威胁，和战的是非不能一概而论，要根据当时的历史条件作具体分析，才能肯定哪种主张是合理的。但是，有一点当是明确的，帝国主义所以没有也不可能灭亡中国，是因为近代中国人民坚持了不屈不挠的反侵略斗争，对此应当加以颂扬。令人不解的是，某些论者一方面一味颂扬主和论，另一方面对勇于抵抗外敌者却极力加以贬抑。有人抬琦善而贬林则徐，认为后者对禁烟问题处理不当，本是通过谈判可以解决的问题，却激起了中英战争，鸦片照样未能禁了，却贻祸无穷。有人则指责僧格林沁的大沽口之战，以为英法并非蓄意立即发动战争，经过耐心谈判，矛盾不是无法解决的。说到底，其逻辑的共同出发点就在于认定近代中外"失和"，过在中国人自己。其立足点错了。

三 客观主义、无是非描述的倾向

马克思说："我决不用玫瑰色描绘资本家和地主的面貌。不过这里涉及的人，只是经济范畴的人格化，是一定的阶级关系和利益的承担者。我的观点是把经济的社会形态的发展理解为一种自然史的过程。不管个人在主观上怎样超脱各种关系，他在社会意义上总是这些关系的产物。"④ 在

① 《郭嵩焘诗文集》，第209—210页。
② 《李文忠公全书》卷1，"译署函稿"，第17页。
③ 《左文襄公全集》卷55，奏稿，第38页。
④ 《马克思恩格斯选集》第2卷，人民出版社1995年版，第101—102页。

阶级社会里，社会关系的实质是阶级关系，因之历史研究的理论与方法虽然多样化，马克思主义的阶级斗争的理论却具有指导性的意义。

近年来在人物研究中违背历史唯物论，无视历史人物的阶级分野，客观主义、无是非的倾向，在少数文章中颇为明显。曾国藩是有名的"曾剃头"，残酷镇压太平天国，有的文章却不顾基本的历史事实，将曾国藩说成是"爱民如子"。如有人说，曾国藩"对人民的疾苦充满了同情"，"明确提出了爱民的口号"①。曾爱民不只是在口头上，而是见诸行动。但作者举的所谓"行动"，原来就是写了《爱民歌》，在《劝诫营官四条》中订有"禁骚扰以安民"等的条规等。实则也仍然是口头上的，即仅限于曾本人的文献资料。此种不加分析照搬史料的所谓客观主义，是史料的奴隶，实际上是最不客观的。

有人这样评论袁世凯以金钱行贿投机的行径："……当一个古老的国家机器锈涩到只有行贿逢迎才能运转的时候，我们似乎无法过多地谴责袁世凯手段的卑劣。他的举措也立即体现了他'只论利害，不计是非'人生原则的妙用。用他自己的话说，就是用朝廷的钱，买朝廷的官，做自己的事。从这个意义上说，袁世凯是成功的。因为金钱，毕竟为他的事业铺出了一条平坦的路。"② 此种表面上无是非的描述，实际上是在为袁解脱。

出现以上不良倾向的主要原因，可以指出以下几点：

其一，简单比附现实中的改革开放政策。我国现行的改革开放，是建立在国家独立和主权基础上的积极主动的政策，它与清政府屈服于列强的侵略与压力被迫的对外开放，不可同日而语。一些同志显然比附现实，混淆了二者的本质区别。有人强调鸦片问题是经济而非政治问题，因而要求从所谓"市场经济"的角度，重新评价许乃济的弛禁鸦片说和否定林则徐的禁烟运动，是如此；那种一味颂扬对外主和论而贬抑抵抗者的论调，同样是如此。

其二，在思想方法上存在着片面性，以一种新的形而上学代替旧的形而上学。以往受左的影响，在人物评价上存在片面性，对进步革命的人物简单肯定，甚至于无谓的拔高；对统治阶级的代表人物简单否定，不作具体研究。纠正上述存在的片面性是必要的。但反其道而行之，走向另一极

---

① 许山河：《曾国藩是爱国者》，《湘潭大学学报》1989 年第 1 期。
② 郭剑林等：《诡异总统袁世凯》，吉林文史出版社 1995 年版，第 174—175 页。

端，抑此崇彼，却不可取。历史人物无论是进步的还是反动的都是复杂的，人物研究须抓住本质和主流，而不能抓住一点，不及其余，以偏概全。列宁说，在具体的历史情况下，一切事情都有它个别的情况。在社会现象方面，胡乱抽出一些个别事实或实例是轻而易举的事情。真正科学的研究，必须"从事实的整体上、从它们的联系中去掌握事实"①。从思想方法上看，上述抑此崇彼的偏颇，正是一种新的形而上学观点。

其三，缺乏严谨的学风。史学研究是无穷尽的发展过程，随着史家学识的增进、视野的开拓，以及新资料的发现和研究手段的延伸等，史学研究的领域将获得不断扩展与深化，已有的某些结论也将得到补充、修订或完全改易。这些都是正常的。但史学的发展是继承与创新的统一，而非一切从头做起，对前人研究成果的尊重、借鉴和吸收就成了必不可少的前提；它有赖于扎实的工作、独立严谨的思索，而非短平快式的标新立异、人云亦云。上述否定洪秀全、孙中山，颂扬西太后、曾国藩、袁世凯等所谓的种种"新论"，就很难说是扎实研究的结果，因而具有经久的价值。少数论者缺乏严谨的学风，是显而易见的。

那么，究竟应当怎样正确评价近代历史人物？近些年来，为了促进近代人物研究进一步科学地发展，曾有不少人提出过各种所谓人物评价的标准，其主要有三，它们各有自己的合理性和局限性：

一是"分阶段评价"说。论者以为近代历史人物往往前后期变化甚大，不应以点概面，作笼统的肯定或否定，而应分阶段评价。如不能因为康有为戊戌后落伍了，便无视他在维新变法中的历史地位；也不能因杨度支持过袁世凯复辟帝制，便无视他后来追求真理，以至于加入中国共产党的巨大转变。其说力图避免简单化是合理的，但它并未能真正解决问题。因为，总体评价问题固然依旧存在，就是具体阶段的评价又何尝易于取得共识。近年来有人极力否定戊戌时期的康有为，就说明了这一点。

二是"情与理统一评价"说。论者以为"情"就是情势，客观的条件，"理"就是义理、正义。评价历史人物行为的得失，要坚持情理统一的原则。是说的本意也在于避免简单化，但在事实上，不仅情理本身往往难以截然分开，而且对二者的不同理解也足以引起聚讼纷纭。主是说者以为，林则徐禁烟是合理不合情；谭嗣同主张将边疆之地卖与列强，以所得

──────────
① 《列宁全集》第28卷，人民出版社1990年版，第364页。

支持变法，虽不合理却是合情。但是，谓林禁烟不合情，不就实际否定了禁烟？谓谭卖地合情，不就实际肯定了其荒诞的主张？是说自是不妥。

三是"以是否促进生产力或社会近代化为标准"说。此说从理论上讲自是正确，因为历史人物的进步作用，归根结底自当助益于社会的发展。但是，在许多情况下，此种促进作用不是径情直遂的，而是经中介产生影响，因而往往给史家的判断造成困难和分歧。我们说洪秀全领导的太平天国革命沉重打击了清王朝，推进了近代社会的发展，但有的论者却指斥它造成了社会的动乱，破坏了生产力的发展，就反映了这种情况。所以，此说在理论上虽说正确，但在实际操作上困难依旧。

列宁说："马克思主义的最本质的东西、马克思主义的活的灵魂：具体地分析具体的情况。"① 对历史人物要作历史的、全面的、具体的、实事求是的分析，这个历史唯物主义的科学的原则，应当说是明确的。唯其如此，非要提出一个人物评价的统一标准来，这是不科学也是不可能和不必要的。鉴于上述存在的不良倾向，笔者以为倒是需要提出这样一个问题：评价近代人物（包括整个近代史研究）应当有一个基本的立足点。其内涵主要当包括有三：其一，要有正确的理论指导，这就是马克思主义的历史唯物论。历史研究的理论与方法多种多样，包括社会学、文化人类学在内的当代西方众多的学术流派的理论和方法，无疑都需要我们去吸收与借鉴；但是，它们毕竟又都无法与具有博大精深的科学体系的历史唯物论相提并论；其二，应当对中国近代历史有一个本质的把握。鸦片战争以降，民族危机日亟，中国人民为了实现民族独立和社会的进步，前仆后继，进行了英勇的可歌可泣的反帝反封建斗争，它构成了时代的主题。中国人民反帝反封建的伟大斗争是近代历史发展的脊梁。它不仅使得帝国主义没有也不可能灭亡中国，而且直接间接地影响和制约着近代社会政治、经济、文化诸方面的发展变化。对近代史固然应当作多角度的研究，诸如现代化问题、中西文化问题、社会结构变动问题等等的研究，但是，如果对于上述近代历史的本质缺乏自觉的宏观把握，那么我们对具体问题的研究和人物评价也就不可能有准确的历史感；其三，应当有良好的学风。

---

① 《列宁选集》第 4 卷，人民出版社 1972 年第 2 版，第 290 页。

科学地研究、宣传党和
人民光辉的斗争历史

——兼评历史虚无主义思潮

北京大学教授　沙健孙

　　近代以来，中国面临着争取民族独立、人民解放和实现国家的繁荣富强即现代化这样两项根本性的历史任务。为实现这两项根本性的任务而斗争，这就是近代以来中国历史的主题。近代以来的中国历史，就其本质和主流来说，就是一代又一代的仁人志士和人民群众为救亡图存而英勇奋斗、艰苦探索的历史；尤其是全国各族人民在中国共产党的领导下，进行伟大、艰苦、曲折的斗争，经过新民主主义革命，赢得民族独立和自身解放的历史，并且经过社会主义改造、建设和改革，把一个极度贫弱的旧中国逐步变成一个初步繁荣昌盛、充满生机和活力的社会主义的新中国的历史。这是中国五千年文明史上的光辉的篇章，也是世界革命史和人类发展史上壮丽的一页。中国人民和中国共产党人因为近代以来的中国拥有这样光荣的历史而感到无比的自豪。人们十分珍惜党和人民英勇奋斗的历史，并且对于那些为了祖国的独立和富强而献身的先驱者和英烈们满怀崇敬和感激之情，是理所当然的。

　　值得注意的是，与广大的中国人民的认识和思想感情迥然不同，一些人对于近现代中国的历史采取了极端的虚无主义的态度。在"根本改写中国近现代历史"这个口号下，他们提出"告别革命"的主张，认为革命只起破坏性的作用，没有任何建设性的意义；他们把中国选择社会主义视为离开"近代文明的主流"而误入歧途，认为经济文化落后的中国所搞的社会主义不过是小资产阶级的空想社会主义；他们用攻其一点、不及其余的方法描绘中国共产党的历史，把它说成是一系列错误的延续。尽管从科学的角度来说，这些观点并没有什么价值，因为它们根本不符合近现代中国历史的实际，是完全站不住脚的；但是从政治上看，这些观点却应当引起我们高度的重视，因为这种思潮的泛滥可能造成人们的思想混乱，导致严重的后果。为了正确地认识和宣传党和人民奋斗的历史，我们必须警惕这种历史虚无主义思潮，并且对它作出科学的评析。

一

近代以来，中国面临的争取民族独立、人民解放和实现国家的繁荣富强这两项历史任务，是互相关联着的。由于腐朽的半殖民地半封建的社会制度束缚着中国社会生产力的发展，阻碍着中国经济技术的进步，因此，必须首先改变外国帝国主义和本国封建主义联合统治的社会制度，争得民族独立和人民解放，才能为集中力量进行现代化建设、实现国家的繁荣富强创造前提，开辟道路。因为不首先争得民族独立、人民解放，就不可能废除外国资本主义列强强加给中国的不平等条约，改变它们控制中国海关、扼住中国财政的咽喉以及在中国倾销商品和进行投资等方面享有的特权，由此使中国的民族工商业得以自由的发展；就不可能废除封建地主的土地所有制，解放农村生产力，改善农民的生活并提高他们的购买力，由此为中国工业的发展提供足够的商品粮、轻工业原料、部分的资金和广阔的市场；就不可能真正实现国家的统一、人民的团结、国内各民族的团结和社会的稳定，由此使中国人民过上安居乐业的生活，以便集中力量去从事经济文化等项事业的建设。

能不能经由改良的途径而不通过革命的方式，去实现中国面临的争取独立和走向富强的任务呢？答案是否定的。因为改良是在保存现行的政治经济制度的基础上对社会的某些局部进行的调整。但在事实上，阻碍中国走向独立和富强的，恰恰是整个现行的半殖民地半封建的政治经济制度，而不只是这个制度的某些局部，所以靠进行改良是不能解决问题的。而且，采取改良措施，必须经由统治阶级的同意和准许，才能付诸实施。但是，无论是晚清政府、北洋政府还是国民党政府，它们都是以外国帝国主义作为靠山、以本国封建势力作为支柱的。它们不愿意也不可能去废除帝国主义在中国享有的特权，废除封建主义对于中国人民特别是农民的束缚，从而争得民族独立和人民解放，并由此开拓中国通向现代化的道路。

近代的中国，是一个革命的国度。中国人民的民族革命斗争，从 1840 年反对英国侵略的鸦片战争就开始了。在这以后，从太平天国起义到辛亥革命，斗争的浪潮一个接着一个，其间没有多少间歇。1921 年中国共产党成立以后，中国人民的斗争更发展到了一个崭新的阶段，即新民主主义革命阶段。

近代中国发生的革命，不是也不可能是由少数革命家"制造"出来的。革命的发生，有着深刻的社会历史背景。"帝国主义和中华民族的矛盾，封建主义和人民大众的矛盾，这些就是近代中国社会的主要的矛盾。""这些矛盾的斗争及其尖锐化，就不能不造成日益发展的革命运动。伟大的近代和现代的中国革命，是在这些基本矛盾的基础之上发生和发展起来的。"①

怎样看待中国革命？中国革命是不是必要的、正义的、进步的事业？对于这个问题，不同阶级、不同阶层的人们有着不同的答案，并且为此进行过长期的和严重的争论。早在 1905 年至 1907 年期间，中国的资产阶级革命派（以《民报》为主要阵地）和改良派（以《新民丛报》为主要阵地）就曾经围绕着要不要用革命的手段推翻清王朝这个问题展开过一场大论战。改良派攻击革命会有"流血牺牲"、会"破坏一切"，因此是要不得的。这种说法，也是后来一切诋毁革命的人立论的主要根据。对此，当时的革命派回答说：进行革命，固然会有牺牲，但是，如果不进行革命而容忍反动的统治秩序，中国人民就有可能免除痛苦和牺牲吗？这样做，恰恰意味着他们将长期地遭受难堪的痛苦和作出巨大的牺牲。他们指出："革命不免于杀人流血固矣，然不革命则杀人流血之祸可以免乎？""无革命，则亦无平和，腐败而已，痛苦而已。"由于害怕流血牺牲就否定革命，这"何异见将溃之疽而戒毋施刀圭"，这不是非常荒谬的吗？值得注意的是，改良派攻击革命的言论，在当时就遭到人们的唾弃了。改良派自己也不得不承认："数年以来，革命论盛行于国中，今得法理论、政治论以为之羽翼，其旗帜益鲜明，其壁垒益森严，其势力益磅礴而郁结，下至贩夫走卒，莫不口谈革命，而身行破坏。"而主张改良的立宪党人则"气为所慑，口为所箝。"

---

① 《毛泽东选集》第 2 卷，人民出版社 1991 年版，第 631 页。

"革命是历史的火车头。"① "革命是被压迫者和被剥削者的盛大节日。"在革命时期,人民群众"能够作出从市侩的渐进主义的狭小尺度看来是不可思议的奇迹"。② 人们在革命中付出的代价,是以换得历史的进步作为补偿的。中国近现代的历史证明了这一点。在 20 世纪的前半叶,中国主要在进行革命。正是这个时期的革命斗争,尤其是中国共产党领导的新民主主义革命,从根本上改变了中国的面貌,改变了中国人民的命运。它不仅挽救了中国的危亡,打碎了套在中国人民身上的枷锁,荡涤了旧社会的污泥浊水,而且打开了中国建设现代化强国之路。如果说,近代以来,我们的民族蒙受过深重的屈辱,我们的人民经历了无穷的灾难,那么,革命胜利以后,虽然也还遇到过许多的困难,甚至发生过某些暂时的、严重的挫折,但是从根本上说,我们的民族是真正在世界上站立起来而且站稳了,我们的人民终于过上了具有人的尊严的和安居乐业的生活,我们这个文明古国重又焕发了青春的光彩。这种历史性的变化,这种伟大的进步,离开革命和革命的胜利,是完全不可想象的。正因为如此,任何不怀抱政治偏见的中国人,都把革命的事业当作伟大的事业,都把革命的旗帜当作光荣的旗帜,都把革命的历史当作必须十分珍惜的精神财富。而任何对于革命和革命历史的污蔑、诋毁、攻击和否定,都是受惠于革命的广大中国人民所不能接受的,都不可避免地要遭到他们的抵制和反对。

二

革命的目的是解放生产力。新民主主义革命的胜利和中华人民共和国的成立,标志着近代以来中国争取民族独立和人民解放这一项历史任务基本上得到了完成。集中力量进行经济建设即为实现国家的繁荣富强而奋斗,被日益突出地提上了党和国家的议事日程。

进行经济建设,首先就是要把中国从一个落后的农业国变为一个先进的工业国,就是要实现国家的工业化。怎样才能发展经济,实现国家的工业化呢?从世界历史上看,无非有两条道路:一条是资本主义工业化的道路,这是欧、美、日走过的,而且走通了;一条是社会主义工业化的道

---

① 《马克思恩格斯选集》第 1 卷,人民出版社 1995 年版,第 456 页。
② 《列宁选集》第 1 卷,人民出版社 1995 年版,第 616 页。

路，这是苏联走过的，而且也是走通了的。十月革命前，俄国是欧洲的一个比较落后的国家，由于搞了社会主义的工业化，苏联成了欧洲的第一强国、世界上最强大的两个国家之一。这个事实，是有说服力的。

近代以来的历史表明，对于中国来说，资本主义工业化的道路实际上是走不通的。从19世纪60年代末70年代初中国民族资本主义工业发生以来，由于受到外国垄断资本的压迫和本国封建生产关系的束缚，它始终处于举步维艰的境地。经过七八十年的发展，到1949年，整个民族工业资本只有20.08亿元人民币（1952年币值）。它对外国垄断资本具有相当大的依赖性。由于未能形成一个独立的、比较完整的工业体系和国民经济体系，独立以后的中国如果不搞社会主义而走资本主义道路，它就仍然不可能摆脱对于外国垄断资本的依赖。这样，中国就难免要成为外国垄断资本的加工工厂和单纯的廉价原料、廉价劳动力的供应地，就像现在亚洲、非洲、拉丁美洲的许多国家和地区那样。如果出现这种情况，中国的经济还有可能迅速发展起来吗？中国这样一个大国，企图主要靠外国提供资金和机器设备等来求得发展，是不可想象的。而且，由于经济上依赖外国，在政治上就挺不起腰杆，连已经争得的独立也可能丧失掉。所以，如果搞资本主义，搞来搞去，就会搞成西方资本主义大国的附庸了。这种危险是现实存在的。这就是说，在帝国主义时代，中国通过走资本主义道路实现现代化的历史机遇已经丧失。正因为如此，早在新中国成立初期，我们党就明确指出："资本主义道路，也可增产，但时间要长，而且是痛苦的道路。我们不搞资本主义，这是定了的，如果又不搞社会主义，那就要两头落空。"①

中国经济在20世纪50年代的"最重要事件就是选择了社会主义"。决定中国选择社会主义的基本因素是：第一，"中国政府实行了全国财政经济的统一"，"这是中国选择社会主义的重要关键"。因为经验表明，"一定程度的统一计划性，以及拥有相应的物质手段或宏观调控能力，对于国民经济的稳定发展始终是必要的"。第二，"中国国营经济的日益强大"。第一个五年计划的任务主要是由国营经济承担的，这当然需要大大扩大社会主义性质的国营经济。第三，"资本主义经济的弱小和发展困难。"它不可能成为国家实现工业化的主要依靠。而且资本主义经济与政

---

① 《毛泽东文集》第6卷，人民出版社1999年版，第299页。

府、国营经济和社会的矛盾及其发展，使"人们开始认识到，资本主义工商业不仅需要进一步改组，而且需要通过国家资本主义的过渡形式逐步改造为社会主义"。第四，新中国的国际环境。所以，"就五十年代中国经济和中国历史的全局而论，重要的是，无论早几年或迟几年，保留多少私有成分，经济管理上和计划方法上具备多大程度上应有的灵活性，总之，对社会主义的选择是不可避免的"①。

借口中国经济文化落后，否定中国人民有选择走社会主义道路的权利，这种主张根本不能成立。

应当毫不含糊地指出，经济文化落后的国家在一定的条件下可以搞社会主义，这是马克思、列宁早已阐明的思想。1881 年，马克思在答复查苏利奇关于俄国农村公社未来的命运这个问题时就说过：由于俄国的农村公社是与资本主义同时存在的东西，俄国并不是脱离现代世界而孤立生存的，所以，如果其他条件具备，"它能够不通过资本主义制度的卡夫丁峡谷，而占有资本主义制度所创造的一切积极的成果"。② 为了驳斥第二国际的领袖伯恩斯坦、考茨基等修正主义分子和俄国孟什维克这个机会主义派别关于俄国的经济还没有发展到"足以实现社会主义的水平"这种主张，列宁在 1923 年所写的《论俄国革命——评尼·苏汉诺夫的札记》一文中指出："你们说，为了建设社会主义就需要文明。好极了。那么，我们为什么不能首先在我国为这种文明创造前提，如驱逐地主，驱逐俄国资本家，然后开始走向社会主义呢？"要知道，世界历史发展的一般规律，不仅丝毫不排斥个别发展阶段在发展的形式上或顺序上表现出特殊性，反而是以此为前提的。不懂得这一点，就是对马克思主义中有决定意义的东西即革命辩证法一点也不理解，就是对马克思主义的理解"迂腐到无以复加的程度"。③

中国共产党领导中国人民进行社会主义改造和建设的事业时，正是遵循了马克思主义的上述理论。毛泽东指出："首先制造舆论，夺取政权，然后解决所有制问题，再大大发展生产力，这是一般规律。"从世界的历史来看，"都是把上层建筑改变了，生产关系搞好了，上了轨道了，才为

---

① 《胡乔木文集》第 2 卷，人民出版社 1994 年版，第 252、260 页。
② 《马克思恩格斯选集》第 3 卷，人民出版社 1995 年版，第 775 页。
③ 《列宁选集》第 4 卷，人民出版社 1995 年版，第 775—778 页。

生产力的大发展开辟了道路，为物质基础的增强准备了条件。当然，生产关系的革命，是生产力的一定发展所引起的。但是，生产力的大发展，总是在生产关系改变以后"①。这个一般规律，对于资产阶级革命，对于无产阶级革命，都是适用的。

在这个问题上，邓小平的观点同列宁、毛泽东的观点是一致的。1977年10月，他在同加拿大林达光教授夫妇谈话中指出：列宁在批判考茨基的庸俗生产力论时讲，落后的国家也可以搞社会主义革命。我们也是反对庸俗的生产力论。"当时中国有了先进的无产阶级的政党，有了初步的资本主义经济，加上国际条件，所以在一个很不发达的中国能搞社会主义。这和列宁讲的反对庸俗的生产力论一样。"② 为了科学地评价中国的社会主义事业，我们必须划清马克思主义与考茨基的庸俗生产力论的界限。因为这种庸俗生产力论并不是马克思主义，而是对于马克思主义的教条主义的歪曲。

历史的经验和现实的生活都告诉我们：只有社会主义才能救中国，只有社会主义才能发展中国。我们看到，在全面进行社会主义改造的期间，即从1953年到1956年，全国工业总产值平均每年递增19.6%，农业总产值每年递增4.8%。社会主义改造不仅没有阻碍生产力的发展，而且成了生产力发展的直接动力。我们尤其应当看到，社会主义基本经济制度的确立，为中国全面进行社会主义建设开辟了道路，为中国尔后的一切进步和发展奠定了基础。从1957年到1978年的22年间，尽管我们犯过"大跃进"和"文化大革命"的严重错误（这两个错误都是由于党在寻找中国自己的社会主义建设的道路的过程中主观认识不符合客观实际的结果，并不是建立了社会主义制度以后必定要发生的），整个说来，我们在社会主义建设方面所取得的成就仍然是相当可观的。在这期间，我们基本上建立起了一个独立的、比较完整的工业体系和国民经济体系，使中国在赢得了政治上的独立之后又赢得了经济上的独立。而且在这期间，中国经济发展的速度从总体上来看也还是相当快的。工农业总产值，1953—1978年平均年增长率为8.2%；其中工业总产值平均年增长率为11.4%，农业总产值平均年增长率为2.7%。从1957年到1978年，除了少数农副

① 《毛泽东文集》第8集，人民出版社1999年版，第131—132页。
② 《邓小平年谱（1975—1997）》上册，中央文献出版社2004年版，第223页。

产品产量外，谷物和主要工业产品产量在世界上所占的位次都明显提前了。这些事实，是经济文化落后的中国应当而且能够建立社会主义制度的生动证明，是社会主义制度具有巨大优越性的初步的、但又是有力的显示。

1978 年中共十一届三中全会以来进行的改革，是社会主义制度的自我完善和发展。它是在坚持社会主义基本制度的前提下进行的。进行改革的"总的目的是要有利于巩固社会主义制度，有利于巩固党的领导，有利于在党的领导和社会主义制度下发展生产力"①。改革开放以来中国取得的举世瞩目的巨大成就，是社会主义制度具有极大的优越性和旺盛的生命力的进一步证明。有的人把资本主义视为社会发展的极致和人类历史的终结。他们把改革说成是对社会主义的否定和对资本主义的补课，即对资本主义这个所谓"近代文明主流"的回归，这是完全不符合实际的，是对改革开放以及改革开放以来的中国历史的根本性的歪曲和污蔑。

三

中国共产党是中国革命和建设事业的领导者和组织者，是全国各族人民的领导核心。中国共产党自 1921 年创立以来，在八十多年的时间里，为了推动中国社会的进步，领导人民做了许多事情。总起来说，就是三件大事：第一，开展反帝反封建的新民主主义革命，推翻了半殖民地半封建的旧社会制度，创建了伟大的中华人民共和国，使得近代以来受尽压迫和欺凌的中华民族和中国人民站立了起来；第二，进行社会主义改造，全面确立社会主义的基本制度，为中国以后的一切进步和发展奠定了基础；第三，开始全面建设社会主义的经济、政治、文化，开创建设中国特色社会主义的道路，使中国摆脱了极度贫弱的境况，而成了一个初步繁荣昌盛的、欣欣向荣的国家。这就是党的历史的本质和主流。无论党在历史上经历过何种曲折，犯过多少错误，从根本上说，它是为中华民族和中国人民建立了伟大的历史功绩的，是为国际共产主义运动和人类进步事业作出了巨大贡献的。如果不讲党的这个本质和主流，只是一味热衷于暴露党的历史上的缺点、错误，那么，即使所讲的缺点、错误确实存在，它所提供的

---

① 《邓小平文选》第 3 卷，人民出版社 1993 年版，第 241 页。

关于党的历史的整个图景在根本上仍然是不真实的，是对党的整个历史的曲解和丑化。为了坚持实事求是的原则，我们必须旗帜鲜明地、理直气壮地宣传党的光荣的斗争历史及其伟大的成就和成功的经验。

当然，强调应当这样做，并不意味着我们主张忽视乃至掩盖党经历的曲折和犯过的错误。作为一个郑重的、对人民负责任的马克思主义政党，中国共产党从来都是正视自己的错误，注意从自己所犯的错误中学习并汲取教训的。在这个问题上，需要指明的是：

第一，应当用历史的观点、实践的观点看待党走过的历史道路，总结党的历史经验。

必须承认，在一个人口众多、幅员辽阔、情况复杂、经济文化落后、发展极不平衡的东方大国，领导人民进行革命和社会主义建设，这是一个伟大而艰巨的事业。人的正确思想只能从社会实践中来。为了回答在中国这样一个国家里如何进行革命和建设的问题，不能不经历一个摸索的过程，经历一个在党和人民集体奋斗的基础上积累经验的过程。在这个过程中，在一个时期内，党以及党的领导人难免会犯这样那样的错误甚至犯严重的错误。这是需要结合历史条件加以说明，不可以苛责于前人的。在延安整风时期，我们党就强调，处理历史问题，不应着重于一些个别同志的责任方面，而应着重于分析当时的环境，当时错误的内容，当时错误的社会根源、历史根源和思想根源。这个原则，今天仍然必须坚持。离开对具体的历史环境的分析，不承认把马克思主义同中国实际相结合需要经历一个过程，以今天的认识作为评价标准，来为前人的思想和事业定位，把党所进行的艰苦探索、把那些探索的先驱者说得一无是处，这种形而上学的思想方法，从根本上说是反历史、反科学的。

第二，要坚持实事求是的原则，采取分析的方法。

由于党和人民奋斗的历史是一个伟大的曲折的历程，为了对这个历史作出科学的评价，我们必须进行具体的分析。应当看到，我们党的工作在大部分时间里是做得好的或比较好的，所以，"总的来说，我们党的历史还是光辉的历史"①；同时也应当承认，有一些时期党的工作做得并不怎么好，甚至犯过全局性的严重错误。我们必须科学地认识党的各个阶段的历史，不能作绝对肯定或绝对否定的简单结论。实际上，当我们说某个时

---

① 《邓小平文选》第 2 卷，人民出版社 1994 年版，第 289—290 页。

期好或比较好的时候，并不意味着一切都好，没有任何教训需要总结了；当我们说某个时期犯了严重的甚至全局性的错误的时候，也并非意味着此时一切皆错，没有一点可以肯定的东西了。只有对党的历史进行科学的分析，我们才不至于在纠正错误的时候否定应当维护的正确的东西，不至于损害党的领导地位和社会主义的基本制度，使我们丧失为前进所必须坚持的阵地；也只有这样，我们才可能对错误本身作出冷静的恰如其分的分析，从中引出应有的历史教训。

第三，必须注意研究党认识错误、纠正错误的历史进程。

应当看到，错误和挫折并不是纯粹消极的东西，其中也可能孕育着成功的因素。实际上，我们党正是通过总结成功的经验和犯错误的教训，不断地把党的事业推向前进的。所以，我们不应当只是静止地、孤立地去暴露党犯过的错误，而是应当在正视错误的同时阐述党认识错误、总结经验、纠正错误，从而把党的事业向前推进的过程。因为历史的事实证明，中国共产党是具有自我净化和自我发展的能力的。

很明显，如果这样来论述党犯过的错误和经历的曲折，我们就同历史虚无主义划清了界限，不仅不会损害党的形象，而且还可以进一步增强人们对于党的领导和建设中国特色社会主义事业的信心。

四

有必要指出，从思想渊源上看，一些人鼓吹的历史虚无主义观点，在学术上并没有什么新意，有的甚至是早已被马克思主义史学家乃至革命的资产阶级思想家驳倒了的陈腐论调。比如，前面我们已经说过，在1905—1907年资产阶级革命派同资产阶级改良派进行的论战中，革命派就把改良派借口革命要流血牺牲鼓吹改良、否定革命的观点，批驳得体无完肤，以至改良派也不得不承认自己"气为所慑，口为所箝"。今天一些人鼓吹的否定革命、"告别革命"那一套，不过是老调重弹而已。

历史虚无主义思潮的另一个渊源，是西方某些学者的观点。这种思潮，正如李文海教授所说："不过是西方教条主义的一种反映。例如，历史虚无主义论者大肆鼓吹的从'革命范式'转换到'现代化范式'，美国杜克大学的德里克（Arif Dirlik）教授在一篇题为《革命之后的史学：中国近代史研究中的当代危机》的文章中早就详细地介绍过。文章说：历经六七十年代，革命一直是美国汉学界历史解释的范式。当时，占主导地位的是对革命的正面评价，认为'革命给中国引进了一种新型政治，使远比此前为多的人们得以参与政治，使无权言政的人们得以发言，它将人们从过去的被压迫状态中解放出来，并使他们摆脱了传统的思想奴役。革命使中国摆脱了帝国主义，并转变为一个现代主权国家。革命还清除了或由历史形成的、或由近代帝国主义导致的种种发展障碍，解决了发展问题'。但这种看法在20世纪80年代中期开始发生改变了：'先前一直被描述为解放史诗的革命史，现在却变成了衰落与失败的故事'，一些著作还竭力散布革命的种种弊端，说什么'革命并不意味着被压迫者对压迫阶级的胜利，而是使中国社会的不良分子得以掌握权力'，'革命使潜存于中国文化中的恶劣习性与态度泛滥成灾'，'虽然中国经历了一个世纪的战争与革命，但晚清以来的中国从未成为现代社会。换句话说，中国革命不仅未使中国现代化，反而强化了其前现代的状态'，有的甚至说'革命带来的可能并不仅仅是失败，它还可能打断了清末以前一直在进行的朝着现代化方向的发展过程'，'中国如果没有革命，其境况会较好些'。如果我们把这些西方观点同国内学术界某些人否定革命的言论相对照，就不难发现，从思想到语言，实在是亦步亦趋，如出一辙。"

历史虚无主义的鼓吹者否定唯物主义的历史观和方法论，他们所遵循的是唯心主义的历史观，所运用的是主观主义的方法。他们所宣扬的观点，不是在全面地、系统地掌握有关材料的基础上经过科学的分析得出来的；在很大的程度上，他们提出这些观点主要是在表达自己的某种倾向、某种情绪，带有极大的主观随意性。龚书铎教授讲得好：表现在近现代史研究中的历史虚无主义思潮，对于这段历史也并不是完全虚无，而是有所虚无，有所不虚无。他们虚无的是中国人民的革命运动、中国共产党的领导、马克思主义的指导、社会主义制度和人民民主专政；不虚无的是为早已有历史定论的叛徒、汉奸、反动统治者歌功颂德。总之，他们不是从历史发展的真实情形出发去诠释历史，而是想当然地解读历史，虚构历史，否定历史，为中国近现代历史的发展寻找根本没有历史根据的另类历史规律和发展道路。例如，有人一方面肆意丑化毛泽东，给中国共产党抹黑，给社会主义抹黑，另一方面又公然为汪精卫等大汉奸翻案，说什么"汪伪政权并不代表日本人的利益，而是代表沦陷区人民的利益"。可见，丑化什么，美化什么，一清二楚。他还指出：就方法论来说，评价任何一个历史事件或历史人物，都要看它的主流、本质，而不能只抓住支流、现象下结论，更不能用这种方法去剪裁历史，编排历史，把好的说成坏的，把坏的变成好的。历史虚无主义论者研究历史，恰恰是把支流当主流，把现象当本质，将历史中的某些失误抽象化，并加以孤立地、片面地放大、渲染，从而达到歪曲历史的目的。对这种方法，列宁当年曾尖锐地批评说："在社会现象领域，没有哪种方法比胡乱抽出一些个别事实和玩弄实例更普遍、更站不住脚的了。挑选任何例子是毫不费劲的，但这没有任何意义，或者有消极的意义，因为问题完全在于，每一个别情况都有具体的历史环境。……如果不是从整体上、从联系中去掌握事实，如果事实是零碎的和随意挑出来的，那么它们就只能是一种儿戏，或者连儿戏都不如。"[①]用列宁的这段话来批评历史虚无主义论者的方法论上的错误，是十分恰当的。

历史是一面镜子。重视历史研究，注意总结和汲取历史经验，这是中国共产党的一个优良传统。晚清思想家龚自珍说过："欲知大道，必先为史。"[②]他又说过："灭人亡国，必先去其史；隳人之枋、败人之纲纪，必先去其史；绝人之才、湮塞人之教，必先去其史；夷人之祖宗，必先去其史。"[③]他从正反两方面说明了研究历史和正确对待历史的重要性。这些话，是历史经验的总结，值得我们深长思之。我们之所以必须对历史虚无主义思潮保持警惕，就是因为如果听任这种思潮自由泛滥，以至把人民革命的历史、共产党的历史、人民共和国的历史丑化了、糟蹋了，那么，坚持人民革命的成果、坚持社会主义制度、坚持共产党的执政地位和领导作用也就会失去基本的历史依据，由此可能导致何种严重的政治后果，是不言自明的。在这个问题上，苏联解体、东欧剧变已经为我们提供了惨痛的教训。正如一位老同志所说的那样：只有正确地总结过去，才能胜利地开辟未来。如果不是这样，而是像赫鲁晓夫、戈尔巴乔夫那样，从全盘否定斯大林，到搞什么"新思维"、"公开性"，全盘否定列宁和十月革命，把

---

① 《列宁全集》第 28 卷，人民出版社 1990 年版，第 364 页。

② 龚自珍：《尊史》。

③ 龚自珍：《古史钩沉论二》。

社会主义说得一无是处，那将会是一种什么局面?! 只能是天下大乱，人民遭殃。

诚然，有意地歪曲近现代中国的历史，自觉地鼓吹历史虚无主义思潮的人是极个别的，但是，应该承认，这种思潮在一部分群众乃至学术工作者中已经发生了不容忽视的影响。所以，在涉及近现代革命历史、党的历史和人民共和国历史的重大问题上，我们必须坚持实事求是的原则，科学地揭示事物的本相，旗帜鲜明地分清是非，明确地与历史虚无主义思潮划清界限。

太后是"优秀的政治家","真诚地主张进步与革新","如果以此为共识，中国的未来发展可能将是另外一个样子"；袁世凯的政治主张"反映了当时社会历史发展趋势"；"汪伪政权并不代表日本人的利益，而是代表沦陷区人民的利益"；"周作人即使当汉奸，依然是一个高尚的人道主义者"，如此等等。把已被颠倒过来的历史再"颠倒"回去，混淆是非。

表现之三，把以马克思主义唯物史观为指导的历史研究，称之为"伪史学"、"垃圾史学"。有人说郭沫若、范文澜等马克思主义史学家是"帝国史学"、"皇家史学"，是"奉旨考证"；有人说"夏商周断代工程"是"用以证明一个被预设的政治目标，那就是汉族中心论"，"是皇家史学的又一新杰作"，"史官们在一如既往地编织着'皇帝的新衣'"。

从历史虚无主义的几种主要表现来看，他们并不是对历史（现实）完全虚无，而是有所虚无，有所不虚无。他们在贬损中国几千年文明史、贬斥农民战争、否定革命、丑化党的领袖人物的同时，却美化那些叛徒、汉奸和反动统治者。历史虚无主义思潮的政治实质，是要否定中国共产党的领导、马克思主义的指导、社会主义制度和人民民主专政。

二　历史虚无主义泛起的根源

历史虚无主义可以说是一种带有国际性的思潮。还在苏联解体之前，一些人就是一方面极力否定十月革命，给苏联共产党和社会主义制度抹黑，妖魔化斯大林；一方面则是改写了罗曼诺夫王朝的全部统治史，罗曼诺夫王朝的统治者们被说成是"上帝的羊羔"，说"他们只懂得关心人们、为人们谋幸福"。1990年在西班牙马德里举行的第十七届国际历史科学大会上，波兰历史学家耶日·托波尔斯基提交的题为《历史编纂学中的革命神话》的论文中否定了法国大革命、十月革命等历史上所有的革命。他说："在历史编纂学中，政治含义的'革命'一词，从一开始就具有神话解释的成分。历史学家在很大的程度上变成了某些社会主张与政治主张的传声筒。"

这种否定革命的国际思潮，影响到了国内的学术界。前面提到的所谓以"现代化范式"代替"革命范式"的观点，美国杜克大学的德里克教授在题为《革命之后的史学：中国近代史研究中的当代危机》的一文中有过详细阐明。文章说：历经六七十年代，革命一直是美国汉学界历史解释的范式，当时，占主导地位的是对革命的"正面评价"；但是，这种看法从 20 世纪 80 年代中期便开始变了。"先前一直被描述为解放史诗的革命史，现在都变成了衰落与失败的故事。"一些著作竭力散布革命的种种弊端，说什么"革命并不意味着被压迫者对压迫阶级的胜利，而是使中国社会的不良分子得以掌握权力"，"革命使潜存于中国文化中的恶劣习性与态度泛滥成灾"。"虽然中国经历了一个世纪的战争与革命，但晚清以来的中国从未成为现代社会。换句话说，中国革命不仅未使中国现代化，反而强化了其前现代的状态。"有的则更进一步强调："革命带来的可能并不仅仅是失败，它可能还打断了清末以前一直在进行的朝着现代化方向的发展过程，""中国如果没有革命，其境况会较好些"。这些观点同国内否定革命的言论如出一辙。

宣扬历史虚无主义是美国等西方国家图谋西化、分化中国在学术上的表现。国内一些散布历史虚无主义的人，目的是要企图把中国从社会主义扭转到资本主义的道路上去。在一本描写中国近代史的作品中，借美化清末新政来鼓吹"学习西方的主流文化（西方资本主义）成了无法抗拒的必由之路，包括清末新政在内的东方各国现代化进程的成就与失误，都来源于对这个历史必然的态度"。显然，这里所说的"历史必由之路"，不是别的，就是指西方资本主义的道路。有些人说得更为直白："自由主义坚守自由的正义原则、拥有宪政和法治这些制度化架构以及适合当代民族国家范围的代议制度选举制度，不管我们对其有多少批评，我们依然不得不接受它作为我们民主化内容的基本框架。""宽容、民主和自由主义，一定是不可动摇的精神基石。一切理性的思想者，都应该加入维护这一基石的行列中。"他们甚至宣称：在 21 世纪前半叶，中国思想界长期的任务是"反对军国主义和法西斯主义"。他们要反对的"军国主义和法西斯主义"，矛头所指，不言自明。

从历史观和方法论上说，历史虚无主义的鼓吹者否定的是马克思主义的唯物史观和方法论，遵循的是唯心史观和主观主义的方法。他们所宣扬的思想观点，不是在全面、系统地掌握有关材料的基础上经过科学的分析得出来的，而主要是在表达自己的某种倾向、某种情绪，带有极大的主观随意性。他们攻其一点，不及其余，抓住支流、现象下结论，用这种方法去剪切历史，编排历史，把好的说成坏的，把坏的变成好的，从而达到歪曲历史的目的。对这种方法，列宁当年曾尖锐地批评说："在社会现象领域，没有哪种方法比胡乱抽出一些个别事实和玩弄实例更普遍、更站不住脚的了。挑选任何例子是毫不费劲的，但这没有任何意义，或者有消极的意义，因为问题完全在于，每一个别情况都有具体的历史环境。……如果不是从整体上、从联系中去掌握事实，如果事实是零碎的和随意挑出来的，那么它们就只能是一种儿戏，或者连儿戏都不如。"

三　历史虚无主义的危害

历史虚无主义所宣扬的思想，往往是通过学术研究来表现，带有一定的隐蔽性，容易被人们作为学术问题而忽视。前面所说的关于中国历史上所谓"流氓价值观"、"大一统思想"以及抹杀农民战争、用"现代化范式"代替"革命范式"等等，其指向是否定近代以来中国整个革命进程包括农民革命、旧民主主义革命、新民主主义革命、社会主义革命的历史，当然最终必然要否定我们坚持的四项基本原则。其所反映的不只是历史文化问题，更根本的是政治问题、是对待党和国家现实的态度问题。

历史虚无主义这股思潮所散布的一些错误观点，不仅流行于史学界，而且在青少年中、在社会上也产生了不可忽视的影响。这在我们的初中《历史课程标准》和教科书中已反映了出来。例如，农民战争没有其历史地位，推翻明王朝的李自成起义连提也不提，与清政府抗争14年的太平天国则只被置于反抗列强侵略斗争之下。又如，受"现代化范式"代替"革命范式"的影响，将洋务运动、戊戌变法运动、辛亥革命、"五四"新文化运动纳入"近代化起步"这一单元之下，把不同性质的事件都用近代化"化"在一起。显然，这是不符合历史实际的。辛亥革命是20世纪中国人民在前进道路上经历的第一次历史性巨大变化，结束了2000多年的封建帝制，为中国的进步打开了闸门。将辛亥革命与清政府的洋务运动相提并论，都归之为近代化，无疑是贬损了辛亥革命，对中学生的历史教育是有害的。

否定革命、"告别革命"之类的观点，在影视作品中也表现出来，一些电视剧以艺术的形式集中反映了这种历史观。例如有的电视剧极力将慈禧太后、李鸿章、袁世凯这些封建统治者也描绘成是"走向共和"的"悲剧英雄"，占据了电视剧的中心地位，而孙中山则被边缘化，被矮化、丑化，严重歪曲历史。这种对革命发展历程的歪曲，在人们中引起思想混乱，影响了一些人对现实社会制度的看法，发展下去甚至会动摇坚持马克思主义的指导地位。

历史虚无主义对革命历史的否定，对中国共产党历史、人民共和国历史的歪曲和攻击，其政治后果是严重的。苏联解体的教训，提供了现实的借鉴。苏联解体的一个重要舆论准备，就是对苏联 70 多年历史的歪曲，把出现的错误夸大为对苏联共产党和社会主义制度的否定，对马克思列宁主义的否定。十月革命被说成是"使国家误入历史的歧途"，苏联社会主义社会被说成是"地狱"，只干坏事，什么好事也没干。既然如此，苏联的解体岂不是顺理成章的了？国内泛起的这股历史虚无主义思潮如出一辙，其目的也是贬损党的历史、人民共和国的历史。清代著名思想家龚自珍说过："欲知大道，必先为史。"他又说："灭人之国，必先去其史；隳人之枋，败人之纲纪，必先去其史；绝人之才，湮塞人之教，必先去其史；夷人之祖宗，必先去其史。"这些话，从正反两方面说明了研究历史和正确对待历史的重要性，说明了正确评价历史是关系国家发展的前途命运的大事。这是对历史经验的深刻总结，值得我们深长思之。

历史虚无主义思潮评析

北京大学教授　梁　柱

　　早在民主革命时期，毛泽东就指出："今天的中国是历史的中国的一个发展；我们是马克思主义的历史主义者，我们不应当割断历史。从孔夫子到孙中山，我们应当给以总结，承继这一份珍贵的遗产。"① 表达了中国共产党人重视历史和正确对待历史的科学态度。古往今来，一切民族和国家都会重视自己的历史，都会善待自己的历史遗产。历史是弥足珍贵的精神财富和智慧宝库，它不但有助于提升民族素质，增强民族的自信心和凝聚力；而且会通过丰富的历史经验，以史为鉴，察往知来，创造更加美好的明天。在新的历史时期，邓小平就把懂得一些历史作为中国发展的一个精神动力提了出来。胡锦涛总书记在主持中央领导集体学习的一次讲话中也指出："浩瀚而宝贵的历史知识既是人类总结昨天的记录，又是人类把握今天，创造明天的向导。一部人类文明史就是人类不断在以往历史的基础上有所发现、有所发明、有所创造、有所前进的历史。中华民族历来就有治史、学史、用史的传统。我们党在领导革命、建设和改革的进程中，一贯重视历史经验的借鉴和运用。在新形势下，我们要更加重视学习历史知识，更加注重用中国历史特别是中国革命史来教育党员和人民。"② 这深刻地说明了正确对待历史的重要性。但在如何对待历史这样重大问题上，在改革开放的历史进程中却出现了刺耳的噪音，这就是以否定人民革命和社会主义建设成就的历史为重点的历史虚无主义思潮的泛起，并呈现出愈演愈烈之势。这股错误思潮，具有很大的欺骗性、迷惑性和渗透性，

①　《毛泽东选集》第2卷，人民出版社1991年版，第534页。
②　《人民日报》2003年11月25日。

是值得我们严重关注的。

一　历史虚无主义思潮的泛起及其特点

（一）历史虚无主义思潮泛起的历史背景

在近代中国，历史虚无主义是作为同"全盘西化"论相呼应而出现的一种错误思潮。持"全盘西化"论者往往对民族文化、历史遗产采取轻蔑、虚无的态度，表现为民族文化虚无主义。在 20 世纪 30 年代首先提出"全盘西化"主张的陈序经就声称："西洋文化无论在思想上，艺术上，政治上，教育上，宗教上，哲学上，文学上，都比中国的好。就是在衣、食、住、行的生活上，我们也不及西洋人的讲究。"他提出："今后中国文化的出路，惟有努力去跑彻底西化的途径。"[①] 胡适同样主张以"西方化"作为中国文化的出路，而他的具体方案则是要求仿照"美国模式"。这种"全盘西化"论、民族文化虚无主义同文化复古主义一样，都不能正确反映近代中国文化发展的要求，同近代中国历史发展的方向是相违背的，因而理所当然地受到了抵制和批判。随着马克思主义在中国的广泛传播，特别是人民革命的胜利，使民族自尊心、自信心和自豪感得到极大发扬，因而在一个长时期内，这种错误思潮受到了抑制。

进入新的历史时期，在我们党拨乱反正、转入现代化建设和改革开放这一特定历史条件下，历史虚无主义就作为资产阶级自由化的一种表现形式，开始在中国泛起。一些人以"反思历史"为名，歪曲"解放思想"的真意，从纠正"文化大革命"的"左"的错误，走到"纠正"社会主义，认为我国不该过早地搞社会主义，而应该让资本主义充分地发展；从纠正毛泽东同志晚年的错误，走到全盘否定毛泽东同志的历史地位和毛泽东思想；从诋毁新中国的伟大成就，发展到否定中国革命的历史必然性；从丑化、妖魔化中国共产党领导的革命和建设的历史，发展到贬损和否定近代中国一切进步的、革命的运动；从刻意渲染中国人的落后性，发展到否定五千年中华文明，等等。改革开放 30 年来，历史虚无主义思潮时隐时现，但从未止息和退落，特别是每当我们坚持四项基本原则不一贯的时

---

① 《中国文化之出路》，转引自罗荣渠主编《从"西化"到现代化》，北京大学出版社 1990 年版，第 363—364 页。

候，它就会以极端的、尖锐的形式表现出来。从历史虚无主义思潮的表现中，我们可以看到一个规律性的现象，这就是历史虚无主义和"全盘西化"论二者如影随形。他们在否定革命历史的同时，诅咒中华民族文化是一种只能走向"自杀"的"黄土文化"，"除了愚昧和落后"，是"孕育不了新的文化"，中国要走向现代化，唯一的出路就是融入西方的"海洋文明"，无条件地接受"全盘西化"。有的人甚至走上了颂扬侵略者、颂扬殖民地化的道路。有的论者说："如果中国当时执行一条'孙子'战略（此人特别声明：不是孙子兵法的孙子，而是爷爷孙子的孙子），随便搭上哪一条顺风船，或许现在的中国会强得多。比如追随美国，可能我们今天就是日本。"连自己的脊梁骨都抽掉了，还有什么民族气节可言。从这里不难看出历史虚无主义思潮的实质究竟是什么！

历史虚无主义思潮不仅表现在史学研究中，而且也在涉及历史和历史人物的某些文学、艺术和影视等领域的作品中，影响面大，危害至深，对此应有足够的认识。应当说，历史虚无主义思潮在新的历史条件下重新泛起，并不是偶然的，而是有着深刻的国际和国内的背景。

首先，它是世界社会主义运动处在低潮形势下的一种历史现象。值得注意的是，以苏东剧变为标志的世界社会主义运动急剧转入低潮，但它的发展有一个过程，而否定十月革命的道路、抹杀苏联社会主义的历史成就则起了先行的作用。前有赫鲁晓夫全盘否定斯大林，后有戈尔巴乔夫推行的新思维，使得颠倒历史、混淆是非的种种歪理邪说大行其道。他们以否定斯大林为起点，进而把矛头直指列宁和十月革命，竟然提出："最重要的是要揭露斯大林主义学说包含的列宁主义实质，许多人想牺牲斯大林来拯救列宁，这是回避了问题的实质。""如果我们的领袖和缔造者（列宁）为某种东西打下基础的话，那就是国家暴力和恐怖主义的原则。"污蔑十月革命使俄国离开了"人类文明的正道"，是布尔什维克党的"一个阴谋"，攻击社会主义制度是"封建式的专制独裁制度"，否定十月革命开辟的社会主义道路。他们制造了所谓十月革命不如二月革命，二月革命不如斯托雷平改革，使革命不如改良、苏联不如沙俄、社会主义不如资本主义的谬说，甚嚣尘上。戈尔巴乔夫的得力助手、负责苏共意识形态的雅科夫列夫，在苏联解体后公开招认，他们否定革命，否定革命历史，就使得"合理的出路只有一个：放弃革命，走改良之路，痛苦的，缓慢的，在过去曾不止一次地遭到否定和扼杀的改良之路"，这里所谓的"改良之路"，就是复辟资本主义。这是以戈尔巴乔夫为首的苏共领导层中叛徒集团自上而下掀起的一场否定苏共和苏联的革命历史的恶浪，导致人心涣散，信念破碎，最终使雄居世界的第二强国、为人类进步作出重大贡献的社会主义苏联毁于一旦。这一惨痛的历史悲剧，深刻地说明在社会主义遭遇困难和挫折，历史的列车急转弯的时候，会有一些人丧失信心，悲观失望，企图另找出路，投靠新主。历史虚无主义在中国重新泛起，正是同这样的国际背景相关联的。

其次，它是对西方反共势力企图"和平演变"社会主义的一种呼应。西方反共势力"和平演变"社会主义的企图是一贯的、公开的、露骨的。正如法国克劳迪·朱里安在《美利坚帝国》一书中所指出的，美国一向高唱的"神意"和"救世主义"，"绝对谈不上是美利坚帝国的特色。美利坚帝国的特色在于，它是针对共产主义而展开一切活动的"。尼克松则以明确无误的语言表达了这种企图，他说："要进行争取世界人民'民心'的竞赛。""随着一代一代往下传，我们将开始看到和平演变的进程在东方集团中扎下根来。""它播下的不满的种子，有一天将开出和平演变的花朵。"[1] 进入 20 世纪 80 年代以来，他们利用社会主义国家存在的困难和进行改革之机，掀起了攻击和否定革命，颂扬改良的浪潮，连篇累牍地通过电台、书籍、文章，制造马克思主义、社会主义的"失败论"、"死亡论"、"终结论"。总之，美国反对一切不符合他们价值标准的革命，特别是共产党领导的革命。"这些对革命的总的看法，尤其是对布尔什维克这个幽灵的看法，如今已牢牢生根。这些观念深深地扎根在政策制定者的头脑中。"[2] 布热津斯基的《大失败》和福山的《历史的终结》就成了这股世界范围的"告别革命"思潮的代表作。正像美国媒体所透露的，美国政府通过这种"攻心为上"的计谋，动摇了苏联领导人对自己历史和制度的信心，成功地诱导了苏东剧变。对于社会主义国家的这种演变，尼克松就作过"东欧共产党人已完全丧失了信仰"的判断。布热津斯基在《大失败》一书中也以辛辣讽刺的手法，认为苏联共产党统治集团，"一直以一种历史脱衣舞的形式，一层一层地否定（或者是脱掉）他们过去的理论外衣"。而在苏东解体后，中国就成为西方反共势力推行"和平

---

① 尼克松：《真正的和平》，世界知识出版社 1984 年版，第 94、95、92 页。

② 亨特：《意识形态与美国外交政策》，世界知识出版社 1999 年版，第 130 页。

演变"战略的重点，极力向中国推销他们的价值观念和社会制度，曾任美国国务卿的沃伦·克里斯托弗就露骨地表示：对中国，"我们的政策将是设法通过鼓励伟大国家的经济和政治自由化势力，来促进中国从共产主义向民主的和平演变"。历史虚无主义在中国重新泛起，正是对这种世界范围的"告别革命"思潮，西方反共势力加紧"和平演变"社会主义中国企图的一种呼应。

再者，它也反映了新时期现代化建设和改革开放中的逆向发展要求。十一届三中全会作出把全党工作重点转移到经济建设上来的战略决策之后，正当党带领全国人民满怀激情地进行拨乱反正、改革开放的时候，社会上就出现一股怀疑和反对四项基本原则的错误思潮，他们打着"解放思想"的旗号，在思想理论领域提出了所谓的"告别革命"、"告别乌托邦"、"告别主流意识形态"。他们在"反思历史"的名义下，利用我们党经历的曲折，夸大党和毛泽东晚年的错误，蓄意歪曲历史，制造思想混乱。在改革开放初期，邓小平就针对党内外出现的主张走资本主义道路、"全盘西化"的资产阶级自由化思潮，指明我们要在中国实现四个现代化，必须在思想上坚持四项基本原则。他提出的"在改革中坚持社会主义方向，这是一个很重要的问题"，① 成为我们党在新时期领导现代化建设和改革开放事业中必须具有的共识。事实表明，改革开放以来，从北京"西单墙事件"到 1989 年的政治风波，以及这些年来出现的"告别革命"思潮，可以说都贯穿着资产阶级自由化的改革要求。其基本主张是：在经济上根本否定社会主义公有制，要求全面彻底地实行私有化；在政治上鼓吹多元化，要求实行多党制、议会制；在意识形态上要求取消马克思主义的指导地位。很显然，这种改革观的实质，就是资本主义化，就是与国际反共势力的"和平演变"战略相呼应，并按照西方的模式和价值观，把中国纳入西方资本主义体系。

（二）历史虚无主义思潮的若干特点

应当指出，在新的历史条件下重新泛起的历史虚无主义思潮，也带有自身的特点，这主要表现在：

——它的一个突出表现，就是竭力贬损和否定革命，诋毁和嘲弄中国

---

① 《邓小平文选》第 3 卷，人民出版社 1993 年版，第 138 页。

人民争取民族独立和人民解放而进行的反帝反封建斗争，诋毁和否定我国社会发展的社会主义取向及其伟大成就。而所谓"告别革命"论，既是这种思潮的集中表现，又是它不加隐讳的真实目的。在他们看来，革命只起破坏性作用，没有任何建设性意义。一些人拼命渲染革命的"弊病"和"祸害"，在一本名为《告别革命》的书中，对革命作了这样的描述："革命容易使人发疯发狂，丧失理性"，"革命残忍、黑暗、肮脏的一面，我们注意得很不够"。"革命是一种能量的消耗，而改良则是一种能量积累。""改良可能成功，革命则一定失败。""中国在 20 世纪选择革命的方式，是令人叹息的百年疯狂与幼稚。"在反对所谓"激进主义"、推崇保守主义的名义下，否定革命，颂扬改良。他们把近代中国凡是追求变革进步的都斥为"激进"而加以否定，而维护封建专制统治的则被称为"稳健"而加以肯定，断言是"激进主义"祸害了中国，阻碍了中国现代化进程。他们否定近代中国历史上的农民运动，认为"每次农民革命都造成社会生产大规模的破坏"，"很难得出农民运动是推动历史前进的动力这个普遍的结论"。继而，抬高洋务运动，贬低戊戌变法，抬高清廷的"新政"，贬抑辛亥革命、"五四"运动和中国共产党领导的革命运动。有些人则对近现代史下了这样的断语："谭嗣同是近代激进主义的开头"，"现在看来，它所带来的负面效应也相当大。这一效应影响到革命派，甚至可以说一直影响到现在"。"辛亥革命是搞糟了，是激进主义思潮的结果。清朝的确是腐朽的王朝，但是这个形式存在仍有很大意义。宁可慢慢来，通过当时立宪派所主张的改良来逼着它迈上现代化和'救亡'的道路；而一下子痛快地把它改掉，反而糟了，必然军阀混战。"正是经过这样的"重新评价"，从鸦片战争到中华人民共和国成立的 109 年历史，因革命而走上社会主义道路并获得伟大成就的历史，就从根本上被否定了。从这里也可以使我们看到，历史虚无主义把"重新评价"的重点放在近现代史的原因，就是为了否定革命。

——它以"学术研究"的面目出现，在"重新评价"、"重写历史"的名义下，作翻案文章，设置"理论陷阱"。他们有的是通过赤裸裸的谩骂、恶毒攻击的方式，来丑化和否定革命历史和革命领袖，相对地说，这比较容易被人们识破，因而他们更多地是在学术的幌子下，贩卖他们的私货。比如，在中国近代史的研究中，有的论者否定近代中国是一个半殖民地半封建社会的性质，生造了一个所谓"半封建半资本主义"的提法，来取代半殖民地半封建的科学判断。表面上看，这是一个学术问题，实际上这是一个"理论陷阱"。因为对近代中国半殖民地半封建社会性质的定位，是中国革命，包括孙中山领导的民主主义革命和同社会主义相联系的新民主主义革命的前提，如果这个前提被否定了，革命的历史必然性和进步性也就不存在了，有关近代中国社会和中国革命的一系列结论也都要被改写，与此相关的重要历史人物的评价标准也就完全不同了。事实上这种提法，不但违背了判定社会形态的常识，否认"半殖民地半封建"是相互统一、不可分割的，是中国社会的二重性质交互作用的结果所决定的，而且把对半殖民地半封建社会性质的科学判断看作是产生"左"的错误的重要根源，在有的论者看来，近代中国应当用大力发展资本主义来取代"半封建"，而不应该采取社会主义的发展方向。这样就把纠正"左"的错误变成了"纠正"社会主义。又如，历史虚无主义在糟蹋、歪曲历史的时候，却声称自己是在进行"理性的思考"，是要实现所谓"研究范式"的转换，似乎只要戴上这种理性的光环，他们就会名正言顺地占据史坛的话语权了。实际上，历史虚无主义同理性思考是完全背道而驰的。他们为了否定革命的正义性和必要性，就竭力美化帝国主义和封建主义，他们把推动历史前进的革命政党、领袖和革命的群众运动边缘化，甚至加以丑化，而对阻碍历史前进的反动势力及其代表人物则加以颂扬，把他们放到了历史舞台的中心位置。这从根本上歪曲、颠倒历史的做法，是不折不扣的反理性思考。

——它有着明确的政治诉求。改革开放以来相继出现了危害社会的各式各样的错误思潮，如新自由主义思潮、民主社会主义思潮、儒化中国思潮和普世价值观等等，虽然他们主张各异，表现形式不同，但却有共同的政治诉求，这主要表现在：反对四项基本原则这一立国之本，力图扭转现代化建设和改革开放的发展方向，把中国纳入到西方资本主义体系中去。历史虚无主义思潮则以它自身的特点来表达这一共同的政治诉求。其中最具代表性的，是1998年有的学者为《北大传统与近代中国》一书所写的序言，竭力否定近代中国特别是"五四"以来的爱国的、革命的传统，而把自由主义说成是最好的、当今中国应当继承发扬的"五四"传统，并要求把它作为一种政治学说、经济思想和社会政治制度加以实现，这样才"会把一个自由的中国带入一个全球化的世界"。这就不加遮掩地把自由主义作为今天中国要加以实现的资本主义社会政治制度提了出来。诚然，作为政治思潮的自由主义，在"五四"时期确曾存在过。如"五四"时期形成了一个新文化运动的统一战线，它包括具有共产主义思想的知识分子、革命的小资产阶级知识分子和资产阶级知识分子这三部分人。"五四"运动后，随着斗争的深入，这个统一战线发生了分裂，一部分人继承了"五四"传统，并在马克思主义的指导下加以发展；另一部分人则向右发展，走所谓自由主义的发展道路，他们虽然在反封建斗争中起过一定作用，但最终走向了历史的反面。这两种思潮的不同发展趋势及他们之间的交锋，可以说是贯穿在"五四"以来历史发展的全过程，而人民革命的胜利则为他们作出了公正的结论和历史性的选择。怎么能够把"五四"时期历史发展中非本质的方面，也即人民革命洪流中的逆向潮流，作为主流传统加以颂扬，并要求今天的中国加以复兴和弘扬呢?！事实上，持自由主义传统论者有着明确的政治诉求。他们认为，这种自由主义，"曾有九十年是中国社会上的主流思潮之一"，只是"一九四九年后"，被"持续地、彻底地、大规模地'肃清'"了，现在的任务就是使之"在今天的中国复兴"，使"中国由此而开始走向世界，走向现代化，走向全球化"。明白无误地把矛头指向了人民革命和中国的社会主义制度，而他们所要求的自由主义，正是资本主义的现代化和全球化。

这里需要指出，自由主义是作为 19 世纪初出现的资产阶级的一种政治思潮，它把资产阶级革命时期的自由、民主口号按照资产阶级政权确立后的要求加以修改和补充，主张个人活动和发展的完全自由，实现毫无限制的企业主的自由竞争，拥护有财产限制的选举权和两院制议会，等等。很清楚，作为一种政治思潮，自由主义所要求所维护的就是资本主义的社会政治制度。今天持自由主义论者对历史作出他们的判断："世界经过工业化以来两三百年的比较和选择，中国尤其经过了一百多年来的人类历史上规模最大的试验，已经有足够的理由证明，自由主义是最好的、最具普遍性的价值。"并认为，"西方的自由主义者在所有制与经济体制问题上的立场一向是旗帜鲜明的"。特别要人们认识"市场经济必须发展经济的自由主义，而经济的自由主义正是其他各种自由主义的基础"。他们把自己的经济政治主张说得如此明白而露骨，这并不奇怪，而是真实地反映了这些年来出现的那股来势迅猛的私有化的思潮。从这里不难看出他们热衷于把所谓自由主义传统强加给近代中国的真实的和最终的意图。值得注意的是，这种自由主义的说教，今天又加上了一层"普世价值"的包装，具有很大的欺骗性，应该引起我们足够的、清醒的认识。

二　历史虚无主义是唯心主义的历史观

唯物史观是科学的历史观和方法论的统一。有什么样的历史观就会有什么样的方法论，一定的历史观也是通过它的研究方法表现出来。恩格斯说："唯物主义历史观及其在现代的无产阶级和资产阶级之间的阶级斗争上的特别应用，只有借助于辩证法才有可能。"① "如果不把唯物主义方法当作研究历史的指南，而把它当作现成的公式，按照它来剪裁各种历史事实，那它就会转变为自己的对立物。"② 毛泽东同样坚持马克思主义的世界观和方法论相统一的观点，他说："唯物辩证法是马克思主义的科学方法论，是认识的方法，是论理的方法，然而它就是世界观。世界本来是发展的物质世界，这是世界观；拿了这样的世界观转过来去看世界，去研究世界上的问题，去指导革命，去做工作，去从事生产，去指挥作战，去议论人家长短，这就是方法论，此外并没有别的什么单独的方法论。所以在马克思主义者手里，世界观同方法论是一个东西，辩证法、认识论、论理学，也是一个东西。"③ 历史虚无主义也正是通过它的反历史、反科学的研究方法，表现出它的唯心主义历史观。

（一）历史虚无主义违背实事求是的历史研究的根本原则

以史实为依据，从历史实际出发，实事求是，是历史研究的根本原则和根本方法。历史虚无主义对待历史的态度，则是有哗众取宠之心，无实事求是之意。持历史虚无主义态度的一些人越过了学术研究应有的底线，却在"学术研究"的名义下，不尊重历史事实，片面引用史料，根据他们的政治诉求，任意打扮历史、假设历史，胡乱改变对近现代史中重大事件、重要人物和重要问题的科学结论；有的则以"客观"、"公正"的面貌出现，崇尚"坏人不坏"、"好人不好"的模式，要求按照人性论的原则治史，否则就是脸谱化、"扣帽子"；一些人还以"思想解放"、"理论

---

① 《马克思恩格斯选集》第3卷，人民出版社1995年版，第691—692页。
② 《马克思恩格斯选集》第4卷，人民出版社1995年版，第688页。
③ 《毛泽东著作专题摘编》上，中央文献出版社2003年版，第30页。

创新"的名义糟蹋、歪曲历史。在一定意义上说，他们确是一种"研究范式"的转换，不过是转换到旧史学中常常能够看到的，维护封建正统，蔑视人民群众的力量，为统治阶级辩护的老路上去。这绝不是什么"创新"，而是在历史观上的复旧。公正地说，他们比旧史学还不如，因为他们不是研究历史，而是玩弄历史。这一切表明，历史虚无主义是按照他们的主观愿望和政治诉求来对待历史，是唯心主义历史观在新的历史条件下的复活和再版。

前面提到，他们为了标榜自己的创新和理性思考，一再提出所谓的"范式转换"，这究竟是一种什么样的"范式转换"呢？究竟是"解放思想"的"理论创新"，还是违背历史事实的主观臆断？

其一，在反对所谓"激进主义"、推崇保守主义的名义下，否定革命，颂扬改良。如前所述，历史虚无主义把近代中国凡是追求变革进步的都斥为"激进"而否定，而维护封建专制统治的则被称为"稳健"而肯定，断言是"激进主义"祸害了中国，阻碍了中国现代化进程，他们为了否定革命，把改良主义看作是近代中国的唯一出路。有人认为改良主义"抓住了由前现代社会向近代社会转型的关键，这是一条真正的救国之路，……更切合中国社会进步的需要"。这样，就用所谓改良的范式，取代革命的范式。我们知道，改良是在保存原有社会的政治经济基本制度的基础上对它的某些局部进行调整，而不触动它的整个经济基础和上层建筑，而阻碍近代中国社会发展的不只是局部问题，恰恰是半殖民地半封建的基本制度。那种企图保留这个基本框架而进行局部改良的办法，是不能把中国引上独立富国的道路。自鸦片战争失败后，从洋务运动到维新变法，再到清末"新政"，所有学习西方变法自强的改良努力都失败了，都不能挽救垂危的中国，这就是历史的证明。所以，造成中国积弱积贫的根本原因，就在于半殖民地半封建的社会制度，不去推翻和改变这种社会制度，企图通过社会改良来实现社会进步，都是不可能的。因而推崇改良，否定革命，是根本违背近代中国历史的要求，是为实现其自身政治诉求而制造出的一种主观臆断。

其二，与上述观点相联系，用所谓的"现代化史观"取代"革命史观"，把革命同现代化对立起来，借以否定中国近代史上的革命斗争。当然，从理论和实践上探讨中国现代化的源流、曲折和发展，不失为近代史研究的一种角度，但问题在于，持"现代化史观"论者往往是以否定争取民族解放和人民民主这一近代中国主旋律为前提的，这就从根本上违背了近代中国的历史实际和首要的历史要求。正因为这样，经过上述历史"研究范式"的转换，现代化就成为近代中国历史发展的唯一要求和唯一主题，而革命便成了破坏社会稳定、制造社会动荡、阻碍现代化的消极力量。其实，这种"现代化史观"并不是什么创新，早在1938年蒋廷黻在《中国近代史》一书中就说过："近百年的中华民族根本只有一个问题，那就是：中国人能近代化吗？能赶上西洋人吗？能利用科学和机械吗？能废除我们家族和家乡观念而组织一个近代的民族国家吗？能的话，我们民族的前途是光明的；不能的话，我们这个民族是没有前途的。"[①] 他由此得出结论，以落后的中国抵抗西方列强的入侵必遭失败；"明智的选择"是放弃无益的抵抗，甘于认输，一心一意学习西方，去实现中国的现代化。而此时正是抗日烽火连天、全民族抗战之时。可以说，这是"现代化史观"的最早表述，而今天持此论的正是继承和发展了这样的观点。我们知道，争取民族独立和实现国家富强即现代化，是近代中国历史的两大要求。但在民族灾难深重，国家不独立，人民受压迫的情况下，是无法实现现代化的。近代中国有多少爱国者抱着科学救国的理想，苦苦追求和奋斗，结果都一一失败了。这就是因为当时的社会环境不容许。所以只有通过革命来解放生产力，才有可能实现国家的富强。用所谓的"现代化史观"取代"革命史观"，把革命同现代化对立起来，借以否定中国近代史上的革命斗争。经过这样的历史研究范式的转换，现代化就成为近代中国历史发展的唯一要求和唯一主题，而革命便成了破坏社会稳定、制造社会动荡、阻碍现代化的消极力量。有人说，如果没有康有为、梁启超的变法维新和孙中山的革命，"中国早就实现现代化了"。还有人说，慈禧太后在上世纪初推行"新政"，又搞了"立宪"，如果孙中山不革命，照这样慢慢进行下去，不仅军阀混战的局面不会出现，而且中国可以走上民主的富强的道路，中国今天也就现代化了。这真是历史的天方夜谭。在一些人眼里，革命成了破坏现代化的"万恶之源"。其实，所谓"革命史观"是他们否认革命而生造出来的一个概念，并不反映中国近现代史研究中的马克思主义历史观。对于中国革命和中国的现代化，我们都主张要用科学的历史观，即以唯物史观为指导加以研究。事实表明，革命绝不是同现代

---

① 《中国近代史》，岳麓书社1987年版，第11页。

化相矛盾、相对立的，革命是现代化最重要、最强劲的推动力量；如果没有革命为现代化创造民族独立、人民解放这个前提条件，中国的现代化就永无实现之日。早在民主革命时期，毛泽东就在总结历史经验的基础上，阐明了革命和现代化之间的辩证统一关系。他反复指明："没有独立、自由、民主和统一，不可能建设真正的大规模的工业。没有工业，便没有巩固的国防，便没有人民的福利，便没有国家的富强。""一个不是贫弱的而是富强的中国，是和一个不是殖民地半殖民地的而是独立的，不是半封建的而是自由的、民主的，不是分裂的而是统一的中国，相联结的。在一个半殖民地的、半封建的、分裂的中国里，要想发展工业，建设国防，福利人民，求得国家的富强，多少年来多少人做过这种梦，但是一概幻灭了。"① "中国人民的生产力是应该发展的，中国应该发展成为近代化的国家、丰衣足食的国家、富强的国家。这就要解放生产力，破坏帝国主义和封建主义。正是帝国主义和封建主义束缚了中国人民的生产力，不破坏它们，中国就不能发展和进步，中国就有灭亡的危险。……革命是干什么呢？就是要冲破这个压力，解放中国人民的生产力，解放中国人民，使他们得到自由。所以，首先就应该求得国家的独立，其次是民主。没有这两个东西，中国是不能统一和不能富强的。"② 这是近代中国历史证明了的一个颠扑不破的真理。

由上可见，这种所谓"研究范式"的转换，都是违背近代中国历史事实的，都是按照他们的主观愿望和政治诉求来剪裁历史的。这其实是他们设置的一种"理论陷阱"。正是在这样"研究范式"转换的基础上，和这种"现代化史观"相呼应的，就是有些学者所认为的，近代中国的主要问题，是"救亡压倒了启蒙"，所以现代化被耽误了。这成了他们诉说革命的一大罪状，也是某些人鼓吹"告别革命"的一个主要依据。革命和现代化、救亡和启蒙的关系，前面已经说过了。这里不妨举一个例子来说明。众所周知，严复是近代中国思想启蒙的先驱者，他是在戊戌维新时期走上历史舞台的。这时中国在半殖民地的道路上已经艰难地行进了半个多世纪。但是许多人对国家已濒临亡国灭种的深渊仍茫然无知，在经受一场外国侵略战争的痛苦之后，仍然习惯于回味昔日的升平日子，幻想着所

---

① 《毛泽东选集》第 3 卷，人民出版社 1991 年版，第 1080 页。
② 《毛泽东文集》第 3 卷，人民出版社 1996 年版，第 432 页。

谓的"同治中兴"。不改变这种麻木状态,救亡和自强都是无从谈起的。而中国在中日甲午战争中的惨败,使洋务派 30 年苦心经营的"自强"、"求富"的事业毁于一旦。这次战败,是一个泱泱大国败给了一个蕞尔小国,还被迫订立空前未有的亡国条约。它带给中国人心灵上的创痛,对沉睡的国人的惊醒作用,是前所未有的。正如严复给吴汝纶的信中所说:"尝中夜起而大哭,嗟呼,谁其知之。"他认为:"大抵东方变局不出数年之中。"他由此受到强烈刺激,如他给陈宝琛的信中所写的:"心惊手颤,书不成字",忧患"时局愈益坠坏",认为国家已是"如居火屋,如坐漏舟"。严复正是为救亡而投身于思想启蒙活动的。他以炽热的爱国激情,把救亡与启蒙、爱国主义与民主主义思想紧密地结合起来,发挥了这位思想启蒙先驱者的重要历史作用。这深刻地说明,救亡是近代中国的主题;救亡需要思想启蒙,而救亡本身也是一场具有极大威力的思想启蒙,特别是中国共产党领导的人民大革命,彻底的反帝反封建斗争,对中国人民的觉醒并由此而组织起来,是前所未有的。这说明所谓"救亡压倒了启蒙",只不过是某些人为了否定和反对革命而制造出来的一个伪命题。

他们正是从这样的伪命题出发,一些学者在反对所谓"激进主义"、推崇保守主义的名义下,否定革命,颂扬改良。正因为这样,已经被历史判明属于反动的一些历史人物,像慈禧、曾国藩、李鸿章、袁世凯这样一些人物,都被描述成为有助于有功于现代化的、忧国忧时的"悲剧英雄",甚至成了"改革的先驱者";而对林则徐、洪秀全、谭嗣同、孙中山则加以非难、贬低。

历史虚无主义为了否定革命,还同样从上述的伪命题出发,提出近代以来的中国革命是少数职业革命家"制造出来"的,是强加给中国人民的。这同样是十分荒谬的。近代中国发生的革命,是最终导致改变我国社会发展方向的、波澜壮阔的历史运动,这是任何个人和集团都不可能有这样的力量能够"制造出来"的,而是历史发展的要求,是亿万人民群众的自觉行动。事实上,革命的发生,是有着深刻的社会历史背景。近代中国积弱积贫,逐渐沦为一个半殖民地半封建国家,因而,争取民族独立,实现国家富强,成为近代中国历史发展的两大要求。近代的百年中国,亡国灭种的惨祸纷至沓来,人民挣扎在苦难深渊,如果不反抗、不革命,这种灾难就会万劫不复;民族振兴、国家富强和人民幸福,也只能是一个永远的梦想。这正是激发了多少仁人志士、英雄豪杰抛家舍业、前仆后继、流血牺牲的深刻原因，也是近代中国人民革命斗争风起云涌、不绝于史的深刻原因。正是在这种人民革命斗争中产生和选择了自己的领袖，领袖人物也只有反映历史发展的要求和人民的愿望，才有可能把革命斗争引向胜利。那种把革命运动说成是少数革命家制造和强加的，是根本违背历史事实的。

这里还要指出，近代中国面临的争取民族独立和实现国家富强这两大历史任务，哪个阶级和政党能够带领中国人民来完成，它就是中国革命的领导阶级和政党，就是新的中国的缔造者。历史就是这样提出问题的。"五四"运动之前，近代中国的改革和革命，主要是由有资本主义倾向的先进中国人和资产阶级革命派为领导的，以发展资本主义为取向的。他们的奋斗和业绩是感天动地的，他们的历史功业永远铭刻在耸立在天安门广场的人民英雄纪念碑上，铭记在世世代代中国人民的心间。但是近80年奋斗的结局表明，中国已经失去了独立走上资本主义道路的历史机缘。只有中国共产党领导的人民革命，才从根本上改变了中国的面貌和命运，完成了反帝反封建的民主革命任务，并顺利地带领中国人民走上社会主义道路。这不仅挽救了中华民族的危亡，而且打开了中国通向现代化的强国之路。这难道不是反映了历史发展的要求，完成历史使命的近代中国历史运动的过程和结局吗？怎么能说是少数革命家"制造出来"的呢？

把革命说成是某种势力"制造"和"强加"的，是一个并不新鲜的论调。当中国人民大革命取得伟大胜利的时候，扶蒋反共的美国政府为了推卸责任，就曾用这种理由来说明中国革命的发生。毛泽东驳斥了这个观点，他说："马克思列宁主义来到中国之所以发生这样大的作用，是因为中国的社会条件有了这种需要，是因为同中国人民革命的实践发生了联系，是因为被中国人民所掌握了。任何思想，如果不和客观的实际事物相联系，如果没有客观存在的需要，如果不为人民群众所掌握，即使是最好的东西，即使是马克思列宁主义，也是不起作用的。我们是反对历史唯心论的历史唯物论者。"① 令人遗憾的是，在新中国诞生半个多世纪之后，又发生这样的老调重弹，不过，同过去不同的是，今天再抱琵琶的却是我们的"自己人"，这确是历史的悲哀。

---

① 《毛泽东选集》第4卷，人民出版社1991年版，第1515页。

（二）历史虚无主义违背全面、客观的历史研究方法

要全面地、客观地把握历史材料，从历史的实际出发，具体问题具体分析，在特定的历史条件下，正确评价历史事件和历史人物。只有这样，才能够把历史现象个别性、独特性的研究与历史规律性的思想统一起来，尊重历史发展的辩证法；也只有这样，才能真正做到"把历史的内容还给历史"。①

历史虚无主义者则与此相反，他们往往是用一些片面的材料，就很轻易地作出结论，轻易地推翻过去的判断，并都把它当成"创新成果"塞给读者，这对于不了解历史的人来说，是有迷惑作用的。所以，"取其一点，不及其余"，甚至无中生有，是一些人做翻案文章，歪曲和颠覆历史的惯用手法。当然，翻案文章历来都有人做，翻案并不一定就是坏事，主要看它是否合乎历史的真实。西子湖畔岳飞坟前的一副名联："忠奸自古同冰炭，毁誉于今辨伪真"，做的就是翻案文章，翻风波亭千古奇冤的案。史评自有人心在。扶正压邪、涤浊扬清，扬我民族之浩然正气，这是一个正直的史学工作者和有识之士应有的史识良知。今天如果再有人要翻岳飞这个民族英雄的历史铁案，忠佞颠倒，指鹿为马，一定会被视为荒唐与可笑。然而，不幸的是，此等荒唐事在当今的史学界却并不鲜见，一些人热衷于美化、拔高像慈禧、琦善、曾国藩、李鸿章、袁世凯这样一些历史人物，而对林则徐、洪秀全、谭嗣同、孙中山等则加以非难、贬低，甚至连岳飞是不是民族英雄也成了问题。当然，对历史人物的评价多数是属于学术讨论的问题，矫正过去存在的对历史评价过于简单化的做法也是可以理解的。但是，像上述这样用颠倒事实的办法一褒一贬，这难道仅仅用史事如烟、见仁见智能够解释的了吗？

大型电视连续剧《走向共和》虽已播出多年，但它作为通过影视形象化翻近代史的案，是历史虚无主义的一个标本。值得注意的是一位审片的学者说，这是由多年来的学术成果转化而来的。能够把学术成果转化为影视艺术形象，自然是一件大好事。问题在于，是什么样的学术成果，又是怎样转化的？对此，剧作者做了直白的说明。他说，慈禧是"一个优秀的政治家"，李鸿章是"争取国家利益"者，袁世凯则是一个"有能力

---

① 《马克思恩格斯全集》第 1 卷，人民出版社 1956 年版，第 650 页。

的人"（恐怕从秦桧到汪精卫都应属于此类）。因此，他们把这部电视剧定位为"一部带有崇高悲剧意味的英雄史诗"，上述一干人等"都是在为中国找出路"，是这部史诗中的"悲剧英雄"。可以说这是编写这部电视历史剧的指导思想，一条主线，整个剧情都是围绕这个主题展现给观众的。

列宁曾经指出："在社会现象方面，没有哪种方法比胡乱抽出一些个别事实和玩弄实例更普遍、更站不住脚的了。挑选任何例子是毫不费劲的，但这没有任何意义，或者有纯粹消极的意义，因为问题完全在于，每一个别情况都有其具体的历史环境。如果从事实的整体上、从它们的联系中去掌握事实，那么，事实不仅是'顽强的东西'，而且是绝对确凿的证据。如果不是从整体上、不是从联系中去掌握事实，如果事实是零碎的和随意挑出来的，那么，它们就只能是一种儿戏，或者连儿戏都不如。"①是的，任何一个历史人物都会是多面的甚至是多彩的，重要的是要在他活动的总和中确定它的主要方面，如果胡乱抽出一些实例来证明自己的观点，那么任何实例都有可能被找出来，任何历史也就都可以被改写。这就像今天的一个大贪污犯也可以被描绘成"忠诚的公仆"，因为这个贪官在他的职位上如果不按政府的要求办一些事，他的贪污受贿的企图就难以实现，所谓"忠诚"的实例也是能在他的身上找出几宗的。遗憾的是，《走向共和》使用的就是这种方法，所不同的是，其中的许多"实例"是由他们"推测"出来的。为了渲染李鸿章这个"悲剧英雄"的厚重气氛，可以欺世盗名地凭空捏造出这样的悲壮情节：在签订《辛丑条约》时，庆亲王看到条约的内容后，手一直在抖，李鸿章见状把笔拿了过来，对庆亲王说："天下最难的，就是把自己的名字签在卖国条约上，你还年轻，还是我来担这个罪名吧！"这样，一个大义凛然、忍辱负重的形象耸立起来了。为了浓墨重彩塑造这个"悲剧英雄"，还把翁同和拉出来承担甲午海战失败的幕后责任者。剧作者对李鸿章是如此宽厚有加，一再开脱、美化，而对"支持维新，对外主战"的翁同和，却加以苛责、戏弄。这真是世上没有无缘无故的爱，也没有无缘无故的恨。

如果《走向共和》只是一部戏说片，倒也罢了。如今戏说历史，就像戏弄一只小鸡一样容易。史学工作者对此已是欲说还罢，见怪不怪了。

---

① 《列宁全集》第28卷，人民出版社1990年版，第364页。

应该说，那些戏说片、肥皂剧，只能博得人们廉价的一笑，为害相对小些；而像《走向共和》不但作为全新视角的历史剧，而且还要作为一种新的历史观，推销给全国观众，这就值得研究了。如果按《走向共和》剧编者的安排，从慈禧、李鸿章、袁世凯到孙中山，都是他们这个"带有崇高悲剧意味的英雄史诗"中的"悲剧英雄"，"都是在为中国找出路"，那么，在百年中国丧权失地、国辱民困的悲惨历史中，连应负其责的"法人代表"都找不到了，那样的话，走向共和还有什么历史的依据和历史的必要呢?! 如果按照这样一种所谓新的历史观，黑白可以颠倒，是非可以不分，忠佞可以不辨，那么，中华民族的精神支柱，爱国主义的旗帜，彪炳千秋的民族英雄，又有哪一样不可以摧之毁之呢?! 难怪《走向共和》播出后，有的观众反映，"周围稍有史学基础的朋友，都说不忍再看下去了"。而对一般观众则不然了。令人痛心的是，一名高三学生就《走向共和》发表的帖子中有这样的话："我看到了一个有气节、有民族英雄感的李鸿章，让人同情李鸿章，敬佩李鸿章，更加憎恨腐败愚昧的统治者，而不是一个对历史无能为力的志士。"这种历史观所造成的影响难道不应该长而思之吗? 而对于这种所谓新的历史观难道不应该加以辨析和澄清吗?!

值得指出的是，像《走向共和》这样颠覆近代历史、革命历史的影视和文学作品，并不是个别现象，它在社会上特别是青少年中所起的恶劣作用，是值得我们严重关注的。

由此可见，历史虚无主义在方法上的片面性，并不完全是一种随意性，而是有他们明确的取舍标准。正如有的学者指出的，历史虚无主义并不是对历史完全虚无，而是有所虚无，有所不虚无。他们虚无的是人民革命的历史和历史的进步人物，而对反动统治者、历史的倒退者以至卖国者，则加以美化，做翻案文章。这就是他们"重写历史"的实质。

（三）历史虚无主义否认和反对阶级分析的历史研究方法

在历史研究中要坚持阶级分析的方法。在阶级社会里，阶级斗争存在于社会生活的各个领域，是社会生活的基本内容之一。恩格斯在《社会主义从空想到科学的发展》一文中指出："新的事实迫使人们对以往的全部历史作一番新的研究，结果发现：以往的全部历史，除原始状态外，都是阶级斗争的历史；这些互相斗争的社会阶级在任何时候都是生产关系和交换关系的产物，一句话，都是自己时代的经济关系的产物；因而每一时代的社会经济结构形成现实基础，每一个历史时期的由法的设施和政治设施以及宗教的、哲学的和其他的观念形式所构成的全部上层建筑，归根到底都应由这个基础来说明。"① 只有牢牢把握社会历史发展的这一基本事实，用阶级和阶级斗争的观点观察和分析社会问题，才能透过错综复杂、千变万化的社会现象，认识事物的本质，掌握社会历史发展的客观规律，认清历史发展的趋势。列宁在《卡尔·马克思》一文中指出："马克思主义提供了一条指导性的线索，使我们能在这种看来扑朔迷离、一团混乱的状态中发现规律性。这条线索就是阶级斗争的理论。"② 列宁在《论国家》中还说："必须牢牢把握住社会划分为阶级的事实，阶级统治形式改变的事实，把它作为基本的指导线索，并用这个观点去分析一切社会问题，即经济、政治、精神和宗教等问题。"③ 运用阶级和阶级斗争理论分析社会历史现象，就是阶级分析的方法。这是唯物史观研究社会历史问题的基本方法。因此，在历史研究中必须坚持运用这一反映客观实际的基本方法，才能够揭示隐藏在政治思想斗争背后的、最终起决定作用的阶级的物质利益。如果离开了这一基本点，就会陷入唯心主义的泥淖中去。

历史虚无主义者则无视人类社会历史的这一基本事实，否认和反对阶级分析的方法，用抽象的人性论取代阶级论，以所谓客观主义的姿态掩盖其资产阶级的立场。这是他们在对历史事件和历史人物的分析中屡见不鲜的，这里仅举关于蒋介石的阶级属性一个例子加以说明。

著名史学家刘大年在《方法论问题》一文中，曾针对英国出版的《中国季刊》上刊载的一篇研究性长文，发表评论。该文坚决反对说蒋介石是大地主大资产阶级的代表，他引用一些材料说明蒋介石在"四·一二"反革命政变后，为与武汉政权对抗需要款项，遂通过发行国库券强迫资本家认购，甚至采取逮捕、没收财产、绑票勒索等恐怖手段，逼迫资本家就范。文章作者因此得出结论："蒋介石国民党占统治地位的领导是反资本家的。"刘大年指出："《季刊》所述事实不假，然而它的结论却是完全错误的。道理很简单：此时共产党领导的人民革命力量仍然强大存

① 《马克思恩格斯选集》第3卷，人民出版社1995年版，第739页。
② 《列宁选集》第2卷，人民出版社1995年版，第426页。
③ 《列宁选集》第4卷，人民出版社1995年版，第30页。

在，南京与武汉的斗争胜负未决。1928年蒋再次上台，地位也不巩固。对于蒋介石只有两条道路可供选择：极力加强南京政权，把共产党进一步打下去，保住大地主大资产阶级统治，或者相反，看着人民力量发展，在全国出现一个'反资产阶级'政权。蒋选择了前者，即牺牲资产阶级局部的暂时的利益，换来保护大资产阶级的长远利益。这说明蒋确实是大地主大资产阶级最得力的代表人物。《季刊》作者眼光短浅，见不及此，而得出蒋介石'反资产阶级'的结论。根本原因仅在：拒绝对中国近代复杂的历史事变作基本的阶级分析，否认阶级分析。"① 这个分析无疑是十分正确、深刻的。然而，当年国外的这种错误观点，却被今天国内的某些学者接受，并走得更远了。近年来，有的论者仅仅根据蒋介石个人的日记，就武断地得出"可以改写中国近代史"，说我们对国共两党的斗争，对中国革命历史的阐述，诸如把国民党蒋介石集团说成是"大地主、大买办、大资产阶级利益的代表"等等，都是根据"土匪史观"和"内战思维"得出的"荒唐、谬误的观点"，要求人们要彻底摆脱这种"土匪史观"和"内战思维"，要"重写中国近代史"；声明"我的任务，找寻并告诉读者一个真实的蒋介石"。这就是说，我们史书上的蒋介石，人民群众所认识的蒋介石，都是不真实的，只有蒋介石日记中的蒋介石，才是真实的。这就自觉地站到了为蒋介石辩护的立场上去，这显然是很不严肃的，为一个正直的史学工作者所不取的轻浮的学风。当然，在历史研究中，个人的日记、信件和回忆录等，都是有价值的史料，是值得研究的。但同任何史料一样，都需要进行辨伪求真的考证，都要放到一定的历史背景下加以分析，特别是对于个人自己的言论，更要如此。中国是一个史学很发达的社会，而在史学研究中考据学又受到了高度重视，对史料采取什么态度，往往是对史学家史识、史德的一个评价标准。

像蒋介石这样纵横捭阖于政治舞台，善于以权术消灭异己的人，又怎么能够把他自己的言论作为历史的主要的、甚至是唯一的依据呢？如果历史可以这样来写的话，那么，从秦桧到李鸿章、袁世凯、汪精卫，都可以被描绘成高大的爱国者形象。当下一些人做翻案文章不正是用这种手法吗？但是，一个正直的、有良知的人是会对此作出正确的判断的。像汪精

---

① 《走什么路——关于中国近现代历史上的若干重大是非问题》，山东人民出版社1997年版，第18页。

卫投敌叛国后，在他写的诗文中还是哭天抹泪地抒发所谓的"忧国情怀"，难道能够根据这种诗文把他说成是一个爱国者吗?! 难怪在汪精卫投敌后，有人就把他从前在反清斗争中写的两句诗改成："引刀何曾快，作了汉奸头。"人民是公正的。现在，有的论者却出来为蒋介石的日记打保票，说我们对国共两党的斗争，对中国革命历史的阐述，诸如把国民党蒋介石集团说成是"大地主、大买办、大资产阶级利益的代表"等等，都是根据"土匪史观"和"内战思维"得出的"荒唐、谬误的观点"，要求人们要彻底摆脱这种"土匪史观"和"内战思维"，要"重写中国近代史"。一些人仅仅根据蒋介石在日记中写了自己的隐私，就断定所记述的内容是真实的，是反映了他的思想和内心世界，就以此为根据来评判历史事件，而不必去考察全部历史事实，就断定我们对蒋介石的评价是"土匪史观"和"内战思维"的产物，是不可信不可取的。而且特别认定把蒋介石"称为大地主、大买办、大资产阶级利益的代表"这样的基本结论是站不住脚的，而无需考察中国社会性质和阶级关系的特点，无需考察蒋介石国民党的全部政策及其社会后果，以为经过这样轻轻一笔，就可以抹杀中国革命斗争的性质，就可以为蒋介石"脱帽加冕"了。更有甚者，有的论者提出，如果不按照这样的要求，以蒋介石的日记为准绳，来重写中国近代史，那就是"还想把中国近代史的研究拖回到20世纪50年代"，就是"保留了'土匪史观'这样那样的影响"，就是"历史服从原则"，是"假马"。这显然是学术研究中极不严肃的、不讲道理的武断作风。

古人云："听其言，观其行。"这是十分有益的经验之谈，是我们臧否人物，判断其是非善恶的唯一标准。诚然，对包括蒋介石在内的历史人物，都要进行具体的、历史的分析，但在他的全部历史活动中又要分清其主要的、基本的方面，而准确把握这一主要的、基本的方面，对于判断其历史作用有决定的意义。在这里，对任何历史人物的评价标准都应当是共同的，这就是看他的所作所为是否有利于社会生产力的发展，是否合乎人民的利益和社会发展的要求。正是根据这样的评价标准，对蒋介石作出历史的评判，认为他作为中国大地主大资产阶级的政治代表，是根据他的对内和对外的全部政策和实际行动，表明他是根本违背中国人民的利益和意愿，是起着阻碍历史前进的反动力量，同时又对他在某个历史时期做了有益的工作，给予了应有的肯定。难道这就是有的论者所说的"土匪史观"

和"内战思维"？！

其实，对蒋介石作出上述的评价，是不绝于史书和舆论界的。早在蒋介石发动"四·一二"反革命政变之前，开始在赣州、九江、安庆等地屠杀工农运动领袖之时，当时担任北伐军总政治部副主任的郭沫若就写下一篇《请看今日之蒋介石》的革命檄文，以极大的革命义愤和大量事实指出："蒋介石已经不是我们国民革命军的总司令，蒋介石是流氓地痞、土豪劣绅、贪官污吏、卖国军阀、所有一切反动派——反革命势力的中心力量了。他的总司令部就是反革命的大本营，就是惨杀民众的大屠场。他自己已经变成一个比吴佩孚、孙传芳、张作霖、张宗昌等还要凶顽、还要狠毒、还要狡狯的刽子手了。"① 这篇檄文虽然言词激愤，但是以血的事实为依据而发出的控诉，这在人民看来，是代表了他们的呼声，是完全正义的；而在反动派眼里，则是大逆不道，必欲灭之而后快。这就叫做不同阶级的不同立场，这就是阶级斗争的事实。像郭沫若这样的革命檄文，在今天有的论者看来，自然是"土匪史观"和"内战思维"了。这就不难看出，这样的立论究竟是站在谁家的立场上。

近年来，一些人为蒋介石评功摆好的一个重要依据，就是蒋介石参加了抗日战争。他们把抗战胜利的功劳都记到蒋介石的头上，说蒋介石的一个大功，就是"领导国民党和国民政府进行抗日战争，而且坚持到底，争取到了最后的胜利"。认为我们过去对蒋介石在抗战中的表现所作的批评，都是一种"内战思维"。为了表现蒋介石在抗战中的坚决性，还特别引了蒋介石日记中对孔祥熙建议派员到香港同日本和谈来信的一段批示："以后凡有以汪伪组织为词而主与敌从速接洽者，应以汉奸论罪，杀勿赦。"似乎这样一说，就可以掩盖蒋介石对日妥协的倾向了。事情果真如此吗？

我们知道，抗战前夕的中国，政治分裂，内战不已。因此，停止内战，争取一个统一的中国一致对外，成为发动中国人民抗战的先决条件。中国共产党倡导的抗日民族统一战线的建立，为实现国共合作奠定了政治基础，为发动全民族抗战提供了有效的形式。毛泽东曾多次热情地评价国共合作的意义，他说："这是在中国革命史上开辟了一个新纪元。这将给

---

① 《近代史资料》1954 年第 2 辑。

予中国革命以广大的深刻的影响，将对于打倒日本帝国主义发生决定的作用。"① 在八年抗战中，国共两党分别领导的两个战场，在中国抗战的统一体中，是既互为依存又相对独立的，它们都为抗战伟业作出了各自的贡献。这时中国共产党和中国人民都对蒋介石寄予厚望，希望他彻底改弦更张，为团结抗战、民主建国作出贡献。但由于蒋介石出于一党私利，仍然坚持"限共"、"反共"、"溶共"的方针，做了许多危害团结抗战、亲痛仇快的事情，皖南事变便是一个突出的实例，而且他的对日妥协倾向也时有表现。抗战初期他就接受过德国驻华大使陶德曼的调停，寻求对日妥协的途径；1939 年底到 1940 年初，又有和日本方面在香港、澳门的秘密谈判，双方讨价还价，甚至达成于 8 月上旬在长沙举行板垣征四郎（侵华日军总参谋长）与蒋介石会谈的协议。虽然后来由于种种原因使这种对日妥协未能实现，但这种举世皆知的历史事实，岂是蒋介石一纸冠冕堂皇的批示所能掩盖的。正是由于蒋介石的错误政策，导致了 1944 年豫湘桂战役的大溃败，导致了国统区严重的社会危机。

对于蒋介石在抗战中后期越来越明显的负面作用，不但中国共产党给予了批评和斗争，而且许多民主人士、爱国华侨和国际友人也加以谴责。爱国侨领陈嘉庚曾以大量财力、物力支持蒋介石国民党抗战，但在他目睹了国统区上面贪污腐败，下面民不聊生的情景，叹为亡国之征候，深感失望和痛心。他到延安后，通过考察看到了中国的希望，断定"共产党必胜，国民党必败"。就连美军司令兼中国战区参谋长史迪威也在日记中写道："我从我所见到的一切来判断国民党和共产党，（国民党）腐败、失职、混乱、经济、税收、言和行、囤积、黑市、和敌人买卖。共产党的纲领，减税、减租、减息、提高生产水平和生活水平，参加政府，说到做到。"②

在历史的发展中，中国人民正是通过对事实的观察和思考，认识了国共两党，选择了共产党，抛弃了国民党。难道能够说这是"土匪史观"和"内战思维"的结果吗？

从有的学者在这方面的研究工作中，使我们看到离开了历史的、阶级的分析就必然违背历史的真实。值得注意的是，有的学者在这方面的文章

---

① 《毛泽东选集》第 2 卷，人民出版社 1991 年版，第 364 页。
② 《美国与中国的关系》下册（内部资料），第 509—510 页。

中，都只把蒋介石作为近代历史上的一个重要人物，而绝不从阶级上着眼；都只把国共两党的斗争看作是两党之间的政治纷争，都是以"自己的解释视角运用历史为当时的政治斗争服务"。有的人还在台湾特别声明："过去，国共两党彼此都叫对方为'匪'，历史证明，双方都不是'匪'。"当然，称对方为"匪"有一定的历史渊源，今天在历史研究中不必再使用这样的话语，但问题在于，在这里，有没有革命与反动、正义与邪恶、光明与黑暗的区分？这难道是用一句"双方都不是'匪'"就可以万事大吉吗？国共两党究竟代表什么样的阶级力量，对中国社会的发展究竟起什么作用，这是历史研究中必须弄清的首要问题。离开了阶级分析的方法，去研究中国革命的历史，是不可能作出科学的判断的。这是唯物史观的一个基本要求，它之所以是科学的、正确的，因为是正确反映了阶级社会的一个基本事实，离开了这样的基本事实来侈谈历史，就只能是混乱的，甚至是虚伪的。就拿有的论者乐此不疲的所谓"土匪史观"来说，人民群众确实曾经根据自己的观察和感受，把蒋介石称作"蒋该死"、"蒋匪帮"等等，在这种很情绪化的称呼中，既包含了对蒋介石本质的认识，也表达了人民群众的思想感情，难道我们能够因为这种情绪化的称呼而贬斥为"土匪史观"，而要求加以彻底摆脱？那样的话，就完全站到了人民群众的对立面上。很显然，用这样离开阶级分析的方法去研究中国革命的历史，是不可能作出科学的判断的。也正像有的论者说的，蒋介石不但把共产党称作"匪"，而且还明令要用多少万大洋的奖赏来买"匪"的首级。这是什么样的"匪"？美国记者埃德加·斯诺为此专门考察了陕北红色区域，他广泛接触了毛泽东、朱德、彭德怀等红军领袖和战士，发现在黄河之滨集合的是一群中华民族最优秀的儿女，他们为民族的解放事业庄严地工作着。事实上，被蒋介石称作"匪"的党及其领袖，人民群众却发自内心地称之为"人民的大救星"。这就是历史，这样的历史显然是有的论者无法改写的。

列宁说过："客观主义者谈论现有历史过程的必然性；唯物主义者则是确切地肯定现有社会经济形态和它所产生的对抗关系。客观主义者证明现有一系列事实的必然性时，总是有站到为这些事实辩护的立场上去的危险；唯物主义者则是揭露阶级矛盾，从而确定自己的立场。"① 这深刻地

---

① 《列宁全集》第1卷，人民出版社1984年版，第362—363页。

反映了阶级对抗社会的历史背景，在对它进行历史的研究时就不能离开这样的历史事实。客观主义是一种貌似公正，而实际上站到为旧事物作辩护的错误立场上去。有的论者在蒋介石研究中，坚持的正是这样一种立场，而"土匪史观"就成了"告别革命"论的最好注脚。

三　历史虚无主义思潮的严重危害

应当说，历史虚无主义只是史学研究中的支流，但尽管是支流，我们也必须认真对待，因为持历史虚无主义态度的一些人，是有很强的现实目的性的，是按照他们对现实的要求，来"改造"历史的。当然，从学术研究的角度看，这些观点并没有什么学术价值可言，因为他们从根本上违背了历史事实；但从政治上看，这作为一种错误思潮，它的流传和泛滥，会造成人们思想的混乱，甚至导致严重后果，这是值得我们高度警惕和重视的。清代著名思想家龚自珍说过："欲知大道，必先为史。"说明治史、懂史、用史的重要性。他又说："灭人之国，必先去其史；隳人之枋，败人之纲纪，必先去其史；绝人之材，埋塞人之教，必先去其史；夷人之祖宗，必先去其史。"① 这是对古往今来历史经验的深刻说明，指明能否正确对待历史是关系国家治乱兴亡的大问题。一个国家，一个民族，如果历史被否定、被抹杀，也就失去了存在的立足点。在苏联解体的过程中，否定和颠倒历史大行其道，从全盘否定斯大林，到全盘否定列宁和十月革命，把社会主义说得一无是处，这是最终导致苏联解体的一个重要原因。这个惨痛的历史教训是值得我们认真记取的。

（一）历史虚无主义起到消解主流意识形态，搞乱人们思想的恶劣作用

历史虚无主义所散布的种种言论，不仅涉及史学领域的大是大非问题，而且还直接关系到做人立国的根本问题。这主要是：是维护历史本来面目，还是歪曲历史真相；是高扬民族精神，还是鼓吹妥协投降；是从历史主流中吸取精神力量，还是在历史支流中寻找负面影响；是坚持唯物史观，还是回到唯心史观。如果这些原则问题被颠倒、被消解，就会从根本上搞乱人们思想，一个民族、一个国家就会失去立足和发展的思想基础。

---

① 《龚自珍全集》上册，中华书局 1959 年版，第 22 页。

60多年前，毛泽东在评价鲁迅时曾满怀深情地指出："鲁迅的骨头是最硬的，他没有丝毫的奴颜与媚骨，这是殖民地半殖民地人民最可宝贵的性格。"① 这深刻地体现了中华民族的精神面貌和不屈服的性格。正是这种以爱国主义为基础的民族精神，使中华民族有很强的整体认同感，有荣辱与共、患难与共的情怀，有无以为国，何以家为的先国后家、先人后己的高尚风格，有公而忘私、国而忘家的行为准则。这种源远流长的爱国主义精神，铸造了后世无数仁人志士的崇高抱负和追求。中华源远流长的灿烂文化和中国历史发展证明了一个颠扑不破的真理："我们中华民族有同自己的敌人血战到底的气概，有在自力更生的基础上光复旧物的决心，有自立于世界民族之林的能力。"② 中华民族从不屈服于国内黑暗势力的统治，也绝不屈服于国外侵略势力的压迫。在外敌入侵的危难时刻，各族人民总是团结起来，同仇敌忾，保卫自己的家园，维护国家的统一，血染山河，宁死不屈，没有丝毫奴颜媚态，有的只是铮铮铁骨和凛然正气。这在近代反侵略斗争中都有鲜明表现，演出了一幕又一幕让侵略者丧魂裂胆，感天动地的活剧。面对穷凶极恶的外国侵略者，面对亡国灭种的危险，中国人作出了自己的回答：要用血肉之躯筑成新的长城，中国人绝不言放弃，中华民族不会亡！千千万万爱国志士抛头颅，洒热血，为挽救民族危亡而前仆后继。这是中华民族历经磨难而仍然屹立于世界，并能在凤凰涅槃中获得再生的内在力量。然而，历史虚无主义的一些鼓吹者却丧失了起码的民族良知，他们不但渲染民族失败主义情绪，而且公开走上称颂帝国主义侵略、称颂殖民统治的道路。在他们看来，像琦善、李鸿章这样主张妥协投降的人物，是实事求是的、明智的，是负责任的态度，是真正的爱国，而主张抵抗的林则徐等人则成了不负责任的蛮干。是非被颠倒到如此地步。而有的人竟然走到美化帝国主义、颂扬侵略的邪路上去，连起码的爱国之心、民族大义，都化为乌有。这种不可思议的言论，要在过去将会被看作是可耻的卖国言论，人人喊打的过街老鼠，而今天却成为某些人的"思想解放"的时髦话语。试举数例说明之：

有人说，鸦片战争后"资本主义终于打入了封建主义禁锢着的神圣天国"，是好事，应当"大恨其晚"，如果再早一点，"我们中国就远不是

---

① 《毛泽东选集》第2卷，人民出版社1991年版，第698页。
② 《毛泽东选集》第1卷，人民出版社1991年版，第161页。

如此了"。还有文章说，"从根本意义上来说，是鸦片战争一声炮响，给中国带来了近代文明"。

有人认为，无论是清王朝的抵抗，还是农民自发的三元里抗英斗争和义和团运动，"在形式上都是民族自己的斗争，而在实质上，都是站在维护本民族封建传统的保守立场上，对世界资本主义历史趋势进行本能的反抗，是以落后对先进，保守对进步，封建闭关自守孤立的传统对世界资本主义'自由贸易'经济变革的抗拒"。

有人认为，过去"只是更多地从'侵略与反侵略'、'压迫与被压迫'、'奴役与被奴役'这个正义与非正义的道德立场出发去审视，因此，见到的只是血与火的悲惨场面，想到了爱国保家，维护的是独立与尊严，表现的是愤怒与声讨，最终便是对'世界走向中国'这一历史作出消极的、片面的、情绪化的彻底否定"。

还有人认为，近代中国政府和人民对不平等条约应当遵守，因为"即使是不平等条约，也是国家信誉所系"。

看了这些"高"论，真是"侵略有功，反抗有罪"了。从这里会使我们更深切地理解邓小平的预言：如果中国复辟资本主义，就只能成为某个大国的附庸。有那么一些人就是要心甘情愿地做别人的"附庸"，当"孙子"！这里还用得着一句老话：就是不能依了他们，若依了他们，就会亡党亡国。

这里还要指出，历史虚无主义必然导致民族虚无主义和文化虚无主义，一些人不但歪曲近现代中国历史，而且对我们伟大的以爱国主义为核心的民族精神，中华源远流长的灿烂文化也恣意抹杀。在一些人的笔下，我们的民族不仅"愚昧"、"丑陋"，而且充满"奴性"、安于现状、逃避现实，如此等等；而把中国优秀的文化和文化传统被说成是走向没落的"黄色文明"，要现代化只有乞灵于西方的"蓝色文明"。一个民族的精神被矮化、丑化，优秀的文化和文化传统被否定、抹杀，民族独立的历史被嘲弄、糟蹋，这个民族还能立得起来吗?!

我们知道，建设中国特色社会主义是中国人民的共同理想，这是近代中国的历史性选择，是实现国家富强、民族振兴的唯一正确道路，具有极大的凝聚力。中国人民行进在社会主义道路上已经半个多世纪了。60年来，中国社会发生了翻天覆地的变化，一个极度贫弱的、任人宰割的旧中国已经变成了一个初步繁荣昌盛、举世瞩目的新中国，谱写了中华民族五千年文明史上最辉煌的篇章。这是中国人民引以自豪的伟大成就，他们懂得珍惜这一历史的重大意义。然而，在历史虚无主义者那里，把中国革命和社会主义建设的历史，说成是"杀人食人"的历史，说什么："文人的可恶之处还在于，作为历史的叙述者与研究者，他们常常有意无意地洗涤、抹杀历史的血腥气。我们读到众多的研究本世纪中国历史、共和国史的著作，但这百多年发生的无数杀人食人的事实都在历史叙述中消失了，只剩下不断从胜利走向胜利的一片'光明'。"事实上他们要洗涤、抹杀的是百多年来帝国主义杀戮中国人民的血腥历史，以及和帝国主义沆瀣一气的中国反动势力屠杀革命人民的血腥历史，而以阴暗、仇恨的心理看待人民革命和人民共和国的历史。他们把党和共和国历史上的许多重大事件都加上"左"的罪名，使之变成一部不断"左"祸中国的历史；他们利用我们历史上所经历的曲折，把错误无限扩大、上纲，借以否定中国共产党领导中国人民取得民主革命、社会主义革命、社会主义建设和改革开放伟大成就这一历史的主体。他们这样做，正如 20 世纪 80 年代风靡一时的大型电视片《河殇》所标榜的对"历史总体反思"，这种反思，就是该片总顾问金观涛所说的："社会主义的尝试及其失败，是 20 世纪的两大遗产之一。"他们否定中国走上社会主义道路的历史必然性，散布社会主义失败论，颠倒是非，混淆视听，如果听任其发展下去，就会动摇中国人民的共同理想，摧毁近代中国所苦苦追求的国家富强、民族振兴的伟大事业，陷国家于万劫不复的境地。

由上可见，历史虚无主义不但颠倒了历史，而且也搞乱了人们的历史观。历史观是人们对历史的根本观点，是对历史的理论认识，同时也是世界观的有机组成部分。每个人都会有自己的历史观，因此引导人们树立科学的历史观，使他们对繁纷复杂的历史现象能够作出正确的评价和判断，这对于他们确立正确的世界观、人生观和价值观关系极大。而对历史的颠倒，就必然会导致是非、美丑、荣辱标准的颠倒，那种所谓"躲避崇高"、"拒绝壮烈"、"告别革命"一类误导青年的低俗的、反历史的说法，就同历史虚无主义思潮有极大的关系。事实证明，这种是非判断标准的颠倒，必然会在社会上造成极大的思想混乱，而社会思想混乱进而就会造成政治上的动乱。1989 年政治风波的前奏、序幕就是历史虚无主义的泛滥，这个历史教训是值得我们记取的。

（二）历史虚无主义适应西方反共势力"和平演变"的战略企图

自从第一个社会主义国家在地球上诞生以来，一个世界，两种制度，就成为世界政治格局的一个主要特点。一个社会主义国家的建设，不仅与国内的环境紧密联系，而且也同国际大气候息息相关。因而，在当今世界两种社会制度将长期共存与斗争的态势下，坚持社会主义方向，抑制来自外部的各种压力，战胜国际帝国主义企图"和平演变"社会主义国家的阴谋，就成为一个十分尖锐和十分突出的问题。防止"和平演变"是工人阶级政党和社会主义国家面临的一个严峻的历史性任务。"和平演变"战略是国际帝国主义对社会主义国家采取武装干涉、军事包围和政治孤立遭到失败之后，以经济、政治、思想和文化渗透为主要形式，企图使社会主义国家政权从内部演变，从而达到颠覆社会主义制度的目的。防止"和平演变"实质上是无产阶级夺取政权之后如何保持政权的问题。

早在 1947 年年初，美国驻苏联代办乔治·凯南在给杜鲁门总统的一篇题为《苏联行为的根源》的报告中就提出，苏联老的一代正在消失，一旦斯大林去世，苏联内部可能发生长达十几年的自相削弱的斗争。他说："如果作为一种政治工具的党的团结和效能遭受到破坏的话，苏俄可能在一夜之间就从一个最强的国家，变成一个最弱和最可怜的国家。美国有能力大大增强苏联在执行政策时受到的压力，迫使克里姆林宫采取比它近年表现出来的远为克制和谨慎的态度，并通过这种办法促进某种趋势，这种趋势最终必然导致苏维埃政权的瓦解或逐步趋于软化。"他还指出，这种软化趋势出现以后，我们就可以"期待一个与今天大不相同的俄国政府"，这个新的俄国政府，"将容许在俄国建立同我们所熟悉的那种私人企业相类似的制度"。凯南提出的这种软化和演变苏联的思想，得到美国决策者的关注和重视。1953 年年初，杜勒斯出任美国国务卿后，继承和发展了凯南的思想，他在国会证词中说：必须用"和平的方法"，把社会主义国家的人民解放出来。他在解释所谓"和平解放"战略时说："解放并不就是解放战争，解放可以用战争以外的方法来达到……它必须是而且可能是和平的方法。"他特别强调："我们希望鼓励苏联世界内部的演化，从而使它不再成为对世界上自由的威胁，只管他们自己的事情，而不去设法实现共产主义的目标和野心。"这就露骨而又完整地提出了"和平演变"的战略。1956 年苏共二十大和波匈事件之后，杜勒斯受到极大鼓舞，他多次引述艾森豪威尔总统的话说："在自由国家面前摆着用和平手段取得胜利的明显可能性。现在存在着一种获得胜利的高尚战略。"自此之后，美国历届政要人物，包括肯尼迪、尼克松、里根、布什和小布什等等，都一直奉行对社会主义国家实行"和平演变"的战略。虽然随着客观形势的变化，对"和平演变"的提法有所不同，但不论是杜勒斯的"解放政策"，尼克松的"不战而胜"战略，还是里根的"遏制战略"和布什的"超越遏制"的新战略，究其实质都是一样的。特别是苏东解体之后，他们的主要矛头就转向了社会主义中国。

值得注意的是，他们进行和平演变的一个"基本的信念"："如果他们继续有孩子的话，而他们又有孩子的孩子，他们的后代将获得自由。"（杜勒斯语）这就是通常所说的西方帝国主义把"和平演变"的希望寄托在共产党的第三、四代人的身上。毛泽东当年就指出：帝国主义又说，对于我们的第一代、第二代没有希望，第三代、第四代怎么样？有希望。帝国主义的话讲得灵不灵？我不希望它灵，但也可能灵。他们之所以把"和平演变"的希望寄托在共产党的第三、四代人的身上，是因为在他们看来，这种新生代有可能对革命历史淡漠，对革命传统、理想信念淡忘，有可能向往西方的生活方式和价值观念。因此，他们一方面运用政治的、经济的、文化的手段，利用社会主义国家的暂时困难和实行改革的机会，进行渗透，施加影响，传播西方资产阶级的政治模式、经济模式、价值观念以及腐朽思想和生活方式，培养对于西方的盲目崇拜；另一方面，通过丑化社会主义国家的历史和现实，特别是通过丑化无产阶级革命领袖来达到这个目的；并且利用社会主义国家出现的错误和存在的某些弊端，加以无限夸大，来实现他们妖魔化社会主义制度的目的。他们通过这些活动，企图搞乱人们特别是青年的思想，甚至不择手段地引导青年走向堕落，以达到他们瓦解社会主义的罪恶目的。

一向标榜民主、自由、人权的西方反共势力对"和平演变"社会主义国家的目的和手段是直白的，这种目的和手段的卑鄙性，是会让全人类感到羞耻的。当反法西斯战争行将结束、美苏两国还处在结盟关系的时候，美国中央情报局局长艾伦·杜勒斯在杜鲁门总统在场的国际关系委员会上发表的演说中，明确提出了瓦解苏联的目的、任务和手段，他说：

"战争将要结束，一切都会有办法弄妥，都会安排好。我们将倾其所有，拿出所有的黄金，全部物质力量，把人们塑造成我们需要的样子，让他们听我们的。

人的脑子，人的意识，是会变的。只要把脑子弄乱，我们就能不知不觉地改变人们的价值观念，并迫使他们相信一种经过偷换的价值观念。用什么办法来做？我们一定要在俄罗斯内部找到同意我们思想意识的人，找到我们的同盟军。

一场就其规模而言无与伦比的悲剧——一个最不屈的人民遭到毁灭的悲剧——将会一幕接一幕地上演，他们的自我意识将无可挽回地走向消亡。比方说，我们将从文学和艺术中逐渐抹去他们的社会存在，我们将训练那些艺术家，打消他们想表现或者研究那些发生在人民群众深层的过程的兴趣。文学，戏剧，电影——一切都将表现和歌颂人类最卑劣的情感。我们将使用一切办法去支持和抬举一批所谓的艺术家，让他们往人类的意识中灌输性崇拜、暴力崇拜、暴虐崇拜、背叛行为崇拜，总之是对一切不道德行为的崇拜。在国家管理中，我们要制造混乱和无所适从……

我们将不知不觉地，但积极地和经常不断地促进官员们的恣意妄为，但他们贪贿无度，丧失原则。官僚主义和拖沓推诿将被视为善举，而诚信和正派将被人耻笑，变成人人所不齿和不合时宜的东西。无赖和无耻、欺骗和谎言、酗酒和吸毒、人防人赛过惧怕野兽、羞耻之心的缺失、叛卖、民族主义和民族仇恨，首先是对俄罗斯人民的仇恨——我们将以高超的手法，在不知不觉之间把这一切都神圣化，让它绽放出绚丽之花……只有少数人的，极少数人，才能感觉到或者认识到究竟发生了什么。但是我们会把这些人置于孤立无援的境地，把他们变成众人耻笑的对象；我们会找到毁谤他们的办法，宣布他们是社会渣滓。我们要把布尔什维克主义的根挖出来，把精神道德的基础庸俗化并加以清除。我们将以这种方法一代接一代地动摇和破坏列宁主义的狂热。我们要从青少年抓起，把主要的赌注押在青年身上，要让它变质、发霉、腐烂。我们要把他们变成无耻之徒、庸人和世界主义者。我们一定要做到。"[1]

这种瓦解社会主义的目的、手段和话语，在后来美国中央情报局设定的《十条诫令》中，有了同样的或者更加露骨的表现。这个《诫令》，先是针对苏联的，苏联解体后，他们就主要是针对中国并为此进行了修改。

① 转引自［俄］尼·伊·雷日科夫《大国悲剧——苏联解体的前因后果》，新华出版社2008年版，第1—3页。

这真是：罪恶的目的，决定了卑鄙的手段；罪恶的手段，服务于卑鄙的目的。从这里可以使我们认识到，所谓的"和平演变"并不和平，而是一场地地道道的没有硝烟的战争。从这里还可以使我们认识到，发生在我们这里的历史虚无主义思潮，他们的种种言论和所作所为，完全配合了西方敌对势力的需要，这种配合是如此的默契和一致。不管这些人的动机如何，这种里应外合，起到了敌对势力难以起到的"第五纵队"的作用，成为他们所希望的要找到的"我们的同盟军"。写到这里，会使我们想起反法西斯战士、捷克记者伏契克在《绞刑架下的报告》一书的最后所写的一句话：人们，我爱你们。你们要警惕啊！

半个世纪前，毛泽东就针对这种"和平演变"的战略指出：和平转变谁呢？就是转变我们这些国家，搞颠覆活动，内部转到合乎他的那个思想。美国它那个秩序要维持，不要动，要动我们，要和平转变，腐蚀我们。事实证明，这种转变，绝不是要让这些国家富起来，强起来，而是要使它"从一个最强的国家，变成一个最弱和最可怜的国家"。在苏联解体之后，美国总统克林顿在1995年10月25日的参谋长联席会议秘密会议上说："最近十年来对苏联及其盟友的政策清楚表明，我们所采取的清除世界上最强大的国家之一以及最强大的军事联盟的路线是多么正确。我们利用苏联外交的失误，戈尔巴乔夫及其一伙的非同寻常的自以为是，其中还包括利用那些公开站在亲美立场上的人，我们获得了杜鲁门总统想要通过原子弹从苏联获取的东西。不过，这里有一个非常重要的区别，就是我们还附带获得了原料供应，而不是原子弹炸毁的国家。"俄罗斯联邦总统弗拉基米·普京对苏联解体事件也作了沉痛的反思，他说："我深信，苏联解体是全民族的巨大悲剧。我认为，前苏联的普通公民和后苏联空间内的公民、独联体各国公民、普通的公民们没有从中赢得任何东西。"这就是演变的结果和现实。

（三）历史虚无主义从根本上动摇社会主义中国的立国之本和强国之路

如前所述，历史虚无主义思潮攻击的主要方向，就是竭力贬损和否定革命，诋毁和嘲弄中国人民争取民族独立和人民解放而进行的反帝反封建斗争，诋毁和否定我国社会发展的社会主义取向，而新中国的诞生和社会主义制度的确立，正是中国共产党领导的人民大革命的产物，如果人民革命这个前提被否定了，社会主义制度也就失掉了存在的基础。当1956年赫鲁晓夫全盘否定斯大林的时候，毛泽东就敏锐地看到了它可能导致的严重后果，在他看来，这绝不只是一个历史人物的评价问题，而是涉及如何看待斯大林领导的近30年苏联社会主义的历史问题；如果历史被否定了，现实的社会制度就会失去存在的理由。他说：我看有两把刀子：一把是列宁，一把是斯大林。现在，斯大林这把刀子，俄国人丢了。这把刀子不是借出去的，是丢出去的。列宁这把刀子现在是不是也被苏联一些领导人丢掉一些呢？我看也丢掉相当多了。十月革命还灵不灵？还可不可以作为各国的模范？赫鲁晓夫的错误做法，实际上把列宁也丢得差不多了。① 后来事态的发展，证明了毛泽东的历史预见性。

邓小平在新时期一再强调，在中国实现现代化，必须在思想政治上坚持四项基本原则，即坚持社会主义道路、坚持人民民主专政、坚持中国共产党的领导、坚持马克思列宁主义和毛泽东思想。四项基本原则是中国共产党的立党之本、立国之本，是党的基本路线的重要组成部分，是我们事业胜利前进的最可靠的保证。正如邓小平所说，四项基本原则并不是新的东西，它"是我们党长期以来所一贯坚持的"。中国人民经过长期艰难曲折的革命斗争，终于在我国建立了社会主义的基本制度和人民民主专政的国家政权，确立了中国共产党的执政地位和马列主义、毛泽东思想在国家政治生活中的指导地位。这些基本原则已为我国的宪法所确认，成为维系国家团结和奋进的政治制度和原则立场。在新的历史条件下，邓小平将我们党长期以来一贯坚持的这些原则第一次概括为四项基本原则，并赋予特定的政治内涵和新的时代精神，有着重要的理论和实践意义。这正如十七大报告所指出的："四项基本原则是立国之本，是我们党、我们国家生存发展的政治基石。"

同样，改革开放是党在新的历史条件下带领人民进行新的伟大革命，是解放和发展社会生产力，实现国家现代化的强国之路。改革开放30年的历史证明，在我国实行改革开放和现代化建设的历史进程中，究竟要遵循一条什么样的发展道路，是关系到这一伟业的前途和命运的问题。我们必须坚持，改革开放是要推动我国社会主义制度自我完善和发展，赋予社会主义新的生机活力，建设和发展中国特色社会主义这一正确的发展方向。因此必须把四项基本原则和改革开放有机地统一起来，而绝不能割裂

---

① 参看《在中国共产党第八届中央委员会第二次全体会议上的讲话》1956 年 11 月 15 日。

开来，更不能对立起来。四项基本原则之所以成为我国的立国之本，一个重要原因，就在于它回答和解决了如何保证改革开放这一强国之路的正确方向及其健康发展的一系列根本性问题。

历史虚无主义思潮的终极目的，就是要否定四项基本原则，把中国历史拉向倒退。这不但摧毁了社会主义中国的立国之本，而且也在实际上使强国之路归于破灭。邓小平一再强调，在改革中坚持社会主义方向，是一个很重要的问题。他强调必须旗帜鲜明地坚持四项基本原则，同种种怀疑和否定四项基本原则的错误思潮进行不懈的斗争。他曾指出："我们的宣传工作还存在严重缺点，主要是没有积极主动、理直气壮而又有说服力地宣传四项基本原则，对一些反对四项基本原则的严重错误思想没有进行有力的斗争。"①

基于对中外历史经验的深刻理解，邓小平明确指出："历史告诉我们，中国走资本主义道路不行，中国除了走社会主义道路没有别的道路可走。一旦中国抛弃社会主义，就要回到半殖民地半封建社会，不要说实现'小康'，就连温饱也没有保证。"② 在他看来，十多亿人口的中国还处于落后状态，如果走资本主义道路，可能在某些局部地区少数人会更快地富起来，形成一个新的资产阶级，产生一批百万、亿万富翁，但顶多也不会达到人口的百分之一，而大量的人口仍然摆脱不了贫穷，甚至连温饱问题都不可能解决。这是因为走资本主义道路必然要求将社会大量财富集中在少数人手里，而多数人要沦为出卖劳动力的雇佣劳动者，也就是说，走资本主义道路是以社会的两极分化为前提、为条件、为过程的。这对于绝大多数人来说，将是一个十分悲惨的境遇，是已经获得解放了的中国人民绝不能容许的，因而走资本主义道路势必导致国家四分五裂。而且在国际强权政治、资本垄断的情势下，中国走资本主义道路是没有能力参与竞争的，其结果只能是依附、受制于一个或某几个大国，失去民族独立的地位。这是历史虚无主义和其他错误思潮相配合，对我们国家和民族将会造成的严重危害，我们对此应该有清醒的认识。

历史是一面镜子。从苏联解体的过程中，我们可以清楚地看到乱史灭国的轨迹，看到历史虚无主义思潮所造成的严重危害。我们要认真记取这

---

① 《邓小平文选》第 2 卷，人民出版社 1993 年版，第 364 页。

② 《邓小平文选》第 3 卷，人民出版社 1993 年版，第 206 页。

一沉痛的历史教训。我们要清醒地看到，东弱西强的国际格局将会持续相当长一个历史时期，西方反共势力的渗透活动一刻也不会停止，而且国内也还存在着产生资产阶级自由化的社会基础和思想基础，因此，坚持唯物史观，反对历史虚无主义思潮，将是一个长期的斗争任务。我们要旗帜鲜明地反对历史虚无主义思潮，认真贯彻党的"双百"方针，通过摆事实、讲道理，揭穿历史虚无主义制造的种种谎言和迷雾，引导广大群众正确认识和对待历史，维护中国革命的伟大成果，坚定不移地走中国特色社会主义的道路。

关于毛泽东研究的几个问题

中央文献研究室前主任　逄先知

一　如何评价中国 20 世纪的两场革命

访问者：中国的 20 世纪，至少有两件大事是和毛泽东联系在一起，一个是创建新中国，一个是在世界人口最多的国家建立起了社会主义的基本制度。您如何评价在毛泽东领导下完成的这两件大事？

逄先知：创建新中国、建立社会主义基本制度这两件大事，分别是两种不同性质革命的结果：新民主主义革命和社会主义革命。由于这两种革命紧密相连，相隔时间很短，我们也可以把它们看作是一次革命，江泽民同志在十四大的报告，实际上就是这样说的。这次革命的意义，我把它概括为三个结束、一个奠定。这就是：结束了一百多年来中国人受屈辱、受压迫、受剥削的历史；结束了旧中国四分五裂、贫困落后、民不聊生的黑暗历史；如果更长远地看，则是结束了几千年的剥削制度，开辟了中国的新纪元。一个奠定，就是为建设有中国特色的社会主义，为建设富强民主文明的现代化国家奠定了基础。

占世界人口五分之一的中国人站起来了，是一件影响世界历史进程的大事，使世界力量对比起了很大变化。

访问者：那么，中国的第二次革命指的是什么？

逄先知：从党的十一届三中全会以后开始的以改革开放为鲜明特点的建设有中国特色的社会主义，就是第二次革命。关于两次革命，十四大报告是这样说的："以毛泽东同志为核心的第一代中央领导集体，领导全党和全国各族人民，经过长期奋斗，夺取了新民主主义革命的胜利，进而建立起社会主义基本制度，解放和发展了生产力，把一百多年来受尽外国侵略欺凌的半殖民地半封建的旧中国，变成了独立的人民当家做主的社会主义新中国。""以邓小平同志为核心的第二代中央领导集体，领导全党和全国各族人民开始的又一次伟大革命，是要进一步解放和发展生产力，经过长期奋斗，把中国由不发达的社会主义国家变成富强民主文明的社会主义现代化国家，使社会主义优越性在中国充分体现出来。"

两次革命代表了不同的时代，完成不同时代的任务。第一次革命，使中国变成一个独立、自由、统一的社会主义新中国，并对怎样建设社会主义进行过艰苦的探索。这个探索取得了一些成果，也发生过失误甚至严重错误。不论是积极的成果，还是严重的错误，都为第二次革命做了准备。邓小平在这个基础上继续探索。他根据新时期的新情况，结合新的国际条件，成功地实现了第二次飞跃，指导第二次革命。毛泽东的探索虽然没有成功，原因也是多方面的，但在探索中提出的许多有价值的、富有远见的思想以及这种探索精神自身，随着时间的推移，会越来越显得可贵。为什么一批社会主义国家包括第一个社会主义国家苏联变质了、解体了、演变了，而社会主义中国却屹立于世界东方，岿然不动？就是因为我们党不论是第一次革命还是第二次革命，都是独立自主地走自己的路，没有亦步亦趋地跟着苏联走，并且有自己正确的理论作指导，这是我们成功的重要条件和保证。

访问者：这两次革命，是不是有一个贯通在一起的东西呢？

逢先知：这就是我们党一贯坚持的把马列主义原理同中国的具体实践相结合。两次革命的成功都充分证明了，不论是革命还是建设，都必须坚持以马列主义原理作指导，结合中国的具体情况，制定自己的方针和政策，并形成新的理论。就是说，它是马列主义的，又是中国特色的：新民主主义革命是中国特色的，社会主义改造也是中国特色的，今天的改革开放更是具有中国特色。如果说有贯通的东西，我认为就在这里。

二　成功的秘诀

访问者：毛泽东的一生，无疑是伟大的，既有辉煌的成功，也有他晚年遗憾的失误。在您看来，他成功的秘诀是什么，他失误的原因又出在哪里？

逢先知：这个问题很大，也很重要。先谈他的成功，如果一般地讲，可以举出很多条，但最主要的是什么，就不能泛泛地罗列了。我认为有这么几条：

第一，是他能坚持一切从中国的实际出发。这是比较陈独秀、瞿秋白、李立三等人的领导而显出的最突出的特点。应当说，这几位早期领导人都曾是中国共产党的优秀分子。陈独秀在新文化运动中就出了名，是中国共产党的主要领导人之一，瞿秋白、李立三也是优秀的。他们为什么不能领导中国革命取得成功？除了其他原因，主要是他们不能从中国的实际出发，不是囿于一般经验，就是从本本出发。王明更是如此。你们知道党的历史，在党的二大上就确定了反帝反封建的革命政策，还提出了革命分两步走。但确定了革命目标，并不等于就找到了革命道路。提出并解决中国革命道路的问题是毛泽东完成的。他从青年时代起，就注意了解和研究中国社会，他思考问题的角度总是立足于中国，特别是当他获得了马克思主义的方法论之后，更使他的这种个性特质发生了一个飞跃，这就是扎根中国实际，靠调查研究，了解中国社会，了解中国国情。

第二，善于听取党内外各种意见，择善而从之，也就是毛泽东的民主作风。在毛泽东身上的确充分体现了民主作风，或者说大部分时间是民主的。最显著的表现是在解放战争时期。为什么只用了三年多一点的时间就打败了比我们的兵力强大得多的蒋介石？除了人心的向背等因素而外，毛泽东的正确领导是关键。而他的正确领导同他的民主作风是分不开的。毛泽东善于吸收正确的意见，更善于根据各种不同的意见作出正确的决断。他的很多正确决策，包括一些重大决策，是吸收了下面指挥员的意见。比如，1948年初，解放战争将由相持阶段转变为进攻阶段，为了调动中原敌军回防江南，便于我军各个歼灭江北之敌，毛泽东决定由粟裕率三个纵队渡江南下，打到京沪杭地区。粟裕提出不同意见，毛泽东和中央吸收了他的意见，让他们仍留在中原作战。然后，华东野战军在中原野战军的配合下，打了豫东战役，后来又打了济南战役，为淮海战役的大决战创造了条件。打淮海战役，毛泽东也是吸收了刘伯承、邓小平、粟裕等人的一些意见，由小到大，取得了基本消灭蒋军主力于长江以北的大胜利。这方面的例子是很多的。我们可以看到毛泽东在解放战争期间写的一些电报中，经常询问下面的情况，在作出重大决策之前，往往要征询下面的意见。

访问者：对错误的意见和主意，毛泽东是如何对待的呢？

　　逄先知：对错误的意见，毛泽东主张也要听！你们读过《党委会的工作方法》，那里面有一段话是这样说的："下面干部的话，有正确的，也有不正确的，听了以后要加以分析。对正确的意见，必须听，并且照它做。对下面来的错误意见也要听，根本不听是不对的；不过听了而不照它做，并且要给以批评。"还有一点，值得特别提一下，就是毛泽东还善于从群众的不满言论中吸取合理的内容，著名的例子，就是延安时期有雷击打死人的故事。当时一个农民发怨言，说"雷公为什么不打死毛泽东？"毛泽东没有怪罪这个农民，反而从这里发现问题——农民的公粮负担过重，于是发动机关、部队搞生产，叫做"自己动手，丰衣足食"，减轻了农民的负担；小平同志非常称赞毛主席这一点，几十年后还用这个例子教育干部。

　　第三，是他善于团结人，包括团结那些反对他而反对错了的人。中国共产党长期处在分散的农村游击战争的环境，形成了许多山头：要把各个山头的人都团结起来，形成一个坚如钢铁，团结一致的党，是很不容易的。毛泽东做到了，做得非常出色。之所以能够如此，除了靠他的正确的思想、理论、政策作为统一全党思想的基础而外，在处理党内关系方面，他提出并实行了一整套正确的原则和方法，如团结—批评—团结，对犯错误的同志实行惩前毖后，治病救人，既要弄清思想，又要团结同志等。经过延安整风，到党的七大，全党都紧密地团结在毛泽东的周围，真是像第一个历史决议所说的那样，"团结全党同志如同一个和睦的家庭一样，如同一块坚固的钢铁一样"。毛泽东不但善于团结党内的同志，也善于团结党外人士，作为共产党的领袖，善于团结一切可以团结的阶级、阶层和个人，而把最主要的敌人最大限度地孤立起来。毛泽东具有宽阔的胸怀和宏大的气度，这是他善于团结人，能够团结一切可以团结的力量的重要的个人气质。

　　第四，是他具有科学远见。"预则立，不预则废"，毛泽东比别人高明的一点就是，他每走一步棋，还要看到第二步棋、第三步棋，甚至看得更远。军事上如此，政治上更是如此。抗日战争快要胜利了，他就想到城市工作的问题，为筹划下一步开辟的工作局面做准备。1945 年 1 月，他在《必须学会做经济工作》一文中说："我们要打击日本侵略者，并且还要准备攻入城市，收复失地。……将来从城市赶跑敌人，我们也会做城市工作了。"

访问者：看来 1944 年 8 月他给秦邦宪的信不是偶然的。在那封信中，他提出了"新民主主义社会的基础是机器，不是手工"这个问题。

逄先知：绝不是偶然的。他还说："现在的农村是暂时的根据地，不是也不能是整个中国民主社会的主要基础。由农业基础到工业基础，正是我们革命的任务。"这些话讲得多好，多么富有远见，其理论价值也是很高的。1948 年的九月会议，他就开始筹划新中国的蓝图，提出了关于国家体制、政治制度、经济形态等等问题。这是很不简单的，因为这时三大战役还没有开始。到七届二中全会进一步把建国纲领提出来了，还提出了工作重心转移问题、经济政策问题以及干部作风问题，等等。所以我们在建国后的各项工作是从容不迫，有条不紊，因为我们的建国纲领上都有了，从大政方针到具体政策，规定得很具体。这种科学的预见性，在毛泽东身上是很突出的。

访问者：您觉得，毛泽东的这个特点，是能学得来的吗？

逄先知：这里确有他个人的天分甚至说是天才的原因，但也不能把这个问题绝对化，那就陷入历史唯心主义了。我认为，他之所以能够做到，主要与他的马克思主义的修养和掌握的丰富的历史知识、革命经验有关。比如，提出防止骄傲自满，警惕"糖衣炮弹"，不当李自成，这是从中国历史中汲取的经验，他对各个朝代的兴衰成败的历史非常熟悉。当然对这些经验，别人或许也知道，也懂得它的对与错，但提出的时机和表达的方法会有大的不同，这又是他比常人高明的地方。"文化大革命"尽管根本错了，但他预见到社会主义国家会有和平演变，提出资本主义还有复辟的可能，这一点是很有历史眼光的。小平同志南方谈话，也曾讲到法国的历史，复辟反复辟，搞了几百年，新的制度才定下来。毛泽东的这个预见现在应验了，苏联解体了，东欧社会主义国家演变了，而他讲这些话的时候苏联还那么强大，社会主义制度看起来还比较巩固。他还是看到了历史的反复，预见到了这种反复。

第五，根据形势的发展，及时提出行动纲领和口号。一个政党，一个领袖，要取得成功，必须有正确的纲领和口号，不然就没有号召力，没有凝聚力，没有团结力。每到一个历史关头，毛泽东总能及时提出吸引全党奋斗的口号，如大革命刚刚失败，提出"枪杆子里面出政权"，后来又提出"工农武装割据"、"工农革命"。抗战一开始，就提出"持久战"，他论述的持久战的三个阶段，几乎像自然科学家进行计算一样准确，为鼓舞全国人民团结抗战起了重大作用。在同国民党反共顽固派进行斗争中，及时地提出"坚持抗战反对投降，坚持团结反对分裂，坚持进步反对倒退"，给人们指明了方向。抗战接近胜利的时候，提出"联合政府"的口号，具有很大的号召力，对于联合中间力量，孤立国民党主要当权派起了重要作用。解放战争时期，什么时候提打倒蒋介石也是一个非常策略的问题，提早了，由于人民特别是中间力量对蒋介石的真面目还不清楚，会脱离群众。到 1947 年 10 月才明确提出这个口号，时机抓得非常好，对于团结人民、动员人民起了很大的作用。

访问者：像"军队向前进，生产长一寸，加强纪律性，革命无不胜"这样的口号，不仅内容深刻、明确，而且形式也很好，至今还常常为人们所传诵。

逄先知：他使用的语言是群众喜闻乐见的民族形式，通俗易懂，朗朗上口，又很容易记。内容则概括得非常准确、科学。

建国以后也是如此。在不同的时期，根据不同的任务，提出过许多很好很正确的口号和概念。我这里只举一个例子，是我亲身感受的。1961年毛泽东组织三个调查组，分别到浙江、湖南、广东做农村调查，我也参加了。毛泽东根据大家提供的大量调查材料，在广州会议上概括出反对两个平均主义（即反对人与人之间、队与队之间分配上的平均主义），使人们的思路豁然开朗。当时，那么多人到农村调查，谁也没有鲜明地提出这个问题。在今天看来，似乎没有什么了不起，但我们看问题不能离开当时当地的具体条件。毛泽东确有这个本领，一下子就能抓到问题的实质，打开人们的思想。他的高度概括能力和善于抓住事物本质的洞察能力不能不使人钦佩。

访问者：前面我们在讨论他的科学预见性时，您谈到天分问题，他的这种高度概括能力和洞察能力，也不应仅仅看作是天分。

逄先知：这就涉及我要说的第六点，毛泽东的刻苦勤奋精神。从青年时代起，一直到他的晚年，他工作起来常常通宵达旦、废寝忘食，问题不解决总是放不下。刻苦的读书生活也伴随了他的一生。他不但勤于学习，更勤于思索。他常说"多想出智慧"。古语说："学而不思则罔，思而不学则殆。"他是又学又思。他的刻苦精神一般人比不上。而且他还会读书，会用脑筋。读文件累了，就换本书读，当作休息。他说，从脑力劳动到体力活动是休息，从读这本书到读另一本书也是休息。他的概括能力、抽象能力，就是从勤于读书，特别是读哲学书，从勤于思考，锻炼出来的。所以不要简单地认为毛泽东就是天才，岂不知他的渊博学识和智慧是从刻苦勤奋中得来的。

访问者：就是说，有天分，再加上后天的勤奋努力，包括在革命实践中的磨炼，才成就了毛泽东。

逄先知：应该这样看。凡是和他接触过的人都有体会，他的记忆力是惊人的。有一次，周恩来在延安干部大会上作报告，陈赓坐在边上，当周副主席讲到毛主席对马列主义的贡献时，陈赓插话，问："毛主席记忆力那么好的秘密是什么？"这时全场鸦雀无声，大家都想听周恩来的回答，停了停，周恩来说了两个字："死记。"我想，这就是勤奋。毛泽东的超人的记忆力，既有先天的成分，但更重要的是后天努力的结果。

以上是我个人的看法，所谓毛泽东成功的秘诀，这六点也不一定概括得完全、准确，各人对这个问题的看法会有不同的角度。总之，我相信邓小平的话："没有毛主席，至少我们中国人民还要在黑暗中摸索更长的时间。"毛泽东的成功，不应简单地看作他个人事业的成功，而是全党和全国人民事业的成功。

三　晚年失误的原因

访问者：那么，毛泽东晚年的失误都有哪些原因？

逄先知：毛泽东晚年的失误的确是使人痛心的，但又不是偶然的。我认为最主要是三条：第一，他脱离了实际，脱离了群众，脱离了他创立和倡导的实事求是的思想路线。他在民主革命时期以及建国后的一段时间里，都是十分强调一切从实际出发，而且身体力行，亲自做调查，因此，他才获得了对中国国情的深刻了解。但从 50 年代末期以后，这个优点在他身上渐渐减少了，甚至违反了这些东西。1958 年的"大跃进"为什么犯那么大的错误，虽与他思想上的空想成分有关，但脱离实际是主要原因，如果他能到农村去了解到真实情况，是不会作出那样的决策的。当时他派我们下去，我们亲眼看到农村里，生产是大兵团作战，通宵达旦地干，生活是吃大锅饭，男女分开住，这怎么行？但这些实际情况毛泽东看不到，他只要一下去就被人群包围了。到天津视察时就被人群围了里三层外三层，在这种情况下，他搞调查研究确实受到很大限制。

访问者：是不是也有制度方面的原因，比如保卫制度不允许？

逢先知：制度是一个方面，关键还是他有没有决心。他自己讲过，进城后，官做大了，像土地革命战争时期、抗日战争时期做那样的调查没有了。1962 年派我们到韶山调查，他是准备去的，但终究没有去。新中国成立以后他就没有到农村中做过直接调查，更没有在农村住过。他每次下去，都是省委书记陪着，听汇报、调查的对象不是地委书记，就是县委书记，这怎么能了解到真实情况？不脱离实际才怪。所以，造成那么大的损失，出现那么大的失误，脱离实际是主要的。

有人写这段历史，把他说成是空想主义者，我不赞成。搞人民公社，确实带有空想的成分。对这个问题也要作点分析。当年提倡农村人民公社办工业、办商业，搞工农商学兵于一体，不能说没有一点合理的成分。我们今天的农村乡镇也是工农商学兵一起搞，不光有农业，还搞工业、商业、第三产业，办学校等等。现在一些经济比较发达的地区，如苏南，许多乡镇企业，就是由过去的社队企业转化而发展起来的。但那时脱离了生产力水平，搞的是政社合一的公社体制。特别是在开始搞公社化那阵子，搞一大二公，的确吃了苦头。"一平二调"，大刮"共产风"，急于向全民所有制过渡，甚至急于向共产主义过渡，这些，确实完全是空想的。但从 1958 年冬，毛泽东即发现错误，并且费很大力气，去纠正错误。从 1959 年起，不断提出下放核算单位，先是下放到一个乡范围的生产大队，再下放到一个行政村、一个自然村范围的生产大队，最后是二三十户规模的生产队。广州会议时，他曾经批了一个主张把基本核算单位下放到生产队的材料，但是没有引起注意，为此，他很不高兴。另外，到他的晚年，年龄大了，很多人又都是顺着他讲，这也是脱离实际的一个原因。

访问者：陆定一同志讲，能不能坚持调查研究，确实也和年龄有关系，至少年纪大了，跑路也跑不动了。

逢先知：那时我们到南方去调查，天气很冷，有时住草棚子，这种条件，让毛泽东去他会吃不消，组织上也不会那样安排。因此，他在早年曾经用过的，很自然地找几个农民，像拉家常那样的形式，很难做到了。他了解情况，不是看报告，就是听汇报，而这些又有相当成分是看他的脸色行事，喜欢什么给什么，强调阶级斗争了，马上就来阶级斗争的材料，强调生产了，又报来关于生产的材料。长此以往，不出问题才怪。这是第一点。

第二，是专断，听不得不同意见。前面我在讲他成功的第二条，是尊重各种意见，善于从群众的呼声中找出我们政策的出发点，这本是他的好作风，后来走向了反面，破坏了党内民主，一言堂而不是群言堂，最后导致犯错误。

访问者：他的专断和民主作风的改变，是从什么时候开始的？

逄先知：按胡乔木同志讲，是从 1958 年 1 月南宁会议批评"反冒进"开始。但这不是一下子形成的，有一个过程，1958 年南宁会议开了一个不好的先例，3 月的成都会议还算开得生动活泼，但到 1959 年庐山会议又来了一个升级，以后专断就占了主导地位。因此，他脱离实际是一步一步发展的，听不得不同意见而导致专断也是一步一步发展的。

访问者：有人认为，庐山会议彭老总那种提意见的方式也有不好的一面，如果换一种较为和缓的方式，后来的结果可能不一样，这个问题您怎么看？

逄先知：过去乔木同志也讲过，庐山会议上彭德怀用那样一种态度提意见，确有不妥之处，如果是当面的心平气和地讲，不用赌气，情况也许不同一些。我看有一定的道理。当然，这是问题的一面，问题的根本原因在于，那时党内很多人对"三面红旗"有意见，持不同意见的材料也陆续反映到毛泽东那里，彭德怀只是一个代表，即使不是他出来讲，总会有人出来讲，当然不至于出现那样尖锐的形式。另外，国际上出现的赫鲁晓夫全面否定斯大林以及引起的一股反共思潮，对毛泽东走向"左"的方面影响很大。在那种环境下，他不能不想到我们党，不能不维护他提出的一套在他看来是正确的东西，因此，出现庐山会议后期反"右"倾的那种结局也是必然的了。

尽管如此，还要看到，毛泽东晚年的指导思想是在一定范围内偏离了毛泽东思想，并不是全部，如果是全部，没有一点正确的东西，那还不把共产党和人民共和国搞垮了？特别是在国际斗争中，他维护了民族独立和国家主权，维护了中华民族的尊严，并利用国际形势变化的时机，打开了中美、中日关系，创造了外交工作的新局面，这一点要充分估计到。

访问者：我们想再问一个问题，毛泽东的失误，从他的思维方式角度看，是不是也有什么原因呢？

逄先知：在回答你们的提问之前，我再补充一点，讲毛泽东晚年失误的又一个原因。毛泽东在晚年不能很好地团结一切可以团结和应该团结的人，像民主革命时期和建国初期那样，相反，在几次政治运动中（最突出的是1957年的反右和1959年的反右倾），伤害和打击了许多人，或者是反"右"扩大化了，或者是根本不该反"右"而反"右"。在党内如此，在党外也是如此。以后搞"文化大革命"，打倒一切，更发展到了极端。我认为，不能很好地团结越来越多的人，是毛泽东晚年的一个失误，又是失误的一个原因。你们看，以上讲的三个失误的原因，恰恰是他三个成功秘诀的反面。他的失误，正是违反了他过去一贯坚持的一些正确的东西。

现在，回过头来，回答你们提的问题。毛泽东的晚年，在思想方法上有极端化的倾向，极端化也是思想僵化的一种表现。他原来的辩证法讲得多么好，不仅写出了《实践论》、《矛盾论》这样的著作，而且把唯物辩证法贯彻到实际工作中去，运用得非常精当，非常纯熟。例如，在统一战线问题上，提出"又联合又斗争"的总政策；在抗日战争期间的反顽斗争中，实行"有理、有利、有节"的原则。在军事斗争中，提出"防御中的进攻，持久中的速决，内线中的外线"的战略方针。在一般的斗争策略上，提出在战略上藐视敌人，在战术上重视敌人，等等。这些东西都是他独创的。另外，不知你们注意到没有，延安时期他曾肯定过孔子的"中庸"的概念。

访问者：这是他在1939年给张闻天等人的信中讲的，认为中庸的"过犹不及"、"不偏不倚"是"肯定事物与概念的相对安定的质"，不是折中主义。

逄先知：是这样。但到了晚年，他的思想方法确实出现了极端化，不大讲统一，过分强调斗争，强调斗争是绝对的，以至于说出"中国有八亿人口，不斗行吗？"一类的话。有人提出"合二而一"的哲学概念，就说是"阶级调和论"。这种倾向的产生，从深处说，有思想惯性的作用。在长期的革命战争中，在长期残酷的阶级斗争中，使他形成了一种思维定式——强烈的阶级斗争观念。建国后，他从理论到实践，正确地实行过由阶级斗争为中心向以经济建设为中心的转变。但是这种转变是不牢固的，一遇风吹草动，他马上警觉起来，过分地估计了阶级斗争的形势，把阶级斗争这根弦绷得很紧。当然在这个过程中有曲折，1957年虽然讲了主要矛盾是阶级斗争，到1958年又提出把党的工作着重点转到技术革命，提出超英赶美。"大跃进"失败了，党内出现分歧，他又回到阶级斗争的思路上。最后终于导致错误趋向压倒了正确趋向，晚年的悲剧就发生了。

四 毛泽东和邓小平在对社会主义理解上的相同和差异

访问者：上面您给我们谈了毛泽东在领导中国革命和建设上的成功和失误，以及成功和失误的原因，很受启发。那么，在对中国社会主义建设道路的探索以及对社会主义的理解上，毛泽东和邓小平有区别和差异吗？

逄先知：首先应当肯定，毛泽东和邓小平对社会主义的理解，在根本目标上是一致的。他们都认为社会主义应当是生产力高度发达，消灭剥削，消除两极分化，实现全民的共同富裕，使中国成为一个富强、民主、文明的社会主义现代化国家。

不能说毛泽东不重视发展生产。早在延安时期他就非常重视革命根据地的生产建设，在1942年的西北局高干会议上他作了《经济问题和财政问题》的长篇书面报告，把生产事业看作根据地的中心工作之一。特别是在《论联合政府》的报告中，明确提出要把"对于中国人民的生产力的发展是否有帮助及其帮助之大小"，作为判断"中国一切政党的政策及其实践在中国人民中所表现的作用的好坏、大小"的标志。这就是生产力标准。到七届二中全会，提出工作重心转移，由农村到城市，在城市工作中又以生产建设为中心任务。建国以后，尽快改变中国的贫穷落后面貌，把中国建设成为一个现代化的社会主义强国，是他提出并努力为之奋斗的目标。直到1957年2月在《关于正确处理人民内部矛盾的问题》一文中，还明确指出，我们的根本任务是在新的生产关系下面保护和发展生产力。这些，都是大家熟知的。但是从1957年夏季起，他的这个思想骤然起了变化，由经济建设为中心逐步转到以阶级斗争为纲，而把发展生产力的任务放到次要地位。这中间尽管有些反复，总的趋势就是这么个趋势。搞"文化大革命"就到了极端。党的十一届三中全会，邓小平领导全党实行拨乱反正，最根本的一条就是从阶级斗争为纲转变到以经济建设为中心，并指出，社会主义的根本任务是发展生产力。他说，我们对于什么是马克思主义、什么是社会主义没有搞清楚，主要是指50年代末期以后，特别是"文化大革命"中，认为社会主义的主要矛盾是阶级斗争，而否认社会主义的根本任务是发展生产力。要说对社会主义的理解有什么不同，这应当是最重要的一条。其次，在社会经济形态问题上，毛泽东强调实行单一的公有制；邓小平则强调在以公有制为主体的条件下，适当发展个体的、私营的、中外合资的多种经济成分以为补充。在经济体制方面，毛泽东基本实行高度集中的计划经济体制（同苏联有某些区别）；邓小平主张实行计划经济与市场经济相结合，进而又主张实行社会主义市场经济。在对外经济关系方面，毛泽东还不够开放，在某种程度上有些封闭；邓小平实行全方位的对外开放政策。

这里，我想着重谈谈他们怎样对待公平和效率的关系问题。对于毛泽东来说，如果把发展生产和实现社会公平比作天平上的两端的话，那么，他的砝码总是更多地加在后一方。就是说，在处理这两者之间的矛盾的时候，毛泽东更强调公平，有时为了社会公平，甚至可以牺牲效率。拿包产到户来说，这种形式明显对发展生产力、提高经济效益有利，但在 1962 年的北戴河会议上，他尖锐批评包产到户，认为如果实行包产到户，不到一年，就可以看出阶级分化很厉害。他希望什么呢？希望大多数人都过着较为平均的生活，不要贫富悬殊，大家同步达到富裕。这个愿望是无可非议的。但事实证明，同步富裕和平均发展都不可能，结果是平均主义，这是一条发展缓慢的道路。

访问者：小平同志在这个问题上同毛泽东有什么侧重的不同吗？

逄先知：小平同志也强调共同富裕。他把共同富裕有时叫做社会主义的目的，有时叫做社会主义的根本原则，有时叫做体现社会主义本质的东西。他说过，如果我们的政策导致两极分化，我们就失败了；如果产生了什么新的资产阶级，那我们就真是走了邪路了。他在南方谈话中还讲到："如果富的愈来愈富，穷的愈来愈穷，两极分化就会产生，而社会主义制度就应该而且能够避免两极分化。"那么，怎样达到共同富裕呢？小平同志提出一个新路子、新办法，这就是允许一部分人、一部分地区先富起来，带动和帮助其他人、其他地区达到共同富裕。小平同志把这个叫做大政策。的确，这个政策一实行，经济就活了，被平均主义和高度集中的计划经济体制所压抑的人们的积极性和创造性，被调动起来了，被发挥出来了，人们的聪明才智也显露出来了。当然，实行这个政策，人与人之间、地区与地区之间贫富差距会有暂时拉大的趋势，但它终究不是我们的目的，我们的最终目的是共同富裕。

访问者：毛泽东在对待公平和效率问题上的态度，是不是有他自身经历的或其他方面的原因呢？

逄先知：当然有。毛泽东出身农民家庭，耳闻目睹了广大贫苦农民受剥削、受压迫的苦难生活，从小就对贫苦农民抱以极大的同情，产生对贫苦农民的深厚感情，对土豪劣绅，对剥削制度和一切不公正的社会现象深恶痛绝。他 17 岁那年，长沙饥民造反惨遭镇压，曾给他留下终生难忘的印象。他一生就是要追求一个公平的、人人完全平等的理想社会。在 1962 年的北戴河会议上，他曾说："完全不要一点平均主义，比方说，不要基本口粮，不要照顾，光搞按劳分配，光争取富裕阶层，可是把农村的五保户、困难户、军工烈属这百分之二十至三十的人，丢开不管，也是不行的。这些人在农村中是我们的依靠。"毛泽东在他的晚年，一方面反对平均主义，主张实行按劳分配，以便调动人们的生产积极性；另一方面又不彻底反对平均主义，甚至主张搞点平均主义，不彻底实行按劳分配，甚至批判或者限制按劳分配，怕的是发生"阶级分化"。他是想寻找一个既能调动群众生产积极性，以利于发展生产，又能防止"阶级分化"，保证"社会公平"、人人完全平等的结合点。

访问者：这个结合点他始终没有找到，甚至可以说，为了找到这个结合点，走入了歧途。

逄先知：他主观上是要找到这样一个结合点，但实际上走上了平均主义的道路，影响和束缚了生产力的发展。党的十一届三中全会后，在邓小平领导下，首先在农村搞联产承包责任制，大力发展商品经济，进而确定以社会主义市场经济为经济体制改革的目标模式。同时，又强调国家的宏观调控，把实现共同富裕作为社会主义的目的。这样，既充分调动了各方面的积极性，同时又避免无政府状态、避免两极分化。尽管现实生活中还有许多不尽如人意的地方，但是，只要全面地、准确地遵照邓小平建设有中国特色社会主义理论去做，去认真地贯彻落实，毛泽东所希望的、也是全国人民所希望的一个富裕的民主的文明的社会主义现代化国家，一定能够实现。

论中华人民共和国史研究①

朱佳木

中华人民共和国史（以下简称国史）研究是一门相对年轻的新兴学科。它最早的成果可以追溯到由中共中央宣传部等有关部门组织编写、人民教育出版社 1955 年出版的《中国人民解放战争和新中国五年简史》，以及 1958 年由河北北京师范学院师生编写、人民出版社出版的《中华人民共和国史稿》。但从严格意义上说，国史研究是从 1978 年中共十一届三中全会后总结建国以来历史开始的。1979 年，中共中央在准备庆祝建国 30 周年大会讲话稿的过程中，对新中国成立以来的历史及其经验教训进行了简要回顾和初步总结。② 接着，用一年零八个月时间起草了《关于建国以来党的若干历史问题的决议》（以下简称《历史决议》），并在 1981 年的中共十一届六中全会上通过。《历史决议》讲的虽然是党的历史问题，但这些问题同时也是国家的重大历史问题；参加起草的虽然是专门的写作班子，但邓小平、陈云等老一代革命家提出了许多指导性意见，在党内四千多高中级干部和一部分党外人士中还进行过认真讨论。因此，制定决议的过程可以说是一次高层次集体研究国史的过程，为此后的国史研究指明了正确的理论方向。

接着，在胡乔木③的倡议下，中国社会科学院提出了关于对建国以后各条战线的历史经验做出有科学价值的总结、编撰系列专著的方案，并经中共中央书记处批准、中央宣传部部署，编辑出版了大型丛书《当代中国》④。该丛

---

① 本文原载《中国社会科学》2009 年第 1 期，收入本书时，作者又作了部分修改。

② 见叶剑英在庆祝中华人民共和国成立 30 周年大会上的讲话，《三中全会以来重要文献选编》上，人民出版社 1982 年版，第 207—247 页。

③ 胡乔木时任分管意识形态工作的中共中央书记处书记。

④ 该丛书先后由中国社会科学出版社和当代中国出版社出版。

书按照部门、行业、省市、专题设卷，先后动员约十万多学者和干部参与编写，历经十余年，陆续出版了 152 卷，211 册，总计 1 亿字，3 万幅图片。它的规模之宏伟庞大，利用档案资料之丰富确凿，包含内容之全面系统，在新中国出版史上都是空前的。与此同时，有关方面还出版了大量可供国史研究利用的文献档案资料。其中有毛泽东、周恩来、刘少奇、朱德、邓小平、陈云等共和国主要领导人的文选、文集、文稿、传记、年谱，有 1949 年至 1965 年的《建国以来重要文献选编》，有 1978 年中共十一届三中全会起，历次党的代表大会的重要文献集①，有《中华人民共和国经济档案资料选编》②，以及薄一波、杨尚昆等共和国重要领导人的日记和回忆录。所有这些，为国史研究的开展提供了基础性条件。

20 世纪 90 年代初，当时的中共中央党史领导小组借鉴中国历史上由国家设立国史馆的传统，提议并经中央批准，成立了专事编纂和研究国史的当代中国研究所。该所建立后，创办了以出版国史著作为主业的当代中国出版社和刊发国史研究成果的杂志《当代中国史研究》，成立了联系全国国史学界的学术团体——中华人民共和国国史学会；自 2001 年起，又经中共中央书记处原则批准，集中力量编写并陆续出版编年史书《中华人民共和国史编年》，还建立了面向国史学界的学术年会制度，同中国社会科学院研究生院合作创办了国史系。与此同时，中央许多部门和省、自治区、直辖市一级政府，也纷纷建立起本部门或本地区的当代史研究机构，很多地方社会科学院和高等院校把当代史列入研究课题，有的高校还开设了国史课程，设立了以国史为专业方向的硕士、博士学位点。如果算上各级地方志工作部门对建国后志书的编修，以及各级档案部门对建国后历史档案的整理研究，全国研究国史的机构就更多了。这些机构和专业的设立，以及不断涌现的专门人才和编研成果，为国史研究作为史学分支学科逐步登上学术舞台提供了必要前提。

尽管如此，国史研究（包括国史编纂）与史学的其他分支学科相比，目前从总体上看尚处于初创阶段。多年来，国史学界的学者们在国史研究的理论探索和国史学的学科建设上做了大量工作，进行了不懈努力，但对许多问题的认识仍有待于深入化和系统化。本文试图在学界已有工作的基

---

①　以上均由人民出版社或中央文献出版社出版。

②　此书的 1949—1952 年各卷，已由中国社会科学出版社、社会科学文献出版社等出版；1953—1957 年各卷，已由中国物价出版社出版。

础上，再就其中几个主要理论问题做进一步的探讨，以为国史研究学科体系的构建添砖加瓦，抛砖引玉。

一　关于国史与国史研究的定义

（一）什么是国史？

一般说，国史指 1949 年中华人民共和国成立后，中国 960 万平方公里土地和 300 万平方公里管辖海域范围内，社会以及社会与自然界相互关系的历史。它在时间和空间上都是中国历史的自然延伸，是正在行进并且不断向前发展着的中国断代史，是中国历史的现代部分或当代部分，即中国现代史或中国当代史。具体说，国史有时只指国家宏观层面的历史，而不包括地方史、部门史和专业史。从这个意义上说，国史的概念比中国现代史或当代史的概念，在空间上要狭窄一些。

中国历史过去基本是按朝代来划分时期的。中国封建制度被推翻后，通过日本从西方引进了古代史、近代史、现代史的概念，意思是比较古老的历史、距离现在较近的历史和现在正进行的历史。有的国家还有最新的历史或时代的历史等概念，相当于我们说的当代史。现代史、当代史与近代史、古代史一样，都是史学工作者对历史分期的表述。从各国情况看，有的把近代史、现代史、当代史加以区别；有的把近代史与现代史合并，只称近代史；有的则把现代史与当代史合并，只称现代史。而且，对近代史、现代史、当代史的内涵，不同国家、不同时间、不同学者的界定也不一样。就是说，这些概念都不是绝对的，并没有统一的标准。

唯物史观认为，由生产力与生产关系、经济基础与上层建筑矛盾运动所决定的社会形态，是人类社会不同阶段相互区别的主要标志。因此，历史分期主要应当依据社会形态的变化。我国史学界正是运用这一观点，把 1840 年中国由封建社会进入半殖民地半封建社会作为中国古代史和近代史的分水岭。如果仍然运用这一观点，本来应当把 1949 年中国由半殖民地半封建社会走向和进入社会主义社会，作为区分中国近代史和现代史的分水岭。然而在新中国成立后，我国史学界、教育界一度把 1919 年"五四"运动的爆发作为了中国现代史的开端。这样划分近代史和现代史，旨在突出新旧民主主义革命的区别，但却忽略了社会性质问题，混淆了革命史与国家史的界限。尽管也有学者主张近代史应延伸至 1949 年，但由于那时新中国刚成立不久，国史研究没有提到日程上来，这种分期在学术上的矛盾还不十分尖锐。自20世纪80年代国史研究兴起之初，人们为了避开对"现代史"的既有定义，提出了"当代史"的概念，使这一矛盾又被暂时掩盖起来。但随着新中国历史的发展和中国近代史及国史研究的深入，"现代史"原有定义的弊端日益突出，到了非改变不可的地步。

目前，国家学位工作部门公布的学科、专业目录，在历史学的二级学科里设有世界史、中国古代史和中国近现代史等专业，却没有中华人民共和国史或中国当代史专业，给国史、当代史的研究与教学造成了种种不便和困难。为了解决这一问题，有些高等院校把国史、当代史放到了近现代史专业中。应当说，这两种做法都不合适，尤其后一种做法更不妥当。因为，中国现代史原有定义是以1919年作为起点的，如果在不改变这个起点的前提下就把国史和当代史并入近现代史专业，势必模糊1949年新中国成立对于中国社会形态变化的划时代意义。正确的做法应当是，统一中国历史阶段划分的标准，将中国近代史的上下限由原来的1840年至1919年改为1840年至1949年，并将中国现代史的起点由原来的1919年推迟至1949年。在这个前提下，再把中国现代史与国史、当代史合并。合并后，可以称"中国现代史"，也可以称"国史"或"中国当代史"。

关于中国现代史的起点应由1919年改为1949年的意见，史学界早已有人提出，近些年更成为广泛的共识。新近被高等院校政治理论课采用为教材的《中国近现代史纲要》，就是这样分期的。问题在于，国家学位工作部门的学科专业目录和高校历史课中的中国近现代史，仍然是以1919年作为现代史起点的。因此，要从根本上解决现代史的断限问题，必须把中国现代史专业从现有的中国近现代史专业中独立出来，并彻底取消"中国近现代史"这个提法。

历史分期是动态性的，不会一劳永逸，随着时间的延续，原有古代史、近代史、现代史、当代史的上下限，还会发生相应改变。例如，再过100年，可能需要从现代史中分出一个独立的当代史来。不过，那是由后人考虑和解决的问题了。

（二）什么是国史研究？

这个问题与什么是国史的问题是联系在一起的。一般说，国史研究是以1949年中华人民共和国成立以后的中国历史作为研究对象的。就是说，它不仅研究政治、经济、社会、科技、教育、文化、外交、军事等领域的历史，也研究人类活动造成的生态灾害，或气候异常、地震、泥石流等给人类造成的自然灾害的历史；不仅研究国家宏观层面的历史，也研究地方史、部门史、行业史等专门的历史；不仅研究中央政府管辖区域内的历史，也研究暂时未受中央政府管辖的一些地区的历史。在这个意义上，国史研究与中国现代史或当代史的研究是完全吻合的。

但是，当国史只是指国家宏观层面的历史时，国史研究（包括国史编纂）的内涵就与中国现代史或当代史研究稍有不同了。它只研究或编纂国史中带整体性、全局性的内容，而不研究或编纂地方史、部门史、行业史等专史；只研究或编纂中央为促进祖国统一而做出各种努力的情况，以及中央政府管辖区域同暂时未受中央政府管辖区域之间的相互关系，例如，1949 年后的大陆与台湾、或与 1997 年和 1999 年主权回归前的港、澳之间，在政治、经济、文化、民间领域互动的情况，而不研究或编纂这些区域本身社会发展变化的情况。现在已经出版或正在编纂的国史书，如各种中华人民共和国简史、史稿、史纲，等等，大多属于这个意义上的国史研究。就是说，国史研究的内涵在某些情况下，比中国现代史或当代史研究的内涵要狭窄一些。

弄清楚什么是国史研究，尤其需要明确它与中共党史研究建国后部分的关系。这是因为，中华人民共和国是中国共产党领导中国人民进行长期革命斗争而建立起来的新型的社会主义的国家。在我们这个国家，中国共产党是核心领导力量，党的理论、路线、方针、政策和重大决定等，必然对共和国的建设和发展起决定性的作用。因此，党史是国史的核心内容，建国后的党史走向决定国史的走向。这就决定了对国史研究与对党史建国后部分的研究，在内容上不可能没有交叉和重合。比如，党在建国后的历次代表大会和中央全会，以及毛泽东、周恩来、刘少奇、朱德、邓小平、陈云等党的领袖人物，同时也是国史的重大事件和重要人物，国史研究对这些不可能不涉及。另外，国史研究与党史建国后部分的研究，在学科理论上也会有一些相同、相近、相通之处，例如，对国史分期、主线、主流等问题的认识，势必涉及对党史建国后部分同类问题的认识，二者很难截然分开。因此，国史研究与党史建国后部分的研究之间有着密切联系。但同时应当看到，国史研究与党史研究的学科属性毕竟不同。党史研究的对象是中国共产党的历史，它的学科定位是政治学；即使从史学角度看，它也属于专史研究的范畴。而国史研究的对象是中国在现代或当代的历史，与中国古代史、近代史研究相衔接，纯属史学学科，而且属于通史中的断代史研究。因此，党史研究与国史研究无论在研究角度、范围、重点，还是研究方法上，都有显著不同。如果看不到这种区别，不仅会妨碍二者的研究和学科建设，而且会产生对国史研究存在必要性的怀疑。

1. 关于研究角度。党史研究是从执政党的角度出发，研究党在建国后历史的。它要弄清楚的是中国共产党作为执政党，如何制定党的路线、方针、政策，如何把这些路线、方针、政策变成国家意志，如何处理与各参政党之间的关系，如何与外国政党交往，如何进行自身建设等等。而国史研究则是从整个国家的角度出发来研究这一历史的。它要弄清楚的是国家政权机关如何贯彻中国共产党的路线、方针、政策，如何组织国家的经济、社会、文化、外交、国防等各项事业的建设，如何进行机构改革和提高自身效率，以及各参政党在中国共产党的领导下是如何参政议政的。比如，同样是研究改革开放的历史，党史研究应当从制定政策的背景、过程和结果入手，而国史研究则应从改革开放本身的过程，以及在这一过程中经济、社会方方面面的变化入手。

2. 关于研究范围。党史建国后部分的研究，主要对象是中国共产党在当代中国的发展及其执政规律和经验。因此，它研究的范围必然是中共作为执政党自身及其影响之内的事务，例如党的路线、方针、政策，党的重要会议、重要事件、重要人物，以及在它们的作用下，社会领域发生的某些变迁。至于社会领域更大范围里的变迁，例如人口、婚姻、民俗、服饰、饮食、娱乐方式、人际交往，乃至语言的变化等等，尽管与中共党史或多或少也有一定关联，党史研究也会有所涉及，但却不可能进行专门研究，比如，不可能在党史研究中设置婚姻史研究、民俗史研究、服饰史研究，等等研究方向。另外，中共存在自己的经济思想史、法制思想史、人口政策史、环境政策史、宗教政策史，等等，因此可以也应当进行这方面的研究，但不可能设置中共经济史、中共法制史、中共人口史、中共环境史、中共宗教史等专业，因为不存在这样的历史。在党史研究中可以也应当研究中国共产党与八个参政党之间的关系，但不必要也不应当研究这些参政党自身的历史，否则势必混淆中共党史研究与参政党党史研究的关系。而上述内容对于国史研究来说，却恰恰是可以研究也必须研究的。这说明，国史研究比党史研究的范围要宽得多。

3. 关于研究重点。对中共党史建国后部分的研究，重点应当是党的路线、方针、政策的制定和重大决策出台的过程，党的思想理论建设、组织建设、制度建设和统一战线工作的发展状况，党的会议和文献，党的重要人物和模范，以及党执政的经验和教训。对于这些，国史研究虽然也会涉及其中一些最重要的内容，但更多的应当研究全国人民代表大会及其常委会和国务院的决策过程，法律的制定和修订过程，各级国家权力机关、行政机关、审判机关、检察机关的重大活动和举措，各级政治协商会议参政议政的情况，国家各项建设事业的进展和有突出贡献的人物，国家机关建设及施政的经验与教训等等。例如，在经济问题上，党史研究应当侧重于基本经济制度和宏观经济政策的建立与制定过程，而国史研究则要侧重于相对具体一些的经济制度和经济政策、经济建设的发展变化过程，如财税制度、金融制度、产业政策、外贸政策等建立与制定的情况，土地使用状况、产业结构、进出口贸易、货币发行、税收种类、城乡居民收入等变化的情况。

4. 关于研究的理论与方法。党史研究和国史研究都应当遵循唯物史观的基本原理和方法论，例如，都要从历史事实出发，充分收集、慎重选择和严谨考证史料；都要对问题进行整体和系统分析，通过比较来认识事物；都要把问题放到一定历史范围之内，用社会存在说明社会意识，并进行阶级或阶层分析；都要借鉴中国传统史学和国外史学，特别是西方新史学的有益方法；都要汲取社会科学中其他学科的科学方法，争取与自然科学相关学科的合作，开展跨学科的研究。但是，党史研究作为政治学的分支学科，无疑需要更多地运用政治学的方法，而且更多地研究中共执政后所遇到的一些在中国古代史、近代史中没有遇到过的问题，如中国共产党在政权中的领导地位、马克思主义在意识形态领域的指导等问题。而国史研究作为历史学的分支学科，则应当基本运用史学的方法，更多地研究一些在中国古代史、近代史中就存在的问题，如财税制度、政区划分、农村社会组织、民间宗教、灾害救济、防疫机制等。在史书的编纂方面，国史研究除了要运用当今通行的章节体外，还要考虑如何创造性地继承中国史学的传统体裁与体例，如纪传体、编年体、纪事本末体、典制体、方志体、史地体等，以便做到与中国历代史书相呼应。

总之，国史研究与中共党史研究各有各的学科属性、研究任务和社会功能，谁也代替不了谁。现在一些国史书与党史书存在内容雷同或近似的现象，并不表明国史研究与党史研究是一个学科，而是由于国史书过多地写了本该由党史书来撰写的内容，党史书则过多地写了本该由国史书来撰写的内容。这正是今后需要通过加强这两门学科的自身建设来加以解决的问题，而不应当成为怀疑国史研究存在必要性的理由。

二 关于国史的分期

对历史进行分期，即所谓给历史"断限"，既是史学工作者为了便于自己研究而惯用的方法，也是他们引导人们按照某种观点认识历史发展本质特征的途径，是历史研究的重要理论问题之一。同时，由于历史分期取决于史学工作者的历史观和对历史认识的角度、重点和方法，因此，它同时也是历史研究中分歧最多的问题之一。前面所讲的关于近代史、现代史、当代史的分期，是不同社会形态历史的分期。而对国史进行分期，则是同一种社会形态下的历史分期。

目前，国史学界对新中国成立至今60年历史的分期，大致有以下五种方法：

1. 二分法。即以中共十一届三中全会为界，分为改革开放前、后两个历史时期。

2. 四分法。即将国史划分为"基本完成社会主义改造"的七年，"开始全面建设社会主义"的十年，"进行'文化大革命'"的十年，"伟大历史转折以后"的时期（包括粉碎"四人帮"以后的头两年）。

3. 五分法。即在四分法的基础上，将基本完成社会主义改造的七年，再以开始实行过渡时期总路线为界，分为"国民经济恢复"或"新民主主义社会"的三年和"社会主义改造"的四年两个时期。

4. 六分法。即在五分法的基础上，将"伟大历史转折以后的时期"，再以中共十一届三中全会的召开为界，分为"在徘徊中前进的两年"（即粉碎"四人帮"以后的头两年）和"社会主义建设历史新时期"。

5. 八分法。即在六分法的基础上，将"社会主义建设历史新时期"进一步分为三个阶段，再以邓小平发表南方谈话和中共十四大召开为界，划分为"改革开放初期"的十三年和"由计划经济体制向社会主义市场经济体制转变"的十一年；然后以中共十六届三中全会提出树立和落实科学发展观为界，把2003年以后作为"社会主义市场经济体制初步建立、经济社会进入科学发展的改革开放新阶段"。就是说，把迄今为止的国史概括为八个时期：三年恢复，四年改造，十年探索，十年"文革"，两年徘徊前进，改革开放之初十三年，建立市场经济十一年，进入科学发展阶段。

当然，上述分期只是比较有代表性的几种。如果细分，还可以再分出一些。比如，"文化大革命"的十年，在《历史决议》中就被分成了三段，即"五一六"通知到中共九大，中共九大到十大，中共十大到"四人帮"被粉碎。

以上对国史的几种分期，都有一定道理。不过，为了更大程度地体现国史的特点，我倾向于从经济社会发展道路或目标模式的角度来观察和划分历史时期。如果按照这种分期方法，共和国成立至今的60年大致可以分为以下五个时期：

1. 1949—1956年。这是结合中国实际学习苏联社会主义建设道路的时期，或者说是以苏联的建设道路为目标模式的时期。

2. 1956—1978年。这是探索中国社会主义建设道路的时期，或者说是要突破苏联模式、试图用计划经济体制加群众运动搞建设的时期。

3. 1978—1992年。这是开创中国特色社会主义建设道路的时期，或者说是在经济体制上试图采用计划经济加市场调节模式的时期。

4. 1992—2003年。这是开创中国特色社会主义道路新局面的时期，或者说是确定建立并初步建立了社会主义市场经济体制的时期。

5. 2003年至今。这是中国特色社会主义建设进入新的发展阶段的时期，或者说是在社会主义市场经济初步建立的前提下，开始注重经济与社会协调发展、科学发展、和谐发展的时期。

上述分期与其他分期的一个显著区别是，把十年探索、十年"文革"和两年徘徊前进放在了一起，都作为对中国社会主义建设道路的探索时期。之所以这样分期，是因为十年"文化大革命"虽然造成了灾难性后果，但就其本质说，那十年仍然是社会主义社会，出现的种种问题仍然是在对中国社会主义道路探索中造成的。《历史决议》在分析"文化大革命"发生的历史原因时讲："社会主义运动的历史不长，社会主义国家的历史更短，社会主义社会的发展规律有些已经比较清楚，更多的还有待于继续探索。我们党过去长期处于战争和激烈阶级斗争的环境中，对于迅速到来的新生的社会主义社会和全国规模的社会主义建设事业，缺乏充分的思想准备和科学研究。""从领导思想上来看，由于我们党的历史特点，在社会主义改造基本完成以后，在观察和处理社会主义社会发展进程中出现的政治、经济、文化等方面的新矛盾新问题时，容易把已经不属于阶级斗争的问题仍然看做是阶级斗争，并且面对新条件下的阶级斗争，又习惯于沿用过去熟悉而这时已不能照搬的进行大规模急风暴雨式群众性斗争的旧方法和旧经验，从而导致阶级斗争的严重扩大化。""对于党和国家肌体中确实存在的某些阴暗面，当然需要作出恰当的估计并运用符合宪法、法律和党章的正确措施加以解决，但决不应该采取'文化大革命'的理论和方法。"毛泽东在"文化大革命"中犯严重错误的时候，"还始终认为自己的理论和实践是马克思主义的，是为巩固无产阶级专政所必需的，这是他的悲剧所在"。① 这些分析说明，"文化大革命"虽然是对社会主义的一种失败的探索，但毕竟是对社会主义的探索。因此，把那10年纳入从1956年开始的对中国道路的探索时期，符合历史实际，也有利于引导人们科0学地认识那段历史。另外，两年徘徊前进期间，虽然停止了"文化大革命"运动，但它所追求的目标仍然是回到"文革"以前的那种探索状态。因此，把它放入探索中国自己发展道路的时期，也是合适的。

　　在国史分期问题上，无论某种意见多么接近真理，也仅具有相对的意义。列宁说过："自然界和社会中的一切界限都是有条件的和可变动的。"② 同样，历史的分期界限也不会是静止的。随着历史的发展，比如说到建国100年、200年，人们再来给国史分期，肯定会和现在又有所不同。只要是从历史本身的客观事实出发，从反映历史阶段性特征与内在规律的角度观察，各种意见都可以也应当在学术范围内平等讨论，而不应当只把某种意见作为绝对正确，而把其他意见斥为绝对的错误。

　　在历史分期上的不同意见也不全是学术问题，其中也有政治性的问题。例如，有人提出，中国自1840年以来的历史只有两个时期，一是从1911年开始的共和时期，一是从1978年开始的改革开放时期。这种分期从表面看似乎在提高改革开放的历史地位，实则完全无视1949年中华人民共和国成立给中国社会带来的根本性变革。因此，它所说的改革开放与我国实际实行的改革开放并不是一回事儿。我国实行的改革开放是社会主义制度的自我完善和发展，而上述意见所说的改革开放，是指对辛亥革命开辟的资产阶级共和国道路的继承和接续。还有人提出，鸦片战争至今的中国历史有三个时期，新中国成立之前为近代史，新中国成立到改革开放为现代史，改革开放以后为当代史。这种观点从表面看好像也在抬高改革开放的历史地位，但深入分析一下就会发现，它把鸦片战争、新中国成立和改革开放并列作为历史断限的三个标志，实际上抹杀了改革开放前后两个历史时期中国社会形态的一致性，同样导致对改革开放是社会主义制度自我完善和发展这一基本事实的否定。显然，这些观点不仅在政治上极其

────────────────

① 《三中全会以来重要文献选编》下，人民出版社1982年版，第811、815、817页。

② 列宁：《论尤尼乌斯的小册子》，《列宁选集》第2卷，人民出版社1995年版，第693页。

错误，在学术上也是十分荒谬的，不过是为表达某种政治主张，借历史分期为由而设置的"理论陷阱"罢了，所以不在我们要讨论的范围之内。

三　关于国史的主线

历史主线这个概念在历史唯物主义创始人的著作中并没有，它是我国马克思主义史学工作者根据历史唯物主义基本原理而创造的。其基本意思是指贯穿历史全部过程并始终支配历史沿着某种既定方向前进、反映历史发展内在规律的基本线索和基本脉络。认清历史主线的目的在于，揭示历史发展变化的原因，认识其特点，掌握其规律，预测其趋势。因此，它是历史研究中又一个十分重要的问题。

由于对历史主线并没有一个经典的定义，因此，人们可以从不同的角度对它进行理解和解释。就已有的对国史主线的表述来看，目前对国史主线的理解大体有以下三种。

第一，从历史发展基本动力、最终根源这个意义上理解历史主线。按照历史唯物主义理论，这个意义上的历史主线只有一条，那就是生产力与生产关系、经济基础与上层建筑的矛盾运动。但这不仅是国史的主线，也是人类全部历史发展的主线。

第二，从历史发展本质特征这个意义上理解历史主线。从这个意义上理解，目前有两种提法：一种认为，国史主线是中国人民在中国共产党领导下进行社会主义革命、建设和改革。这种提法虽然抓住了国史的本质特征，但未能揭示贯穿迄今为止国史的全部过程和始终左右历史发展的基本原因。因此，说它是给国史下的一个定义更为合适。再一种认为，国史的主线是解放和发展生产力。这种提法虽然说出了贯穿国史并反映其发展的内在动因，但它同样适用于其他许多国家许多时期的历史，并没有揭示出左右新中国历史这一特定历史过程的特殊动因。因此，把它说成是历史主线，对我们解释国史中一系列重大事件的原因并不能提供多少实际的帮助。

第三，从历史发展主体动因这个意义上理解历史主线。在历史唯物主义看来，人们并不是随心所欲地创造历史，"并不是在他们自己选定的条件下创造，而是在直接碰到的、既定的、从过去承继下来的条件下创造"。① "是在既有的现实关系的基础上进行创造的，在这些现实关系

---

① 《马克思恩格斯选集》第 1 卷，人民出版社 1972 年版，第 603 页。

中，……经济条件归根到底还是具有决定意义的。"① 但是，历史唯物主义从来没有否认过历史是人民群众创造的，没有否认过人民群众的历史主动性对于创造历史的能动作用。马克思说："人类史同自然史的区别在于，人类史是我们自己创造的，而自然史不是我们自己创造的。"②恩格斯说："在社会历史领域内进行活动的，全是具有意识的、经过思虑或凭激情行动的、追求某种目的的人；任何事情的发生都不是没有自觉的意图，没有预期的目的的。"③因此，史学工作者找出历史主线，主要是要找出历史创造者创造历史的目的和愿望。只有这样理解历史主线和寻找历史主线，才会有助于人们正确认识支配和左右历史发展的动因，解释一系列历史事件的深层次原因。我是主张从这个意义上来理解历史主线的。

有人主张，国史主线是中国人民在中国共产党领导下探索具有中国特点的社会主义发展道路。我认为，这里说的"探索"，是历史创造者具有一定目的性的实践。因此，这里说的主线，应当属于上述意义的主线；这样认识国史的主线，无疑有助于人们解答国史中一系列重大事件的深层次原因。现在的问题是，国史主线是不是只有这一条？要回答这个问题，需要弄清楚新中国成立后，掌握了自己命运的中国人民还有没有同探索中国社会主义道路相并列的其他目的？如果没有，可以说主线只有一条；如果有，就不能说它是唯一的主线。我们只要对迄今为止的当代史作一下回顾就会看到，在国史中还有一些贯穿始终的重大事件，是探索中国社会主义发展道路这条主线所涵盖不了的。如果把它看成唯一的主线，会发生一些难以解释的问题。

比如，新中国成立前夕，毛泽东、刘少奇都说过建国后要搞一段新民主主义，允许资本主义经济发展10年、15年、20年，然后再向社会主义过渡。但新中国刚建立3年，毛泽东又提出从现在起就向社会主义过渡。为什么会发生这个变化？如果说国史主线只有探索中国社会主义发展道路这一条，很容易使人得出提前向社会主义过渡的目的，是为了尽快走上社会主义道路的结论。而这是不符合历史实际的，也会给反对向社会主义过渡的人提供口实。

实际情况是，新中国成立之前，毛泽东、刘少奇之所以主张建国后允

① 《马克思恩格斯选集》第4卷，人民出版社1972年版，第506页。
② 《马克思恩格斯论历史科学》，人民出版社1988年版，第57页。
③ 《马克思恩格斯选集》第4卷，人民出版社1972年版，第243页。

许资本主义发展一个相当长的时期，主要原因是考虑旧中国工业极其落后、资金十分匮乏、人才严重不足，要由农业国变为工业国，只能通过发展农业、轻工业的办法逐步积累基金，到条件具备时再发展重工业；相应地，只能在国家把官僚买办资本主义经济变为社会主义经济的同时，尽可能充分地利用私人资本主义的积极性，然后再向社会主义过渡。然而，进入 1952 年后，随着国民经济的迅速恢复，国营经济比重的快速增加，土地改革后农民互助合作化运动的普遍开展，以及朝鲜战局的趋于平稳，进行大规模经济建设的任务被提上日程。在编制第一个五年计划草案时，财经部门对苏联等社会主义国家和美欧等资本主义国家工业化的道路进行了比较，并反复权衡国内政治、经济和国际环境等诸多方面的利弊得失，认为国际和国内的形势都不允许中国再按原先的设想，慢慢腾腾地搞工业化。而对于中国共产党领导的新中国来说，要高速工业化，一不能像帝国主义国家那样对外发动侵略战争，掠夺别国资源；二不能像资本主义国家那样对内实行剥削制度，进行原始积累；只能学习苏联，通过实行高度集中的计划经济体制和生产资料国有化、公有化，在保证按劳分配和人民生活水平逐步提高的前提下，把各种资源最大限度地集中起来，用于工业化基础建设，走优先发展重工业的道路。显然，要这样做就不再是新民主主义政策，而是社会主义政策了。

根据现有材料，毛泽东第一次正式提出提前向社会主义过渡的设想，是在 1952 年 9 月 24 日的中共中央书记处会议上。那次会议的主要议题是讨论"一五"计划的方针任务，并听取周恩来、陈云汇报为争取苏联全面援助我国"一五"计划建设同斯大林会谈的情况。这绝不是偶然的巧合，它反映了选择优先发展重工业的战略、苏联答应对中国给予全面援助，与决定提前向社会主义过渡这三件事情之间的内在联系，体现了共和国第一代领导人抓住机遇、加快发展的指导思想和审时度势的高超领导艺术。而且，毛泽东当时说从现在起开始过渡，并用 15 年左右时间完成过渡，与原先提出的先用 15 年左右搞新民主主义，然后一个早晨进入社会主义的设想，在最终时间上并没有太大差别。因此，是优先发展重工业的决策决定了向社会主义的提前过渡，而不是为了提前向社会主义过渡才优先发展重工业，更不是为了尽快实现社会主义而提前向社会主义过渡。

中国近代历史的特殊性，决定中国共产党从诞生之日起就肩负着两重使命：第一，实现民族独立和工业化，使国家富强起来；第二，实现社会主义，使工人阶级和劳苦大众得到解放。其中的第一个使命，实际是在做中国资产阶级该做而没有做成的事。毛泽东在中共七大上说："中国工人阶级的任务，不但是为着建立新民主主义的国家而斗争，而且是为着中国的工业化和农业近代化而斗争。"①建国前提出先搞十几年至二十年新民主主义、然后再向社会主义过渡是出于这一原因，建国后提出提前向社会主义过渡、并用十五年左右时间完成过渡同样是出于这一原因；搞全行业公私合营是出于这一原因，搞农业合作化运动同样是出于这一原因。早在制定社会主义过渡时期总路线时，毛泽东就指出，工业化是"主体"，对农业、手工业和资本主义工商业的社会主义改造是"两翼"。② 就是说，向社会主义过渡是围绕工业化、为着工业化的。尽管在 1955—1956 年"三大改造"运动高潮时存在要求过急、搞得过粗等缺点，但其根本原因还是为了使生产关系尽快适应工业化建设的需要。1958 年的"大跃进"、人民公社化运动中虽然有过"提前进入共产主义"等荒唐口号，但其深层原因也是出于加快工业化速度的考虑，是试图通过扩大农村基层组织核算单位和发动群众运动等低成本的办法，进行大规模农田和水利基本建设，以便提高粮食、棉花等农作物的单位面积产量，适应工业化建设高速发展的需要。

后来，1964 年三届全国人大提出 20 世纪末实现工业、农业、科学技术和国防的四个现代化；1974 年四届全国人大在"文化大革命"高潮中仍重申"四化"目标，1976 年粉碎"四人帮"后进一步提出加快"四化"建设的任务；到 2002 年，中共十六大又提出走新型工业化道路，在 21 世纪头 20 年内基本实现工业化，世纪中叶基本实现现代化。所有这些都说明，工业化、现代化始终是新中国追求的目标和发展的动力。实现这个目标是为了给社会主义社会提供雄厚的物质条件，而实行社会主义政策则是为了给实现这个目标提供最优的制度保证。因此，争取早日实现工业化、现代化，同探索中国社会主义发展道路一样，都是贯穿国史、反映国史发展内在动因的主线。

还要看到，新中国成立后，在周边地区和边境一带进行过几场规模不等的局部自卫战争。如果说这些自卫性质的战争是受探索中国社会主义发展道路或争取早日实现中国工业化、现代化动因的支配，同样会导致错误

---

① 《毛泽东选集》第 3 卷，人民出版社 1991 年版，第 1081 页。

② 逄先知、金冲及主编：《毛泽东传（1949—1976）》上，中央文献出版社 2003 年版，第 269 页。

的结论，似乎探索社会主义发展道路或争取早日实现工业化、现代化，就要同周边国家摩擦、打仗。然而，实际情况并不是这样。只要对每次自卫战争进行一下具体分析就会看到，这些战争爆发的原因是由于中国的安全、主权、领土完整受到了外部势力的威胁和侵犯。可见，除了探索中国的社会主义发展道路和争取早日实现中国的工业化、现代化这两条主线之外，还有一条主线在国史中起着贯穿始终的作用，那就是维护国家的安全、主权和领土完整。新中国在周边地区和边境一带进行的一系列自卫战争，是受这条主线的支配，平定西藏少数分裂分子的叛乱、反对"两霸"、收回港澳主权、遏制"台独"、打击"藏独"和"疆独"、坚持在领海岛屿和岛礁问题上的立场等，也都是由这条主线支配的。

　　所以，我认为国史的主线至少有三条：探索中国社会主义的发展道路，争取早日实现中国的工业化和现代化，维护中国的国家安全、主权和领土完整。在这三条主线中，第一条最重要，但它代替不了另外两条主线。新中国近60年的历史说明，这三条主线既相互区别又相互联系，共同影响和左右着国史的发展。迄今为止在国史中发生的所有重大事件，几乎都可以从这三条主线中找到答案。从这三条主线中，我们可以看出新中国的政权始终以中国最广大人民的利益和中华民族的利益为自己的最高利益，也可以预测出新中国未来发展的走势。它们就像三个主题，交汇演奏了和正在继续演奏着恢宏壮丽的共和国史交响曲。

四　关于国史的主流

　　所谓国史的主流，指的是在迄今为止的国史中，究竟成就是主要的，还是失误、错误是主要的；或者说，国史在总体上究竟应当以正面评价为主，还是以负面评价为主。目前，国史学界对改革开放后的历史，分歧不大，多数都认为成就是主要的；但对改革开放前的历史，分歧就大了，不少人或明或暗地认为失误和错误是主要的，个别人甚至把那段历史描绘成专制的、黑暗的历史，比旧中国更坏更糟。因此，要回答什么是国史主流的问题，关键在于如何看待改革开放前的历史，特别是那段历史中发生的失误和错误。

　　从新中国成立到现在整整60年，如果以中共十一届三中全会召开划分的话，刚好前后各占一半。应当承认，前30年确实有过不少失误和错误，有的错误甚至是全局性、长时期的，给社会主义事业造成了严重挫折和损失。对此绝不应忽视，更不应掩盖，否则不可能从中吸取教训。但如果不是客观、全面而是孤立、片面地看待它们，同样不可能正确总结经验，还会一叶障目，把改革开放前的历史看成一无是处、一团漆黑，导致对那段历史的全盘否定，从而影响对新中国整个历史的客观评价。

要正确看待改革开放前那段历史的失误和错误，我认为应该树立以下四个观点。

第一，要把失误和错误与那段历史取得的成就放在一起权衡轻重，以分清历史的主流与支流。

对于改革开放之前30年的历史性成就，党中央在改革开放后的不同时期都作过评价，观点是明确的、一贯的。例如，1979年邓小平指出："社会主义革命已经使我国大大缩短了同发达资本主义国家在经济发展方面的差距。我们尽管犯过一些错误，但我们还是在三十年间取得了旧中国几百年、几千年所没有取得过的进步。"①1981年《历史决议》指出：中华人民共和国成立以后的历史，"总的说来，是我们党在马克思列宁主义、毛泽东思想指导下，领导全国各族人民进行社会主义革命和社会主义建设并取得巨大成就的历史。社会主义制度的建立，是我国历史上最深刻最伟大的社会变革，是我国今后一切进步和发展的基础"。②1989年江泽民同志指出："中华人民共和国成立以来的四十年，是中国历史发生翻天覆地变化的四十年，是经历艰难曲折、战胜种种困难、不断发展进步的四十年，是中华民族扬眉吐气、独立自主、在国际事务中日益发挥重要作用的四十年。"③2006年胡锦涛同志指出："在社会主义革命和建设时期，我们确立了社会主义基本制度，在一穷二白的基础上建立了独立的比较完整的工业体系和国民经济体系，使古老的中国以崭新的姿态屹立在世界的东方。"④这些评价都涉及改革开放前30年的基本成就，应当是我们总体评价那段历史的主要依据。只要把改革开放前那段历史的失误、错误，包括像"大跃进"和"文化大革命"那种严重的错误同上述历史性成就放在一起比较，孰重孰轻，什么是主流什么是支流，便会不言自明。

---

① 《邓小平文选》第2卷，人民出版社1994年版，第167页。
② 《三中全会以来重要文献选编》下，人民出版社1982年版，第794页。
③ 《十三大以来重要文献选编》中，人民出版社1991年版，第611页。
④ 《人民日报》2006年7月1日第1版。

第二，要对失误和错误进行具体分析，以分清局部错误与全局性错误、全局性错误与犯错误的时期。

首先，分析失误和错误是普遍的、全局的现象，还是个别的、局部的现象。例如，改革开放前曾发动过一系列政治运动。其中，像"大跃进"中的高指标、瞎指挥、浮夸风、"共产风"，"文化大革命"中的"打倒一切、全面内战"等等错误，都是普遍的、全局性的。但像新解放区土改运动和"三反"、"五反"运动中的错误，则是个别的或局部性的，而且一经发现，很快得到了纠正。如果不加分析，看到哪个运动有缺点有错误就否定哪个运动，势必会得出改革开放前30年的历史是一连串错误集合的结论。

其次，失误和错误有多少就说多少，不能夸大，更不能以偏概全，把正确的合理的地方也说成是错误。例如，新中国成立初期，思想文化领域进行的几场比较大的批判运动，曾发生过把思想性、学术性问题简单化、政治化的倾向，有的甚至混淆了敌我、敌友的界限。这显然是十分错误的。但也应当看到，正是那些大张旗鼓的批判，加上与此同时进行的知识分子思想改造运动，使文艺界、学术界、教育界原先存在的封建主义的和资产阶级唯心主义、民主个人主义、自由主义的思想受到了强烈冲击和迅速清理，使辩证唯物主义和历史唯物主义、为人民服务和人人平等等无产阶级思想很快为大多数从旧社会过来的知识分子所接受。如果不加分析，把那几场批判运动中的错误连同其中合理的正确的成分一概否定，那就难以解释，过去仅在革命根据地、解放区占主导地位的马克思主义，为什么能在短短几年内就成为全国特别是城市中的主流意识形态；也难以解释，为什么马克思主义直到今天仍然能占据我国意识形态的指导地位。

再次，把犯错误和犯错误的时期加以区别，不能因为某个时期犯了错误，就把那个时期的工作统统否定。例如，"文化大革命"是建国后犯的最为严重的错误，但在它持续的10年时间里，我们党除了开展"文化大革命"运动，还做了许多其他工作。《历史决议》说：在那个期间，"我国社会主义制度的根基仍然保存着，社会主义经济建设还在进行，我们的国家仍然保持统一并且在国际上发挥重要影响"。"国民经济虽然遭到巨大损失，仍然取得了进展。""在国家动乱的情况下，人民解放军仍然英勇地保卫着祖国的安全。对外工作也打开了新的局面。当然，这一切决不是'文化大革命'的成果，如果没有'文化大革命'，我们的事业会取得大得多的成就。"①可见，不能把"文化大革命"运动与"文化大革命"时期简单画等号，不能因为要彻底否定"文化大革命"，就否定"文化大革命"时期党和政府所做的必要工作和建设上取得的重大成就，更不能因此而否定那一时期我们党和国家的性质。如果哪个时期有错误就把那个时期从新中国历史中分隔出去，势必使国史变得支离破碎。

第三，要把失误和错误放在当时特定的历史条件下，以分清犯错误的主观原因与客观原因。

所谓客观条件限制有两种：一种是实践不够，缺少经验；另一种是物质不够，缺少条件。例如，改革开放前在很长时间内积累率过高，对消费品生产的资金和原材料安排不足，给人民生活造成许多困难；尤其是对农业、农民征收过多，造成农村大部分地区面貌长期变化不大。这固然有对积累与消费比重安排不当，对农业、农村、农民兼顾不够的一面，但也有受到当时物质条件限制的一面。前面说到，新中国成立后要尽快增强国力、巩固国防，只有走优先发展重工业，建立独立、完整工业体系和国民经济体系的道路。而发展重工业需要大量投资、大批物资和尽可能多的商品粮，从而要求实行集中统一的计划经济，以便把全国有限的财力、物力，最大限度地用于钢铁、机械、煤炭、电力、铁路等基本建设。这决定了不得不在一段时间内对粮食、棉花、油料等主要农副产品实行统购统销，对木材等原材料实行计划分配；不得不暂时抑制人民的消费，尤其是牺牲农民的一些利益。至于后来工作上的失误、错误，只不过是加重了这种困难的程度，延长了困难的时间罢了。凡事有利必有弊。从根本上讲，这些困难都是为给工业化打基础而付出的必要代价。在当年那种经济、文化落后的条件下搞工业化建设，不付出代价是不可想象的。即使改革开放后的今天，在搞现代化建设的过程中，也不可能完全不付代价。不能因为后来条件变了，就把前面实行的政策统统说成是错误。那样看问题不符合历史唯物主义，难以对历史做出公正的评价。

第四，对于造成错误的主观原因也要分析，以分清好心办坏事与个人专断、个人专断与专制制度的区别。

在改革开放前30年犯的错误中，有经验不足等难以避免的问题，也有思想方法、工作方法、工作作风不够端正等可以避免的问题；在可以避免的问题中，有个人专断造成的，也有急于求成造成的。急于求成固然不

---

① 《三中全会以来重要文献选编》下，人民出版社1982年版，第815—817页。

对，但正如邓小平所说："搞革命的人最容易犯急性病。我们的用心是好的，想早一点进入共产主义。这往往使我们不能冷静地分析主客观方面的情况，从而违反客观世界发展的规律。"①而个人专断则与此不同。《历史决议》指出，这种问题的根源在于骄傲，在于脱离实际和脱离群众；社会原因在于党内民主和国家政治生活中的民主缺少制度化、法律化，权力过分集中于个人；历史原因在于长期封建社会造成的封建专制主义思想的影响。但必须看到，受封建专制主义思想的影响与封建专制制度毕竟是两码事。前者是思想作风问题，后者是社会性质问题。社会主义制度从本质上讲，是与个人专断之类封建专制主义思想格格不入的。正因为如此，中国共产党才能在社会主义制度下提出并着手纠正这种现象，才能在指出这一问题时不是把它仅仅归咎于某个人或某些人，而是注重于总结经验，并在党和国家的政治体制上进行改革，以免后人重犯类似错误。中共十七大报告在讲到严格执行民主集中制时强调，要"健全集体领导与个人分工负责相结合的制度，反对和防止个人或少数人专断"。②这再次说明，封建专制主义思想影响是有其深厚历史根源的，不会只在某个人或某些人身上起作用，也不会在短时间内清除干净。因此，不能因为存在个人或少数人专断的现象，就妄言社会制度是什么封建专制主义的。

正确看待改革开放前那段历史的主流，除了要正确分析那段历史中发生的失误和错误外，还要看到那段历史对改革开放的意义，看到改革开放前后两个历史时期的相互联系。中共十七大报告在阐述改革开放历史进程时指出："改革开放伟大事业，是在以毛泽东同志为核心的党的第一代中央领导集体创立毛泽东思想，带领全党全国各族人民建立新中国、取得社会主义革命和建设伟大成就以及艰辛探索社会主义建设规律取得宝贵经验的基础上进行的；"还指出："改革开放和社会主义现代化建设，是新中国成立以后我国社会主义建设伟大事业的继承和发展。"③ 这些论述为我们正确认识改革开放前那段历史对于改革开放的意义，提供了重要的指导思想。

改革开放前那段历史对于改革开放的意义，至少可以从以下五个方面来看。

第一，为改革开放提供了政治前提。新中国成立后，建立并巩固了人

---

① 《邓小平文选》第 3 卷，人民出版社 1993 年版，第 139—140 页。

② 《人民日报》2007 年 10 月 25 日第 4 版。

③ 《人民日报》2007 年 10 月 25 日第 2、4 版。

民民主专政的政权，取得了民族独立、主权和领土完整，实现了除台、港、澳地区之外的国家统一，铲除了帝国主义、封建势力的社会基础；取得了抗美援朝等自卫战争的胜利，消除了外国侵略的威胁；实行了各民族一律平等的政策，实现了中华民族的空前团结和共同进步；进行了对农业、手工业和资本主义工商业的社会主义改造，奠定了社会主义的经济基础；研制并成功爆炸了原子弹和氢弹，发射并回收了人造卫星，制造并在军队装备了核潜艇，打破了超级大国的核垄断和核讹诈；实行了和平外交政策，提倡了和平共处五项原则，取得了广大发展中国家的普遍尊重；结束了中美之间的敌对状态，改善了中国同日本以及欧洲、北美洲、澳洲资本主义国家的关系，恢复了中国在联合国的一切合法权利。所有这些，使改革开放得以在政权稳固、社会安定和国际形势对我有利的条件下展开。

第二，为改革开放奠定了制度基础。新中国成立后建立了以人民代表大会制度、中国共产党领导的多党合作和政治协商制度、民族区域自治制度为核心的社会主义基本政治制度，以及以生产资料全民所有制和集体所有制为基础的基本经济制度。改革开放后，尽管对一些具体政治制度做过不少改革并在继续深化改革，但上述基本政治制度至今仍在坚持并不断完善。在基本经济制度上，虽然根据生产力发展水平进行了较大改革，但仍然以生产资料公有制为主体，国有经济仍然控制着国民经济的主要领域和关键部门。正是这些制度，社会主义民主政治的建设和社会主义市场经济体制的建立与完善，得以在政治安定、组织保障有力和实践平台广阔的环境下进行。

第三，为改革开放奠定了物质技术基础。新中国成立后，通过没收官僚买办资产阶级的资产、改造资本主义工商业的企业和连续五个五年计划的建设，到改革开放前，已积累了全民所有和集体所有的巨大财富；改变了旧中国工业集中于沿海地区的不合理布局，建立起了独立的比较完整的工业体系和国民经济体系；同时，通过大规模农田和水利基本建设，发展地方和社队工业，极大改善了农业生产条件。这些都为改革开放时期工农业生产的飞速发展，提供了雄厚的物质基础。另外，新中国成立后的30年，培养了超过旧中国36年总和15倍的大学生和超过旧中国近30倍的专业技术人员，为改革开放后的经济、科技、教育大发展准备了必要的人才条件。《历史决议》在评价改革开放前特别是"文化大革命"前的历史贡献时指出："我们现在赖以进行现代化建设的物质技术基础，很大一部分是这个期间建设起来的；全国经济文化建设等方面的骨干力量和他们的工作经验，大部分也是在这个时期培养和积累起来的。"①

第四，为改革开放提供了一定的思想保证。中国特色社会主义理论体系是几代中国共产党人带领人民不懈探索实践的智慧和心血的凝结，是同马克思列宁主义、毛泽东思想既一脉相承又与时俱进的科学理论。事实一再证明，毛泽东思想中关于实事求是、群众路线，关于独立自主、自力更生，关于全心全意为人民服务，关于要把我国建设成现代化社会主义强国、对人类做出较大贡献，关于不要机械搬用外国经验，关于社会主义时期仍然存在矛盾和要严格区分、正确处理两类不同性质矛盾，关于要调动一切积极因素、化消极因素为积极因素，关于思想政治工作是经济工作和其他一切工作的生命线，关于百花齐放、百家争鸣、古为今用、洋为中用等思想，不仅没有过时，而且在改革开放的各项工作中发挥了和继续发挥着重要的指导作用。另外，改革开放前，中共内部开展过一系列政治运动，虽然有的存在对形势判断过于严重、做法过于简单、打击面过宽和坏人整好人等问题，但总体上看，它们在巩固社会主义政权、树立马克思主义在意识形态领域的指导地位、防止执政党脱离群众等方面，还是起到了积极作用。其中有些正确思想，至今深入人心，在党的建设中仍然发挥着重要影响。以邓小平、江泽民为核心的中共第二代、第三代中央领导集体反复强调，要防止党和国家"改变面貌"，警惕帝国主义搞"和平演变"、打"没有硝烟的战争"；以胡锦涛为总书记的党中央反复告诫全党，要坚决惩治和有效预防腐败，保持党同人民群众的血肉联系。这些与以毛泽东为核心的党的第一代中央领导集体关于党的建设的思想之间，明显存在着传承关系。对于过去政治运动的做法，改革开放以来一方面排除其中"左"的东西，另一方面，把合理的地方作为优良传统加以继承和发扬。例如，虽然不再重复过去那种妨碍正常工作、影响安定团结的运动式整风，但仍然进行了1984年整党、1990年党员重新登记、1999年"三讲"教育、2004年"党员先进性教育"和2008年开始目前仍在开展的深入学习实践科学发展观活动，并且每次都要开门听取群众意见。这种连续不断的组织整顿和思想教育活动，在其他国家曾经执政过的共产党中是很少见的。它对于中国共产党在长期执政和实行市场经济、对外开放条件下，经受国内国际各种风浪的考验，的确起到了重要作用。

第五，为改革开放提供了正反两方面经验。改革开放前，我们党在进

① 《三中全会以来重要文献选编》下，人民出版社1982年版，第804页。

行社会主义建设的过程中，形成了许多反映我国国情、符合客观规律的认识，积累了一系列对于今天改革开放仍然具有重要价值的宝贵经验。例如，以工业为主导，以农业为基础；正确处理沿海工业与内地工业，经济建设与国防建设，积累与消费，国家、集体与个人三者利益的关系；使经济按比例发展，搞好综合平衡，建设规模与国力相适应；以自力更生为主，争取外援为辅等。另外，我们党也犯过不少错误，积累了不少教训。其中最大的教训，就是错误发动了"文化大革命"。但邓小平也说过："没有'文化大革命'的教训，就不可能制定十一届三中全会以来的思想、政治、组织路线和一系列政策。三中全会确定将工作重点由以阶级斗争为纲转到以发展生产力、建设四个现代化为中心，受到了全党和全国人民的拥护。为什么呢？就是因为有'文化大革命'作比较，'文化大革命'变成了我们的财富。"①可见，我们所以能实行改革开放，能在改革开放中走出一条中国特色的社会主义道路，与改革开放前正反两方面的经验都是分不开的。

改革开放不是在 1949 年旧中国满目疮痍的基础上进行的，而是在新中国的头 30 年建设成就与经验的基础上进行的。没有改革开放，头 30 年的历史将难以为继，但没有头 30 年的历史，改革开放也难以起步。与改革开放后 30 年的历史相比，头 30 年的建设成就和人民生活变化远没有那么显著，但这并不表明头 30 年的成就不重要。如同盖楼一样，打地基时不容易让人看出成绩，但楼房盖得快盖得高，反过来说明地基打得牢。从这个意义上也可以说，新中国的头 30 年历史，成就是主要的，主流是好的，总体评价应当是正面的。

五　关于国史研究的学术性和政治性

（一）关于国史研究的学科属性

在阶级社会中，历史学科中的各分支学科无一例外地具有鲜明的阶级性、政治性和意识形态性，国史研究当然也不例外。只不过国史研究的对象是实行共产党领导的以工农联盟为基础的人民民主专政的社会主义国家的历史，因此，其阶级性、政治性、意识形态性显得更强烈些罢了。现在一些论著中充斥与《历史决议》截然对立的言论，便充分说明了这一点。

---

①　《邓小平文选》第 3 卷，人民出版社 1993 年版，第 272 页。

学术研究不是自娱自乐，更不应当用来为少数人谋利益，而要站在人民群众的立场上，为人民的根本利益服务。具体到今天的中国，也就是要站在中国特色社会主义的立场上，分析问题、判断是非，为党和国家的工作大局服务。所谓学术研究要"价值判断中立"，要"终止使用自己或他人的价值观念"，要"排除来自政治的、意识形态的和思想权威的各种干扰"的主张，不过是一厢情愿、自欺欺人的幻想。提出这种主张的人，自己就做不到"价值判断中立"。因为，这种主张本身就是受某些"政治的、意识形态的和思想权威的干扰"的结果。

说国史研究具有较强的阶级性、政治性和意识形态性，当然不是否定国史的客观性和国史研究的学术性、科学性。在社会科学领域，一门学科是否是科学研究，并不取决于这门学科是否具有政治性，或政治性的强弱，而在于它追求的是否是客观真理，反映的是否是客观规律，是否具有完整系统的知识体系和符合科学研究要求的学术规范。国史研究既然是一项学术性工作，就必须像其他史学研究一样，首先要尽可能详尽地收集掌握和仔细考证历史材料，通过运用科学的理论和方法，对材料进行归纳分析，弄清历史事实，阐明历史原委，总结历史经验，探寻历史规律，预测历史前景。只要抱着实事求是的科学态度，刻苦钻研，严谨治学，遵守公认的学术规范，那么，国史研究的阶级性、政治性、意识形态性与其学术性、科学性之间就不会相互对立，而会相互统一；国史研究者坚持正确的政治方向，就不仅不会妨碍其做学问，而且一样可以做出好学问、大学问。

（二）关于国史研究的社会功能

国史研究的政治性，突出地表现在它的社会功能上。对于史学的社会功能，人们有过各种各样的表述。有的说是资政育人；有的说是认识世界、传承文明、资政育人；有的说是积累经验、教育后人、观察未来。这些表述都不错，但我认为，历史尤其是国史研究还有一个功能，是上述表述中没有说到的，那就是"护国"的功能。

清代思想家龚自珍讲过一句名言，叫做"灭人之国，必先去其史"。[①]就是说，要灭掉一个国家，先要否定这个国家的历史，这个国家的历史被否定了，这个国家也就不攻自灭了。他的这个观点已为大量的历史事实所验证。当年日本帝国主义为霸占中国的台湾和东北三省，推行奴化教育，

---

① 龚自珍：《古史钩沉论二》，《龚自珍全集》，上海人民出版社 1975 年版，第 22 页。

把台湾和东北历史从中国历史中剥离出去。陈水扁当政时，为了搞"台独"，竭力推行"去中国化"运动，也把台湾史从中国史中分割出去，把没有台湾的中国史放入世界史课本。他们都是妄图通过否定、割裂中国历史，达到灭亡、分裂中国的目的。

否定别人的历史可以达到否定别人的效果，否定自己的历史同样会酿出否定自己的苦酒。毛泽东说过："历史上不管中国外国，凡是不应该否定一切的而否定一切，凡是这么做了的，结果统统毁灭了他们自己。"①大量历史事实同样验证了他的这个观点。最新的例子就是，戈尔巴乔夫在苏联掀起一场从否定斯大林到否定列宁和十月革命，再到否定马克思、恩格斯和科学社会主义历史的逐步升级的运动，使广大人民产生严重的信仰危机，最终导致苏共下台、苏联解体悲剧。最近几年，俄罗斯为了重振大国雄风，对过去那种违背事实、全盘否定苏联历史的做法进行了反思。例如，2002 年出版的由俄罗斯教育部审定的教科书《20 世纪祖国史》，对 30 年代的苏联工业化建设和农业集体化的历史作用做出了新的比较合乎实际的评价②。2007 年俄罗斯政府发给各地中学一本历史教学参考书《俄罗斯现代史（1945—2006）》，其中重新评价了包括苏联时期在内的俄罗斯现代史，对斯大林的历史作用作了较为全面的分析，称他"被视为苏联最成功的领导人"③。这种变化再次说明，一个民族如果要树立自豪感和对前途的自信心，就不能割断历史，不能用轻率的、历史虚无主义的态度对待自己的历史。

既然去人之史可以灭人之国，反过来说，卫己之史不是也可以护己之国吗？正是从这个意义上，我认为历史研究尤其是国史研究，也有"护国"的功能。这与史学尤其国史研究所具有的经世致用的功能完全一致，也与近代以来中国史学家尤其马克思主义史学家的爱国主义优良传统相吻合。对国家史的认识和解释，历来是意识形态领域各个阶级、各种政治力量较量的重要战场。统治阶级为了维护统治，总是高度重视对国家史的解释，并把它视作国家主流意识形态和核心价值体系的组成部分；而要推翻一个政权的阶级和政治力量，也十分看重对历史的解释，总要用它说明原

---

① 《毛泽东在省、市、自治区党委书记会议上的讲话（1959 年 2 月 2 日）》，《党的文献》2007 年第 5 期，第 16 页。

② 吴恩远：《"还历史公正"——俄罗斯对全盘否定苏联历史的反思》，《高校理论战线》2004 年第 8 期，第 46 页。

③ ［俄］亚·维·菲利波夫：《俄罗斯现代史（1945—2006）》，吴恩远等译，中国社会科学出版社 2009 年版，第 76 页。

有统治的不合理性。这是一个具有普遍规律的社会现象，区别只在于进步的阶级和政治力量顺应历史前进方向，对历史的解释符合或比较符合历史的本来面貌；而反动的阶级和政治力量背逆历史前进方向，对历史的解释难以符合历史的本来面貌。

当前，一些人为了反对中国共产党的领导和中国的社会主义制度，总是喜欢拿历史尤其是国史做文章，采取夸大事实、以偏概全、偷换背景、捕风捉影、胡编滥造、耸人听闻等手法，竭力歪曲、丑化、伪造、诬蔑、攻击新中国的历史。对此，我们一方面要理直气壮地用事实予以抵制和批驳，以维护共和国的利益和荣誉；另一方面，要大力加强唯物史观指导下的国史研究，在社会公众尤其是青年学生中开展国史教育，普及国史知识，把正确认识和解释国史纳入到建设社会主义核心价值体系的工作中去，用以树立以爱国主义为核心的民族精神，坚定全国各族人民建设中国特色社会主义的决心和信心。

（三）关于国史能否由当代人和国家机构编写

与国史研究的科学性和政治性相关联的还有两个问题，即国史能不能由当代人编写，以及能不能由国家机构主持编写。

先说国史能不能由当代人写。中国古代确实有过当代人不写当代史的说法，而且在"二十四史"中，自《后汉书》以下，都是后代人写的前朝史。但是，中国除了"二十四史"之外，每个朝代几乎都有本朝人写的"当代史"，只不过有的是半成品，有的是对史料的编纂，有的没有流传下来罢了。它们对"二十四史"的撰写都曾起过重要的作用，与"二十四史"之间是历史记载与历史撰述的关系。另外，即使在"二十四史"中，也有"当代人"写"当代史"的事例。如司马迁写《史记》，陈寿撰《三国志》等。所以，说中国古代不修"当代史"，有悖于历史实际。

还应当看到，在中国封建社会，所谓当代、前代，是以帝王姓氏为标志的朝代来划分的。在帝王专制统治下，史学家写"当代史"往往颇多忌讳，难以秉笔直书，只好等到改朝换代再写前朝史。另外，由于交通、通讯、印刷等手段落后，各种资料的积累和信息的反馈需要较长时间，"当代人"写"当代史"在客观上也存在不少条件上的限制。然而，随着人民民主制度的建立和科学技术的发展，尤其是改革开放以来，民主政治的发展和网络通讯的普及，过去那些"当代人"写"当代史"的不利因素已有了根本性的改变。今天的当代人不仅有条件写当代史，而且有着了解当代史、参与当代史撰写的强烈兴趣和愿望。近些年来，由各类机构和学者个人编撰的国史著述如雨后春笋，报刊、网络上对国史问题的讨论也与日俱增。国外早已有学者在从事当代中国历史的研究与编撰，近些年更是越来越多。要求当代人不写当代史，实际上已经做不到了。

　　再说国史能不能由国家机构主持编写。西方学者普遍认为，历史尤其是国家史不能由国家机构主持编写。在他们看来，史学应当作为国家的对立面存在，由国家机构主持编写历史很难做到客观公正。在这一理念的支配下，欧美等国的国家史一般由私人或非官方机构编写，很少由国家设立国史编研机构。但国家史究竟应当由私人写还是由国家机构主持写，不仅和国家政权的性质有关，也和每个国家的文化传统有关。在中国，自商周时期开始，国家就设有掌管史料、记载史事、撰写史书的史官，称作大史、小史、内史、外史、左史、右史等，秦汉时期称太史令，三国魏晋以下设著作郎。由南北朝的北齐创始，在唐初正式设置了专为编写国史的史馆，由宰相监修。宋、辽、金、元设国史院，清设国史馆。辛亥革命后不久，北京政府即成立了中华民国国史馆。一些受中国传统文化影响较大的亚洲国家，也有设立国史编纂机构的，如韩国政府就设有国史编纂委员会。不仅如此，中国自唐宋以来，历代还把修志作为官职、官责。正因为如此，现存全部古籍中，史书、志书占有相当大的比重。它们是中华民族的宝贵财富，一直为外国人羡慕不已。应当看到，中华文明在最先发达起来的少数几个古代文明中，所以能够延续至今而没有中断，很大程度上得益于这种由国家或官府主持修史、修志的传统。

　　至于史书能否做到客观公正，关键不在于由国家主持写还是由学者个人写。中国历史上的史官中，就有为如实记载历史而不怕杀头的，例如，春秋时齐国的太史和晋国的史官董狐。而且，这里还有一个什么叫做"客观公正"的问题。对"客观公正"理解不同，"客观公正"的评判标准自然不同。前面说到，中国从事国史研究的机构除当代中国研究所外，在中央和国家机关以及高等院校中还有很多。很多国史范围内的综合史、专门史、地区史的著作，也都出自学者个人之手。当然，这些机构与当代中国研究所的性质不完全相同，这些学者与西方的自由撰稿人也不完全一样。但无论怎样，研究或编纂国史都必须尊重客观事实，符合历史的真实。在这方面只有一个标准，没有第二个标准。

任何学科要想最终作为一门科学而立足，都需要有自己合乎客观规律的、独立、完整、系统的学科理论。做到这一点不可能一蹴而就，而是要经过长期奋斗的。但我相信，只要有国史学界学者们的共同努力和锲而不舍、不断创新的精神，国史及国史学的理论一定会逐步完善和成熟起来，国史研究的学科体系也一定会最终建立起来。

如何看待社会主义革命和
建设时期党所犯的错误①

中共党史研究室副主任　张启华

　　各地党史部门撰写《中国共产党历史》第二卷（以下简称二卷本）时，在认识与分析新中国成立后至十一届三中全会前这段时期党所犯错误的问题上，分歧较多，有些难度。分歧往往缘于看问题角度不同，所以不主张上纲上线、互相扣帽子。我就此谈点个人看法，仅供同志们研究和编辑时参考。

　　二卷本的时间段，从1949年中华人民共和国成立至1978年十一届三中全会召开前，共29年。对这段时期的总体评价，要领会胡锦涛总书记2006年"七一"讲话一开头讲的我们党在85年历程中干的三件大事：第一件，在新民主主义革命时期，历经28年艰苦斗争，领导人民革命取得胜利，建立了人民当家作主的新中国；第二件，在社会主义革命和建设时期，确立了社会主义基本制度，在"一穷二白"的基础上建立了独立的比较完整的工业体系和国民经济体系，使古老的中国以崭新的姿态屹立在世界的东方；第三件，在改革开放和社会主义现代化建设时期，开创了中国特色社会主义道路，初步建立起社会主义市场经济体制，大幅度提高了综合国力和人民生活水平，为全面建设小康社会、基本实现社会主义现代化开辟了广阔前景。胡锦涛总书记说："这三件大事，从根本上改变了中国人民的前途命运，决定了中国历史的发展方向，在世界上产生了深刻而广泛的影响。"二卷本写的，是完成其中第二件大事的时期。对这个时期作总体评价，总书记的讲话为我们提供了指导思想：第一，在这个时期，

---

　　①　本文是中共中央党史研究室副主任张启华于2006年9月2日在第九届全国党史期刊工作会议上讲话的部分内容。

我们"确立了社会主义基本制度，在一穷二白的基础上建立了独立的比较完整的工业体系和国民经济体系，使古老的中国以崭新的姿态屹立在世界的东方"；第二，这个时期作为我们党 85 年历史中的一段，三件大事之一，在"从根本上改变了中国人民的前途命运，决定了中国历史的发展方向，在世界上产生了深刻而广泛的影响"这一伟大功绩中，也占有重要地位。

同时也不能回避，这一时期，我们党在工作上、指导思想上，犯过错误，有些是严重错误。这就是邓小平说的，我们搞了 20 年"左"，指的是在 1957 年以后至 1976 年"文化大革命"结束这段时期所犯的"左"倾错误。所以，研究这段党史回避不了犯错误这个问题。许多同志觉得这段历史难写，也主要难在对"如何认识、分析、撰写错误"这个问题的把握上。围绕这一点有许多问题要讨论，我仅就如何分析这段时期党犯错误的原因和正确体现对这段历史的总体评价谈点看法。

讲错误，一是弄清错误内容，二是分析犯错原因，目的是总结教训，避免重演，起到资政育人的作用。怎样分析原因较好，是主要从个人品质、人事矛盾入手，还是多从社会环境、时代局限着眼？我赞成后者。原因，一般包括客观、主观两方面，即社会根源、历史根源和思想根源。分析客观原因，重要的是分析当时环境、历史条件的作用；分析主观原因，就是要找出失误的思想根源，即在哪些根本问题上认识发生失误，以至于失之毫厘，差之千里。

新中国成立后至十一届三中全会前，党所犯严重错误主要有三：经济建设急于求成，所有制结构急于求纯，阶级斗争扩大化。这些错误给党、国家和人民带来巨大损失。但这些错误都是在探索中发生的，失误原因也很复杂，要具体、细致地分析。由于篇幅及水平所限，这里只做些粗浅分析。

一　对经济建设急于求成原因的分析

相关的历史概况是：社会主义改造基本完成后，毛泽东日夜思考的最大问题，就是加快建设速度，而且是加快、加快、再加快。为此，他同党中央其他领导同志一起带领全国人民在 20 世纪 50 年代后半期作出了极大努力。但对如何才能加快这个问题没解决好，于是形成了这一段曲折又不失悲壮的历史。这段历史，从 1955 年下半年至 1958 年中期的冒进、"反冒进"、批评"反冒进"开始，经过 1958 年 5 月八大二次会议制定的"鼓足干劲，力争上游，多快好省地建设社会主义"总路线，直到 1958 年至 1960 年连续三年的"大跃进"，共历时五年。其间在理论与实践上，成功与挫折、正确与错误错综交织。但总的说，这次经济建设急于求成的整个过程，由于不按客观规律办事，违背科学方法，不但造成人力、财力的极大浪费，而且打乱了国民经济的正常秩序，导致国民经济比例严重失调。这段教训，必须认真总结。分析其原因，我认为以下几点要讲清楚：

（一）毛泽东为什么提出加快建设速度

这是讲事件发生的特定历史条件。当时，毛泽东头脑中有两点很明确：一是认为建设速度对于当时的中国是一个生死攸关的问题，二是认为当时具备了高速度的条件。这两点想法并没有错。

为什么说建设速度确是一个生死攸关的问题？道理在于：中华人民共和国刚成立所面临的国际形势，是以美国为首的西方世界对我国的敌视、封锁和禁运。而西方发达国家的经济发展走在我国前面差不多好几个世纪。这意味着，若我们不能比他们更高速发展，将永远赶不上他们。倘若如此，何来社会主义优越性可言？又如何抵御外来挑衅侵略，保卫国家安全，巩固社会主义制度呢？由此而言，建设速度在我国确是生死攸关之事。正是这种深刻的忧虑，使毛泽东在三大改造接近完成、特别是完成后，就迫切提出加快建设速度问题。1957 年底，他提出"十五年赶上或超过英国"的口号，是这种心情的集中体现。此前，他在 1956 年 8 月 30 日党的八大预备会议讲话中带着强烈感情说：我们"将完全改变过去一百多年落后的、被人家看不起的、倒霉的那种情况，而且会赶上世界上最强大的资本主义国家，就是美国。这是一种责任。否则我们中华民族就对不起全世界各民族，就要从地球上开除你的球籍"，以及此后他在 1963 年 9 月修改《关于工业发展问题（初稿）》时特地增写的"如果不在今后几十年内，争取彻底改变我国经济和技术远远落后于帝国主义国家的状态，挨打是不可避免的，""我们应当以可能挨打为出发点来部署我们的工作，力求在一个不太长的时间内改变我国社会经济、技术方面的落后状态，否则我们就要犯错误。"这些，都生动反映出毛泽东对我国长期在世界上处于经济落后状态，以及能否迅速改变这种状态的深刻忧虑和不安，也生动反映出他下决心迅速改变中国"一穷二白"面貌，要与以前欺侮、压迫我们的西方列强试比高低的豪迈气概和坚定信念，其急迫之情跃然纸上。

同时，毛泽东认为当时具备了高速度的条件。一是三大改造顺利完成，特别是农业合作化运动在很短时间内完成，促使毛泽东认为建设速度也应适当加快。[①] 他在这时还认为存在一种妨碍加快建设速度的"右"倾保守思想。二是可利用当时出现的"国际休战时间"加快建设。1955 年期间召开的两个重要国际会议——亚非会议和日内瓦会议，都成功维护了世界和平，增强了世界和平与合作的力量与影响。党中央分析认为，帝国主义分子在这种形势下不敢轻易动武，国际形势已趋向缓和，可能会出现 10 至 12 年的和平时期；我们应当利用这一和平时期加快社会主义改造和国民经济建设。[②]

了解了毛泽东当时一心追求高速度的原因，我们可以对他的一些做法有更多理解。无论是他的反"反冒进"也好，"大跃进"也好，尽管在客观上造成巨大失误，但都倾注着他强烈的尽快改变国家落后面貌、尽快超过欺侮过我们的西方国家、尽快使人民过上好日子的美好愿望。这个愿望并没有错。那么，错在哪里呢？

（二）错在哪里和为什么错

从根本上说，就错在对什么是真正的高速度、怎样达到高速度，缺乏正确认识，所以搞了三年脱离实际的高指标、高速度，严重违反经济建设规律，给国民经济的发展带来严重后果。首先，"大跃进"运动从"全民炼钢"开始，以为只要钢产量翻一番就能把整个国民经济搞上去，这本身就是缺乏经济科学依据的。其次，在如何才能把钢产量搞上去的问题上，又以为不惜工本、"土法上马"，就可以使钢产量一年间翻一番，这同样是不顾技术要求，缺乏科学依据的。再次，又没有经过调查研究和试点，就在全国大规模展开，这种办法是不科学的。最后，过分夸大主观能动作用，从方法论来讲是不科学的。所以今天看来，以下教训值得总结：

---

①　《建国以来毛泽东文稿》第 5 册，中央文献出版社 1991 年版，第 485 页。

②　1955 年 12 月 5 日下午，刘少奇向在京中央委员和党政军各部门负责人传达了毛泽东的这样一段话："我们要利用目前国际休战时间，利用这个国际和平时期，再加上我们的努力，加快我们的发展，提早完成社会主义工业化和社会主义改造。"参见薄一波《若干重大决策与事件的回顾》上卷，中共中央党校出版社 1991 年版，第 522 页。

（1）指标要定在客观条件许可的高度，才是能实现的，因而才是真正的高速度。当时恰恰违背了这个原则，各项指标是主观规定的，以为高速度仅凭愿望即可实现，以为想多快就能多快，以为不这样想倒是错误的，是保守"右"倾。（2）按比例才能高速度，最优化的比例就是最适宜的速度。这方面的正面经验是"一五"时期，对国民经济比例关系的安排是合理的。而"大跃进"中的最大问题，就是国民经济的各项主要比例关系严重失调。如积累与消费、工业与农业、工业交通内部各行业之间、社会购买力与商品可供量等，比例都严重失调。这是对经济建设规律的严重违反。（3）切实搞好综合平衡才能高速度。这是经济工作中的一个根本问题。本来，有计划按比例、在综合平衡中稳步前进，是党的八大提出的经济建设方针。"大跃进"恰恰违背了这个正确方针，反而把按综合平衡要求办事当作消极平衡来批判。（4）要稳定增长而不能大起大落。这是陈云反复强调的，前进的步子要稳，必须避免反复和大的马鞍形，避免陡升陡降，造成损失。① 但在反"反冒进"、"大跃进"、"反右倾"时期，违背了这一规律，结果受到惩罚。（5）要提高效率而不能拼人力物力财力，才能实现真正的高速度。"大跃进"也是反其道而行之，片面追求速度、产值、产量，却不惜工本、不计消耗，拼体力、拼设备、高消耗、低质量，不顾经济效率和效益。表面看来速度不低，实际上社会财富并未相应增加，人民所得实惠不多，国家损失很大。这样的高速度，不但无益，反而有害。

　　为什么会犯这样的错误？概括地讲，是由于对社会主义建设经验不足，对经济发展规律和中国经济基本情况认识不足，加上在胜利面前滋长了骄傲自满情绪，急于求成，过分夸大主观意志的作用，因而在速度问题上缺乏冷静头脑和正确指导。具体来讲，第一，照搬自己的旧经验。这主要是简单沿用革命战争时期群众运动的一些做法，以为通过大搞群众运动，就能高速发展经济。毛泽东一向重视群众力量，把依靠人民群众作为一切事业的胜利之本，所以对他认为泄了群众的气、破坏了群众积极性的事极为反感。这无可厚非。发动群众并没错，问题在于忽视了经济发展还有自身的规律。他片面认为，搞建设也只要像战争年代那样大搞群众运动，就一切事情都能办好；把"反冒进"看做是对人民群众积极性的伤

―――――――――

① 《陈云文选》第3卷，人民出版社1986年版，第55页。

害，因而十分气愤，给予严厉批评。用搞群众运动的办法搞经济，是当时比较普遍的想法。这和我们在革命战争年代的经验有关。比如，解放战争是人民战争，粮食、武器全靠广大群众用车推肩挑送上前线。但用这种人海战术搞现代化大生产就难以奏效。在"大跃进"运动中，相信千千万万人赤手空拳就能大炼钢铁，就是对以往经验的不恰当运用。这也可以说是在我国特有的社会历史条件下发生的现象。

第二，错误地把加快速度问题上的不同意见与阶级斗争相联系。这是"大跃进"能发动起来的重要原因之一。首先，毛泽东把"促进"看成马克思主义，把"反冒进"看成"促退"，把"促退"当成违背马克思主义，从而把是否要高速度当成社会主义建设的两条不同路线。① 进而，就把"反冒进"同"右"倾甚至"右"派联系在一起。甚至把"促进"还是"促退"，提高到是共产党还是国民党、是革命派还是"右"倾、"右"派的高度来对待。② 这就使大家不敢讲真话，都讲假话，头脑越来越热，造成恶性循环。后来，毛泽东在 1958 年 10 月至 11 月多次外出调查研究，觉察到问题严重，头脑开始冷静下来，提出纠"左"并做了不少纠"左"的努力。这说明毛泽东一旦发现自己错了就敢于承认并立即纠正，是十分可贵的。但为什么到 1959 年七八月庐山会议上，因为彭德怀的一封信就从纠"左"变成"反右倾"呢？重要原因之一，还是把速度问题上的分歧当做阶级斗争来抓了。这次纠"左"之所以中断，与认识上的不彻底有关，这种不彻底，就包括把速度问题上的分歧当做阶级斗争来抓的不正确思想。

二　对所有制急于求纯原因的分析

所有制急于求纯，指不切实际地提高公有化程度，以为公有化程度越高就是越纯。先是 1956 年三大改造在总体成功的情况下，有些具体工作过急过快的缺点偏差，导致农业方面高级社规模过大，工业方面不适当地搞大厂、全能厂，商业方面盲目追求大店，手工业方面合并过快过急、形

---

① 所以他在 1958 年 3 月成都会议上讲：一种是马克思主义的冒进，一种是非马克思主义的反冒进，究竟采取哪一种？我看应该采取冒进。参见薄一波《若干重大决策与事件的回顾》下卷，第 644 页。

② 毛泽东当时认为，反冒进在前，"右"派进攻在后，反冒进与"右"派是相关联的。参见薄一波《若干重大决策与事件的回顾》下卷，第 645 页。

式过于简单划一。后是 1958 年人民公社化运动搞"一大二公","大"指规模大,"公"指公有化程度高,不但把经济核算单位提高到公社,而且把生产队以至社员的部分财产无偿收归公社所有,还要"割资本主义尾巴"、刮"共产风",结果损害了社员利益,影响了生产积极性,破坏了农业生产的发展。分析其原因,主要有以下几点。

(一) 最根本的原因是超越阶段

超越阶段,在当时的表现就是纲领、路线、方针、政策,超越了社会主义初级阶段。我国现阶段处于社会主义初级阶段,这是党中央在十一届三中全会以后对国情作出的基本判断,是对社会主义认识的极大飞跃。但在此前,我们没有这个认识,所以容易在理论和实践上超越阶段。比如,三大改造完成过程中的过急过快偏差。三大改造不是超越阶段。正如胡锦涛总书记在 2006 年"七一"讲话中所肯定的,新中国成立后,我们党紧紧把握时代发展的大势和广大人民的意愿,成功进行了社会主义革命,确立了社会主义基本制度。这个道理简单说就是,新中国成立后头三年在全国范围实行新民主主义经济制度,是根据当时的生产力状况及私有制经济占比重较大的情况,马上取消它们对发展生产力不利;后来随着国民经济的全面恢复和大规模经济建设的展开,迅速发展的生产力同个体和资本主义生产关系的矛盾越来越突出。这表明,几种经济并存当时的确不可能持久。所以毛泽东提出用"一化三改"来解决这个矛盾。同时,由于中国民族资产阶级力量较弱,可以接受赎买政策。这种客观形势使我们不能不,而且也可能,较早实现从新民主主义到社会主义的转变。所以,三大改造本身不能说是超越阶段。而且三大改造总起来看是成功的,使生产关系基本适合生产力状况,有力推动了生产力的迅速发展,"一五"计划的顺利完成为工业化建立了初步基础,人民生活也得到较大改善。但三大改造在具体完成过程中存在的要求过急、改变过快、形式过于简单划一等缺点和偏差,却是一种超越阶段的表现。由此而遗留下来的问题,在以后又有发展,对许多问题的发生有重大影响。至于人民公社化运动中片面追求"一大二公三纯",这点大家非常熟悉,在此不作赘述。

(二) 超越阶段的原因

第一,实践经验不足。邓小平在 1982 年 9 月党的十二大开幕词中谈到八大路线未能坚持到底的原因时指出:"八大的路线是正确的,但是由于当时党对于全面建设社会主义的思想准备不足，八大提出的路线和许多正确意见没有能够在实践中坚持下去。八大以后，我们取得了社会主义建设的许多成就，同时也遭到了严重挫折。"这段话，既肯定八大路线正确，又指出我们党在当时存在历史局限；既承认八大后我国社会主义建设遭到严重挫折，又肯定在八大正确路线指引下我国社会主义建设取得许多成就。所以，这一评价全面公正、实事求是，为深入分析八大以后的历史提供了指导。这段话中所说"思想准备不足"，指随着社会主义革命迅速胜利，很快提出全面建设社会主义任务时，全党在理论、实践上的准备尚不充分，特别是对社会主义建设规律和中国经济基本情况的认识更是不够，其中包括对我国社会所处阶段的认识。在阶段问题上，毛泽东有过正确判断，提出过可以消灭了资本主义又搞资本主义，还把这称作"新经济政策"，认为可以实行相当长一个时期。但由于历史条件限制，这一认识未深入展开也未付诸实践。此后当"大跃进"、人民公社化运动给国民经济带来严重损失的错误暴露后，毛泽东带领大家纠正错误，对被拔高的生产关系和相应的经济政策作了适当调整。纠错中，毛泽东又深入思考这个问题，提出我国正处于"不发达的社会主义阶段"，并说从"不发达"到"比较发达"要经历相当长的时期。邓小平后来说，所谓"初级阶段"，就是毛泽东说的"不发达的阶段"。但由于实践经验不足，毛泽东这一正确认识尚不具备达到成熟理性认识的条件。所以，毛泽东在阶段问题上曾经有过的正确认识，不但没成为当时制定政策的依据，反而后来被放弃，导致对所处阶段的错误判断。

第二，对社会主义建设的艰巨性认识不足。社会主义改造经过三年到1956年即顺利完成，给人一个错觉，似乎中国没经过资本主义阶段、资产阶级较软弱，反而是社会主义在中国更容易建成的一个条件。毛泽东当年说，一张白纸好画最新最美的图画，多少反映出这种想法，即以为"一穷二白"会使建设社会主义更容易、更快一些；而对另一面，即生产力水平较低、科学技术不够发达、管理大生产经验欠缺、文化水平总体较低等弱点，对于建设社会主义是个不利条件这一点，却认识不够。其实，中国社会主义建设特别艰难的原因之一，就是毛泽东在全国胜利前夕说的，以往熟悉的东西有些快要闲起来了，不熟悉的东西正在强迫我们去做。所以他提出，在严重的经济建设任务面前，"我们必须学会我们不懂的东西"。但学习是一个过程，有时要经过很长的艰苦过程，才能真正学懂。此间，就不免犯错误。

　　列宁多次讲到这样一个观点：在高度发达的资本主义国家中发生社会主义革命是非常困难的，因为在那里资产阶级组织得很好，但是革命一经爆发，要继续下去却容易得多，并且会比较容易地胜利完成，因为那里的无产阶级在组织和团结方面要高得多；相反，一个落后的国家开始革命是比较容易的，因为在这个国家里敌人已经腐朽，资产阶级没有组织起来，"但要把它继续下去，把它完成，就十分困难，"①"就需要万分谨慎、小心和坚忍不拔"②。在谈到由资本主义社会到社会主义社会之间有"一个漫长而复杂的过渡"时，列宁指出："资本主义社会愈不发达，所需要的过渡时间就愈长。"③ 他概括出这样一条规律："由于历史进程的曲折而不得不开始社会主义革命的那个国家愈落后，它由旧的资本主义关系过渡到社会主义关系就愈困难。""这里除破坏任务外，还加上一些空前困难的新任务，即组织任务。"④ 这组织任务，主要指组织社会主义经济的任务，列宁把这个任务称为"巨大的困难"⑤。而我们在很长时间内却相反，把社会主义革命和建设都看得太容易了。这是造成许多失误的一个重要原因，也是造成所有制问题上超越阶段的重要原因之一。

　　第三，没有正确对待马克思主义。一种情况是对马克思主义的不了解，另一种情况是对马克思主义的教条化理解。

　　对马克思主义的不了解，表现为对马克思主义经典作家的许多正确而精辟的论述，或者熟知而不真知，或者不知或不甚知。这就妨碍我们完整准确地理解他们的思想。在所有制超越阶段问题上，就有这种情况。马克思在谈到新世界建立、人类进步问题时有一段精辟论述："历史中的资产阶级时期负有为新世界创造物质基础的使命：一方面要造成以全人类互相依赖为基础的世界交往，以及进行这种交往的工具，另一方面要发展人的生产力，把物质生产变成在科学的帮助下对自然界的统治。资产阶级的工业和商业正为新世界创造这些物质条件，正像地质变革为地球创造了表层一样，只有在伟大的社会革命支配了资产阶级时代的成果，支配了世界市场和现代生产力，并且使这一切都服从于最先进的民族的共同监督的时候，人类的进步才会不再像可怕的异教神像那样，只有用人头做酒杯才能

---

①　《列宁全集》第34卷，人民出版社1985年版，第500页。

②　同上书，第233页。

③　《列宁全集》第42卷，人民出版社1987年版，第183页。

④　《列宁全集》第34卷，第3—4页。

⑤　同上书，第5页。

喝下甜美的酒浆。"① 马克思在这里充分估计了历史中的资产阶级时期所负有的历史使命和历史地位，说明没有资产阶级创造的物质基础，新世界的创立是不可能的；这正像没有地质变革为地球创造了表层，就不可能有地球的产生，道理是一样的。在这里，马克思表达出他对资产阶级时代的憎恶，把这个残酷的时代形容为"只有用人头做酒杯才能喝下甜美的酒浆"；马克思还表达出对推翻这种吃人制度的"伟大的社会革命"的无比向往。但是，马克思绝不认为这种"伟大的社会革命"是随时都可以进行的，他非常清楚而毫不含糊地指出了这个"伟大的社会革命"的前提，是"支配了资产阶级时代的成果，支配了世界市场和现代生产力，并且使这一切都服从于最先进的民族的共同监督的时候"。这就指出了无产阶级革命的生产力基础。这一思想，恩格斯有多处通俗的表达。他在《共产主义原理》一文中指出："共产主义革命发展得较快或较慢，要看这个国家是否工业较发达，财富积累较多，以及生产力较高而定。"在回答"能不能一下子就把私有制废除"这个问题时，他明确回答："不，不能，正像不能一下子就把现在的生产力扩大到为建立公有经济所必要的程度一样。因此，征象显著即将来临的无产阶级革命，只能逐步改造现社会，并且只有在废除私有制所必需的大量的生产资料创造出来之后才能废除私有制。"恩格斯在这里提出的无产阶级革命只能逐步改造现社会的思想笔者理解，包括无产阶级夺取政权胜利以后，对私有制也并不能一下子就立即全部废除，而要经过创造大量生产资料的过程，直到"废除私有制所必需大量的生产资料创造出来之后"，"才能废除私有制"。我们长期以来"左"的重要表现之一，就是以为公有化程度越高生产力发展越快，所以在夺取政权后，还没来得及经过创造大量生产资料的过程，就急急忙忙宣布全部废除私有制。其实，这种理论和实践，不是马克思主义教给我们的，而是违背马克思主义的。

对马克思主义教条化理解的情况，比如，所有制结构急于求纯，与两方面的理论失误有关。一个是把生产关系、上层建筑在一定条件下起决定作用中的"一定条件"加以泛化。毛泽东在《矛盾论》中说：生产力、经济基础一般表现为主要的决定的作用；但生产关系、上层建筑在一定条件下又转来表现为主要的决定的作用；当不变更生产关系生产力就不能发展时，生产关系的变更就起了主要的决定的作用。这里说的"一定条

---

① 《马克思恩格斯全集》第9卷，人民出版社1998年版，第252页。

件"，明确是指革命变革、生产关系变革时期。如果把这"一定条件"随意泛化，就会出现失误。"大跃进"运动中违背客观规律过分强调主观能动作用，人民公社化运动中脱离生产力水平一度片面追求"一大二公三纯"，不能说与此毫无关系。另一个理论失误是，对马克思主义理论中关于"社会主义是社会占有生产资料"的结论作了教条化的理解。这个结论，是马克思、恩格斯运用高度理论抽象方法，即把社会主义作为纯粹、成熟形态研究概括出的社会主义基本特征，这种基本特征与高度发达的生产力相联系。我们长期以来只记住了结论——要建立单一全民所有制，却忽视了前提——必须有高度发达的生产力作基础，于是在生产力很落后的情况下建立起单一的全民所有制，这就不能不对生产力发展造成消极影响。这里要说明的是，社会主义当然要实行公有制，但只从公有化这样一个简单的概念出发，而不对公有化的形式、范围等作科学研究，以为公有化水平越高越好、越大越好，而最高、最大的公有就是国有，以为国有就是国家直接经营，一切由国家统管起来最好，这就不对了。我们在三大改造中对私人资本主义工商业的社会主义改造是正确的，但当时把所有的小商、小贩、小私有者经营的小店铺统统国有化，这就是对公有化的形式和范围都缺乏正确理解的表现。对"社会主义消灭商品"的理解也是如此。马克思、恩格斯的确说过，社会主义是商品经济的消除。他们没说错。因为他们说的社会主义消除商品生产，是以建立在高度发达生产力基础上的全社会占有全部生产资料为前提的，这就是恩格斯说的："一旦社会占有了生产资料，商品生产就将被消除"①。既然"社会占有生产资料"必须与高度发达的生产力相联系，而当今现实没有任何国家达到这一水平，当然就都不能消除商品经济。所以，我们那时只注意到马克思、恩格斯说的结论而忽略了他们说的前提，可以说是一种教条化的理解。

三 对阶级斗争扩大化原因的分析

阶级斗争扩大化的表现，主要包括 1957 年反"右"斗争扩大化，1959 年在全党发动"反右倾"斗争，1962 年 9 月八届十中全会提出整个社会主义历史阶段资产阶级都将存在和企图复辟，并成为党内产生修正主义的根源，从而提出阶级斗争要"年年讲、月月讲、天天讲"；由此导致

---

① 《马克思恩格斯选集》第 3 卷，人民出版社 1995 年版，第 757 页。

1963 年至 1965 年间在部分农村和少数城市基层开展"四清"运动，把干部作风和经济管理等方面问题都当做阶级斗争或阶级斗争在党内的反映，从而提出整"党内走资本主义道路的当权派"；在意识形态领域，也对一些文艺作品、学术观点和知识分子代表人物进行了错误的、过火的政治批判；最后发展到提出"无产阶级专政下继续革命的理论"，并以这一理论为基础，发动了"文化大革命"。

（一）理论认识上的错误

1957 年以后，党在阶级斗争问题上不断犯"左"倾错误，其表现，一是把阶级斗争存在的范围扩大化，二是把阶级斗争的作用夸大化，认为阶级斗争是社会主义社会发展的动力，为此提出"以阶级斗争为纲"。从理论上讲，"以阶级斗争为纲"有以下错误：

第一，社会主义时期阶级斗争不可能始终存在。胡乔木曾经讲："毛主席没有说过'始终'这两个字，这两个字是康生加的。加上这两个字，就把毛主席的话搞得面目全非，在逻辑上也讲不通。"[①] 毛泽东在八届十中全会上的原话是："在社会主义这个历史阶段中，还存在着阶级、阶级矛盾和阶级斗争，存在着社会主义同资本主义两条道路的斗争，存在着资本主义复辟的危险性。"加上"始终"二字的荒谬性就在于，本来列宁说"社会主义就是消灭阶级"，如果说在社会主义社会阶级和阶级斗争始终存在，那就意味着永远不能消灭阶级。胡乔木说："那岂不等于说，社会主义永远不是社会主义，或永远不能实现消灭阶级的社会主义？"

第二，社会主义时期一定范围内存在的阶级斗争不是全局性的。既然说阶级斗争是在一定范围内长期存在，那就已经指明这不是全局性的，不是时时事事处处，更无需天天、月月、年年讲。但阶级斗争扩大化的理论却把社会主义社会一定范围内存在的阶级斗争夸大了、绝对化了，最后概括为"无产阶级专政下继续革命的理论"，成为发动"文化大革命"的理论基础。其基本错误是，认为社会主义制度建立后，还存在资产阶级及全社会范围内的阶级对抗，还要进行一个阶级推翻另一个阶级的政治大革命，"文化大革命"就是"继续革命"的最重要方式。当然，另一方面，我们也不能因为反对阶级斗争扩大化而否认这种一定范围内的阶级斗争，而只是说不能把一定范围内的阶级斗争扩大到全局的范围。

[①] 《胡乔木谈中共党史》，人民出版社 1999 年版，第 25—26 页。

　　第三，阶级斗争不是社会主义社会发展的动力。社会主义社会发展的动力，只能是生产力。根据马克思主义基本原理，只有生产力才是社会发展的根本动力。在社会主义社会，剥削阶级已作为阶级被消灭，阶级矛盾已不是社会的主要矛盾，所以，一方面，阶级矛盾虽在一定范围内存在但不能成为工作重点，另一方面，大量存在的社会矛盾已经不是阶级斗争。所以，以阶级斗争为纲，在理论上是讲不通的。

　　第四，"无产阶级专政下继续革命的理论"是一种落后于阶段的理论。首先，"以阶级斗争为纲"，只有在剥削制度社会或由剥削制度转变到社会主义制度的过渡时期才能成立，在社会主义制度下提出这个口号就落后于阶段了。其次，我国社会主义制度建立后，一定范围内存在的阶级斗争已根本不同于社会主义制度建立前的情况，党内斗争也多属思想斗争性质。这时再提把全党全国工作重点放在阶级斗争上，甚至进行"一个阶级推翻另一个阶级的政治大革命"，是毫无理由的、大大落后于阶段的表现，势必影响社会的安定和生产的发展，唯一的结果就是把局势搞乱。发生这一失误，与"思想准备不足"也有一定关系。八大正确提出我国社会的主要矛盾已不再是工人阶级同资产阶级的矛盾，为什么不久就改变了，又重提无产阶级和资产阶级的矛盾、社会主义道路和资本主义道路的矛盾是当前我国社会的主要矛盾了呢？这不是毛泽东一个人的事，而是全党对此认识还不特别明确。从八大文件中可看出这一点。八大虽然正确地提出我国社会的主要矛盾已不再是工人阶级同资产阶级的矛盾，但未明确指出资产阶级作为我国历史上的最后一个剥削阶级已基本被消灭，也未承认知识分子的大多数已成为无产阶级的一部分（比 1956 年 1 月知识分子会议时的认识倒退了）。这与八大不适当地保留了"过渡时期"的提法有一定关系。这种提法反映出对我国所属阶段认识上的模糊，与我国社会主义改造已取得基本胜利并已进入社会主义社会的基本事实相矛盾，导致对社会主义社会只在一定范围内存在的阶级斗争的特点和规律缺乏正确分析。所以在八大后不久发生的匈牙利事件等，使毛泽东动摇了他原先关于阶级斗争已不是社会主要矛盾的认识，最终发展到反"右"扩大化的严重错误，直至在 1957 年 10 月党的八届三中全会重提工人阶级同资产阶级的矛盾是主要矛盾，重新强调阶级斗争，完全改变了八大关于当前我国社会主要矛盾的正确论断。由此又影响到党的工作重心转移战略方针的实施。八大虽然提出党的工作重心向社会主义建设转变的正确战略方针，但上述认识表明当时党对这一战略转变的认识还不彻底，对实现这一战略转变的指导思想尚未成熟和牢固建立起来。因而随着阶级斗争扩大化错误的产生，八大关于战略转变的方针也随之动摇。

第五，与搞单一公有制的社会主义模式相关联。阶级斗争扩大化的产生，与搞单一公有制的社会主义模式有一定关联。其中的道理是：如果把社会主义所有制归结为单一的公有制，那结论必然把所有发展部分资本主义经济、部分个体经济的主张，都说成是走资本主义道路。本来，发展部分资本主义经济、部分个体经济是符合我国当时生产力水平的，但全部认为是搞资本主义，当然就当阶级斗争来处理，必然发生阶级斗争扩大化。总之，对社会主义时期阶级斗争问题，我党在理论上准备不够，上述理论错误导致了不少灾难性后果。

（二）国际环境的影响

毛泽东从正确认识社会主要矛盾滑向"以阶级斗争为纲"，除了主观认识上的失误外，与当时国际环境的影响也不无关系，有国际环境的恶化反应到了国内生活和经济建设里面的因素。例如 1956 年 10 月匈牙利反革命暴乱发生后，他曾说，匈牙利有那么多反革命分子，这下暴露出来了，这下教育了我们中国同志。他从苏共二十大、国际反苏反共浪潮、匈牙利事件等总结说：不依靠群众进行阶级斗争，不分清敌我，这很危险。东欧一些国家的基本问题就是阶级斗争没搞好，那么多反革命分子没肃清，现在自食其果，火烧到自己头上来了。当时的国际环境，对他过于严重地估计了国内的阶级斗争形势并作了不恰当的处理，确有一定的影响。

（三）制度方面的原因

邓小平说过："最重要的是一个制度问题。……因为过去一些制度不好，把他（指毛泽东——编者注）推向了反面。"一些制度不健全，这也是一种时代、环境的客观因素。我国封建历史很长，封建专制主义在思想政治方面的遗毒没有完全肃清，加上种种其他原因，使党和国家政治生活的民主制度化、法律化方面存在一定缺陷，也为党的权力过分集中于个人、党内个人专断和个人崇拜现象的滋长提供了一定条件。这也是许多失误发生且不能及时纠正的重要原因。

第一，民主传统不足。从我国社会历史来讲，中国是一个封建历史很长的国家，封建主义的思想影响很深，经济文化长期落后，缺乏强有力的民主传统和民主生活习惯。从我们党来讲，有光荣的革命传统，有密切联系群众、一切从实际出发、理论联系实际的好传统，但也有民主传统不足的缺陷。我们党对封建主义特别是对封建土地制度和豪绅恶霸进行了最坚决最彻底的斗争，在反封建斗争中培养了优良的民主作风。但要真正肃清长期封建专制主义在思想政治方面的遗毒不是很容易的事情。加上长期的战争和地下工作条件，党的民主生活是有限的。革命胜利后，由于种种历史原因，民主制度在完善方面做得还不够，主要是没能把党内民主和国家政治社会生活的民主加以制度化、法律化，或虽制定了法律却缺乏足够的权威。这是我们不能不承认的弱点。此外，从国际上来讲，这与受苏联模式及国际共运历史传统的影响也有一定关系。以上几点表明，我们民主制度的完善需要经过一个长期而又复杂的历史过程。

第二，对领袖的个人崇拜严重发展。这与上述民主传统的不足相关联。从毛泽东个人来讲，他原是反对个人崇拜的，作风也较民主。他在党内和群众中享有的崇高威望是在实践中形成的——毛泽东在长期革命过程中的正确领导和对中国革命的卓越贡献，使他赢得了党和人民的信赖和敬仰。但问题出在，正确的爱戴领袖与不正确的个人崇拜相混淆了，制度上的缺陷由此更为加深。随着个人崇拜之风愈演愈烈，毛泽东个人决定重大问题的情况又有发展，导致个人专断愈益严重，逐渐脱离实际、脱离群众，日益凌驾于党中央之上，使党和国家政治生活中的集体领导和民主集中制原则不断被削弱以至破坏。加上党内政治生活的不正常，常常很难否定他的不正确主张。"文化大革命"的发生且难于制止，从某些方面讲，与这种个人专断与个人崇拜严重发展有很大关系。这个教训值得深刻汲取。

上述情况表明，这种现象是逐渐形成的，正如《关于建国以来党的若干历史问题的决议》所说："党中央对此也应负一定的责任"；同时，这个复杂现象是一定历史条件的产物，如果仅归咎于某个人或某些人，就不能深刻总结教训并找出切实有效的改革措施。总之，对我们发生过的错误，要采取历史主义的态度，即把问题放在一定的历史条件下去观察和衡量，着重分析历史背景，而不应该着重个人责任，尤其不能着重从个人品格、个人恩怨找原因。这样可以比较客观、公允、准确、全面一些。

四　要正确体现对这 29 年历史的总体评价

对这 29 年历史进行总体评价的基本依据有二：一是《历史决议》第

六条对建国后 32 年历史的基本估计。这是我们研究新中国成立后至 1978 年这段历史的一个指导思想。对这段历史的总评价，必须遵循《历史决议》第六条对新中国成立后 32 年历史的基本估计的精神，即"中国共产党在中华人民共和国成立以后的历史，总的来说，是我们党在马克思列宁主义、毛泽东思想指导下，领导全国各族人民进行社会主义革命和社会主义建设并取得巨大成就的历史。社会主义制度的建立，是我国历史上最深刻最伟大的社会变革，是我国今后一切进步和发展的基础"。我们写二卷本这 29 年，就包括在这 32 年中。所以，《历史决议》对这 32 年历史的基本估计，是我们写二卷本的一个指导思想，是评价这 29 年的一个基本依据。当然，这 32 年中，或者说我们要写的这 29 年中，有曲折，有错误，甚至有"文化大革命"这样全局性、长时间的"左"倾严重错误；但对这段历史的总体评价是这样的。从中我们也可以感受到站在高处对一段历史进行总体评价应该把握的方法论原则。二是胡锦涛总书记"七一"讲话中对中国共产党历史的总体评价。这就是本文一开头提到的，胡锦涛总书记讲的三件大事和对三件大事的评价。根据这一指导思想，笔者谈谈对几个问题的理解。

（一）不能把这 29 年的历史说成全是错误

第一，因为这样说不能正确解释这段历史。这就是说，如果因为这些失误而否定我们党在新中国成立后至十一届三中全会前的全部历史，或者由于这段错误多，就把党的这段历史说成全是错误，这既违反《历史决议》，也不符合事实。一如我们对探索过程中产生的错误不必讳言一样，对犯错误时期取得的成绩（包括思想理论上的成绩）也不能因犯了错误而讳言，不能以为讲了成绩就是对错误的开脱和淡化。所以对这 29 年的历史确实要有一个辩证的理解，不能简单地肯定一切或否定一切。胡乔木举过两个时期的例子说明这一点。一个是"1949—1956 年之间，我们的党确实取得了伟大的成就，但确实不是十全十美，也有缺点和失误"。另一个是"前后 20 年'左'倾错误期间，国家的经济总的说还是发展的。我们根本否定'文化大革命'，但那 10 年间也有不属于'文化大革命'的成就，科技方面的成就，外交方面的成就"。所以，重要的是进行科学分析。胡乔木说，这就要"从当时的历史条件和社会条件出发，并不是简单地根据现在人们在实践和认识上已达到的水平，对过去说三道四；同时又是按客观历史本身的逻辑，说出现在人们应该如何接受那一时期的经验教训"。胡绳也说过："如果说三十五年来一无是处，全部是错误的积累，那就不能正确解释三十五年的历史。当然十一届三中全会是一个大转折，但这一转折之所以能够形成、也还是有过去生产发展的底子。所以建国以来的历史决不是错误的积累。"笔者认为这话讲得很对。叶剑英在1979 年一篇讲话中，对"文化大革命"的严重错误作了深刻分析，并对建国后 30 年作了一个总体评价，指出："总起来看，在过去三十年的大部分时间里，我们的路线是正确的。"这里所说的"大部分时间"，应该包括"文化大革命"前 10 年。这给我们提供了如何总体评价历史的一个正确方法，即任何一条路线都有一个孕育，形成和发展的过程，"文化大革命"前，我们党在指导思想上出现了过左的东西，但还不能说已形成一条极"左"路线，更不能说已经占了统治地位，否则这一时期取得的巨大成就无法解释。

　　第二，那么如何评价"文化大革命"前的 10 年呢？对这 10 年，《历史决议》称之为开始全面建设社会主义的 10 年，对 10 年的成就作了充分肯定，也指出党的工作在指导方针上有严重错误。《历史决议》第十六、十七、十八条对这十年历史的基本评价，是我们在研究中应该遵循的。基本要点是：第一，主导方面是好的。这 10 年"我们虽然遭到过严重挫折，仍然取得了很大的成就"，同时，"党在这十年中积累了领导社会主义建设的重要经验，""我们现在赖以进行现代化建设的物质技术基础，很大一部分是这个期间建设起来的；全国经济文化建设等方面的骨干力量和他们的工作经验，大部分也是在这个期间培养和积累起来的。这是这个期间党的工作的主导方面。"第二，党的工作指导方针上有过严重失误。"这十年中，党的工作在指导方针上有过严重失误，经历了曲折的发展过程。"这主要是反"右"斗争严重扩大化、"大跃进"运动和农村人民公社化运动、"反右倾"斗争等"左"倾错误的严重泛滥。第三，党中央和毛泽东发现这些错误后即予以纠正，但不彻底。第四，调整时期国民经济得到比较顺利的恢复和发展，但"左"倾错误在经济工作的指导思想上未得到彻底纠正，在政治思想文化方面还有发展，不过这些错误当时还未达到支配全局的程度。这是一个复杂的时期，成就与错误错综交织在一起。所以对成就与错误这两个方面都不能回避且要充分分析。分析错误，除要认真寻找原因外，还要直面其结果，即最终导致了"文化大革命"的发生。也就是说，这些错误中，已埋下此后发生"文化大革命"的种子。分析成绩，除了我们经常说的经济、外交、科技等方面取得的成就外，还要看到，1978年以后我们党实行的改革开放及创建的中国特色社会主义理论和实践，有些在"文化大革命"前的这10年间也已有一些萌芽，许多问题在1966年前已经提出或有所实践，虽然那时还是极不成熟的。同时，那10年间取得的许多成就，应该说是十一届三中全会以后社会主义建设再起步的基础。特别是那时已建成一个独立自主的国民经济体系，这是极重要的基础。由此而论，我们绝不能对"文化大革命"前10年全部否定。

第三，即使对"文化大革命"这10年，也要区分"文化大革命"和"文化大革命"时期。这是胡绳提出的一个观点。我认为很正确。对于"文化大革命"，正如《历史决议》所说，要从根本上否定。毛泽东发动"文化大革命"的主要论点，是"左"倾错误的论点，曾经被概括为"无产阶级专政下继续革命的理论"。这一理论，作为"文化大革命"的理论基础，"明显地脱离了作为马克思列宁主义普遍原理和中国革命具体实践相结合的毛泽东思想的轨道"，"既不符合马克思列宁主义，也不符合中国实际。这些论点对当时我国阶级形势以及党和国家政治状况的估计，是完全错误的"。所以，正如《历史决议》所说，"文化大革命""使党、国家和人民遭到建国以来最严重的挫折和损失"。对"文化大革命"要彻底否定。但研究"文化大革命"时期的10年历史，诚如胡乔木所说，要看到"那十年间也有不属于'文化大革命'的成就，科技方面的成就，外交方面的成就"。这些成就的取得，不属于"文化大革命"。这些在二卷本中要有所反映。各地的具体情况不同，但在全国统一的大背景下都有所表现，所以要写出本地特点来。主要有以下几方面：一是周恩来1971年9月至1973年底主持工作期间的整顿取得很大成绩，使各方面工作有了转机。当然，好景不长。周恩来为清除极"左"思潮在各个领域的影响而作的努力，遭到了江青反革命集团的反抗。在这种情况下，毛泽东也错误地认为当时的任务仍然是反对"极右"，否定了周恩来的正确意见。随后，从1973年底开始，发动了反对"右倾回潮"的运动，实际上是把矛头指向周恩来的。这使已经有了转机的各项工作，又遇到了新的挫折，全国形势再度恶化起来。二是邓小平1975年的整顿使形势有明显好转。这段时间虽然不长，只有一年，但各个领域发生了非常明显的变化，取得非常显著的成绩。这充分说明邓小平当时坚持的方针、政策是正确的、有效的。这次也是好景不长。毛泽东开始是支持邓小平的工作的，但到后来，他却不能容忍邓小平系统地纠正"文化大革命"的错误，于1975年底发动了所谓"批邓、反击'右'倾翻案风"运动。这就使得正在走向安定团结的政治局面再度陷入混乱，刚刚回升的国民经济又遭到新的挫折。三是毛泽东也制止和纠正过一些具体错误，虽然对于"文化大革命"这一全局性的、长时间的"左"倾严重错误，他负有主要责任。他在全局上一直坚持"文化大革命"的错误，但他也制止和纠正过一些具体错误，保护过一些党的领导干部和党外著名人士，使一些负责干部重新回到重要的领导岗位。他领导了粉碎林彪反革命集团的斗争，对江青、张春桥等人也进行过重要的批评和揭露，不让他们夺取最高领导权的野心得逞。这些都对后来我们党顺利地粉碎"四人帮"起了重要作用。四是党和人民在"文化大革命"中同"左"倾错误的斗争及取得的成绩也是不可忽略的。党和人民在"文化大革命"期间，同"左"倾错误和林彪、江青两个反革命集团的斗争，艰难曲折，一直没有停止过。正是由于全党和广大干部、工人、农民、解放军指战员、知识分子的共同斗争，使"文化大革命"的破坏受到了一定程度的限制。我国国民经济虽然遭到巨大损失，仍然在广大干部群众的共同努力下取得了进展。粮食生产保持了比较稳定的增长。工业交通、基本建设和科学技术方面取得了一批重要成就。在国家动乱的情况下，人民解放军仍然英勇地保卫着祖国的安全。对外工作也打开了新的局面。这些，都要在这段历史的撰写中有所反映。当然，这一切绝不是"文化大革命"的成果，如果没有"文化大革命"，我们的事业会取得大得多的成就。在"文化大革命"中，我们尽管遭到林彪、江青两个反革命集团的破坏，但终于战胜了他们。党、人民政权、人民军队和整个社会的性质都没有改变。历史再一次表明，中国人民是伟大的人民，中国共产党和社会主义制度具有伟大而顽强的生命力。这一点，要在二卷本中有正确的反映。

（二）这 29 年与以后的历史是联系在一起的

也就是说，要把中华人民共和国成立五十多年来的历史看做一个整体。这五十多年中，发展最快，最健康的是改革开放后的二十多年。但历史不能割断。这二十多年的发展与此前近 30 年的发展是分不开的。前近 30 年，虽然历经挫折，犯了错误甚至严重错误，但整个看来成绩是主要的。在这近 30 年里，我们顺利进行了社会主义改造，建设也取得巨大成就，为以后的社会主义建设打下了制度的和物质的基础，提供了许多正反两方面经验。正因不仅有这些正面经验可以继承又有这些反面经验可供鉴戒，才能有改革开放以来的新发展。所以我们不能割断历史，要把整个五十多年看做一个整体。总体看，我们可以毫无愧色地说，五十多年来党取得了伟大成就，当然要特别强调十一届三中全会作为新中国成立后伟大的历史转折所具有的深远意义，强调此后逐步确立了符合中国实际的社会主义建设的正确路线和政策，强调改革开放五十多年取得的伟大成就。同时要看到，之所以能在这时找到正确道路，是以此前近30年的正反经验为基础。这样写，也能体现出在失误中前进这一辩证思想，只要正确地总结教训，失误便能成为前进的先导。

（三）要把我们党能够自己纠正错误这一点写充分

这点很重要。中国共产党历来有自我批评、自我纠错的能力。这是我们党的重要执政能力之一。我们党是一个伟大、光荣、正确的党。伟大、光荣、正确，不是说永远不犯错误——这对任何政党、个人都是不可能的，而是说犯了错误能自己检讨、自己纠正。而自己发现、自己纠正自己犯的错误，这是一个郑重的、伟大的、以为人民服务为宗旨的党的特质。并且，我们党从来是在纠正失误、总结经验教训中发展壮大的，也是在这个过程中不断深化对建设社会主义规律、共产党执政规律的认识，不断深化对马克思主义精神实质的理解，从而在把马克思主义中国化的道路上实现了一次又一次的飞跃。在民主革命时期也是这样。民主革命时期我们党不知犯过多少错误，受过多少损失，但每一次，都是我们党自己纠正了错误，从而继续前进，终于取得革命胜利。所以，犯错误不可怕，关键是能否自己纠正错误。自己纠正错误，是我们党伟大、光荣、正确的重要方面。

在二卷本中能体现这点的，主要是60年代初的国民经济调整。事实上，那几年的错误是在自认为正确的情况下犯的。一经发现，就下决心纠正。写出这一点，是实事求是的。在此基础上，我认为有几点很重要：首先，对调整中初步总结的社会主义建设经验要加以肯定。比如1962年1月毛泽东主持的"七千人大会"，主要是总结经验，自我批评，统一认识，以便进一步纠正"大跃进"以来工作中的错误，切实做好国民经济调整工作。虽然所作的自我批评、体现出的民主精神、总结出的经验还是初步的和不彻底的，但应该以历史的眼光加以审视，给予充分的肯定。其次，对全面调整决策的确立、贯彻及取得的明显成效要加以肯定。经过调整，到1962年，经济取得明显成效，人民生活开始好转，国民经济渡过了三年严重困难时期。之后为争取国民经济根本好转，又提出用两三年时间继续调整。所以从 1962 年至 1966 年，国民经济恢复和发展得很顺利。到 1965 年年底，各项调整任务胜利完成，国民经济各方面都取得重大进展。所以才有了 1964 年年底至 1965 年年初的全国人大三届一次会议上，周总理宣布：调整国民经济的任务已基本完成，国民经济将进入一个新的发展时期；并提出了"四化"总目标和两步走的战略步骤；同时指出今后发展国民经济必须按客观规律办事。这不能不说是我们在探索社会主义建设速度问题上，经过几年的失误与挫折，终于从沉重的教训中得到的宝贵经验。虽然用今天的眼光看，当时的"左"并没有得到彻底纠正，但不能因此而对这次调整的意义加以低估。要用历史的眼光看，这是我们从自己的失误中总结出来的经验教训，这是我们在探索中、前进步伐中的重要一步。再次，对当时纠"左"的局限性要正确看待。不能因为纠"左"不彻底而将其抹杀。比如"七千人大会"，尽管由于历史的局限，一没能从指导思想上彻底清理"左"的错误，二也就不可能在实际工作中给予彻底纠正，三对阶级斗争扩大化和某些违背客观经济规律的错误观点也没能认真清理，同时中央领导核心内部对形势、对造成困难的主要原因以及对工作中成绩与缺点错误的估计等问题上，认识仍有分歧；但这次大会毕竟对工作指导上的失误和当时的经济困难都作了比较实事求是的分析，正确地提出各条战线都必须坚决贯彻调整方针，全党同志尤其是高级领导干部从挫折和失败中吸取了有益的教训，这对于纠正"左"的错误起了很大作用。从长远看，也为社会主义建设事业的进一步发展创造了有利条件。对这些都应加以充分肯定。

（四）正确理解犯错误是不可避免的？

为什么说犯错误不可避免？最主要的原因是，人的认识是个漫长而曲折的过程，对社会主义的认识也是如此。新中国成立后至十一届三中全会前这段历史时期，正确与错误、成功与挫折错综交织的复杂情况，其实正是我们党在理论和实践上的正确与失误交替发生情况的反映，是我们年轻的共和国刚踏上社会主义建设道路时艰难探索的写照。我们党作为一个认识和实践的主体，在探索适合中国情况的社会主义道路的过程中，在取得成就的同时，不可避免地会犯错误，就像一个刚学走路的小孩子一定会摔跤的道理是一样的（我们总不会说自己小时候摔跤是不可思议的事情）。虽然这些错误并非都不可避免，但即使犯了本可避免的错误，也是符合人的认识规律的。人的认识规律，就是从认识不正确到正确，随着实践的发展，又有新问题出现，为了认识新问题，又从不正确到正确，这样一个不断前进的过程。人类对任何新事物、新问题都一下子就能有正确认识，这样的事是没有的，只能是一种奢望。这样说并不是替我们犯过的所有错误辩护，不是说所有错误都是应当犯的。如果这样理解，那我们就不必总结教训。我们只是说，在探索中国建设社会主义的道路的过程中，犯错误本身是不可避免的。

比如，对什么是社会主义这个问题的理解，在很长一段时间里，包括在列宁时代、斯大林时代、毛泽东时代、赫鲁晓夫时代，及以后一段时间，都认为是全社会占有生产资料、消灭商品经济等等，同时认为向共产主义过渡是当前或不久的将来必须解决的任务。这说明，对什么是社会主义、如何建设社会主义这个问题的理解，不是也不可能是一次完成的，现在也没有完成，只是已有很大进步。中国特色社会主义理论的创建，是中国共产党人经过艰辛探索得到的正确认识。这一认识的获得，经历了一个漫长而艰巨的过程。每一个共产党员，特别是我们承担着撰写党的历史的党史工作者，对这个漫长性和艰巨性要有充分的清醒的认识，并且还要看到这个漫长过程到现在也还没有结束。我们认识到现在处于社会主义初级阶段，是个很大进步，但认识还会继续前进，不会仅仅停留在初级阶段这个概念上；改革的过程中也会有发生失误的可能，将来也会有犯错误的时候。为什么？这是人类认识的规律。主观和客观不可能完全一致。人类总是从不断的错误中达到对真理的认识。这个认识正确了，又会出现新的问题，比如，社会主义建设各方面的细节、具体的发展过程，现在还不能说得特别清楚，等等。所以，对于社会主义的认识，应该随着历史的前进不断探索、不断更新、不断趋向更加正确。

其实，民主革命也经历了认识上的曲折过程。在民主革命时期，党对中国革命的认识也是逐渐提高的，不可能一开始就提出完善的纲领和策略，不可避免地要有许多曲折。比如，中国革命分两个阶段，并不是革命一开始大家都懂得，而是经过许多曲折才认识清楚的。这个曲折是：党成立的时候，党的宣言说那时中国就要搞社会主义革命，这显然是错误的。到了党的二大，已经懂得革命的最后目的是建立共产主义社会，在目前阶段必须进行民主主义革命。但是在这以后长时期内，还是没有弄清楚这两个革命阶段的区别和联系，没有弄清楚中国民主革命阶段的特点，于是发生"右"和"左"的错误。其他许多问题也是这样。可见整个党史都证明，从错误到正确总有个发展的过程。最后，我想引用邓小平对党史工作的一些指示精神，作为这次发言的结束语。他多次强调，总结历史，不要着眼于个人功过，而要把重点放在总结经验和教训上，经过总结，过去的成功和错误都变成了我们的经验，对于开辟我们事业的未来，是最可宝贵的财富。让我们以此为指导，正确对待党在历史上犯过的错误，正确总结经验教训，并将此作为宝贵财富，为今天的现代化建设服务，为党的工作大局服务，真正发挥党史、国史资政育人的巨大作用，把党史、国史研究推向一个新的更高的水平。

关于中华人民共和国史
研究中的四个问题

中共中央文献研究室副主任　李　捷

一　虚无主义历史观的本质是什么？

当前，虚无主义历史观甚嚣尘上，什么"告别革命"，什么"土匪史观"，什么"道德审判"，林林总总，不一而足。一时间，似乎他们才有真理，才有话语权，才有对历史材料的解释权。情况果真如此吗？让我们举几个例子分析一下。

例子之一，是关于革命主题与现代化主题之争。

本来，革命与现代化并非对立的。而在虚无主义历史观看来，早就不该革命，而应"告别革命"，再造若干个殖民地式的香港，由中国的资产阶级掌权，也不要搞什么社会主义，直接走西方发达国家走过的资本主义道路，这样搞，中国的现代化早就实现了。

他们真的是在研究历史吗？不是，这是在假设历史，而且是在用历史发展过程早已抛弃了的历史假设，用偷梁换柱的方式，来取代历史的真实。

那么，历史的真实又是怎样的呢？中国要改变落后挨打的状况，只有走现代化道路，这的确是近代以来提出的一项历史任务。问题是选择什么样的道路，实行什么样的主义，才能真正使中国走上现代化的道路。西方的先人们所采用的各种方法，中国近代的仁人志士们几乎都尝试过，真心诚意地拜西方人为老师，从洋务运动到维新改良，却一样没有成功过。这使先进的中国人下决心走革命的道路。这样一个认识高度，以及用革命的手段推翻几千年的封建帝制这一革命成就，在中国共产党诞生之前，就已经达到了，这是以孙中山先生为代表的资产阶级革命派的历史功绩。

时隔一个世纪，却有人连基本的历史事实都不顾，闭着眼在那里宣传所谓"告别革命"论。这不是健忘，就是恶意骗人。

历史的真实和结论很清楚。党的十五大报告说得好："鸦片战争后，中国成为半殖民地半封建国家。中华民族面对着两大历史任务：一个是求得民族独立和人民解放；一个是实现国家繁荣富强和人民共同富裕。前一任务是为后一任务扫清障碍，创造必要的前提。"

例子之二，是关于走新民主主义道路与走社会主义道路之争。

这本来也是不成问题的问题。有人却偏要说，当年中国共产党人，包括毛泽东在内，都并不主张在革命胜利后搞社会主义，而是搞新民主主义。后来提出过渡时期总路线，搞了社会主义，历史证明是搞早了、搞糟了（其实，他们是想说，本来就不应该搞）。如果当年不搞社会主义，而搞新民主主义，中国的发展会快得多。今天的政策，实际上就是退回到新民主主义社会。"社会主义初级阶段和具有中国特色的社会主义的本质就是新民主主义社会。"

这实际上也是在搞假设，而且是不着边际的假设。从中国共产党搞革命起，目标就是确定的，就是要在中国建成社会主义。至于这个目标同中国社会性质以及民主革命的任务，怎样很好地衔接起来，这是毛泽东等所要解决的问题。解决的根本办法，不是取消社会主义目标，而是要有一个过渡性质的阶段，即新民主主义阶段。所谓"民族资本主义要有一个相当程度的发展"，所谓"社会主义革命是遥远的将来的事情"，并不是说将来不搞社会主义，而是说要经过新民主主义过渡阶段的发展。取消这个必经的过渡阶段，立即搞社会主义革命，会犯"左"的错误；取消社会主义目标，不愿过社会主义这个关，会犯"右"的错误。

当然，新民主主义同后来实行的社会主义，还是有差别的。这个差别就在于保留还是取消（通过改造和赎买政策）资本主义。党的十一届三中全会以后，我们实行了公有制为主体、多种所有制经济共同发展的基本经济制度。历史虚无主义思潮，总是想在这一点上做历史倒退的文章。实际上，我们所实行的社会主义基本经济制度，坚持了社会主义改造的积极成果，是一种更高水平的社会主义发展道路的成功探索。这说明，历史虚无主义总想把前进的历史拉向后退，这并非史学进步，而是史学退步。

例子之三，是关于如何看待党犯错误与纠正错误的问题。

中国共产党的历史，内容十分丰富。既有领导中国革命、建设和改革取得伟大成就的历史，也有犯了严重错误、给党国家民族带来严重损失的历史，还有本着实事求是和对人民高度负责的精神彻底纠正错误的历史。

历史虚无主义思潮，打着反思历史的旗号，专门捡我们党的历史上犯错误的那段历史来做文章。而且，我们党的历史上，犯严重错误的人很多，他们专门挑出毛泽东犯错误、特别是"文化大革命"这一全局性错误来做文章。在他们笔下，这段历史简直比欧洲中世纪还要黑暗，是所谓"血淋淋的历史"。

他们在还历史本来面目的口号下，用的却是攻其一点、不及其余的手法，对历史现象中一些最本质的问题避而不谈：党为什么会犯错误？错误与成就相比，哪个是主要的？这些错误是由谁来纠正的？错误被纠正以后，这些历史教训，究竟是成了我们前进路上的绊脚石，还是成为我们探索新路的宝贵财富？这种对本质问题的回避，恰好说明，他们搞的是那种结论在前、求证在后的片面史学、主观史学，其实质是一种伪历史观点。

二 我们需要什么样的历史观？

这里涉及一个根本的问题，历史观是什么？历史观，绝不仅仅是如何看待历史、如何看待历史事件和人物的具体问题。有什么样的历史观，就会有什么样的价值观。对历史人物、历史现象、历史事件的褒贬，直接影响到对当今所发生的相关人物、现象和事件的价值判断。所以说，历史观是一个民族、一个时代、一个国家价值观念的集中体现。它所涉及的是国家意识形态建设的根本问题，是社会主义核心价值体系建设的根本问题。因此，一定要从社会主义核心价值体系建设的高度，充分认识树立马克思主义的历史观并对国民进行相关教育的极端重要性，把它作为社会主义核心价值体系建设的重要组成部分认真抓好。

为什么这样说呢？因为历史观影响到以下三个方面：

第一，历史观包含着历史学家乃至整个社会、整个民族对历史发展过程的认识和价值判断。历史事实是客观的，但是历史判断却绝不是超然的。历史判断体现着从特定立场和特定意识形态出发所作的价值判断。我们在分析一个历史判断的时候，不但要看依据的是哪些材料，还要看它代表着什么样的思潮。

第二，一定的历史观是对是非、善恶、美丑的评价体系的集中体现。历史是发展的、前进的，历史人物、事件终究会依其所起的作用的性质和地位，而打上是非、美丑、善恶的烙印。这种评价是历史的，但绝不能说和现实没有一点儿关系。把本来十分清楚的历史评价错误地颠倒过来，就会搞乱社会公众的道德评价体系。所以说，历史的混乱，必然带来思想的混乱。历史混乱和思想混乱的根本原因，是搞乱了人们对于是非、善恶、美丑的原则界限。我们在面对一种历史评价的时候，不但要看评价的是哪一类人或事件，还要看这种评价是在把已经前进了的历史继续推向前进，还是拉向倒退。

第三，一定的历史观是对现实制度特别是政治制度和社会制度的认同感或否定感的集中体现。正因为如此，正确的历史观，可以起到积极的社会导向作用和社会教育作用，增强社会主流意识形态的感染力和凝聚力。错误的历史观，则会起到搞乱思想、瓦解人心、做出错误的价值判断和选择的消极作用。历史虚无主义思潮，无论打着什么样的学术旗号，本质上所要表达的则是对中国共产党领导和社会主义现行制度的否定感。我们要在国民中牢固树立对中国特色社会主义经济制度、政治制度、文化制度和社会制度的认同感，牢固树立对社会主义核心价值体系作为主流意识形态的认同感，就必须从中国近现代历史教育入手，从共和国史教育入手，讲清历史的发展规律和必然选择。

总之，用马克思主义历史观指导中国近现代史、中共党史、共和国史的研究和宣传，是关系到党、国家、民族兴衰存亡的根本性问题，是社会主义核心价值体系建设的长远之计和根本之计。我们要坚持马克思主义的史学观，自觉抵制历史虚无主义等史学观。当然，史学研究也要与时俱进，也要创新发展，但是必须坚持马克思主义史学的根本方向。我们的史学研究当然要吸收和借鉴西方史学的新成果和新手段，也要吸收借鉴中国古代优秀的史学遗产，但是最根本的，是要弘扬郭沫若、范文澜、吕振羽、翦伯赞、侯外庐等马克思主义史学家奠定的优秀史学传统，不能妄自菲薄，更不能从根本上否定这些光荣传统。

三　怎样正确看待中国共产党历史上的错误和挫折？

中国共产党的历史，是一部马克思列宁主义同中国实际相结合的奋斗史、探索史。在探索的过程中，必然伴随着错误和挫折。中国共产党的历史，又是一部不断纠正自身的错误，并在这一过程中不断进行理论创新的历史。然而近些年来，一些人热衷于突出表现中共党史上的错误，并对这些错误的根源加以曲解。这向我们提出了一个重要的问题：究竟应该怎样正确看待中共党史上的错误和挫折？这既是一个历史问题，也是一个现实问题，同时也涉及研究中共党史和中华人民共和国史的理论和方法问题。

就中华人民共和国史来说，有过两次严重失误。

第一次是"大跃进"的教训。这使我们开始认识到尊重客观经济规律、尊重科学的重要性，认识到中国还处在社会主义的不发达阶段。毛泽东对这次失误负有主要的领导责任。同时，也正是他首先察觉到错误，并领导全党认真改正已经察觉到的失误。但当时对错误的认识是不彻底的，对错误的纠正也不可能彻底。

第二次是"文化大革命"十年内乱。这使我们开始认识到坚持以经济建设为中心、坚持民主与法制建设的极端重要性，从此进入了建设有中国特色社会主义的伟大新时期。引导我们解放思想、实事求是，大胆进行拨乱反正，开创了一条社会主义的正确发展道路的，是邓小平。他在坚持和继承毛泽东思想的基础上，创立了邓小平理论。

回顾这两次挫折的过程不难发现，伴随着错误和挫折有两个紧密联系的过程。一个是党犯错误的过程，另一个是党纠正错误、寻找新道路、总结经验、酝酿新理论的过程。两个过程结合在一起，就是我们党把马克思列宁主义普遍真理同中国实际相结合，探索中国社会主义革命和建设特殊规律的历史过程。这才是一个完整的历史过程。绝不可以只讲党犯错误，不讲党如何纠正错误。专讲错误，专门暴露阴暗面，不是历史唯物主义的态度。

中国共产党有一个显著的特点，这就是错误和失败吓不倒中国共产党人，中国共产党人不仅能够从错误和失败中重新崛起，而且每失败一次都能从理论和实践上前进一大步。这是中国共产党同其他任何政党（包括苏联共产党在内）的一个显著区别。这证明我们党是一个勇于克服自己错误的党，一个善于纠正自己错误的党，是一个善于总结历史经验的党，是一个在纠正错误中不断进行理论创新的党。

对待中国共产党历史上的错误，有几种错误倾向。

一是搞"暴露党史"。集中地反映我们党的错误，而且是片面地反映这些错误，似乎一部党史，就是一部党内权力斗争史，一部整人的历史，一部充满了错误的历史。

二是搞"翻案党史"。违背第二个历史决议对建国以来一些重大历史问题的科学论断，否定过渡时期总路线提出的理论根据和历史必然性，认为过渡时期总路线的提出是对新民主主义理论的一种倒退。还有人完全否定反"右"派斗争，认为反"右"派斗争不仅是严重扩大化了，而且根本上就是错误的。

三是搞"掘根党史"。把批判集中对准毛泽东一个人，只要是发生意见分歧，就是毛泽东是错误的，其他人都是正确的。只要是犯错误，责任全都是毛泽东一个人的。甚至用"封建权术"来化解党内矛盾，说明"文化大革命"的起因。而在实际上，否定了毛泽东，也就从根本上否定了中国共产党。

对错误和挫折的研究和总结，是完全必要的，是中共党史研究的一个重要方面，也是我们党实事求是的一个好传统。但是，的确有一个从什么样的立场、观点、动机出发的问题。

一是要站在党的立场和人民的立场上，采取全面的分析方法。既要反映错误和挫折，也要反映成就和进步，更要反映党是如何纠正这些错误，并从中总结出正确的结论，开始新的伟大探索的。这是一个统一的、完整的、不可分割的过程。只反映错误，不反映成就；只反映犯错误，不反映纠正错误，都不是真正的实事求是。

二是要从积极的态度出发，引导人们正确地认识这些错误，正确了解这些错误是如何发生的，它在党的全部探索史中占有什么样的位置，党的探索史中的主流究竟是什么。绝不能为了暴露而暴露。

三是要完整地考察党为什么会犯错误以及又是怎样纠正这些错误的。对于错误，不但要看犯错误本身，还要着重看党是如何纠正这些错误的。在纠正错误的过程中，往往特别集中、特别鲜明地体现了中国共产党人为了人民的利益敢于坚持真理、纠正错误的巨大勇气和智慧。在纠正自身错误的过程中，产生过两个历史决议，都是党的核心领袖集中全党智慧科学总结历史经验的结晶。这两个历史决议，集中体现了党的光荣传统和思想路线，体现了三个方面的高度统一：坚持实践是检验真理的唯一标准同代表中国先进生产力的发展要求的统一；坚持马克思列宁主义同代表中国先进文化的前进方向的统一；坚持真理、修正错误同代表中国最广大人民的根本利益的统一。正因为如此，党所犯的错误才能转化成为进行理论创新的宝贵经验财富，而没有成为沉重的历史负担。

四是要把党犯错误同全党全国人民在这个时期的实践活动区分开来。党犯错误，特别是犯全局性错误，不能不影响到全党和全国人民的实践活动，但这绝不是这些实践活动的全部。在邓小平主持下作出的第二个历史决议对"文化大革命"所做的科学分析，值得我们认真领会。第二个历史决议在彻底否定"文化大革命"的错误，并指出毛泽东对此负有主要责任的同时，也指出了两个重要事实。

其一，关于毛泽东晚年的全局性错误同他在这一时期所发挥的积极作用的关系，决议指出："在'文化大革命'中，我们党没有被摧毁并且还能维持统一，国务院和人民解放军还能进行许多必要的工作，有各族各界代表人物出席的第四届全国人民代表大会还能召开并且确定了以周恩来、邓小平同志为领导核心的国务院人选，我国社会主义制度的根基仍然保存着，社会主义经济建设还在进行，我们的国家仍然保持统一并且在国际上发挥重要影响。这些重要事实都同毛泽东同志的巨大作用分不开。因为这一切，特别是因为他对革命事业长期的伟大贡献，中国人民始终把毛泽东同志看做是自己敬爱的伟大领袖和导师。"[①]

其二，关于"文化大革命"全局性错误同这一时期全党全国人民的实践关系，决议指出："'文化大革命'整个过程的严峻考验表明：党的八届中央委员会和它所选出的政治局、政治局常委、书记处的成员，绝大多数都站在斗争的正确方面。我们党的干部，无论是曾被错误地打倒的，或是一直坚持工作和先后恢复工作的，绝大多数是忠于党和人民的，对社会主义、共产主义事业的信念是坚定的。遭到过打击和折磨的知识分子、劳动模范、爱国民主人士、爱国华侨以及各民族各阶层的干部和群众，绝大多数没有动摇热爱祖国和拥护党、拥护社会主义的立场。""在'文化大革命'中，我们尽管遭到林彪、江青两个反革命集团的破坏，但终于战胜了他们。党、人民政权、人民军队和整个社会的性质都没有改变。历史再一次表明，我们的人民是伟大的人民，我们的党和社会主义制度具有伟大而顽强的生命力。"[②]

四　怎样认识毛泽东思想与中国特色社会主义理论体系的关系？

中国特色社会主义理论体系和毛泽东思想究竟是什么关系，这是研

---

① 《三中全会以来重要文献选编》下册，人民出版社 1982 年版，第 816 页。
② 同上书，第 817 页。

究中华人民共和国史绕不过去的一个问题。

历史发展具有阶段性。以中共十一届三中全会为标志，开创了改革开放和现代化建设的历史新时期，找到了中国特色社会主义道路，形成了马克思主义中国化的第二次飞跃的理论成果——中国特色社会主义理论体系。这是有目共睹的事实。同时，历史又具有延续性。这条道路的探索，这个理论体系的形成，离不开新中国的创建，离不开社会主义基本制度的确立，离不开以毛泽东同志为代表的中国共产党人的艰辛探索，也离不开毛泽东思想所开创的马克思主义中国化的发展轨迹。

然而，有的人却把毛泽东思想和中国特色社会主义理论对立起来，或者认为后者偏离了前者的轨道，用前者来否定后者；或者认为后者是唯一正确的，前者只适用于革命战争年代，早已过时。这些看法有一个共同的思想特征，就是片面地、绝对地看问题，犯了割断历史联系的错误。

毛泽东思想与中共十一届三中全会以来党在指导思想上的理论创新成果——中国特色社会主义理论体系，有着不可分割的历史与逻辑的密切联系。

第一，毛泽东思想为中共十一届三中全会以来马克思主义中国化的新发展提供了基本遵循。

毛泽东思想在马克思主义中国化发展史上，不仅为后来的一系列理论创新开辟了正确道路，而且深刻总结了马克思主义中国化的规律，为继续推进马克思主义中国化提供了基本理论。这些基本理论是：（一）马克思主义中国化的核心是实事求是。实事求是，是毛泽东为中国共产党规定的思想路线，是毛泽东思想的精髓，也是中国特色社会主义理论体系的精髓。党的思想路线是一切从实际出发，理论联系实际，实事求是，在实践中检验真理和发展真理。实事求是，从根本上解决了对待马克思主义的科学态度问题。（二）马克思主义中国化的根基是群众路线。密切联系群众，是毛泽东亲手培育的中国共产党的优良作风和政治优势。一切为了群众，一切依靠群众，从群众中来，到群众中去，把党的正确主张变为群众的自觉行动，是中国共产党的根本工作路线。群众路线，是毛泽东思想的活的灵魂之一，同样是中国特色社会主义理论体系的活的灵魂。群众路线，从根本上解决了坚持中国共产党的宗旨任务同坚持马克思主义的认识论和唯物史观的一致性问题。（三）马克思主义中国化的立足点是独立自主。中国革命是在俄国十月革命的影响下和共产国际的帮助下搞起来的，从一开始就有一个主要立足于本国和自己的力量、独立自主，还是服从别国、依靠外援的问题。独立自主，是毛泽东思想的根本立足点，也是中国特色社会主义理论体系的基本立足点。独立自主，从根本上解决了把马克思主义关于无产阶级国际主义学说同一切立足于本国、一切从本国实际出发的一致性问题。（四）马克思主义中国化的根本方法是把马克思主义基本原理同中国实际相结合。毛泽东强调，马克思主义理论，是放之四海而皆准的理论。"但是马克思主义必须和我国的具体特点相结合并通过一定的民族形式才能实现。"① 我们需要大力提倡的是理论联系实际的优良学风，我们迫切需要的是善于运用马克思主义理论解决中国实际问题的理论家。进入社会主义建设时期，毛泽东向全党提出要进行马克思主义基本原理同中国实际的"第二次结合"，找出在中国进行社会主义革命和建设的正确道路。把马克思主义基本原理同中国实际相结合，从根本上解决了既坚持马克思主义基本原理又不断推进马克思主义中国化的正确方法。中共十一届三中全会以来，邓小平在十二大开幕词中提出："把马克思主义的普遍真理同我国的具体实际结合起来，走自己的道路，建设有中国特色的社会主义，这就是我们总结长期历史经验得出的基本结论。"② 改革开放的实践证明，在中国，真要建设社会主义，只能一切从社会主义初级阶段的实际出发，而不能从主观愿望出发，不能从这样那样的外国模式出发，不能从对马克思主义著作中个别论断的教条式理解和附加到马克思主义名下的某些错误论点出发。改革开放以来我们取得的一切成绩和进步的根本原因，就在于我们既坚持了马克思主义基本原理，又紧密结合中国实际和时代特征，开辟了中国特色社会主义道路，形成了中国特色社会主义理论体系。（五）马克思主义中国化的根本保障是用最新理论成果武装全党、教育人民。毛泽东高度重视思想建党。"掌握思想领导是掌握一切领导的第一位。"③ 思想建党，就要用马克思主义的基本理论和马克思主义中国化的理论成果武装全党。没有革命的理论，就没有革命的胜利。科学的理论一旦为人民群众所掌握，就会变成改造客观世界的强大物质力量。用马克思主义中国化的最新理论成果武装全

---

① 《毛泽东选集》第 2 卷，人民出版社 1991 年第 2 版，第 534 页。
② 《邓小平文选》第 3 卷，人民出版社 1993 年版，第 3 页。
③ 《毛泽东文集》第 2 卷，人民出版社 1993 年版，第 435 页。

党、教育人民，从根本上解决了马克思主义理论创新同党的建设、人民实践活动相结合的问题。中共十一届三中全会以来，强调坚持用发展着的马克思主义指导客观世界和主观世界的改造，提高运用科学理论分析和解决实际问题的能力，加强党的执政能力建设和先进性建设。在不断推进物质文明建设的同时，加强社会主义精神文明建设，加强社会主义核心价值体系建设。

第二，毛泽东思想为中共十一届三中全会以来中国共产党人继续创造性地运用和发展马克思主义提供了新的起点。

毛泽东思想不仅开辟了马克思主义中国化的正确道路，而且以其一系列科学论断丰富和发展了马克思主义的基本原理。这些新的发展，产生并指导于中国革命和建设的伟大实践，又因其深刻地阐明了社会主义革命和建设的一般规律而具有很强的普遍意义。因此，它既是中国的，又是马克思主义的，成为马克思主义在中国发展的新阶段。这为中共十一届三中全会后中国共产党人继续创造性地运用和发展马克思主义提供了新起点。

关于社会主义革命和建设的规律。围绕这个问题，毛泽东思想在以下三个方面，对丰富和发展马克思主义基本原理作出了重要贡献：（一）创造性地运用和发展马克思主义关于向社会主义过渡的理论，成功地开辟了适合中国特点的社会主义改造的道路，解决了由半殖民地半封建社会经过新民主主义革命向社会主义过渡的历史性课题，在一个经济文化落后的大国里建立起社会主义基本制度。（二）创造性地运用和发展马克思主义关于生产力同生产关系、经济基础同上层建筑矛盾运动规律的学说，创立了社会主义基本矛盾学说。指出社会主义社会仍然是一个存在矛盾的社会，社会的基本矛盾依然是生产关系同生产力、上层建筑同经济基础的矛盾。正是这些矛盾推动着社会主义社会向前发展。并在此基础上形成正确区分和处理人民内部矛盾学说，把正确处理人民内部矛盾作为国家政治生活的主题。（三）创造性地运用和发展马克思主义关于无产阶级专政的学说，创立了人民民主专政理论。"我们的国家是工人阶级领导的以工农联盟为基础的人民民主专政。"[①] 它包含两个紧密联系的方面，即对人民内部的民主和对敌对势力的专政。人民应当享有任何资产阶级国家所不可能有的最广大的民主。要同民主党派实

---

① 《毛泽东文集》第 7 卷，人民出版社 1999 年版，第 206—207 页。

行"长期共存、互相监督"的方针，在科学文化工作中实行"百花齐放、百家争鸣"的方针。"专政的目的是为了保卫全体人民进行和平劳动，将我国建设成为一个具有现代工业、现代农业和现代科学文化的社会主义国家。"①

中共十一届三中全会以来创立和发展的中国特色社会主义理论体系，在继承和发展毛泽东思想的基础上，使我们对于社会主义建设问题的认识，随着改革开放的深入大大向前推进：（一）中国正处于并将长期处于社会主义初级阶段，社会的主要矛盾是人民日益增长的物质文化需要同落后的社会生产之间的矛盾。在整个社会主义初级阶段，要始终坚持"一个中心、两个基本点"的基本路线。（二）改革开放是中国共产党在新的时代条件下带领人民进行的新的伟大革命，是发展中国特色社会主义的强大动力，是党和国家发展进步的活力源泉。社会主义的本质，是解放生产力，发展生产力，消灭剥削，消除两极分化，最终达到共同富裕。各项工作都要把有利于发展社会主义社会的生产力，有利于增强社会主义国家的综合国力，有利于提高人民的生活水平，作为总的出发点和检验标准。（三）中国特色社会主义道路，是发展中国的必然选择。要按照中国特色社会主义事业总体布局，全面建设社会主义市场经济、社会主义民主政治、社会主义先进文化、社会主义和谐社会，建设富强、民主、文明、和谐的社会主义现代化国家。

关于共产党建设规律和执政规律。围绕这个问题，毛泽东思想的独创性理论贡献是：（一）把党的建设作为中国革命和建设的三大法宝之一，并提出党的建设伟大工程的科学论断，丰富和发展了马克思主义关于党的建设学说。（二）在创建新中国的前夕，在中国共产党即将成为执掌全国政权的执政党的前夜，郑重提出"两个务必"的要求，即"务必使同志们继续地保持谦虚、谨慎、不骄、不躁的作风，务必使同志们继续地保持艰苦奋斗的作风"②。执政后，反复告诫全党，要始终保持艰苦奋斗的优良传统和政治本色，一刻也不要脱离人民群众，千万不要沾染官僚主义作风，为马克思主义执政党建设理论积累了丰富的经验。（三）提出了马克思主义先进政党在长期执政条件下如何拒腐防变的历史性课题，高度重视对全体党员特别是高中级领导干部的思想教育

---

① 《毛泽东文集》第 7 卷，人民出版社 1999 年版，第 207 页。
② 《毛泽东选集》第 4 卷，人民出版社 1991 年第 2 版，第 1438—1439 页。

和理论武装，通过发动群众参与整党整风来解决主观主义、官僚主义和贪污腐败等问题，为把马克思主义执政党置于人民群众经常性的监督之下积累了初步的经验。

中共十一届三中全会以来创立和发展的中国特色社会主义理论体系，在继承和发展毛泽东思想的基础上，使我们对于执政党建设问题的认识，同样有了新的突破：（一）要解决党长期执政面临的提高党的领导水平和执政水平、提高拒腐防变和抵御风险能力这两大历史性课题，必须贯彻党要管党、从严治党的方针，切实加强执政能力建设和先进性建设。党的执政地位不是与生俱来的，也不是一劳永逸的。先进性是马克思主义政党的本质属性，是马克思主义政党的生命所系、力量所在。（二）中国共产党必须始终代表中国先进生产力的发展要求，代表中国先进文化的前进方向，代表中国最广大人民的根本利益。这是坚持和发展社会主义的必然要求，是中国共产党艰辛探索和伟大实践的必然结论。始终做到"三个代表"，是中国共产党的立党之本、执政之基、力量之源。（三）要以改革创新精神全面推进党的建设新的伟大工程，把党的执政能力建设和先进性建设作为主线，坚持党要管党、从严治党，贯彻为民、务实、清廉的要求，以坚定理想信念为重点加强思想建设，以造就高素质党员、干部队伍为重点加强组织建设，以保持党同人民群众的血肉联系为重点加强作风建设，以健全民主集中制为重点加强制度建设，以完善惩治和预防腐败体系为重点加强反腐倡廉建设，使党始终成为立党为公、执政为民，求真务实、改革创新、艰苦奋斗、清正廉洁、富有活力、团结和谐的马克思主义执政党。

关于经济社会发展规律。围绕这个问题，毛泽东思想同样作出了重要的理论贡献。主要是：（一）指出社会主义社会的主要任务和社会主义制度的优越性，是能够集中力量发展社会生产力，打破发展常规，尽量采用先进技术，在一个不太长的时间内，实现国家工业化和现代化。（二）强调搞国家工业化建设和现代化建设的目的，是要不断提高人民生活水平。毛泽东指出："我国人民现在还要像苏联那个时候一样，忍受一点牺牲，但是只要我们能够使农业、轻工业、重工业都同时高速度地向前发展，我们就可以保证在迅速发展重工业的同时，适当改善人民的生活。"① 经他提出、周恩来概括，形成了"备战、备荒、为人民"

① 《毛泽东文集》第 8 卷，人民出版社 1999 年版，第 121 页。

的经济建设指导方针，在建成独立的比较完整的工业体系和国民经济体系的同时，保证了占世界四分之一人口的吃、穿、用等基本生活需求。（三）创造性地探索使中国稳步地由农业国转变为工业国、进而建设成为社会主义现代化强国的发展道路。在社会主义建设中，要处理好重工业同农业、轻工业，经济建设和国防建设，沿海和内地，中央和地方，汉族和少数民族，自力更生和学习外国等各种关系，处理好积累和消费的关系，注意统筹兼顾和综合平衡。要贯彻调动一切积极因素，化消极因素为积极因素，以便团结全国各族人民建设社会主义强大国家的基本方针。特别是从中国经济文化落后、人口众多这一基本国情出发，提出了著名的统筹兼顾方针。

中共十一届三中全会以来创立和发展的中国特色社会主义理论体系，在继承和发展毛泽东思想的基础上，使我们对于发展问题的认识，也产生了新的飞跃：（一）发展作为党执政兴国的第一要务。发展，对于全面建设小康社会、加快推进社会主义现代化，具有决定性意义。要牢牢抓住经济建设这个中心，坚持聚精会神搞建设、一心一意谋发展，不断解放和发展社会生产力。（二）发展必须着力把握发展规律、创新发展理念、转变发展方式、破解发展难题，提高发展质量和效益，实现又好又快发展，为发展中国特色社会主义打下坚实基础。坚持稳定压倒一切的方针，正确处理改革发展稳定的关系。（三）科学发展、社会和谐是发展中国特色社会主义的基本要求。要认真贯彻落实以人为本、全面协调可持续发展的科学发展观。科学发展观，第一要义是发展，核心是以人为本，基本要求是全面协调可持续，根本方法是统筹兼顾。社会和谐是中国特色社会主义的本质属性。构建社会主义和谐社会是贯穿中国特色社会主义事业全过程的长期历史任务，是在发展的基础上正确处理各种社会矛盾的历史过程和社会结果。科学发展和社会和谐是内在统一的。没有科学发展就没有社会和谐，没有社会和谐也难以实现科学发展。

毋庸讳言，毛泽东在探索中国社会主义建设道路的过程中，也有严重失误。其一，尽管提出了要探索中国自己的社会主义建设道路的历史任务，体现了理论创新上的高度自觉，并且在许多方面开始具有自己的特点，但从经济体制上说未能突破传统社会主义的制约，而那些具有中国特点的制度也因为不断受到"左"的冲击，或者未能继续完善，或者未能很好坚持，甚至遭到严重破坏；其二，在1957年下半年以后，阶级斗争扩大化的错误倾向开始发展，中共八大对国内社会主要矛盾的正确判断被根本动摇，此后几经反复，终于在 1962 年 9 月中共八届十中全会以后，使"以阶级斗争为纲"在党的指导思想上占据了主导地位，最终导致了"文化大革命"的发动，演变成为"由领导者错误发动，被反革命集团利用，给党、国家和各族人民带来严重灾难的内乱"。这些失误属于毛泽东晚年错误的范畴，都是从根本上偏离了毛泽东思想正确轨道的结果。中共十一届三中全会以后，在重新回到毛泽东思想的正确轨道并加以继承发展的同时，又将毛泽东的晚年错误当作另一种特殊形式的宝贵财富来记取，推动了对中国特色社会主义道路的实践创新，推动了对共产党执政规律、社会主义建设规律、人类社会发展规律认识上的理论创新。

第三，坚持唯物辩证法的"两点论"，全面地、历史地、辩证地把握毛泽东思想同中国特色社会主义理论体系的关系。

在中国单命、建设和改革的各个历史时期，在马克思主义中国化的两次历史性飞跃中，从毛泽东思想到中国特色社会主义理论体系，构建了中国共产党指导思想发展史上前后接续、继承发展、与时俱进、高度统一的恢宏理论大厦，堪称马克思主义发展史上的奇观。只有坚持实事求是的思想方法，贯彻唯物主义辩证法的"两点论"，全面辩证地看问题，才能正确地把握毛泽东思想同中国特色社会主义理论体系的关系。

首先，要充分认识两者的内在联系和共同的本质特征。毛泽东思想和中国特色社会主义理论体系，都是马克思主义同中国实际相结合的产物，都是在反对"左""右"倾思潮的过程中产生的，都有着共同的思想路线，这就是实事求是的思想路线；都是在深刻把握时代特征和基本国情，努力推动马克思列宁主义同中国实际相结合的过程中产生的，都有着共同的哲学基础特别是认识论基础，这主要就是唯物辩证法和历史唯物主义，以及实践第一的观点和群众路线；就建设而言，都处在社会主义初级阶段，都有着共同的发展目标，这就是中国社会主义建设必须走自己的道路，为把中国建设成为社会主义现代化国家而奋斗；都有着共同的制度基础，始终坚持社会主义的基本经济制度，坚持人民民主专政的国体和以人民代表大会制度、中国共产党领导下的多党合作政治协商制度、民族区域自治制度为主体的社会主义基本政治制度，坚持以马克思主义意识形态为指导的社会主义基本文化制度；在社会主义经济建设、政治建设、文化建设、社会建设等方面，都坚持共同的基本原则，即经济建设上坚持以公有制为主体、努力实现共同富裕，政治建设上坚持党的领导、人民当家作主和依法治国相统一，文化建设上坚持"二为"方向和"双百"方针，社会建设上坚持正确处理人民内部矛盾以团结调动一切积极因素，等等。看不到这些共同的思想基础和本质特征，而把中国特色社会主义理论体系看做是同毛泽东思想完全不同的两回事儿，这就只看到了问题的表面。看不到思想之间在发展中的吸收借鉴与交汇融合，误以为中国特色社会主义理论体系和毛泽东思想毫不相干，甚至以为是互相矛盾，这实际上是在孤立地看问题。

其次，要充分认识两者的重大变化和不同特点。这些重大变化和不同特点，是马克思主义中国化处于不同发展阶段的客观反映，是由时代特征和历史条件的阶段性变化带来的必然结果。中国特色社会主义理论体系，是在新的时代和历史条件下对毛泽东思想的继承发展，使毛泽东思想开创的马克思主义中国化进程进入到一个崭新的发展阶段。首先是时代特征的变化。中国特色社会主义理论体系是在和平与发展成为时代主题的历史条件下逐步形成和发展起来的。它科学地回答了当代时代特征、国际格局、开放战略、外交战略、国防战略等一系列重大问题，为中国特色社会主义在世界社会主义运动处于低潮条件下的趋利避害、和平发展指明了方向。其次是发展阶段的变化。中国特色社会主义理论体系是十一届三中全会实现历史性转折后，在我国改革开放和现代化建设进入新时期的实践中，逐步形成和发展起来的。新时期最鲜明的特点是改革开放，最显著的成就是快速发展，最突出的标志是与时俱进，使中国人民的面貌、社会主义中国的面貌、中国共产党的面貌发生了历史性变化。作为新时期全部历史经验结晶的中国特色社会主义理论体系，这个理论体系在建设中国特色社会主义的思想路线、发展道路、发展阶段、发展战略、根本任务、发展动力、依靠力量、领导力量和根本目的等问题上，形成了一系列独创性的重大理论观点，系统地回答了在中国这样一个十几亿人口的发展中大国如何摆脱贫困、加快实现现代化、巩固和发展社会主义的一系列重大问题。再次是理论认识的深化。中国特色社会主义理论体系紧紧围绕什么是社会主义、怎样建设社会主义，建设什么样的党、怎样建设党，实现什么样的发展、怎样发展这三大基本问题展开，用一系列紧密联系、相互贯通的新思想、新观点、新论断，深化和丰富了对共产党执政规律、社会主义建设规律、人类社会发展规律的认识。例如，关于改革开放是发展中国特色社会主义的强大动力的

思想，关于建立社会主义市场经济体制的思想，关于公有制为主体、多
种所有制经济共同发展是我国社会主义初级阶段的基本经济制度的思
想，关于推动科学发展、促进社会和谐的思想，关于社会主义物质文
明、政治文明和精神文明协调发展的思想，关于正确处理改革发展稳定
的思想，关于中国特色新型工业化道路的思想，关于建设社会主义新农
村的思想，关于把坚持独立自主同参与经济全球化结合起来的思想，关
于建设社会主义法治国家的思想，关于基层群众自治制度建设的思想，
关于提高国家文化软实力、兴起社会主义文化建设新高潮的思想，关于
社会和谐是发展中国特色社会主义的基本要求的思想，关于走中国特色
的精兵之路的思想，关于加强党的执政能力建设和先进性建设的思想，
关于把推进中国特色社会主义伟大事业同推进党的建设新的伟大工程结
合起来的思想，等等。这些都是对马克思主义理论的重大贡献，体现着
与时俱进这一马克思主义的理论品质。看不到时代主题和历史方位的重
大变化，已经使毛泽东思想开创的马克思主义中国化进程出现了新的质
的飞跃，进入到了中国特色社会主义理论体系的发展阶段，这实际上是
在静止地看问题。

　　总之，中国特色社会主义理论体系，源于毛泽东思想，坚持毛泽东
思想，又根据时代特征、人民实践和全党集体智慧创造性地发展毛泽东
思想。中国特色社会主义理论体系沿着毛泽东思想开辟的马克思主义中
国化道路，充分吸收了毛泽东思想的宝贵理论财富（包括活的灵魂和各
个组成部分等），同时又根据新的时代特点和人民实践不断丰富、发展、
完善，实现了指导思想上的一次又一次与时俱进。在中国特色社会主义
理论体系中，将从毛泽东思想中吸取的宝贵财富与从改革开放伟大实践
中总结提炼的新鲜内容有机地融为一体，将坚持与继承、创新与发展有
机地融为一体，集中体现了马克思列宁主义、毛泽东思想的当代价值和
指导作用，集中体现了马克思列宁主义、毛泽东思想在当代中国的运用
和发展。中共十七大报告说得好："在当代中国，坚持中国特色社会主
义理论体系，就是真正坚持马克思主义。"[1] 这是真理，也是客观事实。

----

① 《中国共产党第十七次全国代表大会文件汇编》，人民出版社 2007 年版，第 12 页。

关于中华人民共和国史研究中的若干理论与方法问题

当代中国研究所研究员　程　中　原

中华人民共和国史是一门新兴的重要学科。学科的理论体系有待在研究和编纂的实践中逐步建立起来。需要从事这项工作的同志不断概括，总结积累。1991 年当代中国研究所成立，笔者即调到这里工作。下面就是将近 20 年来笔者在国史编研工作中取得的关于中华人民共和国史研究若干理论与方法问题的粗浅认识。

一　关于指导思想问题

这是一个必须首先认真解决的重要问题。这个问题当然不是一下子就能解决得好的。要通过在实践中、在许多实际问题的解决过程中、在不同观点的争论中，逐步明确，并牢固地树立。

中央领导同志，从邓小平到江泽民到胡锦涛，都非常关注，十分重视中华人民共和国史的研究、编修和宣传教育。二三十年来，对中华人民共和国史研究、编修和宣传教育的重大意义、指导思想、方针任务，做过许多论述，有不少直接的重要指示。还有一些论述和指示，虽是针对整个历史研究或中共党史研究而发，其精神对共和国史研究同样是适用的。对他们的这些论述和指示，进行认真的学习研究，并用以指导我们的实践，对明确和解决研究、编修中华人民共和国史的指导思想具有根本性的意义。

邓小平对建国以来历史的论述非常广泛、全面和深刻。这里先引述几段邓小平关于研究国史的意义和编修国史的理论、原则与方法的论述。

邓小平指出："要懂得些中国的历史，这是中国发展的一个动力。"① "我们要用历史教育青年，教育人民。"② "总结过去是为了引导大家团结一致向前看。"③ 他又指出："对建国三十年来历史上的大事，哪些是正确的，哪些是错误的，要进行实事求是的分析，包括一些负责同志的功过是非，要做出公正的评价。"④ "我们是历史唯物主义者，研究和解决任何问题都离不开一定的历史条件。……我们的革命导师马克思、列宁、毛泽东同志历来重视具体的历史条件，重视从研究历史和现状中找出规律性的东西来指导革命。"⑤

江泽民在中华人民共和国史研究的指导思想方面有很多宝贵的意见和指示。

1991 年 3 月 9 日夜，江泽民给李铁映、何东昌写了关于进行近现代史及国情教育的信。信中说："近两年来我在教育界座谈会上两次讲过，要对小学生（甚至幼儿园的孩子）、中学生一直到大学生，由浅入深、坚持不懈地进行中国近代史、现代史及国情的教育，" "目的是要提高中国人民特别是青少年的民族自尊心、民族自信心，防止崇洋媚外思想的抬头。当然，也不能重新制造'左'的气氛。"⑥

1996 年 6 月 21 日，江泽民在建党 75 周年座谈会上作题为《努力建设高素质的干部队伍》的讲话，指出：我们中华民族以历史悠久而著称于世。我们党在领导革命、建设和改革的过程中，一贯重视历史经验的借鉴和运用。毛泽东同志多次要求全党要学习历史，他曾经讲过，指导一个伟大革命运动的政党如果没有革命理论，没有历史知识，没有对于实际运动的深刻的了解，要取得胜利是不可能的。一个民族如果忘记了自己的历史，就不可能深刻地了解现在和正确地走向未来。……希望我们的各级领导干部，认真地读一点历史，首先要了解中国的历史。中国的发展离不开

①　邓小平：《振兴中华民族》（1990 年 4 月 7 日），《邓小平文选》第 3 卷，第 357—358 页。

②　邓小平：《用中国的历史教育青年》（1987 年 2 月 18 日），《邓小平文选》第 3 卷，第 205—206 页。

③　邓小平：《对起草〈关于建国以来党的若干历史问题的决议〉的意见》（1980 年 3 月—1981 年 6 月），《邓小平文选》第 2 卷，第 292—293 页。

④　同上书，第 292 页。

⑤　邓小平：《在全军政治工作会议上的讲话》（1978 年 6 月 2 日），《邓小平选集》第 2 卷，第 119、121 页。

⑥　见《人民日报》1991 年 6 月 1 日。

世界，为了适应扩大国际交往的需要，更好地学习借鉴世界各国的长处，还要了解世界的历史。以史为鉴，可以知兴替。今天的中国是历史的中国的发展，作为当代中国的领导干部，如果不了解中国的历史，特别是中国的近代史、现代史和我们党的历史，就不可能把握中国社会发展的客观规律，继承和发扬我们党在长期斗争中形成的光荣传统，也就不能胜任领导建设有中国特色社会主义的职责。

1999 年 6 月 30 日上午，江泽民会见《当代中国》丛书暨电子版完成总结大会代表时讲话。江泽民说，《当代中国》丛书暨电子版的完成，是全国国史研究和文化出版事业的一件喜事，我向所有参加这项工作的同志，表示热烈的祝贺。江泽民指出，总结历史，说明现在，探索规律，启示未来，是我们从事历史研究和其他研究工作的同志们的光荣而艰巨的使命。《当代中国》丛书，为我们研究有中国特色社会主义的伟大事业的发展进程、经验和规律，为在广大干部和群众中开展爱国主义、集体主义、社会主义思想教育，提供了丰富的史料和生动的教材。大家应该充分运用这部丛书的科研成果，为资政育人服务，为推进改革开放和现代化建设服务。

在建党 80 周年纪念日来临前夕，江泽民 6 月 12 日在上海参观了党的一大会址纪念馆，6 月 20 日又和其他中央领导同志一起观看了纪念建党 80 周年图片展。江泽民反复强调："中国共产党成立以来的 80 年，是全体共产党人为民族独立和人民解放、为国家富强和人民幸福不懈奋斗的 80 年，也是全国各族人民为振兴中华而团结奋斗的 80 年。中国共产党和全国各族人民长期奋斗的历程，是一部内容丰富、蕴意深刻的爱国主义教材。在全党和全国人民隆重庆祝中国共产党成立 80 周年的历史时刻，我们一定要充分运用它来教育广大干部群众，鼓舞他们继续为实现社会主义现代化和中华民族的伟大复兴而团结奋斗。"

胡锦涛直接指导过当代中国研究所的工作，多次论述关于研究、编修中华人民共和国史和学习中外历史的意义、目的任务和方法等问题。

2001 年 12 月 10 日下午，胡锦涛主持中央书记处第二十七次办公会议，讨论并原则通过了当代中国研究所三年科研规划（2001—2004）。胡锦涛对国史研究作了重要指示。他说："我们的国史，就是党领导人民群众的奋斗史、国家发展史，说到底，与党史有密切联系。你们也讲，党史是国史的核心。我们写国史，除了要继承发扬我国历史上修史的传统外，也要为全党全国工作的大局服务，也要资政育人，这与党史是一样的，我们搞国史的同志也要有这根弦。"他要求，当代中国研究所"各项工作围绕国史编撰进行，""确保拿出来的东西是有权威性的、经得起历史考验的，是精品。"

2003 年 11 月 24 日下午，中央政治局进行第九次集体学习（"15 世纪以来大国兴衰的历史"）。胡锦涛在主持学习时发表讲话，论学习历史，强调进一步认识和把握并自觉地运用共产党执政规律、社会主义建设规律和人类社会发展规律，增强推进改革发展的自觉性、主动性。他强调，在全面建设小康社会、加快推进社会主义现代化的新形势下，在深刻变化的国际环境中，我们要更加重视学习历史知识，善于从中外历史的经验教训中进一步认识和把握历史发展和社会进步的规律，认识和把握时代发展大势，提高治国理政的才干，不断开创中国特色社会主义事业的新局面。

胡锦涛指出，浩瀚而宝贵的历史知识既是人类总结昨天的记录，又是人类把握今天、创造明天的向导。一部人类文明史就是人类不断在以往历史的基础上有所发现、有所发明、有所创造、有所前进的历史。中华民族历来就有治史、学史、用史的传统。我们党在领导革命、建设和改革的过程中，一贯重视对历史经验的借鉴和运用。在新形势下，我们要更加重视学习历史知识，更加注重用中国历史特别是中国革命史来教育党员干部和人民。不仅要学习中国历史、还要学习世界历史，不仅要有深远的历史眼光、而且要有宽广的世界眼光。

胡锦涛强调，领导干部在着力加强马克思主义理论学习、研究现实问题的同时，加强对历史知识的学习，既是提高领导水平和领导能力的现实要求，也是培养科学文化素质和综合能力的重要途径。领导干部学习历史知识，必须把深入理解国情、切实解决中国的问题作为立足点。要坚持以辩证唯物主义和历史唯物主义为指导，认真学习我们党的历史、中国历史、世界历史，深入思考，科学分析，不断提高对共产党执政规律、社会主义建设规律和人类社会发展规律的认识水平，不断提高自觉运用这三个规律的能力，更好地促进社会主义物质文明、政治文明和精神文明的协调发展。要通过学习历史知识，深入了解党的基本理论、基本路线、基本纲领和基本经验产生的历史背景和实践基础，进一步增强贯彻党和国家大政方针的主动性和自觉性，更加积极主动地在实践中把它们坚持好、贯彻好、运用好。要十分珍惜我国在革命、建设和改革的长期实践中积累的宝贵经验，也要认真研究和借鉴其他国家历史发展提供的经验教训，站在世界文明发展的历史高度，进一步认清当今世界风云变幻的规律性趋势，进一步认清我国的基本国情和发展大势，更好地掌握加快我国发展的主动权。

2003 年 12 月 5 日，胡锦涛在全国宣传思想工作会议上讲话，指出："要深入开展党的基本理论、基本路线、基本纲领和基本经验教育，深入开展中国革命、建设和改革的历史教育和国情教育，引导广大干部群众正确认识社会发展规律，正确认识国家的前途和命运，树立正确的世界观、人生观和价值观，不断坚定建设中国特色社会主义的理想信念。"

2006 年 6 月 30 日，胡锦涛在《在庆祝中国共产党成立 85 周年暨总结保持共产党员先进性教育活动大会上的讲话》，精辟地论述了中国共产党在 85 年里干了三件大事。他说："中国共产党已经走过了 85 年不平凡的历程。在这 85 年里，我们党紧紧依靠和紧密团结全国各族人民，干了三件大事。在新民主主义革命时期，我们经过 28 年艰苦卓绝的斗争，推翻了帝国主义、封建主义、官僚资本主义的反动统治，实现了民族独立和人民解放，建立了人民当家作主的新中国。在社会主义革命和建设时期，我们确立了社会主义基本制度，在一穷二白的基础上建立了独立的比较完整的工业体系和国民经济体系，使古老的中国以崭新的姿态屹立在世界的东方。在改革开放和社会主义现代化建设时期，我们开创了中国特色社会主义道路，坚持以经济建设为中心、坚持四项基本原则、坚持改革开放，初步建立起社会主义市场经济体制，大幅度提高了我国的综合国力和人民生活水平，为全面建设小康社会、基本实现社会主义现代化开辟了广阔的前景。这三件大事，从根本上改变了中国人民的前途命运，决定了中国历史的发展方向，在世界上产生了深刻而广泛的影响。"

2006 年 7 月 25 日，胡锦涛总书记在主持政治局第三十三次集体学习时讲话，强调坚持不懈地学习中国革命史，发扬光大党的光荣革命传统。这篇讲话对中华人民共和国史的学习与研究同样有着重大指导意义。

胡锦涛强调：只有铭记历史，特别是铭记我们党领导人民创造的中国革命史，才能深刻了解过去、全面把握现在、正确创造未来。我们必须坚持不懈地学习中国革命史，进一步从历史和现实的比较中加深对我国国情和中国特色社会主义道路的理解和认识，进一步从理论和实践的结合上增强贯彻党的基本理论、基本路线、基本纲领、基本经验的自觉性和坚定性，进一步结合新的时代条件发扬光大我们党在革命战争时期形成的光荣革命传统。

胡锦涛指出：在改革发展任务艰巨繁重的新形势下，在深刻变化的国际环境中，我们要更加注重用中国历史特别是中国革命史来教育干部和人民。

他强调：要把学习中国革命史与推进马克思主义的中国化紧密结合起来；要把学习中国革命史与加强理想信念教育紧密结合起来；要把学习中国革命史与加强党的先进性建设紧密结合起来。他说：学习中国革命史，首先要注重学习以毛泽东同志为代表的中国共产党人善于运用马克思主义立场、观点、方法剖析中国社会的特点，研究中国革命实际问题、揭示中国革命发展规律的科学态度；学习他们善于把党和人民取得的实践经验不断上升为理论并在实践中不断检验、丰富、发展理论的创新精神；学习他们善于运用民族语言和人民大众喜闻乐见的形式回答和阐明中国革命理论和政策问题的理论方法。我们要坚持以毛泽东思想、邓小平理论和"三个代表"重要思想为指导，全面贯彻落实科学发展观，加强对中国特色社会主义经济建设、政治建设、文化建设、社会建设和党的建设的重大现实问题的理论研究，不断开拓马克思主义理论发展的新境界。

2008 年 12 月 18 日胡锦涛在纪念党的十一届三中全会召开 30 周年大会上的讲话指出："全党全国各族人民要永远铭记党的三代中央领导集体的伟大历史功绩！"讲话从怀念毛泽东、邓小平等老一辈革命家入笔，概括了他们的伟大历史功绩，扼要地评述了中国共产党确立毛泽东的领导地位以来、特别是中华人民共和国建立以来的历史。胡锦涛说："没有以毛泽东同志为核心的党的第一代中央领导集体团结带领全党全国各族人民浴血奋斗，就没有新中国，就没有中国社会主义制度。没有以邓小平同志为核心的党的第二代中央领导集体团结带领全党全国各族人民改革创新，就没有改革开放历史新时期，就没有中国特色社会主义。此时此刻，我们要向以江泽民同志为核心的党的第三代中央领导集体致以崇高的敬意，他们团结带领全党全国各族人民高举邓小平理论伟大旗帜，继承和发展了改革开放伟大事业，把这一伟大事业成功推向 21 世纪。"

中央领导同志的这些重要讲话，阐述了学习历史，特别是学习建国以来革命、建设和改革开放的历史的重要意义及其目的要求，为中华人民共和国史的研究、编修和宣传、教育指出了方向，提出了任务，明确了指导思想。而中央领导同志的重视与指示，无疑是搞好中华人民共和国史这门新学科建设的强大动力。

通过学习、研究邓小平、江泽民、胡锦涛的论述和指示，对国史编研的指导思想试作如下表述：以马克思列宁主义、毛泽东思想、中国特色社会主义理论为指导，研究和编修中华人民共和国历史，叙述中华人民共和国建立、巩固和发展的历史进程，科学地总结社会主义革命、建设和改革开放的历史经验，探索、认识和把握建设中国特色社会主义的规律，资政育人，推进改革开放和社会主义现代化建设，为构建和谐社会、实现全面建设小康社会的宏伟目标服务。

在国史编研工作中贯彻和坚持这个指导思想，我们体会必须做到以下几点：

（一）必须用马克思列宁主义、毛泽东思想、中国特色社会主义理论武装自己，努力学习和运用辩证唯物主义和历史唯物主义的立场、观点、方法。要着重学习与研究以下四个方面：

1. 从马克思到毛泽东、邓小平，马克思主义经典作家关于历史科学的基本理论。

2. 从马克思到毛泽东、邓小平，马克思主义经典作家研究和评价历史、历史事件和历史人物的实践经验。

在这两方面，《马克思、恩格斯、列宁、斯大林论历史科学》和《马克思、恩格斯、列宁、斯大林论历史人物评价问题》这两本书可以作为基础读物。毛泽东、邓小平"论历史科学"、"论历史人物"和"论中华人民共和国史"应该及时编辑、出版。

3. 总结运用辩证唯物主义和历史唯物主义研究中华人民共和国历史已经取得的成绩和经验。

4. 归纳国史研究中有哪些有待解决的重大问题，组织研究力量，通过学习和运用马克思主义予以解决。

（二）必须认真学习、研究建国以来党中央、国务院文件，党和国家领导人的重要讲话，在政治上和党中央保持一致，遵循《关于建国以来党的若干历史问题的决议》及党的有关决议、决定，把党性和科学性、政治性和学术性统一起来，用科学的中华人民共和国史著作为党和国家的工作大局服务。

（三）国史研究、编修和宣传，必须紧紧抓住历史发展的主流，把重点放在成就和经验上。要自觉地注重科研成果的转化工作，从正面普及国史知识，宣传建国以来的伟大成就；要自觉地关注意识形态领域的斗争，用科学的研究成果批驳丑化、歪曲、诋毁中华人民共和国历史的各种错误言行，维护中华人民共和国的利益和荣誉。

应该看到，研究、谈论中华人民共和国史的人，在指导思想上并不是一致的，有的甚至是根本对立的。从中华人民共和国史的性质这个角度来说，在指导思想上应强调四个要点：一是创业史、奋斗史；二是人民群众的历史；三是中国共产党领导下建设中国特色社会主义、社会主义事业在中国胜利前进的历史；四是要维护中华人民共和国的利益和荣誉。对立的观点则与此相反，把中华人民共和国的历史说成是不断犯错误的历史，是失败的历史，他们损害中华人民共和国的利益，诋毁中华人民共和国的荣誉，丑化以至妖魔化中华人民共和国和中国人民，目的是推翻中国共产党领导的社会主义制度。

国际、国内，都有同中华人民共和国敌对的人。我们应该毫不含糊地批驳他们对中华人民共和国历史的种种歪曲、诋毁、诬蔑和攻击。

举两个最为严重的例子。

一个观点认为：中国共产党执政没有法律依据，没有到民政部去登记。

这个观点是要否定中国共产党的领导，认为中国共产党执政没有合法性，不合法，请你下台。这个观点很可笑。我这样回答：第一，你去问人民英雄纪念碑；第二，你去读《中华人民共和国宪法》；第三，你去问中国人民解放军手里的枪杆子。因为，（一）中华人民共和国是中国共产党领导中国人民浴血奋斗创建的；（二）中国共产党的领导地位、执政地位不仅是历史形成的，而且是由国家的根本大法《中华人民共和国宪法》确定的；（三）中国人民解放军是保卫共和国的武装力量，中国共产党领导的人民民主专政的政权是巩固的，你想推翻共产党领导的社会主义中国，创造和捍卫人民共和国的枪杆子不答应。

还有一个观点说：从1908年以来，中国搞了一百年宪政，至今没有一部真正的宪法。这是2008年10月12日香港凤凰台"世纪大讲堂"的主持人讲的。

这种观点，完全漠视建国以来人民宪政的成就。1954年，毛泽东主持起草、经全国人民代表大会通过了中国的第一部真正的宪法。1984年，经修订的宪法，肃清了"文化大革命"的理论与实践在宪法中的反映，集中体现了改革开放以来经济社会发展和民主法制建设的成果。以后又通过全国人民代表大会几次修订，使改革开放与社会主义现代化建设历史时期取得的新认识、新成果、新经验在国家的根本大法中得到集中体现。这些难道不是人民宪政的成就吗？怎么能把新中国宪政的伟大成就与晚清末年维新派搞的所谓宪政和国民党反动派搞的伪宪政相提并论呢？

二　关于正确认识和对待错误，实事求是 总结经验教训的问题

首先要解决一个对中华人民共和国历史的总体评价问题。

1979 年 3 月，邓小平在《坚持四项基本原则》的重要讲话中做过这样的评价："社会主义革命已经使我国大大缩短了同发达资本主义国家在经济发展方面的差距。我们尽管犯过一些错误，但我们还是在三十年间取得了旧中国几百年、几千年所没有取得过的进步。"① 在 1980 年 12 月 25 日《贯彻调整方针，保证安定团结》的讲话中，邓小平指出："建国三十一年来，我们确实犯过不少错误，包括严重的错误，其间几经折腾，使人民受到了不少损失，也延缓了社会主义建设的进程。但是经过三十一年的努力，我们的全部工交企业单位已经发展到近四十万个，国营企业固定资产比解放初期增长近二十倍，培养了大批熟练工人和上千万专业人才，建立了比较完整的工业体系和国民经济体系。全国人民的生活比解放前好得多了。同一些比较大的发展中国家相比，我们所取得的成绩比它们大，建设的速度也比它们快。"② "关于建国以来党的工作的评价，一定要充分肯定三十一年来的巨大成绩；缺点、错误要进行严肃的批评，但决不能说得一团漆黑。"③ 此后，他又指出："中华人民共和国建立以来，确实改变了中国的面貌。"④ 他还多次对建国以来的历史进行具体分析。1988 年 5 月 18 日，邓小平同外宾谈话，回顾建国后的历史，说："我们建国三十九年，头八年好，后十年也好，当中那些年受到'左'的干扰，情况不大好。我们对近十年的发展是比较满意的，现在看来，这十年搞对头了。"⑤

胡锦涛在纪念党的十一届三中全会召开 30 周年大会上的讲话中对改革开放 30 年作了总结和评价。他说："30 年来，以邓小平同志为核心的党的第二代领导集体、以江泽民同志为核心的党的第三代领导集体和党的

① 《邓小平文选》第 2 卷，第 167 页。

② 同上书，第 356—357 页。

③ 同上书，第 365 页。

④ 邓小平：《吸取历史经济，防止错误倾向》（1987 年 4 月 30 日会见西班牙工人社会党副总书记、政府副首相格拉的谈话）。

⑤ 邓小平：《解放思想，独立思考》（1988 年 5 月 18 日会见莫桑比克总统希萨纳的谈话），《邓小平文选》第 3 卷，第 260 页。

十六大以来的中央领导集体，团结带领全党全国各族人民，承前启后，继往开来，大力推进改革开放伟大事业，谱写了中华民族自强不息、顽强奋进的壮丽史诗。""30 年来，我们始终以改革开放为强大动力，在新中国成立以后取得成就的基础上，推动党和国家各项事业取得举世瞩目的新的伟大成就。""我们锐意推进各方面体制改革，使我国成功实现了从高度集中的计划经济体制到充满活力的社会主义市场经济体制的伟大历史转变；""我们不断扩大对外开放，使我国成功实现了从封闭半封闭到全方位开放的伟大历史转变。……从 1978 年到 2007 年，我国进出口总额从 206 亿美元提高到 21737 亿美元，跃居世界第三，外汇储备跃居世界第一；""我们坚持以经济建设为中心，我国综合国力迈上一个新台阶。从 1978 年到 2007 年，我国国内生产总值由 3645 亿元增长到 24.95 万亿元，年均实际增长 98%，是同期世界经济平均年增长率的 3 倍多，我国经济总量上升为世界第四。我们依靠自己力量稳定解决了 13 亿人口吃饭问题。我国主要农产品和工业品产量已居世界第一。""从 1978 年到 2007 年，全国城镇居民人均可支配收入由 343 元增加到 13786 元，实际增长 6.5 倍；农民人均纯收入由 134 元增加到 4140 元，实际增长 6.3 倍；农村贫困人口从 2.5 亿减少到 1400 多万。城市人均住宅建筑面积和农村人均住房面积成倍增加。群众家庭财产普遍增多，吃穿住行用水平明显提高。改革开放前长期困扰我们的短缺经济状况已经从根本上得到改变。""人民生活总体上达到小康水平。"

　　应该肯定，中华人民共和国近 60 年的历史是成功的历史，辉煌的历史。历史的主流是胜利、成绩、经验，这就决定了中华人民共和国史的主旋律是肯定成绩，是歌颂，而不是否定，不是揭露。首要的，第一位的，是充分叙述党领导人民进行的奋斗和创造，取得的胜利、成就和经验。但同时应该看到，历史不是也不可能是直线前进的。其间有错误和挫折，有失败和灾难，而它们常常是胜利和成就的先导。胜利和成就，往往是总结错误和失败的教训、战胜困难和灾难以后取得的。恩格斯说："伟大的阶级，正如伟大的民族一样，无论从哪方面学习都不如从自己所犯错误的后果中学习来得快。"① 研究、编修中华人民共和国史不应该回避错误、挫折和失败，但对待错误、挫折和失败应该采取正确的态度。"失败是成功

① 《英国工人阶级状况》德文第 2 版序言引 1892 年 1 月 11 日写的该书英国版序言中的话，见《马克思恩格斯选集》第 4 卷，人民出版社 1995 年 6 月第 2 版，第 432 页。

之母。"要写出怎样从失败走向成功。"错误和挫折教训了我们，使我们比较地聪明起来。"要写出怎样从自己所犯的错误中学习，写怎样变得聪明起来，吸取教训，认识规律，取得成功。

同时，在方法论上，要以毛泽东一贯倡导的实事求是的思想路线为指导，要遵循毛泽东关于历史研究的方法。毛泽东在《反对本本主义》中提倡的调查研究的方法；在《实践论》中论述的认识与实践统一的思想，实践、认识，再实践、再认识，循环往复以至无穷的思想；在《驳第三次"左"倾路线》中提出的"从改造世界中去认识世界，又从认识世界中去改造世界"的思想；① 在《人的正确思想是哪里来的?》中指出的从生产斗争、阶级斗争和科学实验三项实践中经过两次飞跃、多次反复取得指导社会主义革命和建设的正确思想的方法；毛泽东在《改造我们的学习》中指出的"详细地占有材料，加以科学的分析和综合的研究"，从其中引出固有的而不是臆造的规律性，得出正确的、科学的结论的方法：总之，要掌握和运用毛泽东的哲学思想，掌握和运用毛泽东倡导和践行的历史研究的方法，这样，才能够正确地认识、总结中华人民共和国的历史，才能正确地认识和对待中华人民共和国发展历程中的错误，使之成为正确的先导。

我们研究中华人民共和国史，可以清楚地看到，中国共产党从错误中学习，吸取教训，纠正错误，从而在理论上和实践上取得巨大进展的史实。主要有三次：

（一）50 年代中，吸取苏共二十大教训，面对当时国际（波匈事件，世界反共浪潮）、国内（闹事等）问题，毛泽东提出探索马克思主义与中国革命和建设实际的第二次结合，结合总结成功经验，产生了《论十大关系》、《关于正确处理人民内部矛盾的问题》等理论成果，确定了中共八大路线。

（二）50 年代后期到 60 年代初，大跃进、人民公社化、反"右"倾以及三年自然灾害带来了严重经济困难。为克服困难，党中央采取一系列措施：发出《关于农村人民公社当前政策问题的紧急指示信》；大兴调查研究之风，制定农村人民公社六十条和各种条例；召开七千人大会和西楼会议；全面贯彻"调整、巩固、充实、提高"的八字方针，坚决压缩基建规模和城镇人口，渡过了三年困难时期，国民经济得到恢复。

---

① 《毛泽东文集》第 2 卷，人民出版社 1993 年版，第 344 页。

（三）总结和吸取"文化大革命"的经验、教训，进入了改革开放历史新时期。

对此，邓小平作过精辟的论述："总结历史，不要着眼于个人功过，而是为了开辟未来。过去的成功是我们的财富，过去的错误也是我们的财富。我们根本否定'文化大革命'，但应该说'文化大革命'也有一'功'，它提供了反面教训。没有'文化大革命'的教训，就不可能制定十一届三中全会以来的思想、政治、组织路线和一系列政策。三中全会确定将工作重点由阶级斗争为纲转到以发展生产力、建设四个现代化为中心，受到全党和全国人民的拥护。为什么呢？就是因为有'文化大革命'作比较，'文化大革命'变成了我们的财富。"①

在国史中应该怎么写？要全面地反映。包括以下几个方面的内容：1. 如实地写出失策、失误、错误带来的困难以至造成的灾难；2. 分析形成的原因；3. 说明发现和纠正错误的经过；4. 讲明吸取什么教训及其后是怎样继续前进的。

三　关于怎样体现中华人民共和国史特点的问题

首先遇到的一个问题是中华人民共和国史和中共党史的联系与区别问题。

应该看到，国史与党史这两个学科有着天然的联系，共同的基本点。中国共产党是执政党，是领导我们事业的核心力量。中共党史是共和国史的核心。共和国史是在中共党史社会主义时期的基础上独立出来、发展起来的。社会主义革命与建设时期的国史和党都是研究中华人民共和国成立以来的历史，都必须以马克思列宁主义、毛泽东思想和中国特色社会主义理论为指导，都必须为党和国家工作的大局服务，都有资政、育人、护国的功能。

但是，它们又有着明显的区别。

一是研究的对象和范围不同。党史是政党史，是专史，它研究建国后中国共产党作为执政党的历史。其主要内容：一是怎样执政，即怎样把马克思主义与中国实际和时代特征相结合，提出社会主义革命、建设与改革

---

① 邓小平：《总结历史是为了开辟未来》（1988年9月5日），《邓小平文选》第3卷，第272页。

开放的理论、路线、方针、政策，一方面，通过宪法和法律，通过人民代表大会，把它们变成国家的意志，通过各级政权机构，贯彻到政治、经济、文化和社会生活的各个领域；另一方面，通过党的各级组织、各级干部和全体党员，团结全党、全军、全国各族人民，运用广泛的统一战线，调动一切积极因素，实现宏伟的社会主义建设目标。二是执政党自身的建设，包括党的思想建设、组织建设、作风建设，党的队伍的发展壮大，党的干部的培养教育，党的优良传统和作风的继承发展，党规、党法的确立和监督检查，中国共产党与各民主党派的关系，等等。执政党的建设，基本上是国史无需涉及的内容。党史和国史内容发生交叉、重合，主要是在怎样执政这一方面。从学科性质来看，区别也是比较清楚的。与政党史不同，国史是国家史，是通史。它要涉及整个国家、民族，涉及政治、经济、文化、社会的各个方面、各个领域。举凡政党的活动，政权的建设，宪法和法律的制订、执行和修改，政治体制的改革，经济社会的发展，改革开放的进程，文化教育体育卫生事业的发展，科学技术的成就，各民族经济文化的发展变化，军事行动和军队、国防建设，对外关系的发展变化，以及疆域、气候、灾害、人口、语言、婚姻、风俗习惯、伦理道德观念等自然环境和人文因素的现状和变化，都在国史研究的范围之内，其中的某一方面都可能成为某一时段国史所要反映的重要内容。而所有这些，在通常情况下中共党史是可以无需涉及或不要多谈的。

另一个不同是研究、编写的重点各有侧重。党史侧重研究和编写党中央的决策过程，从中央到地方执行过程中的突出成绩、成功经验和党员干部中的先进事迹，总结执政的规律和执政党建设的经验教训。国史侧重研究、编写全国人民代表大会及其常委会和国务院的活动，其决策和实施过程，各种国务活动，国家权力机关、国家行政机关、国家公安检察司法机关的大事，国家重大经济建设项目的确定、实施，全国各族人民在各条战线上的实践活动、突出成就和英雄模范人物，国家机关的建设，全国人民政治、经济、文化、社会生活中的重大事件，等等。

有同志打过一个很好的比方，党史和国史好比两个同心圆。中共党史是内圈，中华人民共和国史是外圈。党史是国史的核心，决定着国史的大局、走向；而国史的范围比党史要宽广得多，从全中国的发展变化观照出中国共产党的作用和影响。

国史书要体现国史的特点，必须包括以下基本要素：

1. 版图（包括疆域、边界、领土）和祖国统一。

2. 行政区划。

3. 人民代表大会。

4. 共产党的领导和共产党领导下的多党合作、政治协商。

5. 国防和军队（包括武装冲突和战争）。

6. 人口（包括人口政策的变化，计划生育国策的确定与实施，人口普查的情况和结果）。

7. 阶级、阶层和阶级、阶层关系及其演变。

8. 生产力的解放和发展，综合国力的提高（包括重要建设项目的兴建、完成、效能及经验教训；农业的发展，农村与小城镇的建设；等等）。

9. 科技进步、发明创造，科技成就及其应用推广。

10. 生产力和生产关系的矛盾和演变。

11. 经济成分和经济结构的状况及其演变。

12. 民主与法制建设，宪法和法律的制定、修改和实施。

13. 政治文明建设，政权机构及其演变。

14. 文化建设和文教卫生体育事业的发展。

15. 社会建设。

16. 人民生活的提高与人的解放和全面发展。人和环境的协调发展。

17. 民族区域自治的实施和各少数民族经济社会的发展。

18. 宗教政策和宗教问题。

19. 改革开放。

20. 西部开发和东、中、西部协调发展。

21. 中央和地方关系。

22. 国际环境和对外关系。

23. 自然灾害及对自然灾害的抵御。

同时，要体现通史特点，与专史、专题研究相区别。不能搞成专题的组合。《剑桥中华人民共和国史》的缺点除了其观点（皇朝更迭论，权力斗争说）之外，在体例上，基本上是专题文集，而不是通史。

四　关于历史分期问题

过往的历史是铁定的，不能变更。对历史的认识却可以不同。历史分期体现了对历史的基本认识。可以从不同的角度、按不同的标准以致不同的需要来对历史分期。不过，有一些对历史发展发生过重大影响的历史事件，它的界碑意义是不容忽视、也是无法否定的，因此人们对历史分期的分歧，经过讨论和争论，总可以取得一致的或相近的认识。

1840年鸦片战争以后这一百多年中国历史的分期，在较长时期内，采用的是近代史、现代史、当代史这样的三分法。近代史，即1840年鸦片战争开始，帝国主义列强的侵略使中国沦为半封建半殖民地社会，同时开始了旧民主主义革命的时代。现代史，1919年"五四"运动至1949年中华人民共和国成立。1919年"五四"运动开始，中国革命有了工人阶级领导，其性质是以推翻帝国主义、封建主义、官僚资本主义为目标的新民主主义革命。中华人民共和国成立标志着这个革命任务的完成。当代史，即中华人民共和国史，是1949年中华人民共和国成立以后社会主义革命和建设的历史，改革开放和社会主义现代化建设的历史。

对这一百多年历史的分期，以鸦片战争为起点，从未有过异议；辛亥革命、"五四"运动、中华人民共和国成立可以作为界碑，也被普遍认可。但由于视角不同、标准不一，分法也不一样。应该看到，不同的分期，并不影响认识历史，也不一定是排他的。主要着眼于政权更迭的，以辛亥革命为界碑，分为晚清史和中华民国史，延续下来，就是中华人民共和国史；主要着眼于革命性质不同的，以"五四"运动为界碑，分为旧民主主义革命和新民主主义革命两个时期，延续下来，就是社会主义革命和建设时期；主要着眼于社会性质变革的，以中华人民共和国成立为界碑，分为近代史和现代史。最近，中国社会科学院近代史研究所编写、出版的《中国近代通史》，其时限就是1840年到1949年。理由是社会性质没有改变，都是半封建半殖民地社会。其不足是两个不同性质的民主革命区分不够鲜明，从而"五四"运动和中国共产党创立与领导的新民主主义革命不够突出。高校政治理论课教材《中国近现代史纲要》的分期，避免了这种不足。教材统称为"近现代史"，分为三编：上编，从鸦片战争到"五四"运动前夜（1840—1919）；中编，从"五四"运动到新中国成立（1949—2006）；下编，从新中国成立到社会主义现代化建设新时期（1949—2006）。这三编，相对应说来，就是近代史、现代史、当代史。这种分期为大家接受，说明三分法还是有它的生命力。

值得探讨的一个问题是：中华人民共和国史是与中华民国史、清史、明史、元史、宋史……相应的称谓，与古代史、近代史、现代史相应，中华人民共和国史称当代史行不行？答案应该是肯定的。

在中国，二十四史，是按皇朝更迭，或者说按朝代来编修的。这是一个传统。在汉语里，指称当前所处的时代，过去通常称本朝、当朝，现在称当代、当今，这是通行的讲法，没有也不会引起任何歧义。《当代中国史研究》这本杂志，顾名思义，谁都知道是研究当代中国的历史即中华人民共和国的历史的。倒是"当代中国研究所"这个名称容易被认为是研究当今中国现实问题的。有了这个"史"字，与近代史、现代史区分得很清楚。应该说，"当代中国史"这个称谓，概念的内涵和外延明确，没有歧义，是站得住，用得着，废不了的。

那么，当代中国史即中华人民共和国史应该怎么分期呢？

中华人民共和国的成立开辟了历史新纪元。以 1949 年 10 月 1 日开国大典为标志，中国的历史揭开了全新的一页。国体、政体、国号、国旗、国歌、国徽……全都变了。总之，压在中国人民头上的帝国主义、封建主义、官僚资本主义三座大山被推翻了，建立了以工人阶级为领导的（通过中国共产党）、以工农联盟为基础的人民民主政权。应该说，中华人民共和国的成立是中国历史分期的一个界碑。这是一个毫无疑义的事实。但应该看到，忽视或漠视者有，企图抹杀者也并不是没有。不过，那种看法实在太无视历史，太没有道理，我们可以置之不论。

严格说来，对建国以来 60 年的历史划分段落，并不是一般意义上的历史分期，而是这一历史时期内的分段。但习惯叫做"分期"。我们姑且采用习惯的说法。分期的主要依据，是在一定时期内做什么与怎样做的不同，即目标、任务与路线、方针的发展、变换。在建国后社会主义革命和建设时期的历史分期问题上，看法基本上是一致的，都认为国史的分期同党史的分期没有什么不同，都采用《关于建国以来党的若干历史问题决议》（以下简称《历史决议》）的分法，即：社会主义基本制度的确立；开始全面建设社会主义；"文化大革命"时期；历史转折时期。

也有一些不同看法。最主要的分歧是：对粉碎"四人帮"到十一届三中全会这两年怎么看。有人认为应该放在"文化大革命"时期，理由是"文化大革命"的一套还在延续。多数人认为，粉碎"四人帮"结束了"文化大革命"，开始了一个新的历史段落，不能说粉碎"四人帮"以后还是"文化大革命"时期。与此相关联的，这两年应该放在新时期里面吗？对此也有不同看法。《历史决议》的态度很鲜明，这两年就是放在"历史转折时期"这个部分来叙述的。邓小平说："粉碎

'四人帮'以后三年的前两年，做了很多工作，没有那两年的准备，三中全会明确地确立我们党的思想路线、政治路线，是不可能的。所以，前两年是为三中全会做了准备。"① 看来，把这两年作为一个段落，称为"历史转折的准备时期"，或按《历史决议》的提法，称为"在徘徊中前进时期"，比较恰当。

关于改革开放和社会主义现代化建设时期历史的分段问题，普遍认同的意见是把以下四件事作为分段的界碑：1982 年十二大；1992 年春邓小平南方谈话；2000 年春江泽民提出"三个代表"重要思想；2003 年 10 月十六届三中全会作出《关于完善社会主义市场经济体制若干问题的决定》、正式提出科学发展观。

还有一种经常使用的分期方法，就是把中华人民共和国成立以来60 年的历史，以十一届三中全会为界碑，分为前 30 年和后 30 年，称为"社会主义革命和建设时期"和"改革开放和社会主义现代化建设时期"。在这两个时期内，各划分若干段落。我以为这样来分期、分段，对认识和把握中华人民共和国的历史较为全面。

五　关于中华人民共和国史的主线问题

我以为，主线的表述以在能够概括全部历史的前提下越简练越好。

关于这个问题，在认识基本一致的前提下，有不少不同意见的讨论。大多认为主线是一条，只是表述有繁简。

一种表述是：以建立、巩固和发展人民民主专政的社会主义国家，探索和形成建设中国特色社会主义道路，建设社会主义现代化强国为主线。

一种关于党史主线的表述是：新中国成立 60 年的历史，是中国共产党领导中国人民，把科学社会主义的普遍真理与中国具体实际相结合，探索适合中国国情的社会主义道路，逐步形成中国特色社会主义的理论和实践的历史。

还有一种更简明的表述是：中国特色社会主义的奠基、开创和发展就是中华人民共和国历史的主线。

也有人认为应是三条主线，即探索中国特色的社会主义道路，维护国家主权和领土完整，争取早日实现工业化。

---

① 《邓小平文选》第 2 卷，第 242 页。

六　关于人物研究

毫无疑问，当代中国历史人物的研究应该以马克思主义的世界观和方法论做指导，也就是要用辩证唯物主义和历史唯物主义做指导。概括地说，要做到八个字：实事求是，全面科学。邓小平说过："评价人物和历史，都要提倡全面的科学的观点，防止片面性和感情用事。"①

具体地讲，有八条要求，或者说八项原则。这八条是从马克思主义经典作家的论述中引述或概括的。是否恰当，可以讨论。这八条是：

1. 研究和评价历史人物，应当从历史事实出发；在分析任何一个社会问题时，要把问题提到一定的历史范围之内；个人活动受社会历史条件的制约，必须考察个人活动背后的社会历史条件，发现历史规律，才能了解历史活动的实质。

2. 不是从琐碎的个人欲望而是从所处的历史潮流来看历史人物的动机。

3. 判断一个人，不是看他的声明，而是看他的行动。不但要看他们做什么，还要看他们怎样做。

4. 判断历史功绩要看他们比他们的前辈提供了什么新的东西；看他们对社会发展起到推动、加速的作用还是阻挠、延缓的作用。

5. 不是孤立地而是把历史人物的活动联系起来考察。

6. 应当具体地、全面地评价历史人物的功过，对其著作也应作全面分析。

7. 应当以发展的观点并将之放在整个社会的发展过程中如实地评价历史人物。

8. 应当指出前人的历史局限性，但不要苛求于前人。

达到这八条要求，就能"有所发现，有所发明，有所创造，有所前进"。也就是有创新和突破。

邓小平评价毛泽东和毛泽东思想，为我们创造了评价历史人物的一个范例。

粉碎"四人帮"以后，邓小平领导全党对毛泽东和毛泽东思想作出正确恰当的、全面科学的历史评价，高举毛泽东思想旗帜继续前进，创造

---

① 《邓小平文选》第 2 卷，第 244 页。

了运用马克思主义唯物史观和辩证法评价伟大历史人物的范例，也丰富了马克思主义关于历史人物评价问题的理论。

正确评价毛泽东的功过是非，正确认识毛泽东思想的形成过程、历史作用和指导意义，这是确立毛泽东的历史地位和毛泽东思想的指导地位的前提。从批判"两个凡是"开始，到十一届六中全会通过《关于建国以来党的若干历史问题的决议》，邓小平在实现伟大历史转折过程中做出了许多重大贡献，正确评价毛泽东，坚持毛泽东思想，是贯穿全过程而又具关键性的一个方面。邓小平提出了一个基本原则，并作了具体分析和精辟论述，提出明确要求。这个基本原则就是"实事求是，恰如其分"八个大字。① 他指出：

（一）历史决议要集中讲毛泽东的功绩和正确的东西。他说："总之，中心问题是两个，一个问题是毛泽东同志的功绩是第一位，还是错误是第一位？第二，我们三十二年，特别是'文化大革命'前十年，成绩是主要的，还是错误是主要的？是漆黑一团，还是光明是主要的？"② 他认为："毛泽东同志晚年在理论和实践上的错误，要讲，但是要概括一点，要恰当。主要的内容，还是集中讲正确的东西。因为这符合历史。"③

（二）要把毛泽东思想的科学体系写清楚。他要求"要把毛泽东思想的主要内容，特别是今后还要继续贯彻执行的内容，用比较概括的语言写出来"④。"要给人一个很清楚的印象，究竟我们高举毛泽东思想旗帜、坚持毛泽东思想，指的是些什么内容。"⑤ 他还要求："要写毛泽东思想的历史，毛泽东思想形成的过程。"⑥ 写出"毛泽东思想是马克思列宁主义在中国的运用和发展；"⑦"我们党用毛泽东思想教育了整整一代人，使我们赢得了革命战争的胜利，建立了中华人民共和国。"⑧ "要说清楚关于社会主义革命和社会主义建设，毛泽东同志有哪些贡献。"⑨

（三）要毫不含糊而又实事求是、恰如其分地批评毛泽东的错误。邓

---

① 《邓小平文选》第 2 卷，第 307 页。
② 《邓小平文选》第 2 卷，第 306 页。
③ 同上书，第 297 页。
④ 同上书，第 292 页。
⑤ 同上书，第 297 页。
⑥ 同上书，第 292 页。
⑦ 同上书，第 299—300 页。
⑧ 同上书，第 300 页。
⑨ 同上书，第 297 页。

小平指出，对于毛泽东同志的错误"一定要毫不含糊地进行批评，但是一定要实事求是，分析各种不同情况；"① "不能写过头。写过头，给毛泽东同志抹黑，也就是给我们党、我们国家抹黑。这是违背历史事实的。"② 邓小平按以上要求对建国以来不同的发展阶段毛泽东的功过作了简要的分析。

邓小平还对怎样做到"实事求是、恰如其分"提出并运用以下原则：

1. 从不同角度区分，把毛泽东的错误放在恰当的位置上。第一是把功绩与错误的主次加以区分，肯定功绩是第一位的，错误是第二位的；第二是把毛泽东思想的科学体系和毛泽东晚年错误加以区分，明确毛泽东思想不包括毛泽东的错误；第三是把作为伟大革命家的毛泽东所犯的错误同阴谋家、野心家林彪、"四人帮"所犯的罪行加以区分，指明其性质的根本不同。

2. 着重分析错误的历史背景，不能把错误的原因归结到个人品质上去。

3. 不能把错误的责任放在毛泽东一个人身上。

4. 不提毛泽东的错误是路线错误。

邓小平做出的示范，对正确评价中华人民共和国史上的历史人物，对研究和编修中华人民共和国具有指导意义。

---

① 《邓小平文选》第 2 卷，第 301 页。
② 同上书，第 301—302 页。

略论中国经济学的困境与经济史学关系

当代中国研究所副所长、研究员　武　力

中国经济学理论的困惑和危机早就存在了，只是在改革开放以来的30年里，一是通过对外开放大规模地引进发达国家的经济学理论、知识和分析工具，缓解和掩盖了这种危机；二是中国的渐进式改革（或曰"摸着石头过河"），没有、似乎也并不十分需要某种经济学理论的事先指导，而是通过国内外的经验所获得的创新，从而减轻了理论经济学的压力和窘境。而当中国市场经济框架一旦建立，当中国的所有制结构已经发展到各个社会阶层的利益产生矛盾甚至冲突时，也即中国的经济改革帕累托最优（人人受益）消失后，中国的经济学在解释中国的经济现象、回答经济问题和提出对策时，不仅显得苍白无力，甚至常常左右违依，不得要领。因此，作为显学，最近几年经济学和不少经济学家遭到了社会大众的责难和诟病。

古人说："物有本末，事有始终，知所先后，则近道矣。"回顾建国以来，特别是改革开放以来我国经济发展、制度变迁与经济学的发展演变，就会发现，经济学的困惑实际上是来自两个方面的。

第一，从客观上看，新中国近60年的经济体制经历了剧烈的变迁，走了一个巨大的"之"字形的"否定之否定"过程，从消灭旧中国官僚资本和地主经济为主导的半封建、半殖民地经济，到建立国营经济领导下五种经济成分并存的新民主主义经济，再到单一公有制和计划经济的传统社会主义经济，直至今天多种经济成分并存发展的社会主义市场经济。这种几次带有革命性的剧烈的体制变动，时至今日尚为完成，这就使经济学的规范研究遇到很大的困难。

第二，从主观上看，由于经济体制始终处于剧烈变动的过程，再加上中国独特的国情和大力推进工业化的要求，建国以来的经济学是在一种"饥不择食"情况下大规模引进基础上建立和发展起来的：50年代为了大规模经济建设和向社会主义过渡，我国的经济学界如饥似渴地大规模学习和引进苏联的经济学，并在此基础上形成了中国传统的社会主义经济学；而在1978年以后，为了改革开放和加速经济发展，经济学界又开始如饥似渴地学习东欧的社会主义经济理论，学习西方发达国家的经济学，并在此基础上试图建立起新的社会主义初级阶段的经济学。但是，这两次大规模的、带有对先前经济学颠覆性的引进，使得中国经济学在五十多年里更多地是发挥了原有知识、理论的传播和普及作用，即"二传手"的作用。换句话来说，经济学界是端来了"一碗饭"，至于好吃不好吃，是否对中国的胃口，更多地是需要决策者和老百姓自己去品尝和摸索。这才是自建国以来中国的决策者并不十分看重经济学家，老百姓对经济学家不满意的根本所在。

一　1978年以前的传统社会主义政治经济学

传统的社会主义政治经济学成为中国经济学的主流，严格地说，应该是在1949年中华人民共和国建立，中国共产党成为执政党以后，它基本包含了三个部分：一是回答如何向单一公有制和计划经济的社会主义过渡；二是解释以单一公有制和行政性计划管理为特征的社会主义经济及其运行；三是在社会主义经济体制下如何发展经济和实现按劳分配。由于苏联是第一个建立社会主义经济制度的大国，当中国开始向社会主义过渡时，苏联已经有了三十多年的社会主义经济实践的经验。而在1949年中华人民共和国建立的时候，中国在社会主义经济方面既无实践经验，过去因战争关系也无暇顾及系统研究，从而也就不可能有一套自己的理论。于是从党的高级干部学习文件到高校经济系的教学改革，都无一例外地学习甚至照搬了苏联的经济学，并被奉为圭臬。正如毛泽东在《论人民民主专政》一文中所说，苏联已经建立起来一个伟大的光辉灿烂的社会主义国家，"苏联共产党就是我们的最好先生，我们必须向他们学习"。① 1950年2月，毛泽东在访问苏联期间又表示，"苏联经济文化及其他各项重要

---

① 《论人民民主专政》（1949年6月30日），《毛泽东选集》第4卷，人民出版社1991年版，第1481页。

的建设经验，将成为新中国建设的榜样"。① 1953 年 1 月 29 日，《人民日报》发表题为《苏联国民经济新的强大发展》的社论，指出："在已经开始的大规模经济建设中，我们必须精心地学习苏联发展国民经济的先进经验和先进技术，使我们的国家加速走上工业化的道路。"②

但是，当 1956 年底中国进入单一公有制的社会主义社会以后（此时苏共二十大以后也揭露出苏联存在的问题），却发现这种从苏联引进的社会主义政治经济学在实际上存在着一个悖论：这就是作为规范的经济理论与实际的社会主义经济运行，往浅了说是"两张皮"，往深了说是互相矛盾的。对这个问题的认识，应该说党内最早的还是毛泽东，大概是他可以无所顾忌地发表自己的新看法，1956 年以后他就发现现实中的社会主义经济体制与社会主义政治经济学教科书不一致，如果说中国的情况不尽如人意还是因为社会主义制度刚刚建立，尚不完善，那么苏联的社会主义经济也存在着许多与理论预期甚远的问题，这些想法都反映在他的《论十大关系》、《正确处理人民内部矛盾》、读苏联《政治经济学》教科书的谈话中。当"大跃进"探索失败以后，当政治和思想激励仍然不能够解决公有制经济中的激励不足和抑制市场经济的强大冲动时，毛泽东就使用了"阶级斗争"的法宝。

在经济学界，改革开放以前的二十多年里，同样面临着一个尴尬的局面：一方面要从理论上和实证上论证和宣传社会主义公有制和计划经济的优越性；另一方面，又要从实际研究中去不断探索、解释和解决社会主义经济所存在的一系列与经典理论不一致的问题：例如宏观经济方面的有计划、按比例发展问题，积累与消费问题，计划与实际的差异问题，价格的作用问题，区域经济协调发展问题，自力更生与争取外援问题等等；在微观经济方面，问题也很多，国营企业经营管理和效率问题，集体经济的经营管理和效率问题，都有许多解不开的疙瘩。在收入分配方面，这样做到"各尽所能，按劳分配"还是一个远远没有解决的问题。总之，作为传统社会主义经济三大特点的公有制、计划经济和按劳分配，现实都与理论预期相去甚远。

由于传统的社会主义政治经济学所描述的社会主义经济及其运行，只

---

①　毛泽东：《在莫斯科车站的临别演说》（1950 年 2 月 17 日），《人民日报》1950 年 2 月 20 日第 1 版。

②　《人民日报》社论：《苏联国民经济新的强大发展》，1953 年 1 月 29 日第 1 版。

是一个理想的预期的状态，并且不能够令人信服地解释现实中的经济问题。就公有制经济来说，它在经营管理和调动劳动者的积极性方面似乎远没有达到原来的预期，而私有制和个体经济的消灭，似乎对经济的发展和活力也不利。在宏观经济管理方面，似乎计划经济并不能达到"有计划、按比例"的高速增长。在分配方面，国家、集体、个人之间也存在着矛盾，目标并不是完全一致的。因此，从1956年中国从决策层到经济学界就发现探索如何解释和解决社会主义经济现实存在的问题，并提出了改革设想。一方面，从事国家经济建设领导工作的毛泽东等，认为这些问题只不过是生产力落后和社会主义经济体制是新生事物还不够完善，也提出了一些诸如少量私营和个体经济存在，允许市场调节作为计划经济的补充等办法，但最终走到了依靠思想激励、政治运动甚至"阶级斗争"的办法。当然，在这个过程中，经济学界也从中国的国情和实际出发，帮助中国共产党和政府丰富了不少经济思想和政策，例如关于"以农业为基础、以工业为主导"的发展国民经济方针；关于"综合平衡"的思想和政策等。另一方面，在经济学界，在政治环境宽松的时候，则试图将商品经济和市场经济法则引入社会主义经济理论来完善和细化它，为经济建设中制订符合实际的方针政策提供理论依据，这方面的代表者有孙冶方、顾准、卓炯等。

二　1978年以来的社会主义政治经济学的发展

1978年十一届三中全会以后，由于改革开放的需要，中国的经济学界在80年代进入了一个空前绝后的活跃时期。从1978年至今，中国的经济学发展大致经历了两个阶段：1978—1991年为第一个阶段，这个阶段的主题，是在拨乱反正的基础上，通过对自己经验的总结，通过吸收苏联东欧社会主义经济体制改革经验和理论，通过吸收西方经济学、亚洲"四小龙"和发展中国家的经验和理论，试图完善社会主义经济理论，这就是将社会主义初级阶段的理论（多种经济成分并存）、市场机制（有计划的商品经济）、和平发展为主题的国际关系判断等引入社会主义经济学。这个时期，引领经济学界的主要是对传统社会主义经济理论和中国经济运行都非常熟悉的经济学家。

在改革开放初期，是恢复了60年代中期中断的对社会主义经济学的探讨，针对当时单一公有制和计划经济的弊病，讨论仍然集中在50

年代所遇到的两大难题上，一是如何建立公有制经济（国营企业和集体经济）的激励机制和提高其经济效益；二是宏观经济管理方面如何达到平衡和运行灵活，避免"一管就死，一放就乱"。稍后，则试图从理论上论述由于经济发展水平落后，社会主义还需要个体经济作为补充的问题。

从1978年4月在无锡召开第一次全国政治经济学讨论会开始，整个80年代到1992年邓小平南方谈话前，社会主义政治经济学的焦点问题是计划与市场的关系。至于多种经济成分并存发展则是"不争论"的策略下悄然发展和形成共识的。

80年代的探索，集大成者可以反映在中共十三大提出的建立"政府调控市场，市场引导企业"社会主义有计划的商品经济。实际上，上述提法正如当时有些学者所说，距离社会主义市场经济只差一层窗户纸了。但是，1989年中共四中全会以后，对于计划与市场关系的权威表述，又退回到"计划经济为主，市场经济为辅"，尽管经济学界多数人不同意这种已经被证明行不通的表述。

1992年初，邓小平同志"南方谈话"终于一锤定音，随后的中共十四大明确了中国今后的改革方向是建立社会主义市场经济（当然也包括了其基础是多种经济成分并存）。由此经济学界也打破了一段时间的沉闷和长期受到的计划与市场关系的困惑，似乎可以顺理成章地建立起中国特色的社会主义政治经济学。但是，事情并不是如此简单，虽然经过15年的探索，从理论上解决了市场机制在经济运行中的基础性地位，解决了社会主义的所有制结构问题，以及实际上的分配问题，但是并没有解决社会主义政治经济学的最根本问题：即没有从根本上回答清楚社会主义的市场经济与一般的广泛存在的资本主义市场经济的区别，没有说清楚社会主义与市场经济的关系。

从改革开放以来社会主义政治经济学的发展演变可以看出，从单一公有制、计划经济和按劳分配三位一体的政治经济学到多种经济成分、市场经济和按要素分配的政治经济学，实际上是一次革命性的质变，如何将"共同富裕"的社会主义思想、制度和政策融入，显然必须借助政府的职能和力量，但是这一点恰恰是现有经济学没有解决、中国也正在探索的最重大问题，因此，虽然经过二十多年的发展，社会主义政治经济学仍然显得苍白无力，不能形成一套令人满意的解释现行经济现象和规范未来发展的完整体系。当然，这也与中国的经济发展和制度变迁既具有特殊性，又正处于转型期，还没有尘埃落定有关。

三　改革开放以来的"西学东渐"

经济学与其他社会科学，甚至自然科学一样，都是人类和社会需要的产物，特别是要成为显学或主流学派更是如此。改革开放以后，社会主义政治经济学不能解释和指导社会经济发展和制度改良的局面自然不可能再继续下去了。当思想禁锢被打破以后，"开眼看世界"、如饥似渴地学习和引进外国的经济学知识和理论就成为经济学界不可阻挡的潮流。而此时外国的经济学在战后的 30 年里已经有了长足的发展，从其服务对象来看，大致分为三类：一是西方发达国家的经济学；二是苏联和其他社会主义国家的社会主义经济学；三是针对发展中国家的发展经济学。

在 80 年代，由于体制和发展阶段的相近，一是苏联东欧的社会主义经济改革理论和政策成为学习和介绍的热点，其中科尔奈的《短缺经济学》成为解释传统社会主义经济最有效的理论；而以兰格为代表的市场社会主义理论则成为许多人为中国改革汲取思想营养的源泉。二是发展经济学成为热点，刘易斯的"二元经济"理论成为经济学界的共识，城乡"二元经济"理论以及由此根据中国当时的实际情况引申出来的"三元经济"理论，则成为当时我国工业化、城市化方针和对策的理论基础。到 1992 年初的邓小平"南方谈话"和随后举行的中国共产党十四大确定了社会主义市场经济改革目标以后，当市场经济成为中国确定不移的改革方向以后，产生和服务于西方发达国家的西方经济学则又转而成为经济学界学习和引进的热点。在此期间，90 年代前期以社会主义国家转型为研究对象的"过渡经济学"曾经引起人们的关注；但是西方经济学界为苏联和东欧社会主义国家制订的"休克疗法"改革方案所带来的经济下降和混乱，则给中国敲响了警钟。90 年代后期，与国内的经济体制改革进入了以国有企业改革为核心的攻坚阶段相适应，西方的"产权理论"和公司理论成为显学；21 世纪以来为适应政府经济职能转变而使哈耶克、布坎南炙手可热，都反映出当我们自己的理论不能解释自己的现象时，引进和借用外国的理论就成为必然的现象。更何况，从亚当·斯密到今天的新自由主义学派，从国际贸易的"比较优势"理论到今天的"博弈论"、信息不对称理论，伴随西方二百多年经济发展成长起来的经济学，有太多的东西值得我们学习和借鉴。问题只是在于我们怎样学习和借鉴。

首先，应该承认建立在私有制、工业化和比较成熟的市场经济基础上的西方经济学，其观察问题的视角，其规范研究的对象，以及许多理论，更接近中国经济发展和制度变迁的预期目标，特别是90年代中期以来的市场化、私有化和与国际接轨的现实。在微观经济方面，在应用型经济学知识和理论方面，西方发达国家不仅在时间和发展水平上走在了我们前面，在经济学方面也走在了我们前面，给我们留下了丰富的值得学习和借鉴的成果。但是，我们应该看到，学习的目的是为了应用和创造。西方经济学的浩如烟海的成果既是历史的产物，又是各个国家的产物，更是具体研究对象的产物。

其次，西方经济学对学术规范的强调，对中国经济学的发展是有巨大贡献的。中国传统的经济学治学方法和论著，往往缺少学术规范，将研究创新与宣传教育混在一起，既有不少低水平的重复劳动，又有因概念、研究层面的界定不清而形成的无谓争论。西方经济学不仅强调研究和论著的规范，而且在分析方法、工具和视野等方面也为中国提供了大量新的武器。

我们知道，西方经济学的市场经济理论也伴随着西方国家的工业化、市场化、民主化经历了一个漫长的发展阶段，今天的诸多市场经济思想和政策是建立在高度工业化和市场化的基础之上的，与中国目前正在进行工业化、市场转型、民主和法治建设的情况相比，相去甚远；即使是早期的，诸如亚当·斯密或凯恩斯的理论和政策，也由于时代的不同，不可同日而语。中国今天有三个突出的特点：一是正在进行工业化的人口众多而资源匮乏的大国；二是城乡之间、地区之间经济发展非常不平衡；三是有一个强大的政府，它掌握着国民经济命脉和主导着经济和社会发展。人口和资源的矛盾始终是制约中国发展的最基本的、不可克服的矛盾。而这些，都是西方经济学所没有提供答案的难题。

经过30年的"饥不择食"的引进，我们应该进入一个在消化和吸收外国经济学基础上的以创新为主的阶段。当一般经济学知识和理论成为常识以后，更重要的是如何将这些理论与中国的具体实践相结合，创造出能够科学解释和指导中国实际的新理论。但是，由于这种吸收和消化需假以时日，需要做认真艰苦的实证研究，即需要花费大的力气，而这一点又是现在的科研体制和社会转型期所不提倡的，无论是从"名"

或"利"的目的出发，甚至从科研资源的争取出发，从"经济人"的角度看，急功近利都成为经济学界最佳的选择，是"理性"的行为。这就造成了一波又一波的新观点、新理论的引进和炒作热潮，一轮又一轮的肤浅批评浪潮或廉价的颂扬浪潮，许多经济学者用经济学的专业知识沽名钓誉，大发横财。由此，社会大众对经济学界普遍不满。

四　经济史学的功能和责任

经济史研究在经济学中历来不是显学和热点，这是一个不可改变的事实，但经济史始终是经济学的一块基石和赖以发展的重要源泉之一，也是一个不可改变和否认的事实。关于这一点，经济学大师们的论述已经很多了。尤其是在今天，当我们大量地、主要地、如饥似渴地从国外的经济学中吸取知识和理论时，怎样将其应用于中国并有所创新，就愈加需要中国经济史这块基石了。反躬自问：中国经济史研究应该怎样才能发挥这种功能，能够为经济学的发展和经济发展对策提供什么？我们应该怎么做？这是大家普遍关心和思考的问题。

首先，应该明确经济史的定位：它是经济学的"源泉"之一，而不是经济学的"支流"之一，这一点已经成为许多经济学家的共识，但是还不普及。就中国来说，严格意义上的经济学是伴随着市场经济制度和工业化而产生于西方的，经过二百多年的发展，已经形成了比较成熟的体系和丰富的内容。然后系统地传入中国，这当然是我们必须学习的。但是，就我国的经济学研究和教学来说，仅仅学习经济学的理论知识和分析工具是远远不够的，是不能适应我国经济建设和科学发展要求的。我们应该看到，由于中国的文化传统、资源禀赋、国家统一、近代以来经济发展的历史、环境以及目前所处阶段等条件与西方发达国家的差异，始终存在一个西方经济学如何"中国化"的任务，即存在一个如何将经济学的基本原理与中国实际相结合，为中国的经济建设和社会发展服务，并进而总结中国的经验，为经济学科发展作出贡献。基于这个长期的、基本的任务，深入研究中国经济和社会发展的历史过程，从中把握中国的国情和特点，就自然成为经济学研究不可缺少的重要组成部分，甚至可以说是基础部分。

由此就引发了进一步的讨论，怎样才能使中国经济史成为中国目前经济学的"源"？由于中国经济史研究主要依赖于中国本土的研究，受时间短和各种因素制约，因此与主要来自于外国的经济学理论和应用学科相比，中国经济史的研究就显得落后和不足了，这不仅表现在史实的发掘还很薄弱，就是在分析框架和分析工具的运用上也是捉襟见肘、功力不足，我国经济学的这种"跛腿"现象，远不能适应经济学全面发展和"资政育人"的需要。因此，中国经济史的研究无论在专项研究，还是综合研究上都需要大大提高，这是一个长期投入才能见效的领域，它既需要我们做长期的、艰苦的工作，也需要社会和政府的重视和在人力、资金方面的大力支持。

二是通古今之变问题。我们知道，近代以来，即1840年鸦片战争以来至今的160多年里，中国的社会经济正处于一个大转型时期，即从传统的高度发达的农业文明社会向工业文明社会转变，其中包括经济、政治、文化等各个方面，并且这个转型还没有完成。在这个漫长的历史时期里，由于各种各样的内外因素制约，转型是艰难和曲折的。如果细分，其中还可以大致划分为几个小的转型阶段：（1）1840—1911年为第一个阶段。其特点是在基本保持中国传统政治和文化前提下实现工业化和市场化；（2）1911—1949为第二个阶段，其特点是在外忧内患的形势下，想通过学习西方资本主义制度来实现中国社会的重新整合和工业化；（3）1949—1978年为第三个阶段，其特点是通过革命建立起强大的政府主导型工业化体制和实行非均衡赶超发展战略；（4）1978—2008年为第四个阶段，其特点是通过市场化来推进工业化，实现社会经济的均衡发展。从以上连续不断递进的四个阶段，我们可以看到，不仅长期制约中国社会经济发展和转型的基本因素，诸如人口、资源、外部环境、思想文化等变化，需要从整个转型期去分析和研究，就是一些比较具体的问题，诸如乡村社会的基层政权和社区组织、国有企业的改革问题、区域经济协调发展问题等等，也需要从更长的历史时段来认识和研究，否则很难得到准确全面的认识和有效的对策。例如国有企业改革，如果我们从清末洋务运动的"官办"、孙中山的"节制资本"、毛泽东的"社会主义改造"以及今天的"有所为有所不为"演变来看（几乎每次都证明国有企业的经济效率不高，但每次新政府都要重新再大办一次），就会从中寻找出经济之外的非经济因素作用。又如关于如何改造日显落后和凋敝的农村，从20世纪20年代就成为仁人志士关注的焦点问题，乡村人才、资金的枯竭、基层政权的"土劣化"等等，引发了无数对策和建议，几乎各种方法都尝试过了，但是至今仍然没有完全解决，这说明它不仅是一个体制改革的问题，还是一个发展的问题，我们不要因为缺乏历史经验而重复前人的教训。再如，如果不了解从 1840—1949 年间中国所受的侵略和屈辱，就不能准确理解和把握 1949 年以后何以建立起强大的政府和强行"优先发展重工业"的赶超战略，就不能理解中国为什么要建立独立的工业体系，而不是像亚洲"四小龙"那样。总之，要充分发挥中国经济史学的"资政育人"功能，要让经济史成为经济学的"源泉"而不是"支流"，都需要我们"通古今之变"，将 1840—2008 年这个大的转型期甚至之前的清代经济作为一个整体来分析研究，包括中国与世界经济不断融合和一体化的整个历史过程。

三是由于国情的复杂和现代化任务的艰巨，我们应该理性地对待自己的认识能力，虚心学习和随时准备修正错误。从 1840 年鸦片战争以后，中国面对"三千年未有之变局"，各阶层都开始研讨应对之策。从早期的林则徐、魏源，到洋务运动的李鸿章、张之洞，到维新派康有为、梁启超，到资产阶级革命家孙中山，历史证明关于中国发展模式的探讨无论是"中学为体、西学为用"，还是"全盘西化"，都不能适应中国的国情。1949 年建国以后，从毛泽东学习苏联的以单一公有制和计划经济为特征的社会主义发展模式，到邓小平提出的以改革开放为特征的社会主义初级阶段发展模式，再到今天提出的"以人为本"、建立和谐社会的科学发展观。中国人民对自己经济发展模式的认识经历了一个不断修正前人局限和认识深化的过程。历史经验告诉我们：由于受当时国际环境、经济发展水平和迫切问题的制约，人的认识是有限的，任何发展模式都是针对当时最迫切、最重要问题而设置的，既不可能一劳永逸地解决发展问题，而且常常存在着"一种倾向掩盖着另一种倾向"的可能，即解决了这个问题可能同时激化了另一个问题，取得了这个成果可能同时埋下了那个隐患。这一百多年来，尤其是这五十多年来的事例太多了。因此，关于中国经济发展模式的探讨远没有结束。

五　经济学的出路

经济学与其他社会科学一样，就普遍的基本原理和某些具体知识来讲，是没有国界的，是普适的。但是作为应用科学来讲，作为为中国的经济和社会发展服务的专业知识和理论来讲，又是必须与中国实际相结合的，还是那句老话：凡是没有或不能解释中国实际的，要么需要创新，要么需要纠正；我们不反对做象牙塔里的研究，但是中国经济学的主流应该是为解决中国的现实服务，而不是仅仅甘做引进外国知识的"二传手"和停留在为现行政策做诠释的地位。而要做到这一点，民主革命时期，以毛泽东为代表的第一代中国共产党人为我们提供了榜样，从陈独秀、李大钊引进马克思主义，到毛泽东为代表的第一代领导集体创建了符合中国实际、指导中国革命成功的新民主主义理论，其间有很多的历史经验值得我们总结和学习。毛泽东始终坚持的调查研究、反对教条主义和主观主义，提倡和形成的"理论联系实际、密切联系群众、批评与自我批评"优良作风，对于今天的经济学界克服浮躁学风有很大启示和帮助。

在这里，不妨提出几条帮助中国经济学摆脱困境的建议。

第一，应该提倡长期深入实际的研究学风，抑制浮躁、急功近利和全能型的学者，鼓励经济学界进行实证研究，改革那些单纯追求科研成果数量、忽视创新的科研体制和政策导向。27 年改革开放和经济发展的成就证明，要建设有中国特色的社会主义，要制订出符合中国国情的发展战略和方针政策，必须一切从实际出发，实事求是。因为中国政府经济职能的转变、城乡之间、地区之间的协调发展、"三农"问题的解决、经济增长方式的转变、城市化、市场化、共同富裕、人与环境的和谐相处等一系列问题，都没有现成的可供拿来就用的理论，都必须从中国的实际出发，而要了解中国的实际，不下力气、浅尝辄止是不行的。

第二，应该加强对中国经济史和世界经济史的研究，提高经济学界的整体眼界和观察问题的能力。现在经济学界所出现的许多肤浅观点和谬误，是来自对中国经济史和世界经济史的无知或一知半解。我们知道，经济史是经济学的"源"而不是"流"，经济史固然是一个学习周期比较长、不能产生直接经济效用的知识，但是它可以提供给人们观察和研究问题的视野和方法。人们不可能随心所欲地创造历史，只能在前人给定的条件和环境中去改革、去发展。同样，符合中国国情、能够为经济发展和政府决策提供正确依据的经济理论，也只能建立在充分的实证研究基础之上。因此，无论是经济理论研究还是对策研究，如果有厚实的经济史研究作为基础，如果对中国 60 年来甚至更远的历史及其遗产做深入细致的研究，相信都会取得更大的成就。